后基因组时代植物生物学丛书

植物质量安全生物学

徐 沛 丁艳菲 孙承业 等 著

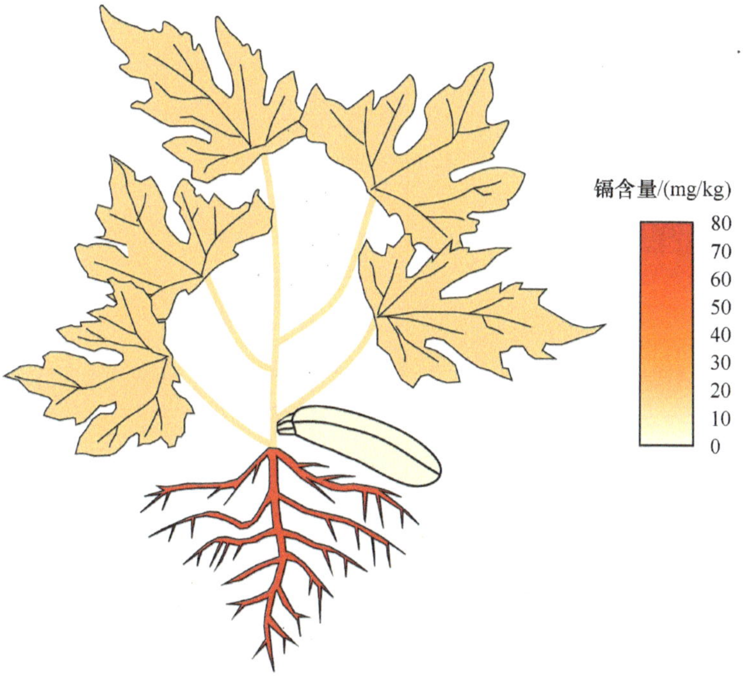

科 学 出 版 社
北 京

内 容 简 介

本书以与植物源农产品质量和安全密切相关的重要性状为对象，紧扣“生物学”主线，从植物对质量安全危害因子的吸收、转运、降解和响应机制及性状遗传改良等角度进行系统阐述。全书共8章，在绪论后的6章分别从植物的内外源毒素、植物对重金属的响应、植物对有机污染物的响应、植物对纳米污染物的响应、植物采后质量安全、植物质量安全性状改良等6个方面进行详细介绍；考虑到植物质量安全性状与市场监管、环保等领域的密切相关性，专门设立“植物源农产品质量安全相关法规及思考”一章。

本书适合植物生物学、作物学、园艺学、环境生物学、生态学、农产品质量安全等领域的教师、科研人员、研究生和高年级本科生阅读，也可供农业、市场监管、环境保护等监督管理机构的专业技术人员参考。

图书在版编目（CIP）数据

植物质量安全生物学/徐沛等著. —北京：科学出版社，2022.5
（后基因组时代植物生物学丛书）
ISBN 978-7-03-071433-6

Ⅰ. ①植… Ⅱ. ①徐… Ⅲ. ①作物–农产品–质量管理–安全管理 ②作物–农产品–植物学–生物学–研究 Ⅳ. ① F307.5 ② S5 ③ S6

中国版本图书馆 CIP 数据核字（2022）第 021314 号

责任编辑：陈 新 郝晨扬/责任校对：郑金红
责任印制：吴兆东/封面设计：无极书装

科学出版社出版
北京东黄城根北街16号
邮政编码：100717
http://www.sciencep.com
北京建宏印刷有限公司 印刷
科学出版社发行 各地新华书店经销
*
2022年5月第 一 版 开本：787×1092 1/16
2022年5月第一次印刷 印张：15 1/2
字数：403 000

定价：228.00 元

（如有印装质量问题，我社负责调换）

《植物质量安全生物学》著者名单

主要著者

徐　沛（中国计量大学）

丁艳菲（中国计量大学）

孙承业（中国疾病预防控制中心职业卫生与中毒控制所）

其他著者（按姓名汉语拼音排序）

蔡　冲（中国计量大学）

陈建业（华南农业大学）

陈双臣（河南科技大学）

方萍萍（中国计量大学）

何　仟（中国疾病预防控制中心职业卫生与中毒控制所）

李海蛟（中国疾病预防控制中心职业卫生与中毒控制所）

任文洁（河南工业大学）

孙　挺（中国计量大学）

王飞娟（中国计量大学）

王永刚（扬州大学）

虞　伟（中国计量大学）

朱　诚（中国计量大学）

序

党的十九大提出了实施乡村振兴战略，为解决“三农”问题提出了有效途径和根本遵循。农业现代化是乡村振兴的重要组成部分。现代农业是一个综合概念，包括粮食安全、食品安全、环境安全、农民增收、美丽乡村建设等方面。随着人民生活水平的不断提高，粮食和食品安全被摆在了更为重要的位置，老百姓不仅仅要求吃得好，更要求吃得健康、安全。因此，农产品的质量安全已成为政府和百姓关注的焦点之一。

农产品质量安全与植物自身的遗传因素、生长环境、栽培管理措施、采后贮存和处理等过程密切相关。党和国家高度重视农产品质量安全，《中华人民共和国农产品质量安全法（修订草案）》已于 2021 年 9 月通过国务院常务会议审议，农产品质量安全危害因子与风险防控国家重点实验室也于 2021 年批准建设。国内关于植物质量安全危害因子识别与检测、有害污染物的致毒机理、安全优质农产品种质创新等方面也已取得了一系列创新性研究成果。

随着科学技术的不断发展，目前国内外已有大量关于植物质量安全危害因子检测、溯源等技术方面的研究著作，但是缺乏从植物生物学角度系统地对内源质量安全危害因子的形成、外源质量安全危害因子的植物响应等过程进行分析阐述的著作，这也成为《植物质量安全生物学》这本著作的著述背景。徐沛等该书作者结合自身研究领域以及对跨学科交叉融合的理解和思考，从植物质量安全性状的生物学机制角度出发，系统阐述了植物质量安全问题发生和迁变的生物学机制，认真总结了植物质量安全性状改良的策略及其理论与技术，并率先提出了“植物质量安全生物学”这一新的概念，必将推动相关领域的研究和争鸣，为农业现代化贡献科学力量。本书紧紧围绕农产品质量安全和人类健康与生态环境主题，希望相关科研工作者雅存惠赏。

我期待，该书能助力农产品质量安全相关研究的发展，在理论研究和生产实践中发挥积极作用，也为美丽、和谐的乡村建设和绿色、安全的农产品生产贡献力量。

陈剑平

陈剑平
中国工程院院士
2022 年 2 月 9 日

前　言

植物是地球上最重要的生命形态之一，是高等动物和人类生存与发展的基础。植物源农产品的质量安全直接影响着人类的生命健康。植物的质量安全性状与植物自身的遗传因素，生长环境（土壤、水源、大气、共生生物等），栽培管理措施（施用化学肥料、农药、除草剂等），采后贮存和处理等过程密切相关。随着人民群众生活水平的提高，对农产品的要求已经从“吃得饱”发展到“吃得好”再进一步到“吃得安全健康”，植物源农产品的质量安全已成为当前世界关注的焦点之一。

目前，国内外已有大量关于植物源农产品质量安全危害因子的分类、检测、溯源、处理等方面技术方法的著作，但是还较少有专门从生物学机制角度对植物响应质量安全危害因子的过程，包括植物对其吸收、转运、外排、降解机制及性状改良等生物学过程进行集成的著作。本书针对此空缺，紧扣“质量安全生物学”这一主线，系统阐述了内外源毒素、重金属污染、有机物污染、纳米颗粒污染、采后劣变和微生物污染等植物常见质量安全问题发生和迁变的生物学机制，也介绍和提出了防控植物源农产品质量安全问题与针对性开展育种改良的理论及技术。因此，本书是将植物生物学与农产品质量安全学、植物遗传育种学等相关学科知识进行有机交叉融合的有益尝试，亦契合国家对农产品质量安全的重大需求，与人民生命健康和生态环境保护密切关联，具有较强的时代性和公益性。

本书具有以下显著特点：①从生物学角度对植物与质量安全危害因子的响应和自我保护机制进行集成，侧重机理性总结而不是技术方法、检验检测手段的汇总；②本书涉及的性状既涵盖了内外源毒素合成、重金属积累、农药残留等经典的植物质量安全性状，又包括了植物对纳米污染物的响应和采后质量安全等新型、全链条水平的性状因子，结构较为完整，内容更加丰富；③全书各章（除了“绪论”和“植物源农产品质量安全相关法规及思考”两章）除系统阐释植物质量安全性状一系列问题背后的生物学基础之外，重点介绍了植物对质量安全危害因子的响应和自我保护机制，特别是外排和降解机制，以期为采取有效措施应对和解决植物质量安全风险提供机制层面上的参考。基于本书的内容，我们尝试提出了“植物质量安全生物学”这一新的学科概念，期望与同行探讨其内涵和外延。

本书介绍的最新研究进展，如微小核糖核酸（miRNA）对植物体内重金属积累转运的调控、气体信号分子与重金属抵抗的关系等部分来源于著者的研究成果，部分章节如植物质量安全性状改良则是著者在国内率先进行系统整理和编撰的。同时，本书参考了国内外一些相关文献资料，由于篇幅所限，书中仅列出最具有代表性和重要性的参考文献。本书的编撰和出版得到了中国计量大学（尤其是浙江省特色农产品品质及危害物控制技术重点实验室）、中国疾病预防控制中心职业卫生与中毒控制所、华南农业大学、扬州大学、河南科技大学、河南工业大学等单位相关领导、专家的大力支持，也得到了科学出版社科学生物分社的大力协助。本书各章撰写分工具体如下：第 1 章（徐沛、蔡冲），第 2 章（何仟、李海蛟、孙承业），第 3 章（丁艳菲、王飞娟、方萍萍、朱诚），第 4 章（陈双臣），第 5 章（孙挺），第 6 章（蔡冲、陈建业、任文洁），第 7 章（王永刚、徐沛），第 8 章（虞伟）。中国计量大学浙江省特色农产品品质及危害物控制技术重点实验室的研究生李小芳、夏汶钧、王卓毅、胡艳楠、李海兰等对本书初稿的文字校对、格式编排付出了辛勤劳动。在此，一并致以衷心的感谢。

本书承蒙中国工程院院士、省部共建农产品质量安全危害因子与风险防控国家重点实验室主任陈剑平研究员作序推荐。陈先生对我国农产品质量安全事业一直非常关心，对著者围绕农产品质量安全和人类健康与生态环境主题开展研究给予了指导和鼓励。本书的出版得到了浙江省重点研发计划（2021C02041）、国家重点研发计划政府间合作项目（2018YFE0111900）、科技部中国–塞尔维亚科技合作项目（2021 ～ 2023 年）、浙江省高校基本科研业务费项目（2022YW7）等资助。

由于著者水平有限，书中关于植物质量安全生物学相关领域的介绍还不够全面，不足之处在所难免，恳请读者批评指正，以便修订完善。

徐　沛

2022 年 1 月 28 日

目　　录

第1章
绪　论

1.1　植物的质量安全问题

1.1.1　植物源农产品质量安全的法律规定

《国风·王风·黍离》云："彼黍离离，彼稷之苗"，生动描述了古代农作物的生长情况。众所周知，植物是地球上最重要的生命形态之一，是高等动物和人类生存与发展的基础。一方面，植物通过光合作用产生人和动物呼吸所必需的氧气，构成了地球大气的基本组分；另一方面，来源于植物的产品构成了人类生活必需品中最基本、最重要的部分。人类赖以生存的谷物及蔬菜、水果等均来源于植物的器官，它们为人类提供了基本的营养元素，特别是碳水化合物、维生素、植物蛋白、矿物质等。农业加工品中大量使用的原料如植物油、香料、植物源性调料（如桂皮、八角、胡椒）亦来自植物组织或植物代谢物。以天然农业植物为原料，进一步经过物理、化学方法提取、分离和浓缩得到的植物提取物如茶皂素（油茶籽提取物）、姜黄素、褐藻糖胶则已超越初级农产品范畴，成为进一步提高人类生活品质的"增味剂"。此外，从特殊的药用植物或饲用植物中经复杂提取、纯化过程得到的有效成分如青蒿素、人参皂苷、糖萜素等则对维护人类健康和动物福利发挥了重要作用（任琰等，2016；Armendáriz-Barragán et al.，2016）。

在20世纪90年代之前，我国农业生产的主要任务还是扩大生产、保障供给，党和政府及人民群众主要关注的还是与"吃得饱"相关的农产品供给数量问题。随着我国及世界各国经济的发展，人民的生活水平不断提高。在这种新的时代背景下，人们的消费理念和消费需求已经发生了重大的改变，对包括植物源农产品在内的各种农产品的需求已经远远不止于满足生存所急、温饱所需，而是包括外观好看、品质卓越、营养丰富、质量安全等多方面需求。而所谓"民以食为天，食以安为先"，在这诸多需求中，对农产品质量安全的需求具有突出的地位和重要性（刘萍等，2020）。习近平总书记在中央财经领导小组第十四次会议上就强调：加强食品安全监管，关系全国13亿多人"舌尖上的安全"，关系广大人民群众身体健康和生命安全。根据《中华人民共和国农产品质量安全法》的规定，农产品质量安全是指在农业生产活动中获得的植物、动物、微生物及其产品质量符合保障人体健康、安全的要求。相应的，为了维护农产品质量安全，保障人民生命健康和生活品质，《中华人民共和国农产品质量安全法》规定有下列情形之一的农产品不得销售：①含有国家禁止使用的农药、兽药或者其他化学物质的；②农药、兽药等化学物质残留或者含有的重金属等有毒有害物质不符合农产品质量安全标准的；③含有的致病性寄生虫、微生物或者生物毒素不符合农产品质量安全标准的；④使用的保鲜剂、防腐剂、添加剂等材料不符合国家有关强制性的技术规范的；⑤其他不符合农产品质量安全标准的。

因此，根据《中华人民共和国农产品质量安全法》的规定，符合质量安全的植物源农产品应当不含或不超量含有可能损害人体健康的各种内源、外源有害因子，不应对消费者产生急性或慢性毒害或导致感染疾病、造成危及消费者及其后代健康的隐患。由于可导致植物源农产品质量安全问题的内源、外源因素贯穿于植物的生长、产品加工、储存、流通等各个环节，系统性地研究和认识上述各个环节中所出现的植物源农产品质量安全问题的主要类型、主要原因及其机制，具有重要的科学意义和实用价值。

1.1.2 植物源农产品质量安全问题的主要类型

植物源农产品的质量安全问题既可以来自植物本身（内因），也可以由外部因素导致（外因）。内因主要来自植物自身合成的对人体有毒或致敏的化合物，而由外因导致的质量安全问题更为普遍和严重。在全球农业快速迈向现代化的进程中，各国普遍出现了化肥、农药、植物生长调节剂等过量或不合理使用的问题。同时，伴随着全球人口的快速增长和工业化浪潮对资源的巨大需求，人类对环境的破坏加剧，导致气候变化和环境污染问题突出，而这些污染物被植物吸收以及在植物体内积累后会对人体健康产生严重威胁。我国作为世界上人口最多、经济增速最快的发展中国家，近年来由环境污染、非法添加等导致的农产品质量安全问题十分突出。例如，湖南省是我国的有色金属之乡，汇集了大批有色金属和重化工企业，由此造成的土壤污染导致湖南所产大米中镉等重金属元素含量普遍超标，不仅严重危害了消费者的健康，还导致了市场对湖南大米的抵制，严重影响了湖南农业企业和农户的经济利益。农药残留也是我国植物源农产品质量安全的主要问题之一，而且农产品的质量安全问题除了发生在粮食、蔬菜、水果等初级植物农产品上，在次级植物农产品领域同样存在。例如，我国是世界上最重要的植物提取物供应地之一，以 2014 年为例，我国出口的植物提取物价值达 17.48 亿美元，占全球植物提取物总份额的 18%。然而由于质量安全问题，近年屡次发生被国外通报存在风险的情况，主要原因包括农药残留超标、添加剂超标、含有毒有害物质、非法辐照等，大大影响了我国植物提取物产品在国际市场上的声誉和竞争力（任琰等，2016）。此外，动物饲料中含有的安全危害成分，如菜籽饼粕中含有的硫代葡萄糖苷及芥子酸、棉籽饼粕中含有的游离棉酚毒素等也可能会通过生物富集作用进入人体，危害健康（贺秀媛等，2008）。

本书针对上述植物源农产品质量安全的主要问题，凝练了目前导致这些问题或者与其密切相关的主要内源、外源因子，并以它们作为本书后续各章的主要论述对象，从生物学角度详细介绍了这些因子影响植物生长发育和环境响应的机制，以及植物对它们的吸收、转运、降解机制。这些因子（素）列述如下。

（1）植物内源毒素和抗营养因子

植物内源毒素是植物中天然产生的毒素，具有广泛和多样的生物作用，绝大部分属于植物的次生代谢产物，在植物生命过程中常具有防御机制，保护植物免于被采食或感病，其产生和积累受外部环境因素及植物自身生长发育的影响。

（2）植物外源毒素

植物外源毒素分为细菌毒素、真菌毒素、病毒毒素等，其中真菌毒素是最常见和危害最为严重的毒素。

（3）重金属

重金属是指密度大于或等于 $5g/cm^3$ 的金属元素，通常包括镉（Cd）、汞（Hg）、镍（Ni）、铅（Pb）、锌（Zn）、铬（Cr）等生物毒性显著的元素。随着我国工业化和城市化进程的不断发展，重金属造成的土壤污染形势日趋严峻。重金属一旦进入土壤–作物系统就很难排除，过量的重金属在作物的根、茎、叶及籽粒中积累，不仅影响作物的品质、产量和农田生态系统，并且可通过食物链进入人体从而引发多种疾病，最终危害人体健康。

（4）有机污染物

环境中的有机污染物是指引起环境污染并对生态系统产生有害影响的有机化合物。其中，人工合成有机污染物在自然环境中原本并不存在，而是由人工合成产生的，如各类农药、多环芳烃、多氯联苯、高分子聚合物等。有机污染物的污染面广、分解缓慢且其毒性容易通过食物链的生物放大作用蓄积于生物体内，对人体健康造成严重危害。

（5）纳米污染物

纳米物质是一种由在三维空间中至少有一维处于纳米尺寸（1 ～ 100nm）的基本颗粒组成的天然或人工材料。纳米污染物主要来源于工业制造，在合成和使用过程中直接流入环境，也可能通过间接方式，如垃圾填埋、污水污泥进入水源、土壤，并进一步被植物体所吸收和积累。

（6）植物采后劣变

植物采收后，体内营养物质不断消耗，不适宜的贮藏条件可能造成病原菌的侵染或自身的生理失调，导致采后植物产品品质劣变，失去其商品价值，造成经济损失。因此，深入了解植物器官采后质量安全性状及其调控机制，对于延长植物采后保鲜期和保障植物采后质量安全具有重要意义。

针对上述因子（素），本书第 2 章专门从植物内外源毒素的产生、性质和消除角度进行详述；第 3 章专门从植物吸收、转运、积累、抵抗和排除重金属的生物学机制等方面予以详述；第 4 章专门从有机污染物的类型对植物的影响，在植物体内的吸收、转运、降解机制等方面予以详述；第 5 章专门从纳米污染物的概念、特性、生物学效应，在植物体内的吸收、转运、降解机制等方面予以详述；第 6 章专门从植物营养器官、繁殖器官的采后质量安全性状及采后质量安全的调控机制等方面予以详述。

1.1.3 植物源农产品质量安全问题溯源

研究植物源农产品质量安全问题的根本目的是进行预防和治理。通过对发生在植物源农产品上的质量安全问题进行溯源，发现其产生的主要来源如下。

（1）品种遗传因素

植物内源毒素的产生及其种类、含量与植物物种和品种特性密切相关，有的产毒素量高，有的产毒素量低。植物对外源毒素和污染物的解毒能力、排除能力和降解能力也与品种特性密切相关。有的植物能将大量的重金属留置在根部，有的则在果实中大量积累，引起质量安全风险。类似的，有的植物在经过一段时间的分解后能较有效地清除外源喷施的农药，有的则不能，从而引起农药残留的危害。

（2）产地环境污染

不少地方为了追求社会经济的高速发展，片面执行以“GDP 挂帅”的评价体制，过分注重速度，牺牲了生态环境，并带来质量安全隐患。由于废水、废气、固体废弃物等工业“三废”和城市生活垃圾的随意排放与堆放，城镇周边耕地土壤中的有机污染物和镉、铬、铅等重金属含量超标，大气中的复合污染及有机污染加重，地表和地下水系也受到严重污染，进而使得包括广大农村在内的整个农业生产领域的生态系统环境恶化。尽管近年来的“环保风暴”在很大程度上控制住了大气、地表和水源污染状况恶化的趋势，但是有机物、重金属等污染很难在短时间内消除，进而造成环境中的污染物持续在植物源农产品中积累，成为农产品质量安全问题的源头因素。

（3）农业投入品过量和不合理使用

农业投入品，包括化肥、农药、植物生长调节剂等，不仅对植物的产量具有重要的促进作用，而且已被纳入标准生产规程，成为农业生产的必需品。然而，长期以来为了片面达到增产、防治病虫害的目的，农业生产者在生产过程中往往超剂量施用化肥、农药、农膜等农业投入品，不仅造成土壤、水资源污染严重，而且由于长期过量使用这些农业投入品，其在农产品内也有大量残留，农产品本身变成了污染物，对质量安全造成直接影响。分布在大中型工矿企业周围和大中城市郊区的田地，其出产的农产品受到的污染往往最为严重。

（4）生产技术落后导致危害物残留

尽管近几十年来我国的工农业生产技术发生了翻天覆地的变化，但客观上我国的农业技术仍然较为落后，农民的安全生产意识仍然不高，这就带来了农产品中危害物残留较多的问题。例如，绿色、安全农业投入品的研发技术不高，难以开发和大面积应用安全、高效、低残留的农业投入品；生产者文化程度和科学知识水平较低，对农业投入品使用不当，导致农产品中有大量不安全的化学制品；农产品快速、便捷的检验检疫技术研发滞后，对一些需要专用和高精度仪器才能检测出的问题产品难以鉴别，导致存在质量安全问题的农产品流入市场，给人体健康和安全带来隐患。

（5）植物源产品流通环节的劣变及污染

植物源产品在采后运输、贮藏过程中容易出现脱水、软化、褐变与絮败、风味丧失及腐烂、霉变等品质和安全性的劣变。这些劣变和污染的产生会造成产品使用价值和商业价值的大幅下降，并可能对消费者的健康产生严重危害。目前，对储存和流通环节上植物源农产品质量安全的检测和监管已经成为市场监管的重点领域，对植物采后生物学机制的研究和新技术研发已成为农学和食品科学的重要研究领域。

1.2 植物质量安全生物学的概念及含义

1.2.1 植物的质量安全性状

性状是生物体所表现出的可遗传的形态结构、生理生化特征和行为方式等的统称（戴灼华等，2008）。任何生物都有丰富多样的性状，有的与形态特征相关（如植物花瓣的颜色和形状、人的身高和体重等），有的与生理特征相关（如植物的水分利用效率、人的 ABO 血型等），有的与行为方式有关（如植物叶片的向光性、宠物的服从性等），有的则与生物体对环境的适应性有关（如植物根系的结构和发达程度、动物皮下脂肪层的厚度等）。植物，特别是农业植物的性状通常可以根据其用途分为植物学性状、农艺性状、品质性状及质量安全性状等（图 1-1）。长期以来，植物的农艺性状由于与农产品的产量密切相关，一直是育种家和种植者关注的重点。近年来，由于人民生活水平的提高和国际竞争的加剧，植物的品质性状受到了更多的关注，在蔬菜、水果等领域，其受关注程度甚至超越了农艺性状。然而，如本章 1.1 所述，随着农业生产中化肥、农药、人工合成植物生长调节剂等农业投入品的大量使用，以及高度集约化的设施栽培中农膜、合成基质等的大量应用，植物源产品的质量安全问题频发，人们对植物的质量安全性状及其改良的关注度越来越高。质量安全性状，顾名思义就是指与植物及其产品的质量与安全性密切相关的性状，它既可以是植物内在的生物学性状，如豆类种子中胰蛋白酶抑制因子的含量、凝集素类蛋白组成等，也可以是与环境因子互作的性状，如植物根系对重金属的吸收能力、植物组织对特定农药的内源降解能力等。这些植物内在的性状及由环境引起的性状共同影响了植物产品的食用安全性，成为现代农业生产关注的焦点。

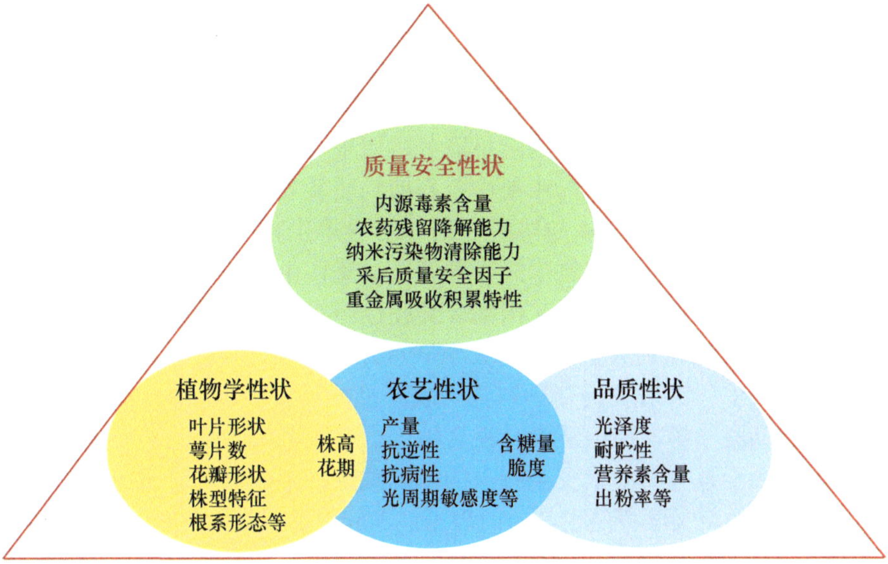

图 1-1　植物不同类型的性状及其相互关系

1.2.2　植物质量安全生物学概念提出的背景

随着植物生物学研究领域的不断扩展和新技术、新方法的不断发明，不少领域都形成了独立的学科分支。例如，针对植物抗逆研究形成了植物逆境生物学，针对根系研究形成了植物根系生物学等。近年来伴随着信息技术、空间技术、新材料技术等的飞速发展，特别是它们与生物学的交叉融合使得大量新的生物学分支概念涌现，如纳米生物学、时间生物学、合成生物学、材料生物学等。这些新学科概念的提出反映了相关领域理论和技术的快速发展，其相对独立完善的学科体系的建立和持续研究则有力地推动了专业领域的纵深发展和人才培养。尽管相比植物形态、产量、抗病性、品质等，人们对植物质量安全性状的关注相对较晚，但是经过大量研究已经发现植物中的许多质量安全影响因子，其中很多因子与人类疾病或致过敏性的关系也已得到解释。例如，导致敏感人群产生溶血的蚕豆病（favism）是一种遗传性疾病，主要由敏感人群食用或接触蚕豆等豆类后引起，最早报道的病例与食用蚕豆（*Vicia faba*）有关，该病因此得名。目前已经清楚蚕豆中富含的两种糖苷在人类胃肠消化过程中经过水解产生了活性氧物质蚕豆嘧啶（divicine）和异脲咪（isouramil），而敏感人群由于葡萄糖-6-磷酸脱氢酶缺陷从而引发蚕豆病（Luzzatto and Arese，2018）。除上述蚕豆病的例子外，未煮熟豆类（特别是菜豆）中的凝集素、葫芦科植物中的葫芦素等也是常见的引起中毒的植物中的质量安全危害因子（Jing et al.，2020；Tsaneva and Van Damme，2020）。医学家的任务是治疗或纠正遗传缺陷，育种家的任务是培育更加优质安全的新品种，而植物生物学家的任务则是专注于质量安全性状形成和调控机制的研究。因此，本书提出“植物质量安全生物学”这一概念，希冀在植物质量安全性状机理基础研究方面形成专门的研究方向，促进植物质量安全问题的解决（图 1-2）。

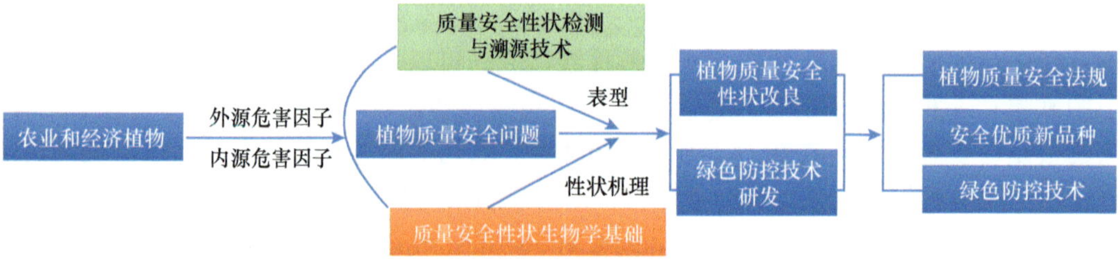

图 1-2 植物质量安全生物学基础研究在植物质量安全研究体系中的位置

目前，关于植物质量安全危害因子的介绍及其研究进展常见于环境毒理学、食品安全学等领域专著，质量安全性状的定性、定量检测分析原理与方法则常被收入各类生理生化、食品安全和环境生物技术领域的专著与手册中；而植物质量安全性状因子的生物学机制，包括遗传控制、基因表达与调控、合成与降解、信号转导等生物学研究内容则散布于植物生理学、植物逆境生物学、植物分子生物学等不同领域的著作中。基于对植物质量安全的高度重视和社会需求，在教育与教学方面，我国部分高校已经在相关领域开设了质量安全专业。例如，2003 年教育部批准在贵州大学和海南大学试点开设新设置的目录外本科专业——农产品质量与安全（081411S），其对应的新学科为“农产品质量安全学”。该专业涉及化学、生物学、环境科学、食品科学等，与经济学、社会学等也有着密切联系，学科研究方向主要为农产品种养和初级加工全过程与质量安全有关的基础理论、方法及其应用。因此，农产品质量与安全既是一门新兴的交叉学科，也是一门理论性、应用性和实践性相互交融的综合性学科。在科学研究方面，我国已有大量以农产品质量安全为对象的研究机构和实验室。全国农业科学院系统普遍设立有农产品质量及标准研究所，有关单位设有农产品质量安全领域重点实验室。我国质检领域的行业特色性大学——中国计量大学建立了专门的植物质量安全生物学实验室，以重金属、新型纳米污染物等植物质量安全危害因子为对象，以表型组学与遗传学相结合为特色，开展质量安全性状的生物学基础研究。

然而，迄今为止国内外还缺少专门以植物质量安全性状形成和调控的生物学过程与机制为主题的学术专著。如前所述，尽管有关植物质量安全性状的遗传基础、调控理论，植物对重金属和有机污染物等的吸收、转化、抗性等方面的著作不少，但是还缺乏从植物生物学层面系统地对各种质量安全危害因子与植物的关系进行集成的专著。在人民群众对植物源产品质量安全的关注前所未有、国家对质量安全要求和管控日益提高的背景下，本书作者从植物质量安全性状形成—调控—改良这条主线出发，著述《植物质量安全生物学》，具有重要的理论和实际意义。

1.2.3 植物质量安全生物学的定义

植物质量安全性状的范畴非常广泛，即便侧重于生物学方面，也很难在一部著作中面面俱到。从广义上讲，与植物质量安全相关的生物学方面至少包括：植物对质量安全危害因子的吸收、转运和降解机制；植物对质量安全危害因子响应的形态学、生理学和分子生物学机制；安全植物源产品的研究与生产、安全植物源产品资源的评价与利用；植物源产品质量安全标准和检测技术，以及转基因植物环境释放后的安全性评价；植物产品质量标准、质量控制和影响植物源产品安全性的成分检测技术等。本书对植物质量安全生物学的定义是：研究影响植物源产品的品质和安全性的生物学分支。基于此，植物质量安全生物学较为狭义的范围是植物质量安全性状的形成机制、调控方式、影响因素和遗传改良。因此，本书在本章（绪论）后专门设置了 5 章内容，分别从最常见的几类不同的质量安全危害因子角度系统阐述了与植物质量安全生物学相关的内容；在此基础上，第 7 章专门阐述了植物质量安全性状改良的理论和实践；考虑到植物质量安全性状与市场监管、环保等领域的密切相关性，还专门设立了第 8 章“植物源农产品质量安全相关法规及思考”。

植物质量安全生物学与植物营养学、农业微生物学、农药化学、微生物学等关系密切，是一门跨学科、应用性强的植物生物学新学科分支。本质上，转基因作物、基因编辑作物的质量安全及其生物学基础也均属于质量安全生物学的范畴，但是考虑到这部分的专门著作较多，因此未列入本书范畴。对质量安全性状的检测方法、表型鉴定等也常见于各类工具书和技术手册中，本书也不再将其列入，以尽量突出“生物学”这一主线。其他诸如植物源农产品加工过程中的质量安全问题，如植物油脂的酸败多见于微生物因素，其与植物生物学本身的关联性较小，故也不列入本书范畴。另外需要指出的是，植物质量安全的生物危害因子如致病性病原微生物、植物病虫害及其残余物等对植物源产品的影响也巨大，近年来日益受到关注和重视，但是由于该方面的著作众多，并且多归类于植物保护领域，因此本书也不涉及。

1.2.4 植物质量安全生物学的研究意义

农产品质量安全问题是一个事关人类健康和子孙后代命运的全球性重大问题，世界各国都在积极应对、认真研究，不断完善相关科技和政策措施。我国作为负责任的大国，农产品质量安全一直是党和政府高度关注的问题，尤其随着近年来我国综合国力的不断提高，人们对美好生活的期望越来越高，农产品质量安全问题更是被提到了全局和战略性的高度。研究农产品质量安全性状背后的基础科学问题，构建农产品安全体系，已成为维护国家长治久安、不断满足人民对新时代农产品安全美好愿望的迫切需要，而如何从生产源头到流通环节系统地提升农产品质量安全则已成为新时代农业和农村工作必须解决的具体问题。在我国当前的农产品生产中，个体农户仍然是主力军，整体上存在着文化程度低、经济基础薄、质量安全意识弱、社会责任感不足的问题。因此，维护农产品的质量安全任重道远，需要多方协力。植物质量安全生物学作为从源头、机理层面研究植物质量安全性状问题的科学，对于深入了解植物–环境互作具有重要意义，对保障农业可持续发展和促进清洁生产具有重要作用。

第一，植物质量安全生物学的研究对完善植物生产措施，促进国家生态文明建设非常重要。植物本身就是自然的一部分，充分认识植物响应环境危害因子的生物学机制及其互作机制才能更好地采取合理的栽培管理措施来尽量减少植物质量安全风险，并且通过有目的地进行品种性状改良来培育和推广安全性高的优质品种，从而最终维护植物源产品的质量安全。例如，对植物外排重金属生物学机制的研究可以帮助确定育种改良或者基因编辑修饰的靶标基因，从而指导育种家和分子生物学家有的放矢地开展重金属低积累作物品种的创制和应用。对人工合成的有机化合物，包括各种农药和植物生长调节剂，以及各种新型的纳米农药、纳米助剂在植物体内吸收、转化和消解规律的认识，可以指导制定各类农业投入品的监管政策，促进推广高效、安全、生态的新产品，禁止不安全、不合理物质的使用，从植物生产的源头遏制质量安全风险。

第二，随着社会经济日新月异的发展，人们在享受日益便利的现代化生活的同时也给地球环境带来了极大污染，同样对植物的生存造成了影响。虽然植物本身有净化污染物的能力，但是大气、土壤、水源等中存在的污染物浓度一旦超过植物的忍耐限度，就会对植物的细胞和组织器官造成损害，进而影响植物的生理功能和生长发育，导致整个植物群落组成发生变化甚至消亡。因此，植物质量安全生物学的研究可以指导政府和社会通过技术进步及法律法规的制定完善来保护生态，尽可能减少或避免环境危害因子对植物的影响。

第三，植物质量安全生物学的研究成果对国家植物源产品出口和可持续发展意义重大。基于植物质量安全生物学的研究成果，建立一套完善的植物种植、管理、环境控制、产品标准体系，对于保障植物源农产品的质量安全性、一致性和稳定性具有重要意义。作为发展中大国同时也是农业大国，我国以植物质量安全生物学的理论和技术研究成果为指导，全面梳理、整合现有的技术体系、法律法规、标准体系和资源优势，无疑能够在植物质量安全专门人才培养、理论创新、技术和检测设备研发等领域走在世界前列，对世界做出中国贡献。

综上所述，植物源农产品质量安全是一个系统工程，而植物质量安全生物学研究则是这项系统工程的重要源头保障之一。植物质量安全生物学的理论体系和认知突破是提升农产品，特别是植物源农产品质量安全领域相关技术的主要创新源头，对于产品上市的产地准出、市场准入、智慧监管等一系列政策技术措施具有指导作用。生命健康是民生的头等大事，时代的需求便是科技工作者的责任，植物质量安全生物学研究任重道远，需要广大科技工作者持之以恒、开拓创新。

参考文献

戴灼华, 王亚馥, 粟翼玟. 2008. 遗传学. 2 版. 北京: 高等教育出版社.

贺秀媛, 张君涛, 陈丽颖, 等. 2008. 棉籽饼粕饲料中游离棉酚测定方法的研究. 中国动物保健, (10): 77-78.

刘萍, 郭昌芬, 梁波, 等. 2020. 关于新时代农产品质量安全问题的几点思考. 中国农业文摘: 农业工程, 32(2): 30-32.

任琰, 钟根秀, 于婧怡. 2016. 出口植物提取物质量安全现状及监管对策. 浙江农业科学, 57(12): 1956-1959, 1967.

朱东晓. 2019. 农产品质量安全与植物保护研究. 农业与技术, 39(3): 46-47.

Armendáriz-Barragán B, Zafar N, Badri W, et al. 2016. Plant extracts: from encapsulation to application. Expert Opinion on Drug Delivery, 13(8): 1165-1175.

Jing S, Zou H, Wu Z, et al. 2020. Cucurbitacins: bioactivities and synergistic effect with small-molecule drugs. Journal of Functional Foods, 72: 104042.

Luzzatto L, Arese P. 2018. Favism and glucose-6-phosphate dehydrogenase deficiency. The New England Journal of Medicine, 378(1): 60-71.

Tsaneva M, Van Damme E J M. 2020. 130 years of plant lectin research. Glycoconjugate Journal, 37: 533-551.

第 2 章
植物内外源毒素及其合成与降解的生物学机制

毒素是生物体产生的毒物。植物在生长过程中，除了合成核酸、糖、蛋白质、脂肪等各种维持生命所必需的营养物质外，还会产生各种具有抗菌、自我保护、生命调节和抵抗不利生长环境作用的次生代谢产物。植物次生代谢产物也称为植物天然产物，种类繁多，化学结构各异，除对植物自身具有功能外，还具有广泛的生物学活性。对人类而言，这些化合物的生物学活性具有两面性：一方面有益，如具有抗炎、镇痛和抗肿瘤等生物学活性的植物次生代谢产物，是药物的重要来源；另一方面有害，部分植物次生代谢产物可影响植物及植物产品的风味，降低利用价值，危害食用者健康，严重时导致中毒甚至死亡。另外，植物作为天然的培养基，在生长、发育、采收、储存、加工的过程中都可能受到真菌、细菌等微生物产生的外源毒素污染。

遗传因素如物种、品种、基因多态性是植物内源毒素产生的内因，而外界环境如温度、水、气候等因素则是植物内源毒素含量的重要影响因素。真菌、细菌除了作为植物生长和发育的外部威胁因子，影响植物次生代谢产物的合成及蓄积外，在植物生长发育过程中还可以产生毒素，是植物外源毒素的重要来源。从植物利用的角度，可以将植物分为粮食作物、经济植物、药用植物和有毒植物，而同一种植物往往具有多种属性，这些分类的界限无法截然分开。在不同情形下，植物“安全”的含义及对应毒素种类和含量标准也不尽相同，如有毒植物及毒性中草药中的生物活性物质往往也具有较高的毒性，在作为药物使用时就需要具有特定种类的毒素并具备一定含量，而作为粮食使用的植物就不应含有毒素。从植物质量安全的总体角度而言，植物中内外源毒素的种类和含量是重要的质量安全性状指标。本章专门针对植物内外源毒素进行探讨，其他外源性毒物如农药、重金属等对植物质量安全性状的影响详见本书的其他章节。

2.1 植物内源毒素合成途径

植物内源毒素是植物中天然产生的毒素，是植物天然产物的重要组成部分，具有广泛和多样的生物作用，对动物和人类可能有利，也可能有害（陈宁庆，2010；Welch，2019）。这些化合物绝大部分属于植物的次生代谢产物（陈宁庆，2010），在植物生命过程中具有防御机制，保护植物免于被采食或感病（Welch，2019）。目前，有超过 10 万种植物次生代谢产物被鉴定为植物毒素（Welch，2019），它们结构迥异，丰富多样，根据化学结构可以将其分为萜类、生物碱、苷类、酚类等。植物次生代谢产物的种类和含量同时受到植物遗传特性和外部环境的影响，特定次生代谢产物通常只分布在很有限的植物类群中，而其结构越特殊，在植物类群中的分布范围就越窄，其产生和积累常常受外部环境因素及自身生长发育的影响（陈晓亚和薛红卫，2018）。相应的，植物毒素也存在类似的特征。

糖、蛋白质、脂肪等初级代谢过程中的产物为次生代谢产物的生物合成提供了基本的构建单元，通过环化合成反应或酶促反应把有限的基本单元累加起来，就形成了种类繁多的复杂结构。次生代谢产物通过合成路径与初生代谢产物相关联，主要生物合成途径有以下几种：乙酸-丙二酸途径（acetate-malonate pathway，AA-MA 途径）、甲羟戊酸途径（mevalonate pathway，MVA 途径）、1-脱氧木酮糖-5-磷酸途径（1-deoxy-D-xylulose-5-phosphate pathway，DXP 途径）、莽草酸途径（shikimic acid pathway）、氨基酸途径（amino acid pathway）。

2.1.1 萜类化合物及其生物合成

2.1.1.1 萜类化合物

萜类化合物是植物中分布最广的次生代谢产物，目前已经分离鉴定的数量超过 80 000 种（Zhou and Pichersky，2020）。所有植物都合成多种萜类代谢产物，其中，某些结构的萜类化合物在所有的植物中均存在，但是很多萜类生物碱仅存在于某些特定植物类群中，多认为这些化合物是某些植物类群针对特定生态条件演化的产物（Zhou and Pichersky，2020）。萜类化合物是生物体中数量最多、结构和功能多样性最丰富的化合物（Jia and Chen，2016）。种类繁多的萜类化合物以异戊二烯（C_5H_8）为结构单元，经一系列酶催化反应合成。根据分子中异戊二烯单元数量，萜类化合物可以分为半萜（C_5）、单萜（C_{10}）、倍半萜（C_{15}）、二萜（C_{20}）、三萜（C_{30}）和多萜等（卢善发等，2019）；根据结构中碳环的数目，可以分为链萜、单环萜、双环萜、三环萜和四环萜，如三环二萜、四环二萜等。萜类多以含氧衍生物的形式存在，因此萜类化合物又可以分为萜醇、萜醛、萜酮及萜酯等（卢善发等，2019；裴月湖和娄红祥，2019）。萜类化合物分类及代表结构类型详见表 2-1。

表 2-1 萜类化合物分类及代表结构类型

分类	C_5 单元数	代表结构类型/物质	存在部位（来源）/用途
半萜（hemiterpenoid）	1		叶绿体
单萜（monoterpenoid）	2	香叶醇、橙花醇、薄荷醇、冰片、樟脑等	植物腺体、油室和树脂道等分泌组织，是挥发油的主要成分
倍半萜（sesquiterpenoid）	3	青蒿素、青蒿甲素、棉酚、脱落酸等	高沸程挥发油，具有细胞毒性、抗菌等生物活性
二萜（diterpenoid）	4	贝壳杉烷、克罗烷、松香烷、乌头烷、半日花烷、紫杉烷、海松烷、瑞香烷等	树脂、苦味质、植物醇；医药、食品成分的重要来源，部分具有较强毒性
二倍半萜（sesterterpenoid）	5	种类较少，粉背蕨二醇、粉背蕨三醇	植物病菌、昆虫代谢物
三萜（triterpenoid）	6	达玛烷型、羊毛脂烷型、环阿屯烷型、甘遂烷型、葫芦烷型等	皂苷、树脂、植物乳汁，具有生物活性，可作为药物来源
多萜（polyterpenoid）	＞8	聚合物	橡胶等

按照萜类化合物在植物体内发挥的作用，可分为初生代谢产物和次生代谢产物。植物中萜类初生代谢产物种类较少，主要包括甾类、胡萝卜素类及植物激素等，是植物生长发育和行使生理功能所必需的；绝大多数萜类化合物属于次生代谢产物，不同植物产生不同种类、高度特异化的萜类化合物，在植物与环境因子相互作用中发挥重要作用（王凌健等，2013）。此外，在人类生活中，萜类化合物可作为香料、芳香剂、药物、橡胶及生物燃料等发挥重要

作用。然而，部分萜类化合物具有较强的毒性，如黄瓜和西葫芦中的葫芦素，具有苦味，可导致果实品质下降，严重时甚至可导致中毒，危害身体健康。

葫芦素（cucurbitacin）是广泛存在于葫芦科（Cucurbitaceae）植物中高度氧化的四环三萜类物质（Chen et al.，2011；李麒等，2020；Jing et al.，2020）。截至目前，已经从 30 个属的葫芦科植物中分离出了超过 100 种的葫芦素，此外，在其他种类植物中也发现有少量葫芦素的存在。根据化学结构葫芦素可分为 12 个亚类，同时还有同分异构、脱氧和脱氢等衍生物的形式存在，其中葫芦素 B 和 D 是植物中最常见的类型，也是含量最高的类型（Chen et al.，2011）。研究表明，葫芦素具有广泛的生物活性，如抗炎、抗癌和抗病毒及护肝作用（Chen et al.，2011；Kapoor et al.，2020），从而广受关注，但是葫芦素也是葫芦科植物中苦味的主要来源，并且具有细胞毒性（李麒等，2020）。不同葫芦科植物中葫芦素的种类、含量均存在很大的差异，并且与其生长发育阶段和过程、植物部位等密切相关，如葫芦素 C 分布范围较窄，主要分布在黄瓜中（马永硕，2017；李麒等，2020）。同时，不同结构的葫芦素生物学效应也存在很大差异，如与大多数葫芦素具有苦味不同，罗汉果中以糖苷形式存在的葫芦素类三萜具有极强的甜味（马永硕，2017）。这也意味着只有“精准”认识和理解萜类化合物的结构与生物学特征，充分把握萜类化合物与植物质量和“安全”之间的有机联系，有的放矢，才能利用好富含萜类化合物的植物。

2.1.1.2　萜类化合物的生物合成

尽管异戊二烯 C_5 单元是萜类化合物的结构单元，但是萜类化合物的生物合成并不是起始于异戊二烯，而是从初生代谢产物乙酰辅酶 A、丙酮酸和甘油醛-3-磷酸开始的。萜类化合物的生物合成途径主要有 2 个，根据合成场所可以分为质体途径和胞质途径。质体途径又称为 1-脱氧木酮糖-5-磷酸途径（DXP 途径）或甲基赤藓醇-4-磷酸途径（methylerythritol 4-phosophate pathway，MEP 途径），胞质途径又称为甲羟戊酸途径（MVA 途径），这两个合成途径均以重要的中间体得名（卢善发等，2019）。倍半萜和三萜通过定位于细胞质的 MVA 途径合成，而单萜、二萜和四萜是通过叶绿素的 MEP 途径合成（孙丽超等，2017；朱源等，2020）。萜类的生物合成途径需要多种酶的参与，可分为 3 个阶段（Singh and Sharma，2014；Bathe and Tissier，2019）：第一阶段生成异戊烯基焦磷酸（isopentenyl pyrophosphate，IPP）及其异构体二甲基烯丙基焦磷酸（dimethylallyl pyrophosphate，DMAPP）C_5 前体；第二阶段生成法尼基焦磷酸（farnesyl pyrophosphate，FPP）、牻牛儿基焦磷酸（geranyl pyrophosphate，GPP）及牻牛儿基牻牛儿基焦磷酸（geranylgeranyl pyrophosphate，GGPP）等的直接前体；第三阶段在直接前体基础上合成萜类物质并进行修饰（梁宗锁等，2017；时敏等，2018）。

（1）第一阶段：C_5 前体单元的合成

由 MVA 和 MEP 两种途径合成通用前体异戊烯基焦磷酸（IPP）及其异构体二甲基烯丙基焦磷酸（DMAPP）。

MVA 途径以初生代谢产物乙酰辅酶 A（CoA）作为起始，在乙酰乙酰 CoA 硫解酶（AACT）的作用下缩合，生成含有 5 个碳原子的乙酰乙酰 CoA（acetoacetyl-CoA）；之后羟甲基戊二酰辅酶 A 合酶（hydroxymethylglutaryl-CoA synthase，HMGS）催化乙酰乙酰 CoA 加上羟甲基生成 3-羟基-3-甲基戊二酰辅酶 A（3-hydroxy-3-hydroxymethylglutaryl-CoA，HMG-CoA），然后经 3-羟基-3-甲基戊二酰辅酶 A 还原酶（3-hydroxy-3-hydroxymethylglutaryl-CoA reductase，HMGR）催化还原生成甲羟戊酸（MVA）。最后在甲羟戊酸激酶（mevalonate kinase，MVK）和磷酸甲羟戊酸激酶（phosphomevalonate kinase，PMVK）的连续作用下经过两步磷酸化并脱羧基，最终形成活化形式的异戊烯基焦磷酸（IPP）（Chen et al.，2011；时敏等，2018；朱源等，2020）。

MEP/DXP 途径起始于初生代谢产物丙酮酸和甘油醛-3-磷酸，首先由 1-脱氧木酮糖-5-磷酸合酶（1-deoxy-D-xylulose-5-phosphate synthase，DXS）催化两者磷酸化形成 C_5 单位 1-脱氧木酮糖-5-磷酸（1-deoxy-D-xylulose-5-phosphate，DXP），之后在 1-脱氧木酮糖-5-磷酸还原异构酶（1-deoxy-D-xylulose-5-phosphate reductoisomerase，DXR）的作用下生成 2-C-甲基-D-赤藓醇-4-磷酸（2-C-methyl-D-erythritol 4-phosphate，MEP）；MEP 在 MEP 胞苷酰转移酶（2-C-methyl-D-erythritol 4-phosphate cytidylyltransferase，MCT）的作用下加成一个磷酸胞苷，生成带有杂环和二磷酸的 4-二磷酸胞苷-2-C-甲基-D-赤藓醇（4-diphosphocytidyl-2-C-methyl-D-erythritol，CDP-ME）。CDP-ME 在 4-二磷酸胞苷-2-C-甲基-D-赤藓醇激酶（4-diphosphocytidyl-2-C-methyl-D-erythritol kinase，CMK）的作用下进一步磷酸化生成 4-二磷酸胞苷-2-C-甲基-D-赤藓醇-2-磷酸（4-diphosphocytidyl-2-C-methyl-D-erythritol-2-phosphate，CDP-ME2P）。CDP-ME2P 在 2-C-甲基-D-赤藓醇-2,4-环二磷酸合酶（2-C-methyl-D-erythritol-2,4-cyclodiphosphate synthase，MDS）的作用下生成 2-C-甲基-D-赤藓醇-2,4-环二磷酸（2-C-methyl-D-erythritol-2,4-cyclodiphosphate，ME-cPP）。ME-cPP 在 1-羟基-2-甲基-2-(*E*)-丁烯基-4-二磷酸合酶［1-hydroxy-2-methyl-2-(*E*)-butenyl-4-diphosphate synthase，HDS］的作用下开环生成 1-羟基-2-甲基-2-(*E*)-丁烯基-4-二磷酸［1-hydroxy-2-methyl-2-(*E*)-butenyl-4-diphosphate，HMBPP］。最后，HMBPP 经 1-羟基-2-甲基-2-(*E*)-丁烯基-4-二磷酸还原酶［1-hydroxy-2-methyl-2-(*E*)-butenyl-4-diphosphate reductase，HDR］的作用下脱水生成 IPP。MEP/DXP 途径与 MVA 途径的第一阶段产物均为 IPP，在异戊烯基焦磷酸异构酶（isopentenyl pyrophosphate isomerase，IDI）的催化下，IPP 与 DMAPP 可相互转化（卢善发等，2019）。

（2）第二阶段：合成萜类化合物前体物质

IPP 和 DMAPP 在不同的异戊烯基转移酶（prenyltransferase，PT）的催化作用下形成各种萜类化合物的前体物质。其中，1 分子 IPP 和 1 分子 DMAPP 在牻牛儿基焦磷酸合酶（geranyl pyrophosphate synthase，GPPS）的催化下，头–尾相接缩合生成 C_{10} 牻牛儿基焦磷酸（GPP），作为单萜合成的前体物质。法尼基焦磷酸合酶（farnesyl pyrophosphate synthase，FPPS）催化 2 分子的 IPP 和 1 分子 DMAPP 缩合生成 C_{15} 的法尼基焦磷酸（FPP），作为倍半萜和三萜合成的前体物质；牻牛儿基牻牛儿基焦磷酸合酶（geranylgeranyl pyrophosphate synthase，GGPPS）催化 3 分子 IPP 和 1 分子 DMAPP 生成 C_{20} 的牻牛儿基牻牛儿基焦磷酸（GGPP）作为二萜和四萜合成的前体物质（时敏等，2018；卢善发等，2019）。

（3）第三阶段：萜类化合物生成及修饰

萜类前体化合物 GPS、FPP 和 GGPP 等在中长链顺式或反式异戊烯基转移酶（*cis*-PT，*trans*-PT）及萜类合酶（terpene synthase，TP）的催化作用下进行链的延伸、修饰和骨架结构重排，形成各种萜类产物。在此基础上，进一步在各种修饰酶如甲基转移酶、脱氢酶、细胞色素氧化酶和还原酶的作用下形成各种不同类型的萜类化合物（时敏等，2018）。萜类化合物合成路径中第一阶段和第二阶段研究已经相当明晰，第三阶段是萜类化合物化学结构多样性的关键合成步骤，有待进一步研究阐明。

2.1.1.3　萜类化合物的影响因素

植物中萜类的生物合成及蓄积受到植物遗传及各种内部、外部调控因素的影响。其中遗传因素及其多样性决定萜类生物合成相关酶的种类和功能，从而决定不同物种中产生及蓄积的萜类化合物的种类和含量。各种内源性和外源性调控因素通过影响基因的表达和酶的生成，从而影响萜类化合物的合成。

物种及遗传因素对萜类化合物合成的影响直接体现在不同的物种含有的萜类毒素种类不同，如雷公藤甲素、雷公藤乙素等主要存在于卫矛科雷公藤属植物中（刘文成等，2017），而马桑内酯、马桑亭、马桑宁等倍半萜类毒素则主要分布于马桑科植物马桑中（郭新荣等，2014）。此外，在同一个植物分类单元中，尽管其萜类化合物具有类似的结构，但是在不同的物种中的分布存在很大差异，如研究表明在 10 科 40 属 90 种植物中发现葫芦素类化合物，但是种类多和含量高的集中分布在葫芦科中，其中黄瓜、甜瓜、南瓜、苦瓜等植物中含量较高，在植物的果实、果皮、茎和根等不同部位中葫芦素类化合物含量存在很大差异，葫芦素 B 在自然界中普遍存在，黄瓜中主要是葫芦素 B 和葫芦素 C，甜瓜蒂中主要是葫芦素 B、葫芦素 E 和葫芦素 D，其中葫芦素 B 含量占 80% 以上（刘钰莹等，2017），而葫芦素 C 目前仅发现存在于黄瓜中（马永硕，2017）。

萜类化合物合成的 3 个阶段均需要一系列酶的参与，关键酶有 3-羟基-3-甲基戊二酰辅酶 A 还原酶（HMGR）、1-脱氧木酮糖-5-磷酸还原异构酶（DXR）、异戊烯基焦磷酸异构酶（IDI）、异戊烯基转移酶（PT）、萜类合酶（TP）（马转转等，2015）和细胞色素 P450 酶类。HMGR 不可逆催化 3-羟基-3-甲基戊二酰辅酶 A 转化为 MVA，故被认为是 MVA 途径的第一个限速酶（陈晓亚和薛红卫，2018）。DXR 催化 DXP 的还原途径，从而将其引入 MEP 途径，这一步是代谢的分支点，也是调控的主要位点。IDI 催化 IPP 和 DMAPP 相互转化，在拟南芥中有两个同源基因，分别编码定位在细胞质和质体中的酶，供 MVA 途径和 MEP 途径使用。PT 催化 IPP 和 DMAPP 缩合生成直接前体 GPP、FPP 和 GGPS，是萜类化合物合成中的重要过程。该酶通过在 IPP 和 DMAPP 骨架上每次增加 C_5 单元，从而合成不同长度的萜类骨架，供萜类合酶使用（陈晓亚和薛红卫，2018）。萜类合酶催化异戊烯基转移酶产物形成各种萜类化合物，根据催化底物的不同，可以分为单萜合酶、倍半萜合酶、二萜合酶、三萜合酶等，植物的萜类合酶通常由 550 ～ 850 个氨基酸组成（Chen et al.，2011；陈晓亚和薛红卫，2018）。萜类化合物种类、结构繁多在很大程度上是由于萜类合酶在催化合成萜类后还经过了很多形式的化学修饰，其中细胞色素 P450 酶系在其中发挥着至关重要的作用，大约 97% 的萜类化合物通过细胞色素氧化酶催化进行氧化反应（梁宗锁等，2017；张玉婷等，2020）。

植物生长发育所处阶段、昼夜节律、转录因子及诱导因子等也影响萜类化合物的生物合成（梁宗锁等，2017）。植物中的挥发性萜类化合物经常在特定时间或发育阶段，在特定的植物组织中合成并释放（梁宗锁等，2017）。转录因子在转录水平控制基因的表达，从而发挥调控作用。参与调控萜类生物合成的转录因子有 AP2/ERF、bHLH、bZIP、WRKY、MYB 等，其中 WRKY 是最大的转录因子家族之一，部分 MYB 促进萜类化合物的合成，而另一部分则起抑制作用（苏文炳等，2019）。诱导子可诱导生物响应，产生具有生物活性的化合物，如茉莉酸可诱导黄花蒿中青蒿素、红豆杉中紫杉醇的生物合成（石宏武等，2017）。金属元素也可影响植物中萜类化合物的生物合成，研究表明 Cd 可抑制短舌匹菊（*Tanacetum parthenium*）中萜类挥发油的合成；低浓度的 Cu 则可刺激挥发油的生成，而在高浓度时则对挥发油的生成没有影响；高浓度的 Cd 增加单萜烯的比例，而 Cu 则增加倍半萜的比例（Hojati et al.，2017）。

环境因子，如温度、湿度、臭氧、光照、紫外线也可影响植物中萜类化合物的合成（余翠翠和魏建和，2019）。植物中萜类化合物的合成途径对周围环境短期及长期变化均能做出响应，以提高植物自身保护和生存竞争能力。此外，各种环境因素与植物的遗传、基因表达和调控交互影响；反之，不同结构和种类的萜类化合物在植物对各种胁迫因素响应中发挥不同作用，体现在同样胁迫因素条件下，植物中某些萜类化合物含量升高，而另外一些萜类化合物含量下降。光照是 MEP 途径中最重要的因素，萜类化合物对环境中光照的变化具有很高的敏感性，黑暗环境抑制植物萜类化合物的合成，光照恢复后，萜类化合物的合成能够很快恢复到正常状态（余翠翠和魏建和，2019）。此外，研究表明土壤的营养状态也影响植物萜类化合物的合成（Ormeño and Fernandez，2012）。

2.1.2 生物碱类化合物及其合成路径

2.1.2.1 生物碱类化合物

生物碱是一类重要的天然有机化合物，以杂环上存在一个或多个碱性氮原子为结构特征，氮原子在不同结构的生物碱上的位置不同（Huang et al.，2020）。生物碱分子中也可能含有氧、硫和氯、溴及磷元素，在植物、动物和微生物等生物体中均可以合成。其中植物合成的丰富生物碱具有显著的药用价值（Huang et al.，2020）。第一个生物碱是 1804 年研究人员从罂粟中分离的吗啡，目前从植物中分离的生物碱已超过 27 000 种（Huang et al.，2020）。随着核磁、质谱及分离与结构研究等新方法和新技术的不断涌现，从植物中发现的生物碱种类和数量仍在迅速增加。

生物碱数量众多，结构复杂。根据植物来源，可以分为马钱子生物碱、颠茄生物碱、乌头生物碱、罂粟生物碱等；根据结构特征，可以分为吡咯生物碱、吡咯里西啶生物碱、托品烷生物碱等，无法体现生物碱的来源。结合生物碱的生物合成途径及其结构特征，则能综合体现生物碱的来源和结构信息，详见表 2-2。生物碱在植物中以盐类、游离碱、酰胺、*N*-氧化物、含氮杂环缩醛类形式存在，还有少数生物碱以亚胺、烯胺、苷、季铵碱、酯的形式存在。

表 2-2 生物碱的来源及结构分类（裴月湖和娄红祥，2019）

合成路径	前体	结构分类	次级结构分类
氨基酸途径	鸟氨酸	吡咯生物碱	
		吡咯里西啶生物碱	
		托品烷生物碱	
	赖氨酸	哌啶生物碱	
		吲哚里西啶生物碱	
		喹诺里西啶生物碱	
	邻氨基苯甲酸	喹啉生物碱	
		吖啶酮生物碱	
	苯丙氨酸/酪氨酸	简单苯丙胺生物碱	
		四氢异喹啉生物碱	
		苄基四氢异喹啉生物碱	苄基异喹啉生物碱，双苄基四氢异喹啉生物碱，阿朴啡生物碱，吗啡烷生物碱，原小檗碱生物碱，普罗托品生物碱，苯菲啶生物碱

续表

合成路径	前体	结构分类	次级结构分类
甲戊二烯途径	色氨酸	吲哚类生物碱	简单吲哚生物碱，β-卡波林生物碱，半萜吲哚生物碱，单萜吲哚生物碱，双吲哚生物碱
	萜类	萜类生物碱	单萜生物碱，倍半萜生物碱，二萜生物碱，三萜生物碱
	甾体	甾体生物碱	孕甾烷（C_{21}）生物碱，环孕甾烷（C_{24}）生物碱，胆甾烷（C_{27}）生物碱

生物碱结构与生物类群的关系密切，天然生物碱主要来源于植物界，在动物界发现的很少。生物碱在低等植物中较少，主要分布在高等植物类群中，在裸子植物、单子叶植物中有一定分布，但主要分布于双子叶被子植物，尤其集中于石竹科、夹竹桃科、卫矛科、罂粟科、毛茛科和茄科等十几个科。生物碱很少与萜类和挥发油共同存在于同一植物类群中，且结构类型越特殊，其分布的植物类群范围就越狭窄，如阿托品、莨菪碱等托品烷类生物碱主要分布于茄科中的莨菪属和颠茄属，乌头碱等二萜生物碱则主要分布于毛茛科中的乌头属和翠雀属植物中。同一植物中通常有数种甚至几十种生物碱共存，同一植物中的生物碱化学结构多具有相似性，一般来源于同一个前体。生物碱的这些特征对于认识不同植物类群中生物碱的结构、理化性质、生物学活性，以及发现、鉴定新的生物碱化合物具有重要价值。

绝大多数生物碱具有广泛的生物学活性，这是其具有药用价值和开发利用潜力的缘由，但同时也是其具有毒性的原因。生物碱的结构是其药用价值和毒性的决定因素，通过改变结构可以改变其生物学效应，如以可卡因作为先导化合物，设计合成的利多卡因和普鲁卡因等可以作为局部麻醉药使用。在同一植物中共同存在的生物碱同系物中，尽管大都是由同一前体化合物合成且都有类似的结构，但是其中某些特定结构的生物碱的生物活性或毒性最强，如在乌头属植物中的二萜生物碱中，乌头碱的毒性最强，其次是其同系物，之后是其依次水解乙酰基和苯甲酰基的单酯及胺醇产物。

近 50 年来，同位素标记和分离纯化酶系统等生物碱生物合成的研究技术取得了很大的进步，目前的研究主要集中在生物碱生物合成途径中重要基因的功能方面，已发现了几种生物碱的生物合成途径（Cordell，2013）。目前，已知的生物碱合成路径主要有两条：一条是氨基酸途径，另一条是甲戊二烯途径，它们与所合成生物碱的对应关系详见表 2-2。由于生物碱类化合物结构繁杂，除部分生物碱，如长春碱、小檗碱的生物合成路径有了相对系统的阐明外，大部分生物碱合成途径的研究还达不到萜类研究的系统性。下面对主要分布于茄科植物的托品烷类生物碱和苷类生物碱进行介绍。

2.1.2.2　茄科植物中的托品烷生物碱

（1）托品烷类生物碱

托品烷类生物碱（tropane alkaloid）是以吡咯烷和哌啶合成的、以托品烷为基本骨架的一类生物碱，在植物体中通常以有机酸酯的形式存在。目前已经发现 500 多种，包括阿托品（atropine）、莨菪碱（hyoscyamine）、山莨菪碱（anisodamine）、东莨菪碱（scopolamine）和樟柳碱（anisodine）。托品烷类生物碱主要分布在茄科（Solanaceae）颠茄属（*Atropa*）、赛莨菪属（*Scopolia*）、山莨菪属（*Anisodus*）、天蓬子属（*Atropanthe*）、马尿泡属（*Przewalskia*）、泡囊草属（*Physochlaina*）、天仙子属（*Hyoscyamus*）和曼陀罗属（*Datura*）中，如天仙子、唐古特山莨菪、三分三、曼陀罗、木本曼陀罗、洋金花、颠茄和唐古特马尿泡等植物。托品烷类生物碱是抗胆碱类药物的主要来源，作用于副交感神经系统（雷天翔等，2016）。托品烷类生物碱多是胆碱受体拮抗剂，从茄科植物中分离到的阿托品、莨菪碱、山莨菪碱均为M受体拮抗剂，在临床上广泛应用，如用于有机磷中毒救治、消化道及眼科用药等，具有重要的药用价值（Berkov et al.，2005）。此外，每年因为误食茄科植物或者饮用茄科植物药酒中毒事件时有发生，临床表现为面色潮红、口干、谵妄和昏迷等症状，托品烷类生物碱是导致这类中毒的主要致病因子。

（2）托品烷类生物碱的合成

托品烷类生物碱的合成研究已有近200年历史（Jan et al.，2013），其合成途径已经研究得相对清楚（Robins and Walton，1993；Cordell，2013；雷天翔等，2016）。托品烷类生物碱主要通过氨基酸途径合成，可以分为两个阶段：第一阶段是前体化合物腐胺（putrescine）的合成，第二阶段是在腐胺的基础上合成托品烷类生物碱。

第一阶段：前体化合物腐胺的合成。腐胺合成有两条途径：一条起始于鸟氨酸，经鸟氨酸脱羧酶（ornithine decarboxylase，ODC）催化脱去羧基生成腐胺；另一条是在精氨酸脱羧酶（arginine decarboxylase，ADC）、鲱精胺亚胺基水解酶（agmatine iminohydrolase，AIH）和*N*-氨甲酰基腐胺氨基水解酶（*N*-carbamoylputrescine amidohydrolase，CPA）的连续作用下催化精氨酸经三步反应生成腐胺（强玮等，2016）。

第二阶段：腐胺合成托品烷类生物碱的直接前体托品酮。腐胺在*N*-甲基腐胺转移酶（putrescine *N*-methyl transferase，PMT）的催化下发生甲基化，形成*N*-甲基腐胺，之后在*N*-甲基腐胺氧化酶（*N*-methylputrescine oxidase，MPO）的作用下生成4-氨基-正丁醛，并自发地转化为*N*-甲基-*O*-吡咯啉正离子。*N*-甲基-*O*-吡咯啉正离子处于各种托品烷生物碱合成的中心位置，与丙酮酸缩合形成古豆碱，与烟酸发生缩合生成尼古丁，还可以生成可卡因（强玮等，2016）。*N*-甲基-*O*-吡咯啉正离子在酶促反应下引入托品环形成托品酮，是托品烷生物碱合成途径中特有的二环结构中间体。托品酮还原酶（tropinone reductase，TR）有TRⅠ和TRⅡ两种类型，TRⅠ催化托品酮还原成托品（tropine），TRⅡ催化托品还原为假托品（pseudotropine），托品在一系列酶促反应下生成莨菪碱，而假托品则生成打碗花精（Robins and Walton，1993；强玮等，2016；张翠平，2017）。莨菪碱6β-羟化酶（hyoscyamine-6β-hydroxylase，H6H）催化莨菪碱的C6位羟化生成山莨菪碱，并可将山莨菪碱环氧化为东莨菪碱。

（3）植物中托品烷类生物碱合成的影响因素

不同茄科物种及植物不同部位中托品烷类生物碱的种类和含量存在很大差异。铃铛子（*Anisodus luridus*）中含有莨菪碱和东莨菪碱，各部位中莨菪碱含量均高于东莨菪碱，其中莨菪碱含量最高的部位为子房，其次是种子和主根；东莨菪碱含量最高的部位也是子房，其次是花萼和花冠；茎中莨菪碱和东莨菪碱含量均最低。铃铛子中生物碱的含量高于颠茄（曾俊岚等，2016）。山莨菪（*Anisodus tanguticus*）中樟柳碱的含量最高，其次为东莨菪碱和山莨菪碱，阿托品的含量最低，在不同生长时期，山莨菪地下部分中4种生物碱（樟柳碱、东莨菪碱、山莨菪碱和阿托品）的含量均高于地上部分，在8月结籽时含量达到最高（王环等，2002）。茄科植物中的托品烷类生物碱数量众多，利用气相色谱–质谱（GC-MS）技术在曼陀罗（*Datura stramonium*）中检测到了64个生物碱成分，并从中鉴定出了48个托品烷类生物碱。不同生长阶段、不同部位中生物碱的种类和数量变化明显，刚萌发的植物根中生物碱的含量最高，枯萎植株根中生物碱含量则很低，茎中生物碱的含量在不同生长过程中相对稳定

（Berkov et al.，2005）。不同海拔对茄科植物中托品烷类生物碱含量也有明显的影响（王环等，2002）。

尽管托品烷类生物碱的生物合成路径尚未完全阐明，但大量研究已经鉴定了其合成路径中的部分关键基因和酶，这些基因均表现出高度的组织表达特异性，在颠茄、曼陀罗和天仙子的须根中高水平表达（邱飞，2019）。鸟氨酸脱羧酶（ornithine decarboxylase，ODC）使鸟氨酸直接脱去羧基生成腐胺；同时，腐胺也可由精氨酸经过一系列催化反应生成。腐胺具体由哪种途径生成具有物种特异性（强玮等，2016）。*N*-甲基腐胺转移酶（PMT）催化腐胺生成 *N*-甲基腐胺，这是托品烷类生物碱合成的第一个限速酶，其在不同植物同种合成途径中的效果不完全相同。*N*-甲基腐胺氧化酶（MPO）属于铜离子结合的二胺氧化酶家族，能够催化 *N*-甲基腐胺脱氨氧化生成 4-氨基正丁醛。在合成莨菪碱的植物中，4-氨基正丁醛发生自环化生成 *N*-甲基-*O*-吡咯啉正离子，再经过一系列尚未阐明的化合反应生成二环结构前体托品酮（强玮等，2016）。托品酮还原酶（TR）有 TRⅠ 和 TRⅡ 两种立体结构特异的构型，是托品烷类生物碱合成代谢途径的分支点，两种构型托品酮还原酶都是 NADPH 依赖的短链脱氢酶，超过 50% 的氨基酸序列相似，脱氢的特异性是有两种构型的酶活性中心以相反的方向与托品酮结合，在培养的根组织中发现有特异性的积累（Dräger，2006）。

鉴于托品烷类生物碱广泛的药用价值，研究者开展了大量的代谢研究从而尽可能地提高植株中生物碱的含量。通过遗传改造，托品烷类生物碱合成途径中的关键酶，如 PMT、H6H 的编码基因过表达，可以显著提高茄科植物及须根中莨菪碱和东莨菪碱含量（龙世平等，2013；强玮等，2016）。大量的诱导子如甲基茉莉酸酯、金属等可作为诱导因素增强托品烷类生物碱的合成。对曼陀罗须根培养物的研究发现，[NO_3^-]、[$H_2PO_4^-$]、[Ca^{2+}] 的水平及 [NO_3^-/Ca^{2+}] 与 [$NO_3^-/H_2PO_4^-/Ca^{2+}$] 的联合作用可诱导生物碱的合成，而 [$NO_3^-/H_2PO_4^-$] 和 [$H_2PO_4^-/Ca^{2+}$] 的联合作用则抑制生物碱合成（Amdoun et al.，2009）。有研究表明，二氧化硅纳米颗粒可以诱导天仙子属植物中莨菪碱和东莨菪碱的合成，纳米颗粒处理组中莨菪碱和东莨菪碱的含量分别是对照组的 12 倍和 2 倍多，同时，PMT 和 H6H 呈现过表达（Hedayati et al.，2020）。一项不同胁迫因素对白花曼陀罗须根培养物生物碱合成影响的研究表明，水杨酸可显著增加东莨菪碱和莨菪碱的含量，并且不会改变东莨菪碱和莨菪碱之间的比例。$AgNO_3$ 增加东莨菪碱含量，但是对莨菪碱的含量则无影响；酵母提取物同时增加两种生物碱的含量，但是对东莨菪碱含量增加的效果更为显著。$CaCl_2$ 对两种生物碱蓄积和释放影响很小，而 $CdCl_2$ 则能显著增加两种生物碱的合成，但是高浓度的 $CdCl_2$ 对植物的生长严重有害（Pitta-Alvarez et al.，2000）。还有研究表明，$KCr(SO_4)_2$ 可以增强颠茄 *H6H* 基因的表达，从而增加莨菪碱和东莨菪碱的生物合成，但是对植物的生长有害（Vakili et al.，2012）。这些研究结果提示托品烷生物碱与茄科植物的抗逆性密切相关。

2.1.2.3 马铃薯中的苷类生物碱

马铃薯（*Solanum tuberosum*），别名土豆、洋芋等，属于茄科（Solanaceae）茄属（*Solanum*）植物，是一种重要的粮食和蔬菜作物，其重要性仅次于小麦、水稻、玉米，在世界各地广泛种植。马铃薯在生长过程中会产生具有抗菌和抗虫作用的次生代谢产物生物碱，其植株地上营养部分富含这些生物碱，地下块茎部分生物碱的含量则很低（Friedman and Levin，2016）。马铃薯中的糖苷生物碱影响新鲜马铃薯及其加工产品的风味，高浓度时具有苦味，高于 200mg/kg 鲜重时可导致中毒，出现恶心、呕吐等消化道系统症状。这些生物碱具有生物活性，是影响马铃薯质量安全的内源性物质，尤其在发芽、储存过程中其含量会大幅增加，可导致中毒。马铃薯生物碱类型主要是胆甾烷生物碱，以苷的形式存在，主要种类为α-茄碱（龙葵素）、β-茄碱、γ-茄碱和α-卡茄碱、β-卡茄碱、γ-卡茄碱，结构见图2-1。

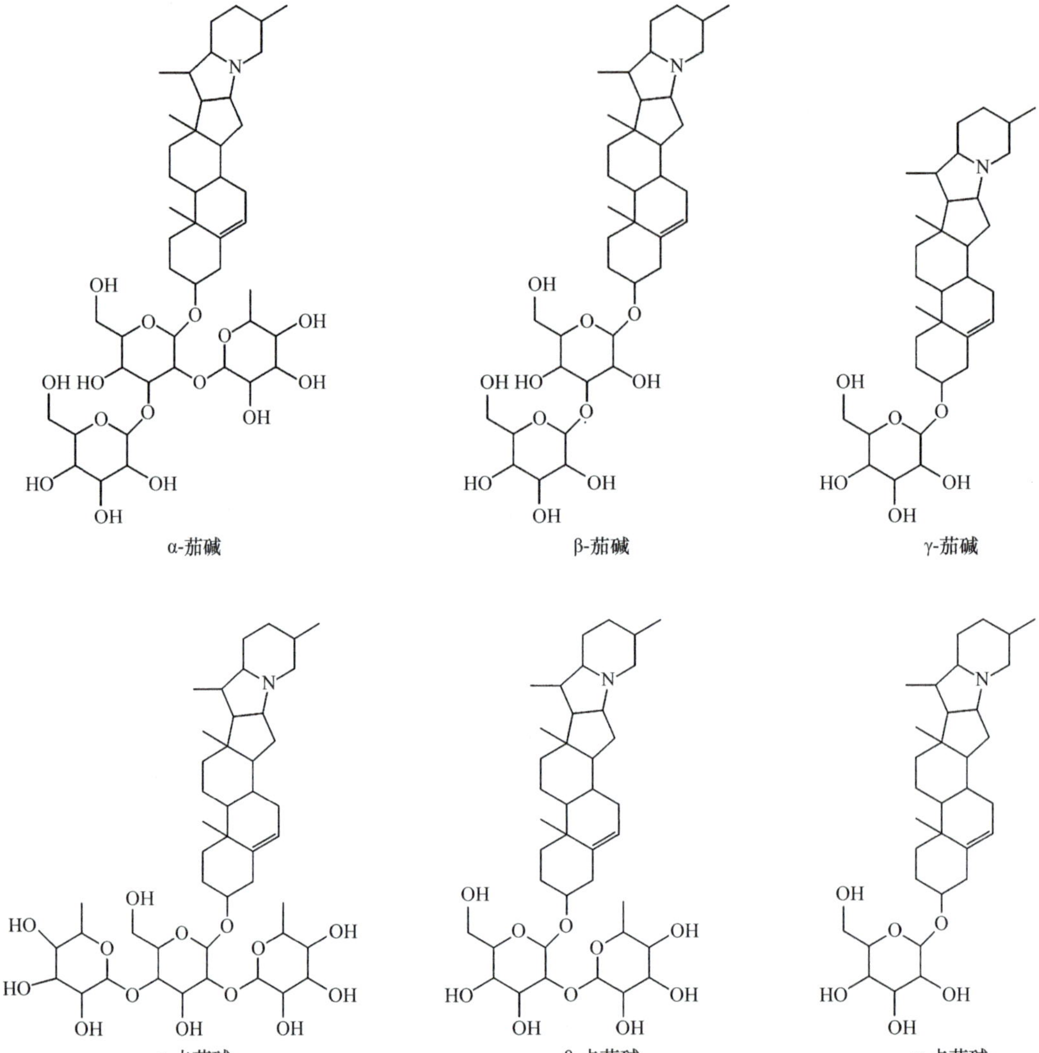

图2-1　马铃薯中α-茄碱、β-茄碱、γ-茄碱和α-卡茄碱、β-卡茄碱、γ-卡茄碱结构

遗传因素是马铃薯性状的决定性因素，通过筛选、杂交、驯化和基因工程等技术手段对品种进行改良可改变马铃薯中糖苷生物碱的性状。野生品种的生物碱含量比驯化品种高。此外，不同品种中主要生物碱的种类也不同，河北张家口地区3种商业种植的马铃薯'Shepody'、'Russet Burbank'和'Atlantic'中糖苷生物碱（包括α-茄碱和α-卡茄碱）的含量分别为4.72mg/kg、34.45mg/kg和10.32mg/kg，α-卡茄碱含量与α-茄碱含量的比值分别为1.36、0.41和0.91（Jin et al.，2018）。利用CRISPR/Cas9［规律性重复短回文序列簇（CRISPR基因座）及其相关蛋白Cas9］基因编辑技术敲除糖苷生物碱合成途径中由*St16DOX*编码的类固醇16-α-羟化酶基因可以使马铃薯毛状根不蓄积糖苷生物碱（Nakayasu et al.，2018）。马铃薯不同组织、部位中糖苷生物碱含量不同，并且随着生长发育阶段的不同发生变化。花和嫩叶中生物碱（α-茄碱和α-卡茄碱）含量分别高达15 312mg/kg鲜重和6952mg/kg鲜重，以α-茄碱为主，随着叶子逐渐长大生物碱含量呈下降趋势；在匍匐茎和根组织不同部位中α-茄

碱与 α-卡茄碱含量比例为 0.89 ～ 2.14（Peng et al.，2019）。马铃薯收获后的储存方式和储存时间的长短也对其生物碱含量有很大的影响。对保存不同时间的马铃薯中 4 种主要糖苷生物碱的研究显示，芽和外皮中生物碱含量的增加速度和含量显著高于马铃薯肉中，并且 4 种生物碱存在不同的变化趋势。随着储存时间的延长，马铃薯肉中 4 种生物碱的含量变化不大，而芽和皮中含量则显著增加（Deng et al.，2021），提示马铃薯中的生物碱主要合成和储存在芽和皮中。不同加工方式也可显著影响马铃薯中糖苷生物碱的含量，研究表明，去皮可以降低马铃薯中糖苷生物碱的含量（Tajner-Czopek et al.，2012），这与马铃薯芽和皮中生物碱含量高的结果一致。与原材料相比，加工后的马铃薯生物碱含量明显降低，而油炸过的马铃薯中生物碱含量下降最为显著（Tajner-Czopek et al.，2012），提示高温可以降低马铃薯中的生物碱含量。

2.1.3 苷类化合物

糖苷（glycoside），又称为苷或配糖体，是糖及其衍生物如氨基糖、糖醛酸等与一些非糖物质［称为苷元（aglycone）或配基（genin）］通过糖的半缩醛或半缩酮羟基与苷元脱水形成的一类化合物。几乎所有的天然产物，如黄酮类、苯丙素类、萜类、生物碱等均可与糖或糖的衍生物合成苷，因此苷的结构各异，种类繁多，其生物活性也千差万别。根据苷在植物体中是原生还是次生可以分为原生苷和次生苷，次生苷是原生苷脱掉一个或多个单糖生成的产物；根据含有的单糖基个数，可分为单糖苷、双糖苷和三糖苷等；根据苷元化学结构类型，可分为黄酮苷、生物碱苷和三萜苷等；根据某些苷的特殊性质或生理活性，可分为皂苷、强心苷等；根据苷键原子的不同，可分为氧苷、氮苷、硫苷、碳苷等，其中氧苷最多。同一植物中可以存在不同类型的苷，它们可以是同一苷元连接了不同结构或数目的糖，或者是同种糖连接了不同的苷元。本部分对生物活性和毒性都很强的强心苷和氰苷进行介绍。

2.1.3.1 强心苷

强心苷（cardiac glycoside）是存在于植物中、具有强心作用的甾体苷类化合物，结构比较复杂，由强心苷元（cardiac aglycone）和糖两部分构成。强心苷侧链由不饱和内酯环构成，甾体母核中 4 个环的稠合方式与甾醇不同。强心苷存在于许多有毒植物中，目前已知有十几个科几百种的有毒植物含有强心苷，特别是玄参科、夹竹桃科植物，其他有百合科、萝藦科、十字花科、卫矛科、豆科、毛茛科、梧桐科和大戟科等植物。强心苷主要存在于植物的果实、叶和/或根中。许多强心苷化合物已经被开发成为药物在临床上广泛使用（Geng et al.，2020），主要用于心衰及节律障碍等心脏疾病的治疗，如地高辛、毛花苷等。同时，这些强心苷类化合物也是有毒植物导致中毒的主要原因，如误食夹竹桃叶、毛地黄等可导致中毒，严重时可危及生命（Nordt et al.，2020）。

除了强心作用，强心苷的其他生物活性也受到了广泛关注（Patel，2016），尤其是抗癌作用。研究表明，在强心苷类化合物处理的早期，首先激活细胞自噬，然后诱导细胞凋亡，并且导致细胞死亡，这一过程中通过 Na^+/K^+-ATP 酶诱导自噬激活和细胞死亡（Geng et al.，2020）。内源性和外源性强心苷与核内因子相互作用，影响激素调控、免疫系统、身体防御和致癌作用转录因子的调控过程（Karaś et al.，2020）。

2.1.3.2 氰苷

氰苷（cyanogenic glycoside）主要指一类含有 α-羟腈的苷，如苦杏仁苷（amygdalin）、亚麻氰苷（linustatin）、野黑樱苷（prunasin）和百脉根苷（lotaustralin）等，目前已经发现有 50

多种。除了α-氰苷，还有一些γ-羟氰苷和氧化偶氮类等其他结构类型。氰苷是植物天然产物中的次生代谢产物，由α-羟腈苷元和糖基（主要是D-葡萄糖）构成化合物。氰苷在植物中的分布相对广泛，植物中含有的氰苷毒素化合物至少有2500种（Vetter，2000），主要分布在豆科、蔷薇科和菊科植物中（Vetter，2000），此外在木薯、亚麻籽及高粱和玉米等禾本科植物幼苗中也有大量分布。氰苷合成的前体是不同种类的氨基酸，羟基化以后生成*N*-羟基氨基酸，随后转化为醛肟，再转化为氰苷。氰苷合成的遗传机制并不唯一，植物产生的氢氰酸（HCN）含量也存在很大变异（Vetter，2000）。氰苷多数易溶于水，易水解，尤其是在酸或酶的催化作用下更易水解，水解生成的α-羟氰苷元也很不稳定，很快分解生成醛、酮和氢氰酸；在碱性条件下不易发生水解，但可异构化成羧酸类化合物。在植物中，氰苷生成HCN需要经过两个步骤，即去糖基化和分子断裂，分别由β-葡萄糖苷酶和α-羟腈酶催化，是否产生HCN取决于植物中氰苷的生物合成及其水解酶的存在或缺失（Vetter，2000）。植物中氰苷的实际水平由遗传、生长发育和生态等多种因素共同决定（Vetter，2000）。

氰苷水解产生的HCN有剧毒，是含氰苷植物导致人和动物中毒的化学成分。另外，某些氰苷，如苦杏仁苷和亚麻油苷具有治疗作用，可作为传统中医药使用并用于某些癌症的靶向治疗（Mosayyebi et al.，2020）。有研究提出基于富含氰苷植物的饮食对炎性疾病，如慢性肾病和风湿性疾病的蛋白质结构和功能改善有作用，这可能是由髓过氧化物酶将硫氰酸盐转化为硫氰酸所致（Simsek and Çakatay，2019）。

2.2 植物内源毒素处置策略

植物内源毒素结构繁多，种类复杂，绝大部分是植物的次生代谢产物，对于植物适应环境变化和响应不良生长因子具有重要作用。植物内源毒素具有广泛的生理活性，其中相当一部分可作为中药使用，也是药物发现的重要来源。另外，植物中的内源毒素可影响植物的利用价值，在使用不当等特定条件下可危害动物和人体健康，导致中毒甚至死亡。总体来说，植物内源毒素的益处和危害因植物种类和利用方式不同而异，对内源毒素的处置也因实际使用场景不同而异。例如，在利用茄科植物分离提纯托品烷生物碱作为药物来源时，需要采取措施提高植物中莨菪碱和东莨菪碱等的含量，而作为蔬菜和粮食的马铃薯，则需要降低马铃薯中α-茄碱和α-卡茄碱等生物碱的含量，以尽可能提高马铃薯的利用价值，避免发生食物中毒。内源毒素的产生主要取决于遗传和生长环境等外部因素，其中遗传和基因多样性是决定因素，生长环境等外部因素也对植物毒素具有重要影响。结合植物内源毒素产生的影响因素及其应用场景，可以采取如下几个策略实现最大化利用植物内源毒素，同时避免其带来的危害。

（1）通过筛选或者改变具有特定遗传特征的物种或品种

从避免植物内源性危害及利用植物内源毒素的角度，需要使植物不产生毒素或者毒素产生量增加。物种及基因多态性等遗传因素是决定植物毒素种类和含量的根本因素。通过品种筛选，采用杂交、基因编辑等生物工程手段改良品种，驯化野生物种，引种等手段可以有针对性地选择不含有毒素或毒素含量低的作物物种（品种），或者选择产生特异性毒素的物种（品种），作为生物活性物质的重要来源。葫芦科植物中广泛含有多种类型的葫芦素，这些葫芦素在野生苦瓜和黄瓜果实中大量存在，使其具有强烈的苦味，长期种植驯化后的苦瓜苦味降低，黄瓜苦味则完全消失，从而可以作为蔬菜广泛栽培食用，研究发现黄瓜中2个转录因子调控苦味素合成通路上的9个基因，并且提出了从苦味很强的野生黄瓜驯化为栽培的食用品种的分子基础（Shang et al.，2014）。采用木薯（*Manihot esculenta*）分子育种技术，可以提高其中的淀粉、蛋白质含量，改变淀粉结构，提高蛋白质含量，提高抗虫病害、干旱、寒冷等逆境能力，此外，还可以采用分子育种技术培育低氰苷含量的木薯品种，从而提高木薯的利用价值（黄强等，2013）。

（2）调控或控制植物生长条件，影响内源毒素合成

植物毒素的产生受到生长环境多种因素及生物和非生物胁迫的影响，选择适宜于植物及农作物生长的温度、湿度、水分、光照等因素，精准管理，合理使用农药、化肥及植物生长因子，改良土壤，控制植物收获期，可尽量减少植物中毒素的种类和含量。选择适宜于植物生产的环境，避免“橘生淮北则为枳”。某些品种的黄瓜，在不良生长条件下会产生葫芦素从而变苦，如一品种黄瓜在低温（白天 18℃、夜晚 12℃）生长环境下有苦味，而在正常生长环境（白天 30℃、夜晚 22℃）下则苦味消失（Shang et al.，2014），这是由该品种对低温不良生长条件的响应所致。此外，环境因素也可显著影响药用植物中有效成分的产生和蓄积，这也是中药道地药材形成的重要因素。

（3）在植物采收后利用环节对毒素做出恰当处置

植物在利用前多需要经过一定的储存和加工处理过程，这些过程对植物产品中最终的毒素种类和含量具有重要影响。毒性中草药在使用时需要合理配伍，并且经过各种炮制手段进行加工，煎煮一定时间后可以起到降低内源毒素含量和毒性的作用。例如，来源于剧毒乌头属植物的川乌、草乌、附子等中药材，在采收后经过筛选、蒸煮等炮制过程后，其中剧毒的生物碱大量水解，毒性降低，成为制附片、黑附片炮制品，在作为中药汤剂时仍需要恰当配伍，经过长时间炖煮，其毒性成分进一步分解后才可用于治病；而加工不当导致中毒甚至死亡的事件时有发生。利用毒素在植物不同组织中的分布情况可以有效避免植物内源毒素带来的危害，如去皮可以有效去除马铃薯中的糖苷生物碱，豆薯植物仅块根可食用，其余果实、叶子中均含有具有很强神经毒性的鱼藤酮类毒素，不慎食用即可导致中毒的发生。某些作为蔬菜和粮食大量应用的植物也都含有内源毒素，如四季豆中含有皂苷和红细胞凝集素，杏仁和木薯中含有氰苷，这些植物需要恰当的加工方法，经过高温加工，毒素即可彻底被破坏。此外，在植物大规模加工过程中，可使用特定的加工工艺将植物中的内源毒素去除，如在亚麻籽榨油时通过精炼即可去除油中的亚麻氰苷。

2.3　植物外源毒素

植物外源毒素分为细菌毒素、真菌毒素、病毒毒素等，其中真菌毒素是最常见和危害最为严重的毒素。

根据对寄主植物作用的特异性，将真菌毒素分为寄主专化性毒素（host-selective toxin，HST）和非寄主专化性毒素（non-host-selective toxin，NHST）。HST 对寄主植物具有特异性生理活性和高度专化性作用，NHST 则对寄主或非寄主植物都具有生理活性和非专化性作用（王珊珊等，2019）。随着对毒素作用范围测试的不断扩大，许多 HST 也显示出了 NHST 的特点，因此对某些植物病原菌的次生代谢产物已不宜用 HST 和 NHST 来限定（韩珊，2009）。例如，链孢属（*Alternaria*）真菌既能产生 HST，也可以产生 NHST；而细链格孢（*A. tenuis*）和百日草链格孢（*A. zinniae*）可产生 NHST。

HST 是病原菌产生的对寄主植物具有特异性生理活性和高度专化性作用位点的有毒代谢

物。到目前为止，能产生寄主专化性毒素的植物病原真菌至少来自 9 个属，累计包含 21 种，主要为链格孢属（*Alternaria*）、长蠕孢属（*Helminthosporium*）和刺盘孢属（*Colletotrichum*）等（董金皋和李正平，1997；时焦等，2013）。另外，来自棒孢霉属（*Corynespora*）、镰刀菌属（*Fusarium*）、黑葱花霉属（*Periconia*）和叶点菌属（*Phyllosticta*）的真菌也能产生 HST。现已确定了大多数寄主专化性毒素的化学结构，主要寄主专化性毒素见表 2-3（刘品贤和李久香，1992；祁高富等，2000；时焦等，2013；王珊珊等，2019）。

表 2-3　已发现的寄主专化性毒素（时焦等，2013）

年份	植物病害名称	病菌名	毒素	染病植物	作用点
1933	梨黑斑病	*Alternaria kikuchiana*	AK*	梨	细胞膜
1947	燕麦斑枯病	*Helminthosporium victoriae*	HV*	燕麦	细胞膜
1961	高粱根腐病	*Periconia circinata*	PC*	高粱	细胞膜
1965	玉米大斑病	*Helminthosporium turcicum*	HT*	玉米	细胞膜
1966	苹果斑点落叶病	*Alternaria alternaria* f. sp. *mali*	AM*	苹果	细胞膜
1966	柑橘褐斑病	*Alternaria alternaria*	ACT*	柑橘	叶绿体，细胞膜
1970	玉米小斑病	*Helminthosporium maydis*	HMT*	玉米	线粒体
1971	甘蔗眼斑病	*Helminthosporium sacchari*	HS*	甘蔗	细胞膜
1973	玉米黄叶枯病	*Phyllosticta maydis*	PM*	玉米	线粒体
1975	番茄轮斑病	*Corynespora cassicola*	CC*	番茄	未知
1976	番茄茎枯病	*Alternaria alternaria*	AAL*	番茄	线粒体
1979	柑橘褐斑病	*Alternaria alternaria*	ACR*	柑橘	线粒体
1979	草莓黑斑病	*Alternaria alternaria*	AF*	草莓	细胞膜
1980	烟草赤星病	*Alternaria alternaria*	AT*	烟草	线粒体
1997	玉米圆斑病	*Helminthosporium carbonum*	HC*	玉米	细胞膜
1990	小麦褐斑病	*Pyrenophora tritici-repentis*	PTR	小麦	未知
1989	烟草枯萎病	*Fusarium oxysporum* f. sp. *nicotianae*	PON	烟草	未知
1993	欧洲梨褐斑病	*Stemphylium vesicarium*	PT	梨	未知
1986	烟草黑胫病	*Phytophthora nicotianae*	PN**	烟草	未知

AK：日本梨黑斑病菌毒素；HV：燕麦维多利亚疫病菌毒素；PC：高粱买罗病菌毒素；HT：玉米大斑病菌毒素；AM：苹果斑点落叶病菌毒素；ACT：柑橘褐斑病菌毒素；HMT：玉米小斑病菌 T 小种毒素；HS：甘蔗眼斑病菌毒素；PM：玉米叶枯病菌毒素；CC：番茄轮斑病菌毒素；AAL：番茄茎枯病菌毒素；ACR：粗皮柠檬褐斑病菌毒素；AF：草莓黑斑病菌毒素；AT：烟草赤星病菌毒素；HC：玉米圆斑病菌毒素；PTR：小麦褐斑病菌毒素；PON：烟草枯萎病菌毒素；PT：欧洲梨褐斑病菌毒素；PN：烟草黑胫病菌毒素。* 代表化学结构已确定的毒素；** 烟草黑胫病菌毒素为非寄主专化性毒素

NHST 是病原菌产生的一类对寄主植物具有一定生理活性和非专化性作用位点的有毒代谢物。在一定浓度下，这类物质就能造成寄主植物的敏感性反应，由此也能区分寄主植物的抗病性差异（韩珊，2009）。目前共发现超过 60 种寄主非专化性毒素，包含至少 15 种化学结构已明确的毒素（王珊珊等，2019）。目前，已报道的非寄主专化性毒素主要来自镰刀菌属、尾孢菌属、轮枝孢属、梨孢属、疫霉属、核盘菌属、链格孢属、长蠕孢属、茎点霉属、刺盘孢属等（王珊珊等，2019），这些 NHST 的致病范围很广，对寄主和非寄主都会产生一定程度的毒性作用。

真菌毒素的类别主要分为以下几种。

1）肽和蛋白类毒素

十字花科植物黑斑病菌（*Alternaria brassicae*）产生的一种环状肽和玉米圆斑病菌（*Helminthosporium carbonum*）产生的环状四肽都是肽类毒素。小麦褐斑病菌（*Pyrenophora tritici-repentis*）产生的 PTR 毒素和棉花黄萎病菌（*Verticillium dahliae*）产生的棉花黄萎病菌毒素（VD 毒素）都属于蛋白类毒素（韩珊，2009）。

2）糖肽和糖蛋白类毒素

稻瘟病菌（*Pyricularia oryze*）产生的诱发白穗的毒素、柑橘干枯病菌（*Phoma tracheiphila*）产生的致病毒素均为糖肽类毒素；烟草枯萎病菌（*Fusarium oxysporum* f. sp. *nicotianae*）毒素和烟草黑胫病菌（*Phytophthora nicotianae*）毒素则属于糖蛋白类毒素（韩珊，2009）。

3）多糖及糖苷类毒素

除了产生蛋白类毒素，棉花黄萎病菌还可以产生多糖类毒素；甘蔗眼斑病菌（*Helminthosporium sacchari*）产生的长蠕孢糖苷是一种糖苷类毒素。

4）脂类和酯类毒素

炭疽菌中的瓜类刺盘孢 2 号小种可产生脂类毒素，链格孢属真菌产生的 AK、AF、ALL 毒素也都属于脂类化合物；甜菜尾孢病菌（*Cercospora beticola*）产生的甘油三酯类毒素对植物有弱毒性；拟茎点霉属某种（*Phomopsis* sp.）产生的 OPT 毒素是一种海松烯内酯，在松树体内可转化为真正的致病毒素——异海松烯内酯而引起松树针叶和枝干病害。

5）芳环、杂环化合物及其衍生物类毒素

多为非寄主专化性毒素，种类较多。例如，链格孢菌（*Alternaria alternata*）、百日草链格孢菌（*A. zinniae*）和根丛赤壳（*Nectria radicicola*）均可产生酚类毒素；立枯丝核菌（*Rhizoctonia solani*）可产生苯乙酸、羟基苯乙酸和羟基苯甲酸等芳香酸类毒素；致病疫霉（*Phytophthora infestans*）可产生香豆素；寄生隐丛赤壳菌（*Endothia parasitica*）、菊池链格孢菌（*Alternaria kikuchiana*）、核盘菌（*Sclerotinia sclerotiorum*）、黑麦草核腔菌（*Pyrenophora lolii*）等均可产生酚衍生物香豆素类毒素；叶点霉菌属物种（*Phyllosticta* spp.）、桑担卷菌（*Helicobasidium mompa*）、三侧毛壳菌（*Chaetomium trilaterale*）和豌豆腐皮镰孢菌（*Fusarium solani* f. sp. *pisi*）等均可产生醌类和半醌类毒素。

6）萜、类萜及甾类毒素

扁桃壳梭菌（*Fusicoccum amygdali*）产生的壳梭孢素、长蠕孢菌产生的蛇孢腔菌素和麦根腐长蠕孢菌（*Helminthosporium sativum*）产生的毒素均为倍半萜类化合物；茄镰孢菌（*Fusarium solani*）产生的茄镰孢吡喃酮、根状葡柄霉（*Stemphylium radicinum*）产生的根状素、链格孢菌产生的链格孢酚–甲基醚和链格孢烯等吡喃酮衍生物和镰孢菌产生的单端孢霉烯类均为萜类或类萜化合物；尾孢菌（*Cercospora* spp.）产生的苯并芘衍生物类毒素、西瓜枯萎病菌（*Fusarium oxysporum* f. sp. *niveum*）产生的一种毒素及其他一些病菌中的菲醌类和菲酚类毒素都是甾类毒素。

7）氨基酸衍生物类毒素

几种镰孢菌（*Fusarium* spp.）和藤仓赤霉菌（*Gibberella fujikuroi*）产生的镰孢菌酸为简单的氨基酸衍生物类毒素（徐艳，2006）；镰孢菌产生的番茄萎蔫素、盘长孢状刺孢菌（*Colletotrichum gloeosporioides*）和尖镰孢（*Fusarium oxysporum*）产生的曲霉萎凋素 A 和 B，以及链格孢菌产生的细交链格孢酮酸（TeA）均为较复杂的氨基酸衍生物类毒素（张志强，2007）。

8）酮类

如玉米小斑病菌（*Helminthosporium maydis*）T 小种产生的 HMT-toxin 和玉米黄叶枯病菌（*Phyllosticta maydis*）产生的 PM 毒素都属于线型聚乙酮醇（韩珊，2009）。

9）其他类型毒素

真菌在侵染植物过程中还可以产生各种各样其他类型的毒素。例如，核盘菌产生的草酸、根菌（*Rhizopus* spp.）产生的延胡索酸为有机酸类毒素；一些真菌产生的毒素含有不饱和碳链，如梨黑斑病菌（*Alternaria kikuchiana*）产生的 AK 毒素、镰孢菌产生的玉米赤霉烯酮类毒素；小茎点霉菌（*Phoma exigua*）产生的细胞松弛素 B 由一个大内酯环稠合于高度取代的八氢化异吲哚体系而组成；串珠镰孢菌（*Fusarium monilifome*）产生的态珠毒素为 K1-羧基环-J1-烯-3,4-二酮。

植物病原真菌毒素的致病机制复杂，它主要通过作用于寄主植物的细胞器等结构影响植物的生理生化过程。真菌毒素作用位点主要包含细胞质膜、叶绿体和线粒体等，主要影响寄主植物的水分代谢、防御酶体系、蛋白质代谢、核酸代谢和酚类代谢等生理生化过程（韩珊等，2008；王珊珊等，2019）。

细胞质膜：有些种类的真菌毒素可作用于植物细胞质膜。针对作用对象，真菌毒素对寄主细胞质膜的伤害可以分为对膜脂的伤害和对膜蛋白的伤害。有些病菌毒素对细胞质膜的毒害作用是通过诱导寄主细胞产生活性氧，使质膜系统中的膜脂部分发生氧化，从而破坏细胞膜系统，同时改变细胞膜的透性，导致细胞内电解质外渗。例如，冬枣黑疔病菌产生的毒素能增大寄主植物细胞膜的透性，导致膜系统损坏，电解质渗漏，寄主的物质代谢发生紊乱，从而使其丧失正常的生理功能，甚至死亡（于丽娜等，2008）。水稻立枯丝核菌产生的毒素可引起水稻细胞膜透性发生变化，同时造成水稻细胞膜的损伤（徐艳，2006）。马铃薯立枯丝核菌产生的毒素处理马铃薯幼苗时，可引起幼苗细胞膜透性增大并引起胞内电解质的外渗（贾蕊鸿，2016）。研究发现，扁桃壳梭孢菌产生的梭菌孢素（fusicoccin，FC）可破坏寄主植物细胞质膜的膜蛋白部分（文彬等，2001）。

叶绿体：一些真菌毒素的主要作用位点是叶绿体。它们可破坏叶绿体组织，抑制植物的光合作用，从而对寄主植物造成伤害。用烟草野火病菌产生的毒素处理烟草叶片时，烟草叶片的叶绿体内膜系统受到破坏，基粒片层解体，叶绿体形成囊泡，从而对烟草造成严重的毒害作用，甚至导致死亡（徐玲和张世珖，2006，王珊珊等，2019）。莲子草假隔链格孢毒素会损坏空心莲子草的叶绿体组织，且损害程度与毒素浓度紧密相关。低浓度毒素会使少数叶绿体变形、膨大，基粒片层发生肿胀，甚至出现离散状；高浓度毒素会导致多数叶绿体出现畸形、膨胀，基粒片层严重离散状，甚至发生紊乱，并出现空泡化（张云霞等，2011，王珊珊等，2019）。

线粒体：有些种类病菌毒素的作用位点是线粒体。例如，寄主专化性毒素中的玉米小斑病菌 T 小种产生的 HMT 毒素、玉米叶枯病菌产生的 PM 毒素等作用位点均位于线粒体上（王珊珊等，2019）。毒素作用于寄主植物线粒体上会造成线粒体损伤，影响细胞呼吸，导致呼吸链中氧化磷酸化解偶联。随着伤害程度的加深，线粒体在超微结构上发生显著变化，如线粒体膜结构受到破坏，嵴发生膨胀，出现空泡化，线粒体基质及嵴的数量减少甚至消失等（王珊珊等，2019）。用大豆尖孢镰刀菌产生的毒素处理大豆时，大豆胚根的线粒体膜会发生局部断裂；线粒体发生肿胀、变形，甚至内部电子会出现透明化和空泡化（台莲梅等，2006）。稻瘟病菌产生的毒素会使水稻愈伤组织线粒体的双层膜与嵴模糊，线粒体出现空泡化，并发生质膜断裂等危害（魏松红等，2000）。

对水分代谢的影响：一些植物病原真菌毒素可使寄主植物的细胞质膜发生破裂而失水，从而影响寄主植物的水分代谢，导致植株出现萎蔫症状（王珊珊等，2019）。例如，镰刀菌酸可伤害寄主植物细胞质膜而造成植株萎蔫。许多多糖或糖肽毒素通过堵塞维管束或使木质部内的汁液黏度增大而降低水分流动速度（徐艳，2006）。例如，青枯假单胞菌产生的毒素可增大导管液黏度，从而降低水分运输速度；此外，一些病原真菌毒素还会影响气孔的调节，有些病菌毒素能使寄主植物的气孔长期处于开放状态，从而使寄主植物出现萎蔫。例如，壳梭孢素（FC）可促使蚕豆气孔处于开放状态而导致蚕豆在感染后迅速萎蔫（张韶杰等，2009）。

对防御酶体系的影响：寄主植物体内的防御酶体系在其抗性及生长发育等方面具有重要的作用，其中起主要作用且研究最多的酶有超氧化物歧化酶（superoxide dismutase，SOD）、过氧化物酶（peroxidase，POD）、过氧化氢酶（catalase，CAT）、苯丙氨酸解氨酶（phenylalanine ammonia lyase，PAL）、多酚氧化酶（polyphenol oxidase，PPO）等（钟小刚，2013）。SOD能够清除氧自由基，POD和CAT主要清除经SOD歧化产生的H_2O_2和超氧自由基，从而避免对细胞造成伤害。POD与寄主植物的呼吸作用、光合作用及生长素的氧化等都有关系，同时还能清除细胞内的有害物质。PAL与PPO是酚类代谢的主要酶，可使木质素大量产生并积累在细胞壁的周围，还能够将病原菌限制在一定的细胞范围内，从而修复伤口（李姝江，2013）。当寄主植物受到真菌毒素胁迫后，寄主体内的一些防御系统的保护酶活性会发生变化。例如，*Pilidium concavum* 产生的毒素能够改变牡丹叶片内的防御酶活性，当牡丹叶片受到胁迫后，体内的SOD、CAT、POD活性增加，而PPO活性受到抑制，这种抑制作用可能与品种的抗性程度有关；当毒素浓度高于一定量时，PAL活性也将受到抑制（丁丁，2009；张涛，2011）。

抑制光合作用：病原菌毒素作用于植株后，主要通过破坏叶绿体来抑制其光合作用。画眉草弯孢霉的α,β-dehydrocurvularin毒素通过影响叶绿体偶联因子和PSⅡ电子传递，从而影响马唐（*Digitaria sanguinalis*）叶绿体类囊体膜上非环式光合磷酸化在光合磷酸化中所占的主要地位，进而对其非环式光合磷酸化产生强烈抑制作用，造成光能转化成ATP的效率降低，暗反应因得不到足够的ATP而受到抑制，进而抑制马唐的新陈代谢，引起叶片坏死（姜述君和强胜，2005）。烟草叶片接种烟草野火病菌毒素后，光合速率显著下降（徐玲和张世珖，2006）。

抑制蛋白质合成：脱氧雪腐镰刀菌烯醇（deoxynivalenol，DON）可吸附于离体的小麦叶片核糖体上，抑制蛋白质合成，并引起寄主细胞电解质外渗（Casale and Hart，1988；Miller and Ewen，1997）。康振生等（2004）采用免疫细胞化学技术对禾谷镰刀菌（*Fusarium graminearum*）侵染小麦穗部过程中产生的DON进行了定位分析，发现DON结合于寄主细胞内质网、细胞质和细胞质膜，为DON抑制寄主蛋白质合成和电解质外渗的致毒机理提供了进一步的细胞学证据。此外，尖孢镰刀菌毒素、灰葡萄孢毒素、黄瓜枯萎病菌毒素、根瘤菌毒素和串珠镰刀菌毒素等都能抑制寄主蛋白质合成，从而对寄主起到强烈毒害作用（台莲梅等，2006；郑莉等，2006；田雪亮等，2008，2012；王珊珊等，2019）。

影响核酸代谢：某些毒素能够影响核酸代谢，促进或抑制特定基因的表达。黄曲霉毒素（aflatoxin，AF）可直接与寄主DNA结合。研究发现，产毒的黄曲霉菌株的黄曲霉毒素生物合成途径调节基因（*aflR*）均有明显转录，而不产毒的菌株*aflR*基因无转录或仅有较低水平的转录（陈茹和刘钟滨，2006）。木霉菌素（trichodermin）对DNA链终止具有作用，细交链格孢酮酸可破坏核糖体，鹰嘴豆枯萎病菌（*Fusarium oxysporum* f. sp. *ciceri*）毒素可抑制RNA合成（韩珊等，2008），而马铃薯早疫病菌产生的茄格孢吡喃酮A（solanapyrone A）可选择性抑制 DNA 聚合酶（Yoshiyuki et al.，2002）。

对酚类代谢的影响：许多毒素引起植物发生坏死或褐变，实际上并不是毒素的直接作用，而是一种由于酚类代谢增加而引起的次级效应。通常，酚类或酚类的代谢产物被认为是寄主植物的抗菌物质，抑制酚类或酚类代谢产物的积累可降低寄主抗病性，有利于病原微生物的生长和繁殖（郑露，2010）。榆长喙壳菌（*Ceratocystis ulmi*）产生的 CU 毒素可抑制榆树体内那龙多酚（nanronones）的积累，使寄主没有足量的多酚类物质来激活多酚氧化酶，进而减少了抑菌物质醌的积累（Pijut et al.，1990）。镰刀菌酸及其衍生物能抑制与抗性有关的多酚氧化酶的活性（韩珊等，2008）。

针对危害严重的几种真菌毒素，详细介绍如下。

2.3.1 黄曲霉毒素

2.3.1.1 黄曲霉毒素概述

黄曲霉毒素（AF）是黄曲霉菌（*Aspergillus flavus*）、寄生曲霉菌（*A. parasiticus*）等曲霉属真菌次生代谢产生的真菌毒素（mycotoxin），在湿热地区的食品和饲料中出现概率最高，是霉菌毒素中毒性最大、对人类健康影响最突出的一类毒素（丁晓雯和柳春红，2011；王后苗，2016）。黄曲霉毒素是具有相似分子结构和理化性质的一类真菌毒素，相对分子量为 312 ～ 346，它们的基本结构都含有二呋喃环和氧杂萘邻酮（香豆素），前者为基本毒性结构，后者可能与致癌性有关。黄曲霉毒素无色、无嗅、无味，难溶于水，易溶于油脂、甲醇、氯仿等有机溶剂，在中性及酸性溶液中较稳定，在 pH 9 ～ 10 的强碱溶剂中迅速分解生成香豆素钠盐（刘阳等，2018）。黄曲霉毒素耐热性很强，一般的烹调加热温度很难将其破坏，只有当温度达到 280℃以上，黄曲霉毒素的分子结构才能因裂解而被完全破坏。目前，已经分离鉴定出 20 余种黄曲霉毒素的同分异构体，其中 B 族（B_1、B_2）及其衍生物（M_1、M_2）和 G 族（G_1、G_2）最为常见（图 2-2）（王后苗等，2014）。

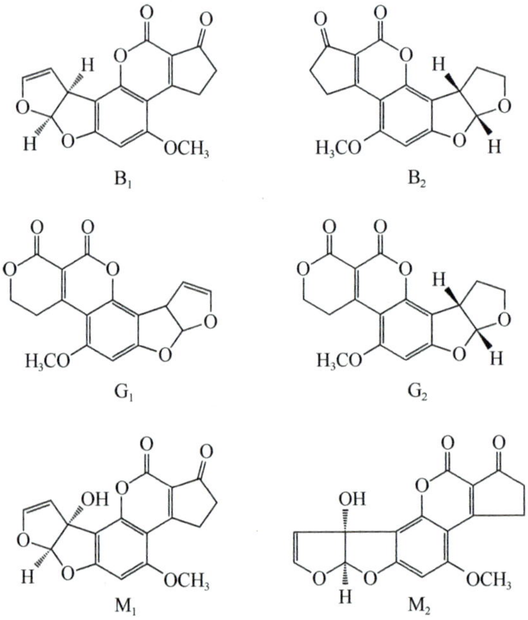

图 2-2　黄曲霉毒素化学结构式

黄曲霉菌隶属于子囊菌门（Ascomycota）发菌科（Trichocomaceae）曲霉属（*Aspergillus*），是一种常见的腐生型好氧真菌，是人和动植物的共同病原菌。黄曲霉菌是一种形态复杂的真菌，根据其菌核大小分为 L 型（Ⅰ组，菌核直径＞400mm）和 S 型（Ⅱ组，菌核直径＜400mm）（Bruce，2003；张初署，2013）。L 型和 S 型黄曲霉菌均可产生黄曲霉毒素 B_1 和 B_2，S 型黄曲霉菌还可产生 G_1 和 G_2 毒素。L 型和 S 型黄曲霉菌在世界各地均有分布，但 S 型在中国分布较少（Tran-Dinh et al.，1999）。

黄曲霉毒素可污染大部分种类的食品，特别容易污染花生、玉米、稻米、大豆、小麦等粮食作物，其中花生最易受到污染，也是黄曲霉菌产生黄曲霉毒素的最适基质（Mixon，1980；刘阳等，2018）。在我国，花生和玉米是黄曲霉毒素污染的最主要粮食作物，在多省份粮食作物及产品中均多次检出，是最需要关注的易污染食品（刘阳等，2018）。

黄曲霉毒素既有很强的急性毒性，又有慢性毒性，同时具有强致癌性。一次或少数几次摄入大量黄曲霉毒素可导致急性中毒或出现急性肝炎和胆管增生，临床表现为黄疸，并伴有呕吐、厌食和发热等症状。印度和肯尼亚等国家发生过多次黄曲霉毒素导致数百人死亡的急性中毒事件，在美国曾发生数百只狗因食用含有高浓度黄曲霉毒素的狗粮而导致死亡的案例（Ngindu et al.，1982；Gong et al.，2004；Lewis et al.，2005；Farombi，2006；Stenske et al.，2006；Strosnider et al.，2006；Newman et al.，2007；Probst et al.，2007；Dereszynski et al.，2008；王后苗等，2014）。如果长期少量暴露于黄曲霉毒素，可造成慢性中毒，阻碍生长发育，引起纤维性病变，致使纤维组织增生等（刘阳等，2018）。同时，黄曲霉毒素 AFB_1 是世界公认的最强致癌物质之一，对人和动物的肝具有强致癌性，并能诱发肝、肾、肺、泪腺、乳腺、卵巢、小肠和结肠的瘤变，甚至出现畸胎，其中最易诱发肝癌的发生（王后苗，2016）。1993 年，国际癌症研究机构（International Agency for Research on Cancer，IARC）已将黄曲霉毒素列为 1 类致癌物（刘阳等，2018）。鉴于黄曲霉毒素的严重危害，我国对黄曲霉毒素在食品中的限值进行了严格限定，并制定了国家标准《食品安全国家标准　食品中真菌毒素限量》（GB 2761—2011）。

2.3.1.2　花生对黄曲霉菌入侵和产毒的防卫机制

花生对黄曲霉菌入侵做出的主动防卫反应是多方面的，各种防卫反应具有时序性、协同性和多样性，在花生抗黄曲霉菌侵染和产毒中发挥着重要作用（梁炫强，2002）。花生对黄曲霉毒素污染的抗性包括抗侵染、抗产毒两个方面（Waliyar et al.，1994；Holbrook et al.，2000，2009；Liao et al.，2009；Nigam et al.，2009；王后苗，2016），两者是独立遗传的性状（Upadhyaya et al.，2002；Will et al.，1994；Xue et al.，2004）。抗侵染是指花生依靠种皮或果壳的完整性及特殊的生化成分抵御黄曲霉菌的侵染和定植，从而抑制或减少黄曲霉毒素的生成（王后苗，2016）。花生果壳是花生荚果抵抗黄曲霉菌侵染的第一道屏障，其抗侵染能力主要取决于其物理结构与完整性，果壳一旦破损或剥除该抗性即消失（Nigam et al.，2009）。花生抵御黄曲霉菌侵染的第二道屏障是花生种皮。种皮的厚度、栅栏细胞排列的密度、种皮表层蜡质的厚度及种皮裂纹、气腔数量是决定种皮抗侵染能力的主要因素。种皮厚、栅栏细胞排列紧密、种皮蜡质层厚且种皮裂纹、气腔少的花生品种抵抗黄曲霉菌侵染的能力显著高于种皮薄、栅栏细胞排列疏松、种皮蜡质层薄且种皮裂纹、气腔多的花生材料（梁炫强，2002；王后苗，2016）。然而种皮只是抵抗病原菌入侵的物理屏障，其抗侵染能力会因种皮的破损与剥除而消失（梁炫强，2002；王后苗，2016）。

花生的黄曲霉菌产毒抗性即抗产毒是指黄曲霉菌侵染并定植于花生子叶后，启动多种防御机制以完全或部分抑制黄曲霉毒素的生成。黄曲霉菌穿透花生果壳、种皮，最终到达并定植于花生种子子叶，可以摄取足够的营养物质满足自身的生长、繁殖与代谢，其中也包括黄曲霉毒素的生成（王后苗，2016）。若黄曲霉菌无法从花生子叶中获取足够的营养物质，将会减少甚至抑制黄曲霉毒素的生成（Nigam et al.，2009）。花生的黄曲霉产毒抗性非常复杂，受多种生物和非生物因素的影响。相对于花生果壳、种皮被动的物理性抵抗黄曲霉侵染，花生的黄曲霉产毒抗性是应答黄曲霉胁迫的主动防御，是具有生命活力的花生种子积极抵御病原菌侵染危害的自卫机制（Wang et al.，2012；Zhang et al.，2015）。

受黄曲霉菌侵染后，抗产毒花生能迅速启动多种防卫反应来抵御黄曲霉菌的产毒，其中病程相关蛋白（*PR-1*、*PR-2*、*PR-5*、*PR-10*）、转录因子（*WRKY*、*bZIP*、*ERF*）和类苯基丙烷（*PAL*、*C4H*、*4CL*、*STS*、*CHS*）等抗性相关基因表达水平上调并在较长时间内维持高水平表达（王后苗，2016）。同时，抗产毒花生能有效抑制黄曲霉毒素合成相关基因的表达。黄曲霉菌在侵染高产毒花生过程中，抗产毒花生通过抑制与菌丝穿透力（*faeC*、*abfB*、*mndA*、*pgxC*）、分生孢子形成（*RodA*/*RolA*、*AtfA*、*Con-6*、*Con-10*、*PksP*）和黄曲霉毒素合成（*aflD*、*aflX*、*aflNa*）等相关基因的表达，有效抑制黄曲霉菌定植与摄取营养物质的能力、毒素合成前体物质的供应（王后苗，2016）。研究发现，抗产毒花生能够产生更多的白藜芦醇，该物质能直接抑制黄曲霉毒素合成关键基因 *aflA* 和 *aflB* 的表达，限制毒素合成前体物质的供应（王后苗，2016）。白藜芦醇还能提高超氧化物歧化酶基因的表达，减少氧胁迫对毒素合成的促进作用，能使 *stuA*、*fluG*、*flbC* 等分生孢子形成相关基因显著下调表达，减少分生孢子的形成和再侵染概率（王后苗，2016）。

2.3.2 脱氧雪腐镰刀菌烯醇

2.3.2.1 脱氧雪腐镰刀菌烯醇概述

脱氧雪腐镰刀菌烯醇（DON）最早于 1972 年日本香川县赤霉病中毒的大麦病株中发现（Morooka et al.，1972）。1973 年研究人员解析了这种新的真菌毒素的结构，因其结构为雪腐镰刀菌烯醇（nivalenol，NIV）的 4-脱氧衍生物，故命名为脱氧雪腐镰刀菌烯醇（Yoshizawa，1973）。同年，美国科学家从引起猪拒食、呕吐的玉米中也分离到此毒素，命名为呕吐毒素（vomitoxin）（Vesonder et al.，1973）。DON 主要由禾谷镰刀菌（*Fusarium graminearum*）和黄色镰刀菌（*F. culmorum*）产生，这两种真菌能够引起小麦赤霉病和玉米穗腐病（Bottalico and Perrone，2002）。DON 在赤霉病感染过程中可以提高镰刀菌的毒性，而赤霉病不仅在小麦中发生，在大麦、玉米及其他一些谷物中也时有发生。病原菌的侵染降低作物产量，而且 DON 的产生严重降低谷物品质（何成华，2007；刘阳等，2018）。

DON 是 B 型单端孢霉烯族毒素的一种，分子式为 $C_{15}H_{20}O_6$，相对分子量为 296.32，化学名为 12,13-环氧-3α,7α,15-三羟基单端孢霉-9-烯-8-酮，是四环的倍半萜（图 2-3，表 2-4）。DON 是无色针状结晶，熔点为 151 ～ 153 ℃，沸点为（543.9±50.0）℃，闪点为（206.9±2.5）℃，蒸气压为 4.26×10^{-14}mmHg[①]（25℃）。DON 易溶于水和甲醇、乙醇、乙腈、丙酮和乙酸乙酯等极性溶剂，但不溶于正己烷和乙醚（刘阳等，2018）。在甲醇中不稳定，22d 后转化为其他产物，乙酸乙酯和乙腈是 DON 最适合长期储存的溶剂（何成华，2007；刘阳等，2018）。DON 对热较稳定，一般的烹调及加热不能破坏其毒性，但其对碱性环境比较敏感，如用碳酸钠溶液洗涤粮食，可除掉 70% 左右的 DON，如果延长作用时间则几乎可以

① 1mmHg=0.133kPa。

全部去除（樊彦红，2008）。DON 的耐藏力也很强，据报道病麦储藏 4 年后仍能保留原有的毒性（Bottalico and Perrone，2002；Mirocha et al.，2003；何成华，2007）。与其他单端孢霉烯族毒素一样，DON 毒素属于天然产物，极难人工合成。

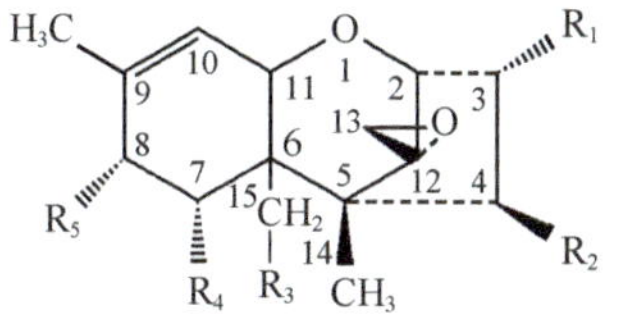

图 2-3　单端孢霉烯族毒素的基本结构（刘阳等，2018）

表 2-4　主要单端孢霉烯族毒素的结构（刘阳等，2018）

类型	单端孢霉烯族毒素	缩写	R_1	R_2	R_3	R_4	R_5
A 型	T-2 毒素	T-2	OH	OAc	OAc	H	$—OCOCH_2CH(CH_3)_2$
	HT-2 毒素	HT-2	OH	OH	OAc	H	$—OCOCH_2CH(CH_3)_2$
	T-2 三醇	T-2 triol	OH	OH	OH	H	$—OCOCH_2CH(CH_3)_2$
	T-2 四醇	T-2 tetraol	OH	OH	OH	H	OH
	3′-羟基 T-2	3′-OH T-2	OH	OAc	OAc	H	$—OCOCH_2CH(CH_3)_2$
	3′-羟基 HT-2	3′-OH HT-2	OH	OH	OAc	H	$—OCOCH_2CH(CH_3)_2$
	新茄病镰刀菌烯醇	NEO	OH	OAc	OAc	H	OH
	疣孢霉素	VER	H	OH	OH	H	H
	镰刀菌烯三醇	SCP	OH	OH	OH	H	H
	蛇形菌素	DAS	OH	OAc	OAc	H	H
	15-单乙酰镰刀菌烯三醇	MAS	OH	OH	OAc	H	H
B 型	脱氧雪腐镰刀菌烯醇	DON	OH	H	OH	OH	═O
	3-乙酰脱氧雪腐镰刀菌烯醇	3-A-DON	OAc	H	OH	OH	═O
	15-乙酰脱氧雪腐镰刀菌烯醇	15-A-DON	OH	H	OAc	OH	═O
	雪腐镰刀菌烯醇	NIV	OH	OH	OH	OH	═O
	镰刀菌烯酮-X	FUS X	OH	OAc	OH	OH	═O

注：R 表示不同官能团；Ac 表示乙酰基（$CH_3OC—$）；单端孢霉烯族毒素分为 A 型、B 型、C 型和 D 型，其中 A 型和 B 型比较常见

DON 能够引起人类和动物多种急慢性疾病。该毒素可与脑干后区呕吐中枢的 5-羟色胺受体及多巴胺受体相互作用而产生催吐作用，因此也被称为呕吐毒素（常敬华，2014；刘阳等，2018）。DON 的主要毒性分为以下几种。

1）急性毒性

DON 的毒性远低于其他单端孢霉烯族毒素，但高剂量的 DON 也会导致动物休克甚至死亡（常敬华，2014；刘阳等，2018）。DON 对动物的毒性有性别和物种差异：雄性比雌性更加敏感，而猪比小鼠、家禽和反刍动物更加敏感。急性 DON 中毒的主要症状主要是呕吐、腹痛、腹泻、唾液分泌增加和食欲减退（Voss and Snook，2010；刘阳等，2018）。人误食 DON 后的发病潜伏期通常很短（10 ～ 30min），主要表现为眩晕、头痛、恶心、呕吐、颜面潮红、手足发麻、全身乏力，严重者呼吸、体温、脉搏及血压会出现波动，四肢发软、步态不稳、形似醉酒，因此有些地方称为“醉谷病”，一般在 2h 后可自行恢复。老人、幼童或者大剂量的中毒患者症状偏重，呼吸、体温、脉搏及血压会略微升高，但尚未有死亡报道（朱玉昌，2014；刘阳等，2018）。

2）慢性毒性

动物长期食用被 DON 污染的食物可出现体重下降、食欲减退、营养吸收率降低等症状，其免疫系统也会受到影响（涂追，2010；刘阳等，2018）。

3）细胞毒性

DON 对原核细胞和真核细胞都有明显的毒性。对原核细胞可以通过以下 4 种途径产生毒性作用：一是通过渗透磷脂双层，作用于亚细胞水平；二是通过与细胞膜相互作用；三是通过自由基介导的脂质过氧化作用；四是上述方式中的一种以上同时发挥作用（李月红，2003；樊彦红，2008；朱玉昌，2014；刘阳等，2018）。DON 与真核生物核糖体 60S 亚基结合并干扰肽基转移酶活性，因此对真核细胞具有多重的抑制作用，包括对蛋白质、DNA、RNA 合成系统的抑制，以及对线粒体功能的抑制，进而影响细胞分裂和细胞膜功能（何成华，2007；常敬华，2014；朱玉昌，2014；刘阳等，2018）。

4）免疫毒性

DON 对多种免疫细胞具有严重的毒性作用。DON 可以明显抑制动物的免疫机能，如诱导小鼠胸腺、脾和小肠黏膜集合淋巴结的 T 淋巴细胞、B 淋巴细胞和 IgA^+细胞发生凋亡（王会艳和张祥宏，2000；朱玉昌，2014）。大剂量 DON（250ng/mL 和 500ng/mL）可完全抑制离体培养 $CD4^+T$ 细胞的增殖（Ouyang et al.，1996；朱玉昌，2014）。高浓度 DON 可分别剂量依赖性地抑制体外培养的人体淋巴细胞的增殖和免疫球蛋白的产生（Thuvander et al.，1999）。给小鼠腹腔一次性注射 DON 12h 后，小鼠胸腺中细胞发生凋亡的数量明显增加，增殖活性也受到抑制，且随着 DON 浓度的升高，这种效应越发明显（李月红等，2002）。研究表明，腹腔注射细菌脂多糖（lipopolysaccharide，LPS）和灌喂 DON（25mg/kg）可明显促进胸腺、脾、集合淋巴结的淋巴器官中的细胞凋亡，并可高效诱导巨噬细胞和 T 淋巴细胞分泌 IL-1β、IL-2、IL-4、IL-5、TNF-α、INF-γ 等细胞因子（Zhou et al.，2000）。对 DON 诱导的小鼠胸腺上皮细胞增殖具有抑制作用的基因表达差异的研究表明，差异表达的基因属于不同的功能类别，暗示 DON 强烈改变了免疫细胞稳态的基因调控网络（Li et al.，2013；朱玉昌，2014）。

5）基因毒性

当前国内外大多数研究结果表明 DON 具有胚胎毒性和致畸性。Veselý 和 Vesela（1995）研究了 DON 对 3 日龄鸡胚的毒性作用，发现 DON 的毒性作用剂量范围很窄，仅为 1～3mg/kg，经 8d 孵化后，实验组鸡胚头部畸形、身体发育畸形的发生率明显高于对照组。含 DON 的小麦（30ng/mL）、大麦（200ng/mL）和玉米（300ng/mL）可诱导中国仓鼠 V79 细胞染色体畸变，大部分染色体断裂，分裂细胞比变异细胞表现出更大的敏感性（Hsia et al.，2004；朱玉昌，2014）。DON 与关节软骨病变及恶性肿瘤的亚慢性实验研究证实，DON 可以导致实验动物软骨损伤，表明在大骨节病（Kaschin-Beck disease，KBD）高发的年代，病区居民长期摄入 DON 污染的粮食可能在 KBD 的发病过程中发挥了作用（侯海峰等，2010；朱玉昌，2014）。

6）致癌性

目前没有关于 DON 具有致癌作用的明确报道，因而其是否具有致癌性还有待深入研究。1993 年，国际癌症研究机构（IARC）认为“目前还没有充分的动物实验证据说明 DON 具有致癌性”，即“对人类致癌性的证据不充分”，并将 DON 归为第三类（常敬华，2014；朱玉昌，2014）。流行病学调查发现，在中国河南省林州、南非特兰斯凯等胃癌、食管癌等恶性肿瘤高发地区，从居民饮食中的玉米和小麦中都能检测到 DON，并且是所有被检毒素中检出率和检出量最高的一种，检出率甚至达到低发地区的 10 倍，因而 DON 的含量被认为与食管癌的发生呈正相关（Iverson et al.，1995；Zhang et al.，1995；尚毅，2009；朱玉昌，2014）。有动物实验表明，长期小剂量饲喂含 DON 的饲料能诱发动物不同器官产生肿瘤。DON 的慢性毒性研究发现，DON 可能诱发实验组动物发生肝癌（Iverson et al.，1995）。利用 DON 对大鼠进行两阶段的皮肤诱癌和促癌实验，结果证实 DON 不是致癌剂或诱癌剂，但在皮肤组织学检查时发现 DON 诱发了弥漫性鳞状上皮增生（Lambert et al.，1995）。

7）与其他毒素协同作用

DON 的毒性与其他毒素具有协同作用或叠加效应（Pedrosa and Borutova，2011）。联合使用 DON/T-2 毒素可显著降低 3 周龄肉鸡体重的增加量和饲料转化率，这比其中任意一种毒素单独产生的效应都更加显著，鸡口腔病变的发生率和严重程度也比单一使用 T-2 毒素要高（Kubena et al.，1989；朱玉昌，2014）。DON、鼠伤寒沙门氏菌 TA98 与 AFB_1 毒素联合使用的诱导效应远大于单独使用 AFB_1 毒素的效应。在猪的血浆中，低浓度 DON 对沙门氏菌的生长和基因表达无影响，但通过抑制猪的免疫系统，增加了猪感染沙门氏菌的敏感性；高浓度 DON（0.025g/mL）则显著促进沙门氏菌进入巨噬细胞（Vandenbroucke et al.，2009；朱玉昌，2014；刘阳等，2018）。饲料中混合的低浓度 DON 和镰刀菌酸可使猪产生拒食行为，3 周后猪体重降低；当增加镰刀菌酸的剂量时，1 周后猪的体重就明显降低（Raymond et al.，2005；常敬华，2014；朱玉昌，2014；刘阳等，2018）。同时使用杂色曲霉素和 DON 时，发现两者在 NIH 老鼠中具有协同致癌作用，发生肺癌和胃癌的动物数量增加（常敬华，2014；朱玉昌，2014；刘阳等，2018）。混合的 T-2、DON、雪腐镰刀菌烯醇（NIV）、玉米赤霉烯酮（zearalenone，ZEN）和伏马菌素 B_1（FB_1）可抑制老鼠纤维 L929 细胞 DNA 的合成，这种抑制作用远超单一真菌毒素所产生的抑制作用（Tajima et al.，2002）。

2.3.2.2　植物对脱氧雪腐镰刀菌烯醇的防卫机制

植物具有两道免疫防御系统，分别为病原体相关分子引发的免疫反应（PAMP-triggered immunity，PTI）和效应蛋白诱导的免疫反应（effector-triggered immunity，ETI）。PTI 是植物的第一道防御系统，病原体或微生物相关分子模式（pathogen-or microorganism-associated molecular pattern，PAMP/MAMP）被植物细胞表面相应的模式识别受体（pattern recognition receptor，PRR）识别后从而引发下游的磷酸化级联反应，包括活性氧（ROS）和 NO 的产生、植物细胞壁的增厚即胼胝质的积累、抗微生物化学物质的生物合成、病程相关基因（pathogenesis related gene，PR）的表达等（Newman et al.，2013；左东云，2016）。而 ETI 则是通过抗性基因感知病原菌分泌到细胞体内的效应物（effector），使 RIN4 磷酸化或裂解从而使抗性基因激活，引发下游的 ETI 反应，最终导致过敏反应（左东云，2016）。DON 作为一种真菌毒素，它不是病原菌本身的结构物质，也不是病原菌分泌的效应因子，却可同时引发 PTI 和 ETI 反应，推测在植物细胞表面存在着识别 DON 的受体，识别 DON 后引发 PTI 反应，同时在细胞内也存在着识别 DON 的抗性基因，引发植物的 ETI 反应（左东云，2016）。

植物中存在 DON 的解毒基因。首个从植物中分离到的 DON 解毒基因是 Poppenberger 等于 2003 年从拟南芥中分离获得的 UDP-糖基转移酶基因（*AtUGT73C5*），该酶可将一个 UDP-葡萄糖添加到 DON 的 C3 位羟基上，从而降低 DON 毒性，当该基因在拟南芥植株中大量表达时，明显提高了拟南芥的 DON 耐受性。将该基因在酵母中异源表达时，可将 UDP-葡萄糖添加到 DON 和 ZEN 上，进而降低其毒性（Poppenberger et al.，2003，2006）。后续研究发现在大麦和小麦中也存在UDP-糖基转移酶，并且发现大麦的*HvUGT13248*基因具有更为广泛的减毒应用前景（Gardiner et al.，2010；Schweiger et al.，2010；Ma et al.，2010；Shin et al.，2012；左东云，2016）。

DON通过结合到真核生物核糖体L3亚基上进而抑制蛋白质的生物合成，酵母核糖体L3蛋白（RPL3）能够增强酵母对DON的抗性（Fried and Warner，1981）。一个氨基酸突变的RPL3蛋白通过改变DON与野生型RPL3蛋白的亲和力而赋予植物DON抗性，但是突变的RPL3蛋白只有在植物体受到毒素的严重胁迫时才会被利用（Mitterbauer et al.，2004；左东云，2016）。PAP（poke-weed antiviral protein）蛋白是一种核糖体失活蛋白，能够结合到核糖体的L3亚基上使rRNA去嘧啶化，同时表达PAP基因和酵母的L3蛋白的N端可以激活植物内源L3蛋白的表达，从而提高植物对DON及赤霉病的抗性（Di et al.，2010；左东云，2016）。很多病程相关基因也被应用到植物抗赤霉病育种中，如*α-1-purothionin*、*thaumatin-like protein1*（*tlp1*）和*β-1,3-glucanase*转化后的小麦对赤霉病表现出明显的抗性（Mackintosh et al.，2007）。将大麦中的*Class II chitinase*基因导入小麦品种‘Bobwhite’后，小麦表现出Ⅱ型抗性，DON在麦穗中的积累也明显减少（Shin et al.，2008）。禾谷镰刀菌在侵染小麦的过程中需要产生一些酶来降解植物细胞壁从而进入植物细胞体内。聚半乳糖醛酸酶抑制蛋白（polygalacturonase-inhibiting protein，PGIP）在真菌侵染的过程中能够抑制果胶的降解，阻止真菌的侵入，从而提高拟南芥对赤霉病菌的抗性。在小麦中表达豆类植物的*PvPGJP2*基因同样可以减轻小麦的发病症状（Ferrari et al.，2012；左东云，2016）。乳铁蛋白（lactoferrin）是一种对多种微生物都具有抗菌活性的多肽，将乳铁蛋白基因导入小麦中后，可以抑制禾谷镰刀菌在小麦上的生长及扩展，小麦的赤霉病抗性显著提高（Han et al.，2012；左东云，2016）。还有一类抗微生物多肽（antimicrobial peptide，AMP）MsrA2和10R也可以提高小麦的赤霉病抗性（Badea et al.，2013；左东云，2016）。将禾谷镰刀菌的特异抗体与抗菌肽融合后可有效提高抗菌肽的作用效率（Li et al.，2008；Cheng et al.，2015）。

多药输出泵蛋白（multidrug and toxin compound extrusion，MATE）一般都是含有跨膜结构域（transmembrance domain，TM）的膜蛋白，广泛存在于真核和原核生物中。在不同的生物体中，它们行使着不同的功能（左东云，2016）。在植物中多药输出泵蛋白主要将植物体内的有机阴离子如苹果酸根离子、草酸根离子及柠檬酸根离子等输出到植物细胞外，螯合植物根际的金属阳离子，从而降低金属离子对植物根际细胞的伤害，提高植物对金属离子的抗性（左东云，2016）。Saier等（2006）将多药输出泵蛋白分为以下5类：ABC转运蛋白（ATP-binding cassette transporter）、多药输出泵蛋白、MFS输出蛋白（major facilitator superfamily transporter）、RND输出蛋白（resistance nodulation division transporter）和SMR输出蛋白（small multidrug resistance transporter）。小麦多药输出泵蛋白与绿色荧光蛋白（GFP）的融合蛋白TaMATE-GFP定位在细胞膜上。*TaMATE*基因只受DON毒素和产DON赤霉菌菌株的诱导，在拟南芥中表达*TaMetRS*基因，能显著提高转基因植株对DON和赤霉菌的抗性（左东云，2016）。

植物激素在植物的抗病反应中起着重要作用，它们是PTI和ETI的下游反应途径，当PTI和ETI途径发生明显变化时，植物体内的激素信号途径也会发生相应的变化（左东云，2016）。在DON处理小麦细胞后，水杨酸（salicylic acid，SA）、茉莉酸（jasmonate acid，JA）、油菜素内酯（brassinolide）、乙烯（ethylene，ET）、脱落酸（abscisic acid，ABA）、赤霉素（gibberellin）、细胞分裂素（cytokinin）和生长素（auxin）等植物激素信号途径均发生了变化，而且对应这些激素的生物合成途径也加强了（左东云，2016）。研究表明，SA 信号途径与 JA 和 ET 信号途径是相互拮抗的（Robert-Seilaniantz et al.，2010；Van Der Does et al.，2013）。当腐生型病原侵染植物时，一般都是 JA 和 ET 信号途径发挥作用，并阻止 SA 信号途径，而当寄生型病原菌侵染植物时，则刚好相反（Glazebrook，2005；左东云，2016）。禾谷镰刀菌是兼性寄生型病原菌，在侵染小麦初期，由于需要从活体植物中吸收营养而表现为寄生侵染，但是当病原菌增长至一定数量时也可在小麦枯死的组织中进行腐生生长（左东云，2016）。在小麦赤霉病抗性中各种激素信号途径中的相关蛋白都被 DON 激活。其中 JA 信号途径发挥着重要的作用（左东云，2016）。DON 通过抑制和减弱 JA 信号途径，从而降低植物对禾谷镰刀菌的抗性，有利于病原菌的侵染。同时，DON 可以激活 SA 信号途径，最后导致过敏反应，有利于禾谷镰刀菌侵染后期在小麦上的腐生生长（左东云，2016）。

WRKY 转录因子是植物中最大的一类转录调控家族，在生物学和非生物学逆境、种子发育和衰老等各个生物学进程中都起着重要的作用。WRKY 蛋白通过与各种蛋白相互作用进而调控很多生物学进程。在很多生物学过程中 WRKY 既具有激发子的作用，也具有抑制子的作用（Rushton et al.，2010；左东云，2016）。MYB 是一个大的蛋白家族，能与 DNA 结合，在真核生物中起着重要的作用。MYB 转录因子是植物生长发育、代谢和对生物和非生物逆境应答调控网络的关键因子（Dubos et al.，2010；左东云，2016）。NAC 蛋白是植物特异的转录因子，广泛参与植物的各种生物学进程调控（Olsen et al.，2005；左东云，2016）。左东云（2016）初步建立了 DON 与小麦细胞互作的基因网络信号转导模型。首先当 DON 到达小麦细胞表面时被 DON 模式识别受体所识别，进而引发下游的磷酸化级联反应，当信号传递到细胞核时，由 WRKY、MYB、NAC 等 3 类转录因子调控一系列基因表达，包括防御反应相关基因、植物激素的生物合成和信号转导、木质素的生物合成、腐胺的生物合成及其他众多的代谢和生物合成路径（左东云，2016）；其次，部分 DON 通过某种暂时未知的途径跨过细胞膜进入细胞内被 RIN4 类似蛋白识别，与 R 类似蛋白相互作用，引发植物的 ETI 途径，导致过敏反应（左东云，2016）；再次，还有部分细胞内的 DON 经 UDP-葡糖基转移酶和谷胱甘肽-*S*-转移酶修饰后，经 ABC 转运蛋白和多药耐药蛋白（MRP）运输到液泡中储存或运输到细胞外，以降低植物细胞内 DON 的有效浓度（左东云，2016）；同时，结合到核糖体 L3 亚基上的 DON 在抑制蛋白质生物合成的同时也激活了植物的核糖体生物合成路径（左东云，2016）；此外，细胞内的部分 DON 可激活成孔毒素（pore-forming toxin，PFT）基因的表达，对细胞膜造成破坏，以及激活逆转录转座子的表达，对植物基因组 DNA 造成损伤（左东云，2016）。总之，DON 作为一种真菌毒素，在对植物细胞造成破坏从而促进病原菌生长的同时，也能够激活植物细胞的免疫防御反应和解毒调控，对植物进行保护，两种信号路径共同存在、相互竞争（左东云，2016）。

2.3.3　伏马菌素

2.3.3.1　伏马菌素概述

伏马菌素（fumonisin）是一类由不同多羟醇和丙三羧酸组成的结构类似的双酯化合物（图 2-4）（刘阳等，2018）。到目前为止，共发现 4 组（A 组、B 组、C 组和 P 组）28 种，其中 B 组在野生型菌株中最为丰富，并以伏马菌素 B_1（fumonisin B_1，FB_1）为主，占总量的 70%（王少康，2003；刘阳等，2018），同时，FB_1 的毒性也是最强的。伏马菌素纯品为白色针状结晶，易溶于水，在多数粮食加工处理过程中比较稳定（刘阳等，2018）。

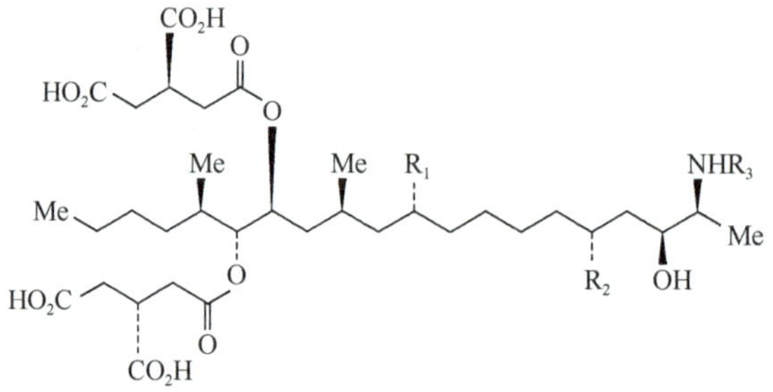

图 2-4 伏马菌素的主要结构式

R 表示不同官能团。FB_1：R_1=OH，R_2=OH，R_3=H；FA_1：R_1=OH，R_2=OH，R_3=CH_2CH；FB_2：R_1=H，R_2=OH，R_3=H；FA_2：R_1=H，R_2=OH，R_3=CH_2CH；FB_3：R_1=OH，R_2=H，R_3=H；FB_4：R_1=H，R_2=H，R_3=H

伏马菌素是主要由串珠镰刀菌（*Fusarium verticillioides*）分泌的一类真菌毒素。在世界范围各地，伏马菌素普遍污染玉米、水稻、小麦等多种作物，对玉米及其制品的污染最为突出（檀丽萍，2008；方策，2011；刘阳等，2018）。玉米中伏马菌素的污染水平受地理、气候、农业操作方式和玉米基因型的影响（檀丽萍，2008）。世界上比较温暖的地区普遍存在较高水平的伏马菌素污染，实际污染中 FB_1 的含量约为 FB_2 的 3 倍（方策，2011；刘阳等，2018）。

由于伏马菌素和 AAL 毒素（长链氨基多元醇的丙三羧酸酯类化合物）与二氢神经鞘氨醇（dihydrosphingosine，DHS）的结构极为相似，因此统称为二氢神经鞘氨醇类似物真菌毒素（sphinganine-analog mycotoxin，SAMT），它们均具有相同的鞘脂前体骨架结构（Brandwagt et al.，2000）。

伏马菌素对动物和人体有多种毒性作用，但是到目前为止对伏马菌素的中毒机制尚不清楚，怀疑与伏马菌素可以破坏神经鞘脂类物质合成有关（檀丽萍，2008）。神经鞘脂类是真核细胞细胞膜的重要组分，在细胞附着、分化、生长和程序化死亡中发挥着关键性作用（檀丽萍，2008）。有研究认为伏马菌素主要通过竞争性抑制神经鞘氨醇 *N*-2 酰基转移酶，进而抑制神经鞘氨醇合成，造成复合鞘脂减少，游离二氢神经鞘氨醇增加，从而阻碍复合鞘脂作为第二信使介导的信号传递途径（Wang et al.，1991；郭云昌和刘秀梅，1998）。伏马菌素诱导的鞘脂类代谢紊乱可通过多种途径对细胞造成损伤，而与伏马菌素有关的疾病均与鞘脂类参与的调控功能有关（郭云昌和刘秀梅，1998）。

1）神经毒性

伏马菌素对神经系统具有显著毒性作用，主要表现为对脑白质不同程度的损害并抑制神经鞘脂类合成（刘阳等，2018）。伏马菌素能够造成马脑的特异性损伤，包括严重水肿、延髓局部坏死，是马脑白质软化症的诱导因素（Marasas et al.，1988；刘阳等，2018）。伏马菌素可导致孕期兔子脑白质轻微出血并伴有中枢神经系统损伤（Bucci et al.，1998）。小鼠实验发现伏马菌素可引发脑皮层神经变性现象，使神经鞘氨醇含量升高；脑室注射伏马菌素可抑制小鼠神经酰胺的合成，造成对星形胶质细胞的刺激（Osuchowski et al.，2005）。

2）肺毒性

伏马菌素可引起猪肺水肿（porcine pulmonary edema，PPE）综合征（Harrison et al.，1990）。猪食用含有伏马菌素的饲料后，最典型的病变为胸膜腔积水和肺水肿，并伴有胰和肝损伤（Zomborszky-Kovacs et al.，2002）。

3）免疫系统毒性

伏马菌素可以造成动物免疫系统损害，引起免疫系统功能下降和免疫抑制，从而影响疫苗的免疫效果，使免疫后抗体水平各异或不高（刘阳等，2018）。FB_1 可以导致仔鸡腹膜巨噬细胞萎缩，显著降低细胞活性，产生功能性损伤，降低免疫应答，增加传染风险（Qureshi and Hagler，1992）。FB_1 还能对鸡新城疫疫苗抗体产生抑制作用，显著降低抗体滴度（Li et al.，1999）。

4）致癌性

伏马菌素高剂量长期饲喂可诱发啮齿动物癌症，是一种慢性癌症促进剂和诱导剂（刘阳等，2018）。长期慢性毒性试验发现，FB_1 可引起大小鼠肝癌、肾病变（Gelderblom et al.，1991）。此外，伏马菌素被怀疑与人类食管癌有密切关系（Marasas et al.，1988；Yoshizawa et al.，1994），并被国际癌症研究机构（IARC）定为 2B 类（人类可能致癌物）致癌物质。

2.3.3.2　植物对伏马菌素的防卫机制

FB_1 对玉米、棉花、番茄、豇豆等农作物都具有毒性（Doehlert et al.，1994；Lamprecht et al.，1994；Asai et al.，2000；Kritzinger et al.，2006；方策，2011）。虽然 FB_1 不影响玉米种子的发芽率，但是 FB_1 可通过抑制萌发种子中淀粉酶的产生严重抑制幼根的生长（Doehlert et al.，1994；方策，2011）。FB_1 能显著降低豇豆种子的萌发率并抑制根茎的生长，还可导致胚芽组织细胞发生质壁分离，细胞内累积大量的脂质体（Kritzinger et al.，2006；方策，2011）。

FB_1 可引起玉米、拟南芥、烟草、番茄和浮萍等多种植物程序性细胞死亡（Abbas et al.，1994，1998；Wang et al.，1996；Asai et al.，2000；de la Torre-Hernandez et al.，2010；方策，2011）。研究发现，植物对 FB_1 的易感性是由 FB_1 诱导的植物体内鞘氨醇长链碱基（long-chain base，LCB）的积累所引起的（Abbas et al.，1998）。浮萍（*Lemna minor*）经 1μmol/L FB_1 处理后，二氢神经鞘氨醇和植物鞘氨醇含量分别发生 76 倍和 18 倍的上升（Abbas et al.，1998；方策，2011）。烟草愈伤组织经 14μmol/L FB_1 处理后，二氢神经鞘氨醇、植物鞘氨醇含量分别出现 7 倍、14 倍的上升（Abbas et al.，1994；方策，2011）。3 周大的拟南芥经过 5μmol/L FB_1 处理后也发现了 LCB 的积累，二氢神经鞘氨醇、植物鞘氨醇含量分别发生了 80 倍、12 倍的上升（Shi et al.，2007）。玉米作为串珠镰刀菌的天然宿主，经 FB_1 处理的玉米胚和幼苗中也发现了上述两种物质有数倍的上升（Williams et al.，2007；de la Torre-Hernandez et al.，2010）。外源添加二氢神经鞘氨醇、神经鞘氨醇和植物鞘氨醇能直接引发拟南芥叶片细胞死亡，进一步确认了鞘氨醇类物质具有死亡诱导能力（方策，2011）。

水杨酸（SA）、茉莉酸（JA）和乙烯（ET）途径都参与了 FB_1 诱导的细胞死亡过程，但是关于它们之间的上下游关系及它们之间的相互作用仍然不清楚。通过拟南芥突变体研究发现，SA 途径中的 *pad4* 突变体与 NahG 株系、JA 途径中的 *jar1* 突变体及 ET 途径中的 *etr1* 突变体的原生质体对 FB_1 的易感性是显著下降的（Asai et al.，2000；方策，2011）。拟南芥 ET 途径中的突变体 *ein4-1*，通过 *ETR1*（*ETHYLENE RESPONSE FACTOR1*）基因的上调表达减少由 FB_1 引起的细胞死亡（Plett et al.，2009；方策，2011）。经过 FB_1 处理后，玉米胚中的 SA 水平会显著升高（de la Torre-Hernandez et al.，2010）。虽然近些年来研究筛选出了一些 FB_1 抗性的突变体（Stone et al.，2000，2005；Shi et al.，2007），但是 FB_1 在侵染植物过程中的具体作用尚没有被清楚阐述。

质膜 H^+-ATPase 能利用 ATP 水解的能量将细胞膜内侧的 H^+ 泵到质膜外侧，产生电化学梯度，从而带动一系列次级运输体系对各种营养物质和离子的转运。研究发现 FB_1 处理能显著降低玉米胚细胞向胞外泵出 H^+ 的速率（方策，2011）。ATP 水解酶酶活实验发现，10μmol/L 和 40μmol/L FB_1 处理 24h 后，质膜 H^+-ATPase 活性分别降低了 15% 和 30%，说明 FB_1 可能是

H^+-ATPase 的一种抑制剂（Gutiérrez-Nájera et al.，2005；方策，2011）。在植物与病原菌互作过程中，质膜 H^+-ATPase 能显著调节植物免疫抗性反应。一方面，质膜 H^+-ATPase 能与植物免疫信号蛋白 RIN4 发生作用，通过调节叶片气孔开度防御病原菌侵染；另一方面，某些病原菌能通过调控 H^+-ATPase 活性来增强植物的易感性（方策，2011；Elmore and Coaker，2011）。另外，质膜 H^+-ATPase 也参与调控物质的次级跨膜运输、pH 调节、细胞的伸长生长等多种生理过程，这也暗示着 FB_1 在植物体内可能还有其他尚未发现的作用靶标（方策，2011）。

FB_1 诱导拟南芥原生质体发生细胞死亡的早期，线粒体中产生大量过氧化氢（H_2O_2），同时伴随着线粒体跨膜电势的急剧下降（方策，2011）。添加 *N*-乙酰-L-半胱氨酸可以有效地降低活性氧（ROS），并部分阻止 FB_1 诱导的细胞死亡。研究通过钙离子特异荧光染料 Fluo-4 染色法、YC-FRET 法、一氧化氮特异荧光染料 DAF 染色法分别对细胞内钙离子和一氧化氮浓度进行了检测，发现 FB_1 并不会引起细胞内两者水平发生显著变化（方策，2011）。

通过共聚焦显微镜获取的大量三维和四维图片显示在 FB_1 诱导的细胞死亡早期，线粒体发生异常的聚集现象；之后线粒体极显著膨大，并伴随着线粒体总数目的急剧下降。这些形态和分布异常的线粒体运动的复杂性和速率都显著降低。线粒体的形态和动态变化依赖于微丝，而不依赖于微管和细胞内 ATP 的浓度；微丝解聚剂能够显著增强 FB_1 对拟南芥原生质体和叶片的致死作用。研究用 FB_1 处理 GFP 特异标记微丝的拟南芥品系 GFP-FABD2 后，发现微丝结构在线粒体发生明显的形态和动态变化之前就已经遭受到了严重的解聚和降解，说明 FB_1 很可能直接作用于微丝，而微丝结构破坏是造成线粒体动态变化的重要原因（方策，2011）。

方策（2011）研究发现细胞死亡早期 H_2O_2 信号首先出现在细胞壁上，并随着处理时间延长而逐渐增强，随后在线粒体外膜上大量迸发，到死亡后期 H_2O_2 信号又逐渐消失，经历了一个从无到有又到无的过程。在亚细胞形态方面，细胞核内膜周围有异染色质凝缩现象，这是程序性细胞死亡的典型特征；在死亡后期，细胞内容物排列紊乱，叶绿体和细胞质中出现了大量的脂滴，由真菌毒素诱导产生乳突结构。在向植株注射 FB_1 后，未注射毒素的植株叶片细胞中也观察到了上述类似的信号和结构变化，推测 FB_1 可能通过维管束组织转运至其他叶片进而扩大致病范围。

通过拟南芥鞘脂代谢途径上的死亡相关突变体 *acd5* 研究发现，不论是 FB_1 处理还是串珠镰刀菌侵染，*acd5* 突变体都要比野生型显得更为敏感，会更早、更多地出现死细胞。试验发现 *acd5* 突变体中 H_2O_2 信号和胼胝质起始的时间和合成的强度都比野生型要晚和弱，推测可能是由于鞘脂代谢途径的紊乱使得这些抗性信号的产生和防御结构的合成推迟和减弱，从而降低了 *acd5* 突变体的整体抗性（方策，2011）。

2.4 植物外源毒素的去除及降解

作为重要的植物外源毒素，真菌毒素的去除及降解主要分为物理法、化学法和生物转化法（何成华，2007）。物理法就是利用水洗、加热、辐射和吸附等方法来灭活真菌及其毒素；化学法则是用酸、碱或不同的氧化剂、还原剂等对霉菌杀灭并对毒素进行降解；生物转化法是依靠细菌、酵母等微生物代谢产生的各种酶类，在一定条件下将真菌毒素降解为无害的代谢产物（何成华，2007）。下面针对几种最主要和常见的外源真菌毒素去除和降解的方法进行介绍。

2.4.1　黄曲霉毒素的去除和降解方法

去除或降解黄曲霉毒素的方法主要分为物理法、化学法和生物转化法，具体包括湿磨法、辐照法、挤压膨化法、氨气法、次氯酸钠或二氧化氯法、生物吸附法、生物降解法等。

2.4.1.1　湿磨法

黄曲霉毒素在玉米粒等粮食中分布很不均匀，占总量 80% 以上的毒素主要分布于表皮和胚部（刘阳等，2018）。湿磨法就是利用玉米粒表皮及胚部在水中的密度差异，将碾碎后浮在水面上的表皮及胚部除去从而达到去除其中大部分毒素的目的（王海修和杨玉民，2005；陈志娟，2010；刘阳等，2018）。在湿磨过程中加入碱性溶液如 $Ca(OH)_2$ 等可以破坏黄曲霉毒素的内酯环生成香豆素钠盐而溶于水，从而进一步去除黄曲霉毒素（刘阳等，2018）。

2.4.1.2　辐照法

紫外线或 γ 射线可有效破坏黄曲霉毒素的化学结构，从而去除黄曲霉毒素。使用紫外线高压汞灯大剂量照射能去除高达 97% ～ 99% 的黄曲霉毒素（张国辉等，2004；陈志娟，2010）。然而，辐照法对玉米成分及理化性质也会产生一定影响。研究发现，当辐射量达到 7.5kGy 时，可显著降低玉米中赖氨酸和甲硫氨酸的含量（Hooshmand and Klopfenstein，1995；陈志娟，2010）；电子束达到 15kGy 时，玉米粒和玉米粉中的 AFB_1 虽然可以分别降低 40% 和 35%，但是玉米的理化性质发生明显的变化，脂肪酸值明显升高，峰值黏度、最低黏度、衰减值等显著降低，玉米粉的 L^* 值未发生显著改变，但是 a^* 和 b^* 显著下降（罗小虎等，2016）。

2.4.1.3　挤压膨化法

挤压膨化是将物料喂入挤压机中，借助螺杆强制输送，通过摩擦、剪切和加热产生高温、高压使物料经受挤压、混炼、剪切、熔融、杀菌和熟化等一系列复杂的连续化处理，当物料从机筒末端模具中被挤出时，压力骤然降低为常压值，水分积聚汽化而产生巨大的膨胀力，使物料瞬间膨化形成多孔状的产品（杨薇，2001；刘阳等，2018）。在挤压膨化过程中加入 0.3% 的石灰水及 1.5% 的过氧化氢可有效降解玉米粉中的黄曲霉毒素（Elias et al.，2002；陈志娟，2010）。在碱性条件下（pH 9），湿度保持在 35%，黄曲霉毒素降解率高达 62%，且在挤压膨化过程中蛋白质可转化为氨基酸，淀粉裂解为麦芽糖和糊精，从而提高玉米的消化率（Saalia and Phillips，2002）。然而该法对黄曲霉毒素降解率较低，仅适用于污染不严重的玉米。

2.4.1.4　氨气法

氨气与黄曲霉毒素结合后发生脱羟基作用，致使黄曲霉毒素的内酯环裂解，从而达到去毒效果（陈志娟，2010）。刘阳等（2018）研究发现，当温度为 37℃、玉米含水量为 20%、氨气浓度为 7.05%、氨熏时间为 96h 时，黄曲霉毒素平均降解率高达 92%。然而，氨气会使玉米褪色，且该法在实际实施过程中存在很大困难，也存在一定危险，需要经过特殊训练的操作人员，因此在国内目前仅处于实验室研究阶段。

2.4.1.5　次氯酸钠或二氧化氯法

次氯酸钠和二氧化氯作为黄曲霉毒素的脱毒剂，可以瞬间高效地完成脱毒，且作用条件（用量和时间）并不影响脱毒效果（陈志娟，2010；刘阳等，2018）。然而，两者的脱毒机制尚不清楚，有可能是由于氧原子诱导作用。次氯酸钠对玉米中黄曲霉毒素 B_1、B_2、G_1、G_2 的脱毒程度不同，相同处理条件下对 B_1 的降解程度最大（张国辉等，2004）。然而次氯酸钠是一种强氧化剂，处理过程中会产生大量热量，还会影响某些营养成分的利用效率。研究表明，二氧化氯能有效去除黄曲霉毒素 B_1，并且二氧化氯被世界卫生组织和联合国粮食及农业组织定为 A1 级高效安全消毒剂和食品添加剂（刘阳等，2018）。

2.4.1.6 生物吸附法

研究发现，乳酸菌对黄曲霉毒素具有较好的吸附效果。鼠李糖乳杆菌可以在 24h 内吸附培养基中 80% 的黄曲霉毒素 B_1，热致死灭活和盐酸处理均可增强该吸附能力（El-Nezami et al.，2002；薛华丽，2018）。在体内环境下，乳酸菌也可以吸附黄曲霉毒素 B_1 并形成复合物将其排出体外，减少小肠中黄曲霉毒素 B_1 的浓度，达到解毒的目的（Kankaanpää et al.，2000；薛华丽，2018）。从牛奶、乳酪等乳制品中分离的乳酸乳球菌和嗜热链球菌活体和热致死的菌体均对黄曲霉毒素 B_1 有良好的吸附作用（Haskard et al.，2001；Shahin，2007；薛华丽，2018）。酵母对黄曲霉毒素 B_1 也有很好的吸附效果，且随着黄曲霉毒素 B_1 初始浓度的增大吸附量也随之增大（Shetty et al.，2007；薛华丽，2018）。葡甘露聚糖是从酵母细胞壁中提取出来的具有孔状结构的碳水化合物，具有吸附真菌毒素的功能。向黄曲霉毒素 B_1 含量为 0.1mg/kg 的鸡饲料中加入 0.1% 的葡甘露聚糖，肉仔鸡肝的生化指标与对照组无明显差异，由此可见，葡甘露聚糖能减轻或基本消除黄曲霉毒素对鸡组织器官、鸡生长性能的不良影响（侯然然等，2008；薛华丽，2018）。

2.4.1.7 生物降解法

Motomura 等（2003）从糙皮侧耳中提取并纯化得到一种可以彻底降解黄曲霉毒素 B_1 的胞外酶，此酶通过裂解黄曲霉毒素 B_1 的苯环达到去毒效果。分枝杆菌 DSM 44556T 在 30℃作用 36h 后能够去除 20% ～ 30% 的黄曲霉毒素 B_1，72h 后黄曲霉毒素 B_1 浓度低于检出限，其胞内提取物作用 1h 后黄曲霉毒素 B_1 降低 70%，8h 后毒素浓度低于检出限（Hormisch et al.，2004）。研究从红串红球菌液体培养物中分离获得一种胞外提取物，在 72h 可使样品中 66.8% 的黄曲霉毒素 B_1 被降解（Albert et al.，2006）。以黑曲霉为原料制备的生物制剂 BDA 对食品中黄曲霉毒素 B_1 的降解率高达 77.3%（陈仪本等，1998）。以活性炭为固定载体的真菌粗酶对真菌毒素降解具有显著效果。例如，将黄曲霉毒素 B_1 浓度为 100μg/kg 的花生油样品经过活性炭固定的粗酶柱处理后，毒素浓度可降低至 0.1μg/kg 以下。此外，活性炭价格便宜，而且其固定的粗酶在 70d 时仍表现出良好的活性（宋艳萍等，2003）。

2.4.2 脱氧雪腐镰刀菌烯醇的去除和降解方法

单端孢霉烯族毒素的毒性是由其结构的 C-12,13 环氧环、C-9,10 双键、乙酰基和羟基的位置及数量等决定的。所以，单端孢霉烯族毒素的脱毒作用主要表现在破坏毒性基团，主要包括脱环氧化、烯基的氧化、脱乙酰化、羟基化、羰基化等（薛华丽，2018）。DON 的去除和降解主要分为物理法、化学法、酶解法等。

2.4.2.1 DON 污染小麦的重力分选

由于被 DON 污染的小麦籽粒外观皱缩，颗粒不饱满，相对密度比正常籽粒小，与正常麦粒的千粒重存在差异，可利用重力分选技术将其清除（Hazel and Patel，2004；Jouany，

2007；朱玉昌，2014）。刘阳等（2018）对 DON 污染小麦进行了重力分选研究，并设计研发了重力分选机，获得了很好的分选效果。

2.4.2.2　小麦清理工艺对 DON 的去除

清理工艺是用于一般小麦加工的首要步骤。研究发现，风选过程可有效去除 DON，表明这些低密度杂质中 DON 含量高。表面处理过程和筛选过程也可以在一定程度上去除 DON。在小麦表面处理过程中，加强碾麦和打麦力度，提高表面处理水平，对去除小麦中的 DON 起到很大作用（刘阳等，2018）。瘪麦和其他被 DON 污染的小麦几乎均呈现红色或灰色，因此，在小麦清理过程中通过小麦色选技术可有效去除 DON，在白麦清理过程中效果尤佳（Delwiche and Hareland，2004；陈飞，2012；刘阳等，2018）。

2.4.2.3　磨粉工艺对 DON 污染小麦中毒素的去除

由于 DON 主要分布于小麦表皮，通过磨粉工艺获得的面粉中 DON 主要残留于小麦麸皮和细麸中。采用分层碾磨技术可以通过碾去小麦表皮而去除大量 DON，且随着污染小麦中 DON 的降低，去除效果不断增强（陈飞，2012；刘阳等，2018）。通过增加分层碾磨次数和碾磨力度，可以进一步提高 DON 的去除效果，因此分层碾磨工艺具有很好的适用性和广泛的应用前景。

2.4.2.4　面制品加工过程中添加碳酸钠对 DON 的去除

DON 具有易溶于水、在碱性条件下易降解的特性，其降解产物的细胞毒性也随之降低（Bretz et al.，2006）。碳酸钠作为一种碱性物质，同时也是食品加工中常用的添加剂，既可以提高面制品品质，同时可有效去除 DON。在 DON 污染的玉米粉加工成玉米粉圆饼的过程中加入碱，可以去除绝大部分 DON（72% ～ 88%）（Abbas et al.，1988）。在挂面加工和煮制过程中合理添加碳酸钠也取得了很好的 DON 去除效果（Visconti et al.，2004；Sugita-Konishi et al.，2006；Moazami et al.，2014；刘阳等，2018）。

2.4.2.5　臭氧处理降解 DON

C-9,10 双键（烯基）也是单端孢霉烯族毒素具有毒性的必需基团。研究发现使用臭氧处理单端孢霉烯族毒素类化合物时，臭氧会在 C-9,10 双键上加上 2 个氧原子而改变毒素分子结构，从而降低其毒性（Young et al.，2006；薛华丽，2018）。

2.4.2.6　DON 的酶解

利用从乳牛瘤胃液中分离得到的具有脱环氧化作用的菌株 BBSH 797 可将 DON 经脱环氧化生成 DOM-1，经 DNA 合成毒性测试发现 DOM-1 的毒性仅为 DON 的 1/54（Eriksen and Pettersson，2004；Eriksen et al.，2004；Schatzmayr et al.，2006；薛华丽，2018）。研究发现，从拟南芥中分离出的 UDP-葡糖基转移酶可在 DON 的 3 号碳原子上添加一个葡萄糖基而降低其毒性（Poppenberger et al.，2003）。程波财（2010）利用快速灵敏的间接竞争 ELISA 法筛选获得了两株高效降解 DON 的菌株，分别为枯草芽孢杆菌 ZZ（*Bacillus subtilis* ZZ）（降解率 98%）和地衣芽孢杆菌 DY（*B. licheniformis* DY）（降解率 30.7%）。机理研究发现芽孢杆菌上清液中某些对热敏感的蛋白类成分起着主要的作用。

2.4.3 伏马菌素的去除和降解方法

2.4.3.1 研磨去除伏马菌素

由于伏马菌素在玉米胚和种皮中含量高，因此可以将不同部位分离的研磨法成为去除伏马菌素的重要方法（刘阳等，2018）。在干燥或潮湿条件下研磨，以及在水中或酸性亚硫酸盐溶液中浸泡，可有效降低食品中伏马菌素的含量（Katta et al.，1997）。

2.4.3.2 加热去除伏马菌素

伏马菌素虽然具有热稳定性，但是在一定 pH 和温度条件下，依然可以大幅降低伏马菌素的含量。研究发现，FB_1 在 pH 4 时最不稳定，其次为 pH 10 和 pH 7 时。食品在加工过程中可能与 FB_1 相互作用，含有葡萄糖的热处理导致的美拉德褐变反应使得 FB_1 含量明显减少，但不是分解（Hlywka，1997）。当温度高于 150℃时可以有效去除伏马菌素。无论是潮湿还是干燥的玉米原料，在高于 150℃（190 ～ 450℃）条件下均可获得很好的伏马菌素去除效果，且随着温度升高所需时间减少（Scott and Lawrence，1996；El-Sayed et al.，2010）。

2.4.3.3 辐射法去除伏马菌素

研究发现，在相对湿度为 97.5% 并控制水分活度的条件下，5kGy 或 10kGy 的 γ 射线可有效降低伏马菌素的产生风险，但是在 γ 射线较低剂量（2 ～ 2.5kGy）条件下，存活的串珠镰刀菌反而产生了比未照射组更高含量的伏马菌素（Ferreira-Castro et al.，2007；Deepthi et al.，2017）。

2.4.3.4 吸附法去除伏马菌素

研究发现活性炭、胶质状黏土和硅藻土是伏马菌素的优良吸附剂。由酵母细胞壁提取物制作而成的天然霉菌毒素吸附剂——酯化葡甘露聚糖（esterified glucomannan，EGM），由于具有多孔结构，表面积很大，有利于快速高效吸收包含伏马菌素在内的各种霉菌毒素（Wang et al.，2006；Oliveira et al.，2015）。

参考文献

常敬华. 2014. 脱氧雪腐镰刀菌烯醇（DON）在面制品加工中的变化规律研究. 北京: 中国农业科学院博士学位论文.

陈飞. 2012. 加工工艺去除小麦中脱氧雪腐镰刀菌烯醇（DON）的研究. 北京: 中国农业科学院硕士学位论文.

陈宁庆. 2010. 食用生物毒素学. 北京: 中国科学技术出版社.

陈茹, 刘钟滨. 2006. 黄曲霉菌 *aflR* 基因启动子序列变异与黄曲霉毒素产生相关联. 细胞生物学杂志, 28(6): 912-916.

陈晓亚, 薛红卫. 2018. 植物生理与分子生物学. 北京: 高等教育出版社.

陈仪本, 蔡斯赞, 黄博爱, 等. 1998. 生物学法降解花生油中黄曲霉毒素的研究. 卫生研究, 27(增刊): 79-83.

陈志娟. 2010. 玉米中黄曲霉毒素降解与去除的研究. 北京: 中国农业科学院硕士学位论文.

程波财. 2010. 抑制镰刀菌及降解两种真菌毒素的益生菌筛选和机理研究. 长沙: 中南大学博士学位论文.

丁丁. 2009. 抗镰刀菌百合无性系离体筛选及抗病生理的初步研究. 长沙: 湖南农业大学博士学位论文.

丁晓雯, 柳春红. 2011. 食品安全学. 北京: 中国农业大学出版社.

董金皋, 李正平. 1997. 寄主选择性植物病原真菌的毒素化学. 微生物学通报, 24(4): 247-250.

樊彦红. 2008. 黄曲霉毒素 B_1 和脱氧雪腐镰刀菌烯醇对锦鲤及原代培养肝细胞的毒性研究. 南京: 南京农业大学博士学位论文.

方策. 2011. 伏马菌素诱导拟南芥程序性细胞死亡的细胞生物学研究. 广州: 中山大学博士学位论文.

郭新荣, 张西海, 卢卫华, 等. 2014. 马桑倍半萜内酯主要成分杀虫活性的初步研究. 西北林学院学报, 29(1): 105-110.
郭云昌, 刘秀梅. 1998. 伏马菌素的毒性作用及作用机理. 卫生研究, 27: 66-70.
韩珊. 2009. 寄生隐丛赤壳菌毒素化学及其致病机理的研究. 雅安: 四川农业大学博士学位论文.
韩珊, 朱天辉, 李芳莲. 2008. 植物病原真菌毒素作用机理研究进展. 四川林业科技, 29(6): 26-30.
何成华. 2007. 脱氧雪腐镰刀菌烯醇毒性和生物转化的研究. 南京: 南京农业大学博士学位论文.
侯海峰, 陈龙明, 韩纪举, 等. 2010. 大骨节病病区粮食中脱氧雪腐镰刀菌烯醇和硒元素检测报告. 中华预防医学杂志, 20(2): 152-157.
侯然然, 谢鹏, 张敏红, 等. 2008. 葡甘露聚糖对饲喂黄曲霉毒素 B_1 日粮的肉仔鸡肝生化指标和组织的影响. 动物营养学报, 44(7): 663-664.
黄强, 田益农, 黄惠芳, 等. 2013. 植物分子育种技术在改良木薯种质方面的应用. 广西植物, 33(2): 148-153, 158.
贾蕊鸿. 2016. 马铃薯立枯丝核菌毒素对植株细胞膜伤害机理的研究. 兰州: 甘肃农业大学博士学位论文.
姜述君, 强胜. 2005. 马唐生防菌画眉草弯孢霉毒素 α, β-dehydro-curvularin 对马唐叶绿体功能的影响. 植物病理学报, 35(4): 312-316.
康振生, 黄丽丽, Buchenauer H. 2004. 小麦穗组织中脱氧镰刀菌烯醇毒素的免疫细胞化学定位. 植物病理学报, 34(5): 419-424.
雷天翔, 蔡晓剑, 王环, 等. 2016. 托烷类生物碱生物合成机理及其生物工程研究进展. 西北植物学报, 36(1): 204-214.
李麒, 罗飞, 王成洋, 等. 2020. 葫芦科作物苦味物质葫芦素的研究进展. 植物生理学报, 56(6): 1137-1145.
李姝江. 2013. 杂交竹梢枯病菌蛋白毒素及其精确作用机制研究. 雅安: 四川农业大学博士学位论文.
李月红. 2003. 脱氧雪腐镰刀菌烯醇对机体免疫功能影响的实验研究. 石家庄: 河北医科大学博士学位论文.
李月红, 张祥宏, 王俊灵, 等. 2002. 脱氧雪腐镰刀菌烯醇对小鼠胸腺细胞凋亡和增殖的影响. 中国病理生理杂志, 18(7): 778-781.
梁炫强. 2002. 花生抗黄曲霉（*Aspergillus flavus* Link）侵染和产毒机制以及抗性遗传规律的研究. 广州: 华南师范大学博士学位论文.
梁宗锁, 方誉民, 杨东风. 2017. 植物萜类化合物生物合成与调控及其代谢工程研究进展. 浙江理工大学学报（自然科学版）, 37(2): 255-264.
刘品贤, 李久香. 1992. 寄主专化性毒素的研究现状和成果. 国外农学: 植物保护, 5(2): 8-10.
刘文成, 谭布珍, 方玉婷, 等. 2017. 植物雷公藤主要抗癌抗炎活性成分研究进展. 中国临床药理学与治疗学, 22(3): 355-360.
刘阳, 常敬华, 崔莉, 等. 2018. 真菌毒素加工脱毒技术研究. 北京: 科学出版社.
刘钰莹, 马越, 赵晓燕, 等. 2017. 植物资源中葫芦素类化合物的分布. 农产品加工, (5): 75-78.
龙世平, 卢衍, 王亚娟, 等. 2013. 过表达内源 *PMT* 和 *H6H* 基因对颠茄发根托品烷类生物碱合成的影响. 药学学报, 48(2): 243-249.
卢善发, 等. 2019. 药用植物品质生物学. 北京: 科学出版社.
罗小虎, 齐丽君, 房文苗, 等. 2016. 电子束辐照降解玉米中黄曲霉毒素 B_1 及对玉米品质的影响. 食品与机械, 32(10): 111-114.
马永硕. 2017. 黄瓜中苦味素的生物合成、调控及转运机制. 北京: 中国农业科学院博士学位论文.
马转转, 庞潇卿, 谌容, 等. 2015. 萜类化合物生物合成途径中关键酶的研究进展. 杭州师范大学学报（自然科学版）, 14(6): 608-615.
裴月湖, 娄红祥. 2019. 天然药物化学. 北京: 人民卫生出版社.
祁高富, 杨斌, 叶建仁. 2000. 植物病原真菌毒素研究进展. 南京农业大学学报, 24(2): 66-70.
强玮, 范雨芳, 廖志华. 2016. 托品烷生物碱生物合成与代谢工程研究进展. 世界科学技术: 中医药现代化, 18(11): 1899-1907.
邱飞. 2019. 托品烷生物碱生物合成途径中三个新基因的发现与功能鉴定. 重庆: 西南大学博士学位论文.
尚毅. 2009. DON 诱导的小麦 *TaPDR1* 基因的克隆和特征分析以及二穗短柄草多倍体中 *PDR1* 基因的系统进化. 南京: 南京农业大学博士学位论文.
石宏武, 罗祖良, 崔晟榕, 等. 2017. 外源茉莉素调控植物中萜类化合物生物合成的研究进展. 中国现代中药, 19(11): 1643-1650.

时焦, 王凤龙, 张成省, 等. 2013. 寄主专化性毒素及其在烟草上的研究进展. 中国烟草科学, 34(3): 113-117.
时敏, 王瑶, 周伟, 等. 2018. 药用植物萜类化合物的生物合成与代谢调控研究进展. 中国科学: 生命科学, 48(4): 352-364.
宋艳萍, 刘大岭, 黄炳贺, 等. 2003. 固定化真菌解毒酶对花生油中 AFB_1 的去除作用的初步研究. 食品科学, 24(2): 19-22.
苏文炳, 蒋园园, 白昀鹭, 等. 2019. 转录因子调控植物萜类化合物生物合成研究进展. 农业生物技术学报, 27(5): 919-926.
孙丽超, 李淑英, 王凤忠, 等. 2017. 萜类化合物的合成生物学研究进展. 生物技术通报, 33(1): 64-75.
台莲梅, 许艳丽, 闫凤云. 2006. 尖孢镰刀菌毒素对大豆胚根组织影响的超微结构研究. 植物病理学报, 36(6): 512-516.
檀丽萍. 2008. 玉米及玉米制品中伏马菌素的检测与去除. 北京: 北京林业大学硕士学位论文.
田雪亮, 郎剑锋, 周建, 等. 2012. 串珠镰刀菌粗毒素对玉米根系细胞膜的影响. 广东农业科学, 39(6): 87-97.
田雪亮, 刘鸣韬, 杨家荣. 2008. 黄瓜枯萎菌粗毒素对不同抗性黄瓜种子萌发及幼苗胁迫作用研究. 中国生态农业学报, 16(6): 1495-1498.
涂追. 2010. 基于单域重链抗体的天然噬菌体文库的构建及抗 DON 适配体的淘选. 南昌: 南昌大学博士学位论文.
王海修, 杨玉民. 2005. 玉米及玉米加工品中的真菌毒素. 吉林粮食高等专科学校学报, 20(1): 1-7.
王后苗. 2016. 花生抗黄曲霉产毒机制的研究. 北京: 中国农业科学院博士学位论文.
王后苗, 廖伯寿, 雷永, 等. 2014. 黄曲霉菌主要真菌毒素次级代谢与调控的研究进展. 微生物学通报, 41(7): 1425-1438.
王环, 沈建伟, 张晓峰, 等. 2002. 山莨菪中 4 种生物碱含量与海拔关系的研究. 中国中药杂志, 27(2): 74-75.
王会艳, 张祥宏. 2000. 常见镰刀菌毒素与细胞凋亡的研究进展. 卫生研究, 29(3): 181-183.
王凌健, 方欣, 杨长青. 2013. 植物萜类次生代谢及其调控. 中国科学: 生命科学, 43(12): 1030-1046.
王珊珊, 乜兰春, 李潘, 等. 2019. 植物病原真菌毒素的分类、致病机制及应用前景. 江苏农业科学, 47(3): 94-97.
王少康. 2003. 伏马菌素污染情况及其毒性研究进展. 环境与职业医学, 20(2): 129-131.
魏松红, 刘文合, 俞孕珍, 等. 2000. 稻瘟病菌毒素对水稻愈伤组织防御酶系的诱导. 沈阳农业大学学报, 31(4): 328-330.
文彬, 宾金华, 陈雄伟, 等. 2001. 壳梭孢素对质膜 H^+-ATPase 活力影响机制的研究进展. 植物学通报, 18(5): 540-545.
徐玲, 张世珖. 2006. 烟草野火病毒素对烟草叶片组织超微结构的影响. 云南农业大学学报, 21(1): 57-60.
徐艳. 2006. 水稻纹枯病菌毒素的致病机理及对寄主防御酶活性的影响. 扬州: 扬州大学硕士学位论文.
薛华丽. 2018. 果蔬中真菌毒素. 北京: 化学工业出版社.
杨薇. 2001. 螺杆挤压机及其在食品工业中的应用. 昆明理工大学学报, 26(3): 78-83.
于丽娜, 闫红飞, 宗淑萍, 等. 2008. 冬枣黑疔病病原菌毒素致病机制研究. 河北农业大学学报, 31(1): 33-36.
余翠翠, 魏建和. 2019. 环境因子对植物萜类化合物生物合成的影响研究进展. 西北植物学报, 39(9): 1701-1710.
曾俊岚, 赵凯辉, 兰小中, 等. 2016. 藏药资源植物铃铛子托品烷类生物碱含量测定. 西藏科技, (6): 60-62.
张初署. 2013. 中国四个生态区花生土壤中黄曲霉菌分布、产毒特征及遗传多样性研究. 北京: 中国农业科学院博士学位论文.
张翠平. 2017. 茉莉酸甲酯对颠茄主要生物碱含量的影响及其机理. 重庆: 西南大学硕士学位论文.
张国辉, 何瑞国, 齐德生. 2004. 饲料中黄曲霉毒素脱毒研究进展. 中国饲料, (16): 36-40.
张韶杰, 韩玺柱, 佘小平. 2009. 壳梭孢素促进蚕豆气孔开放与保卫细胞 H_2O_2 的关系. 陕西师范大学学报（自然科学版）, 37(2): 78-80.
张涛. 2011. *Pilidium concavum* 毒素产生条件及致病机理的研究. 洛阳: 河南科技大学博士学位论文.
张玉婷, 李伟国, 梁冬梅, 等. 2020. P450s 在萜类合成方面的合成生物学研究进展. 中国生物工程杂志, 40(8): 84-96.
张云霞, 范兰兰, 施祖荣, 等. 2011. 莲子草假隔链格孢毒素对空心莲子草叶片和根尖组织超微结构的影响. 华中农业大学学报, 30(1): 84-88.
张志强. 2007. 大蒜叶枯病病原生物学及病菌毒素培养条件研究. 杨凌: 西北农林科技大学硕士学位论文.
郑莉, 杨斌, 胡小龙. 2006. 灰葡萄孢毒素诱发紫茎泽兰电解质渗漏化学物质的研究：可溶性蛋白质和可溶性糖含量变化. 西南林学院学报, 26(6): 29-32.
郑露. 2010. 大蒜白斑病病原学、防治技术及其毒素致病机理研究. 武汉: 华中农业大学博士学位论文.

钟小刚. 2013. 甘肃省苹果链格孢叶斑病病原鉴定及诱导抗病性研究. 兰州: 甘肃农业大学博士学位论文.
朱玉昌. 2014. 脱氧雪腐镰刀菌烯醇（DON）污染小麦重力分选研究及设备研制. 北京: 中国农业科学院博士学位论文.
朱源, 李检秀, 李坚斌, 等. 2020. 药用植物中四环三萜皂苷合成生物学研究进展. 广西科学院学报, 36(3): 309-316.
左东云. 2016. 脱氧雪腐镰刀菌烯醇毒素诱导的小麦基因克隆及功能鉴定. 武汉: 华中农业大学博士学位论文.
Abbas H K, Duke S O, Merrill A H, et al. 1998. Phytotoxicity of australifungin, AAL-toxins and fumonisin B_1 to *Lemna pausicostata*. Phytochemistry, 47(8): 1509-1514.
Abbas H K, Mirocha C J, Rosiles R, et al. 1988. Decomposition of zearalenone and deoxynivalenol in the process of making tortillas from corn. Cereal Chem, 65(1): 15-19.
Abbas H K, Tanaka T, Duke S O, et al. 1994. Fumonisin- and AAL-toxin-induced disruption of sphingolipid metabolism with accumulation of free sphingoid bases. Plant Physiol, 106(3): 1085-1093.
Albert J F, Engelbrecht Y, Steyn P, et al. 2006. Biological degradation of aflatoxin B_1 by *Rhodococcus erythropolis* cultures. Int J Food Microbiol, 109(1-2): 121-126.
Amdoun R, Khelifi L, Khelifi-Slaoui M, et al. 2009. Influence of minerals and elicitation on *Datura stramonium* L. tropane alkaloid production: modelization of the *in vitro* biochemical response. Plant Science, 177(2): 81-87.
Asai T, Stone J M, Heard J E, et al. 2000. Fumonisin B_1-induced cell death in *Arabidopsis protoplasts* requires jasmonate-, ethylene-, and salicylate-dependent signaling pathways. The Plant Cell, 12(10): 1823-1836.
Badea A, Eudes F, Laroche A, et al. 2013. Antimicrobial peptides expressed in wheat reduce susceptibility to *Fusarium* head blight and powdery mildew. Can J Plant Sci, 93: 199-208.
Bathe U, Tissier A. 2019. Cytochrome P450 enzymes: a driving force of plant diterpene diversity. Phytochemistry, 161: 149-162.
Berkov S, Doncheva T, Philipov S, et al. 2005. Ontogenetic variation of the tropane alkaloids in *Datura stramonium*. Biochem Syst Ecol, 33(10): 1017-1029.
Bottalico A, Perrone G. 2002. Toxigenic *Fusarium* species and mycotoxins associated with head blight in small-grain cereals in Europe. Eur J Plant Pathol, 108(7): 611-624.
Brandwagt B F, Mesbah L A, Takken F L, et al. 2000. A longevity assurance gene homolog of tomato mediates resistance to *Alternaria alternata* f. sp. *lycopersici* toxins and fumonisin B1. PNAS, 97(9): 4961-4966.
Bretz M, Beyer M, Cramer B, et al. 2006. Thermal degradation of the *Fusarium* mycotoxin deoxynivalenol. J Agric Food Chem, 54(17): 6445-6451.
Bruce W H. 2003. Ecology and population biology of aflatoxigenic fungi in soil. Toxin Rev, 22(2-3): 351-379.
Bucci T J, Howard P C, Tolleson W H, et al. 1998. Renal effects of fumonisin mycotoxins in animals. Toxicol Pathol, 26(1): 160-164.
Casale W L, Hart L P. 1988. Inhibition of H-leucine incorporation by trichothecene mycotoxins in maize and wheat tissue. Phytopathology, 78(12): 1672-1677.
Chen F, Tholl D, Bohlmann J, et al. 2011. The family of terpene synthases in plants: a mid-size family of genes for specialized metabolism that is highly diversified throughout the kingdom. Plant J, 66(1): 212-229.
Cheng W, Li H P, Zhang J B, et al. 2015. Tissue-specific and pathogen-inducible expression of a fusion protein containing a *Fusarium*-specific antibody and a fungal chitinase protects wheat against *Fusarium* pathogens and mycotoxins. Plant Biotechnol J, 13(5): 664-674.
Cordell G A. 2013. Fifty years of alkaloid biosynthesis in Phytochemistry. Phytochemistry, 91: 29-51.
de la Torre-Hernandez M E, Rivas-San Vicente M, Greaves-Fernandez N, et al. 2010. Fumonisin B1 induces nuclease activation and salicylic acid accumulation through long-chain sphingoid base build-up in germinating maize. Physiol Mol Plant Pathol, 74(5-6): 337-345.
Deepthi B V, Gnanaprakash A P, Sreenivasa M Y. 2017. Effect of γ-irradiation on fumonisin producing *Fusarium* associated with animal and poultry feed mixtures. Biotech, 7(1): 57.
Delwiche S R, Hareland G A. 2004. Detection of scab-damaged hard red spring wheat kernels by near-infrared reflectance. Cereal Chem, 81(5): 643-649.
Deng Y, He M, Feng F, et al. 2021. The distribution and changes of glycoalkaloids in potato tubers under different storage time based on MALDI-TOF mass spectrometry imaging. Talanta, 221: 121453.

Dereszynski D M, Center S A, Randolph J F, et al. 2008. Clinical and clinicopathologic features of dogs that consumed foodborne hepatotoxic aflatoxins: 72 cases (2005-2006). J Am Vet Med Assoc, 232(9): 1329-1337.

Di R, Blenchl A, Dill-Macky R, et al. 2010. Expression of a truncated form of yeast ribosomal protein L3 in transgenic wheat improves resistance to *Fusarium* head blight. Plant Science, 178(4): 364-380.

Doehlert D C, Knutson C A, Vesonder R F. 1994. Phytotoxic effects of fumonisin B1 on maize seedling growth. Mycopathologia, 127(2): 117-121.

Dräger B. 2006. Tropinone reductases, enzymes at the branch point of tropane alkaloid metabolism. Phytochemistry, 67(4): 327-337.

Dubos C, Stracke R, Grotewold E, et al. 2010. MYB transcription factors in *Arabidopsis*. Trends Plant Sci, 15(10): 573-581.

Elias R, Castellanos A, Loarca G, et al. 2002. Comparison of nixtamalization and extrusion processes for a reduction in aflatoxin context. Food Addit Contam, 19(9): 878-885.

Elmore J M, Coaker G. 2011. The role of the plasma membrane H^+-ATPase in plant-microbe interactions. Molecular Plant, 4(3): 416-427.

El-Nezami H, Polychronaki N, Salminen P, et al. 2002. Binding rather than metabolism may explain the interaction of two food-grade *Lactobacillus* strains with zearlenone and its derivative-zearalenol. Appl Environ Microbiol, 68(7): 3545-3549.

El-Sayed A M, Soher E A, Sahab A F. 2010. Occurrence of certain mycotoxins in corn and corn-based products and thermostability of fumonisin B_1 during processing. Nahrung/Food, 47(4): 222-225.

Eriksen G S, Pettersson H. 2004. Toxicological evaluation of trichothecenes in animal feed. Anim Feed Sci Technol, 114(1-4): 205-239.

Eriksen G S, Pettersson H, Lundh T. 2004. Comparative cytotoxicity of deoxynivalenol, nivalenol, their acetylated derivatives and de-epoxy metabolites. Food Chem Toxicol, 42(4): 619-624.

Farombi E O. 2006. Aflatoxin contamination of foods in developing countries: implications for hepatocellular carcinoma and chemopreventive strategies. Afr J Biotechnol, 5(1): 1-14.

Ferrari S, Sella L, Janni M, et al. 2012. Transgenic expression of polygalacturonase-inhibiting proteins in *Arabidopsis* and wheat increases resistance to the flower pathogen *Fusarium graminearum*. Plant Biol, 1(1): 31-38.

Ferreira-Castro F L, Aquino S, Greiner R, et al. 2007. Effects of gamma radiation on maize samples contaminated with *Fusarium verticillioides*. Applied Radiation and Isotopes, 65(8): 927-933.

Fried H M, Warner J R. 1981. Cloning of yeast gene for trichodermin resistance and ribosomal protein L3. PNAS, 78: 238-242.

Friedman M, Levin C E. 2016. Glycoalkaloids and calystegine alkaloids in potatoes // Singh J, Kaur L. Advances in Potato Chemistry and Technology. Second Edition. San Diego: Academic Press: 167-194.

Gardiner S A, Boddu J, Berthiller F, et al. 2010. Transcriptome analysis of the barley-deoxynivalenol interaction: evidence for a role of glutathione in deoxynivalenol detoxification. Mol Plant Microbe Interact, 23(7): 962-976.

Gelderblom W C, Kriek N P, Marasas W F, et al. 1991. Toxicity and carcinogenicity of the *Fusarium moniliforme* metabolite, fumonisin B1, in rats. Carcinogenesis, 12(7): 1247-1251.

Geng X, Wang F, Tian D, et al. 2020. Cardiac glycosides inhibit cancer through Na/K-ATPase-dependent cell death induction. Biochem Pharmacol, 182: 114226.

Glazebrook J. 2005. Contrasting mechanisms of defense against biotrophic and necrotrophic pathogens. Annu Rev Phytopathol, 43(1): 205-227.

Gong Y, Hounsa A, Egal S, et al. 2004. Postweaning exposure to aflatoxin results in impaired child growth: a longitudinal study in Benin, West Africa. Environ Health Perspect, 112(13): 1334-1338.

Gutiérrez-Nájera N, Muñoz-Clares R A, Palacios-Bahena S, et al. 2005. Fumonisin B_1, a sphingoid toxin, is a potent inhibitor of the plasma membrane H^+-ATPase. Planta, 221: 589-596.

Han J G, Lakshman D K, Galvez L C, et al. 2012. Transgenic expression of *Lactoferrin imparts* enhanced resistance to head blight of wheat caused by *Fusarium graminearum*. BMC Plant Biol, 12(1): 33.

Harrison L R, Colvin B M, Greene J T, et al. 1990. Pulmonary edema and hydrothorax in swine produced by fumonisin B1, a toxic metabolite of *Fusarium moniliforme*. J Vet Diagn Invest, 2(3): 217-221.

Haskard C, El-Nezami H, Kankaanpää P, et al. 2001. Surface binding of aflatoxin B1 by lactic acid bacteria. Appl Environ Microbiol, 67(7): 3086-3091.

Hazel M, Patel S. 2004. Influence of processing on trichothecene levels. Toxicol Lett, 153(1): 51-59.

Hedayati A, Hosseini B, Palazon J, et al. 2020. Improved tropane alkaloid production and changes in gene expression in hairy root cultures of two *Hyoscyamus* species elicited by silicon dioxide nanoparticles. Plant Physiol Biochem, 155: 416-428.

Hlywka J J. 1997. The thermostability and toxicity fumonisin B_1 mycotoxin. Nebraska: University of Nebraska: Doctor of Philosophy thesis.

Hojati M, Modarres-Sanavy S A M, Enferadi S T, et al. 2017. Cadmium and copper induced changes in growth, oxidative metabolism and terpenoids of *Tanacetum parthenium*. Environ Sci Pollut Res, 24(13): 12261-12272.

Holbrook C C, Guo B Z, Wilson D M, et al. 2009. The U.S. breeding program to develop peanut with drought tolerance and reduced aflatoxin contamination. Peanut Science, 36(1): 50-53.

Holbrook C C, Kvien C K, Rucker K S, et al. 2000. Preharvest aflatoxin contamination in drought tolerant and intolerant peanut genotypes. Peanut Science, 27(2): 45-48.

Hooshmand H, Klopfenstein C. 1995. Effects of gamma irradiation on mycotoxin disappearance and amino acid contents of corn, wheat, and soybeans with different moisture contents. Plant Foods Hum Nutr, 47(3): 227-238.

Hormisch D, Brost I, Kohring G W, et al. 2004. *Mycobacterium fluoranthenivorans* sp. nov., a fluoranthene and aflatoxin B_1 degrading bacterium from contaminated soil of a former coal gas plant. Syst Appl Microbiol, 27(6): 653-660.

Hsia C C, Wu Z Y, Li Y S, et al. 2004. Nivalenol, a main *Fusarium* toxin in dietary foods from high-risk areas of cancer of esophagus and gastric cardia in China, induced benign and malignant tumors in mice. Oncol Rep, 12(2): 449-456.

Huang T T, Wang X Z, Guo W L, et al. 2020. Tryptophan-Derived Microbial Alkaloids // Liu H B, Begley T P. Comprehensive Natural Products III. Oxford: Elsevier: 393-445.

Iverson F, Armstrong C, Nera E, et al. 1995. Chronic feeding study of deoxynivalenol in *B6C3F1* male and female mice. Teratogenesis, Carcinogenesis, and Mutagenesis, 15(6): 283-306.

Jan J, Franziska D, John C D A. 2013. Increasing the pace of new discoveries in tropane alkaloid biosynthesis. Adv Bot Res, 68: 39-63.

Jia Q, Chen F. 2016. Catalytic functions of the isoprenyl diphosphate synthase superfamily in plants: a growing repertoire. Mol Plant, 9(2): 189-191.

Jin C, Liu H, Xu D, et al. 2018. Glycoalkaloids and phenolic compounds in three commercial potato cultivars grown in Hebei, China. Food Science and Human Wellness, 7(2): 156-162.

Jing S, Zou H, Wu Z, et al. 2020. Cucurbitacins: bioactivities and synergistic effect with small-molecule drugs. J Funct Foods, 72: 104042.

Jouany J P. 2007. Methods for preventing, decontaminating and minimizing the toxicity of mycotoxins in feeds. Anim Feed Sci Technol, 137(3-4): 342-362.

Kankaanpää P, Tuomola E, El-Nezami H, et al. 2000. Binding of aflatoxin B1 alter the adhesion properties of *Lactobacillus rhamnosus* strain GG in Caco-2 model. J Food Prot, 63(3): 412-414.

Kapoor N, Ghorai S M, Kushwaha K, et al. 2020. Plausible mechanisms explaining the role of cucurbitacins as potential therapeutic drugs against coronavirus 2019. Inform Med Unlocked, 21: 100484.

Karaś K, Sałkowska A, Dastych J, et al. 2020. Cardiac glycosides with target at direct and indirect interactions with nuclear receptors. Biomed Pharmacother, 127(289): 110106.

Katta S K, Cagampang A E, Jackson L S, et al. 1997. Distribution of *Fusarium* molds and fumonisins in dry-milled corn fractions. Cereal Chem, 74(6): 858-863.

Kritzinger Q, Aveling T, Van Der Merwe C. 2006. Phytotoxic effects of fumonisin B_1 on cowpea seed. Phytoparasitica, 34(2): 178-186.

Kubena L F, Huff W E, Harvey R B, et al. 1989. Individual and combined toxicity of deoxynivalenol and T-2 toxin in broiler chicks. Poult Sci, 68(5): 622-626.

Lambert L, Hines F, Eppley R. 1995. Lack of initiation and promotion potential of deoxynivalenol for skin tumorigenesis in Sencar mice. Food Chem Toxicol, 33(3): 217-222.

Lamprecht C S, Marasa O W F, Alberts F J, et al. 1994. Phytotoxicity of fumonisins and TA-toxin to corn and tomato. Phytopathology, 84(4): 383-391.

Lewis L, Onsongo M, Njapau H, et al. 2005. Aflatoxin contamination of commercial maize products during an outbreak of acute aflatoxicosis in eastern and central Kenya. Environ Health Perspect, 113(12): 1763-1767.

Li D, Ye Y, Deng L, et al. 2013. Gene expression profiling analysis of deoxynivalenol-induced inhibition of mouse thymic epithelial cell proliferation. Environ Toxicol Pharmacol, 36(2): 557-566.

Li H P, Zhang J B, Shi R P, et al. 2008. Engineering *Fusarium* head blight resistance in wheat by expression of a fusion protein containing a *Fusarium*-specific antibody and an antifungal peptide. Mol Plant Microbe Interact, 21(9): 1242-1248.

Li Y, Ledoux D, Bermudez A. et al. 1999. Effects of fumonisin B_1 on selected immune responses in broiler chicks. Poult Sci, 78(9): 1275-1282.

Liao B S, Zhuang W J, Tang R H, et al. 2009. Peanut aflatoxin and genomics research in China: progress and perspectives. Peanut Science, 36: 21-28.

Ma L L, Shang Y, Cao A Z, et al. 2010. Molecular cloning and characterization of an up-regulated UDP-glucosyltransferase gene induced by DON from *Triticum aestivum* L. cv. Wangshuibai. Mol Biol Rep, 37(2): 785-795.

Mackintosh C, Lewis J, Radmer L, et al. 2007. Overexpression of defense response genes in transgenic wheat enhances resisitance to *Fusarium* head blight. Plant Cell Rep, 26: 479-488.

Marasas W F, Kellerman T S, Gelderblom W C, et al. 1988. Leukoencephalomalacia in a horse induced by fumonisin B_1 isolated from *Fusarium moniliforme*. Onderstepoort J Vet Res, 55(4): 197-203.

Miller J D, Ewen M A. 1997. Toxic effectcs of deoxynivalenol on ribosomes and tissues of the spring wheat cultivars Frontana and Casavant. Nat Toxins, 5(6): 234-237.

Mirocha C J, Xie W P, Filho E R, et al. 2003. Chemistry and detection of *Fusarium* mycotoxins. Encyclopedic Reference of Immunotoxicology, 16: 497-516.

Mitterbauer R, Poppenberger B, Raditschnig A, et al. 2004. Toxin-dependent utilization of engineered ribosomal protein L3 limits trichothecene resistance in transgenic plants. Plant Biotech J, 2: 329-340.

Mixon A C. 1980. Potential for aflatoxin contamination in peanuts (*Arachis hypogaea* L.) before and soon after harvest-a review. J Environ Qual, 9(3): 344-349.

Moazami F E, Jinap S, Mousa W, et al. 2014. Effect of food additives on deoxynivalenol (DON) reduction and quality attributes in steamed-and-fried instant noodles. Cereal Chem, 91(1): 88-94.

Morooka N, Uratsuji N, Yoshizawa T, et al. 1972. Studies on the toxic substances in barley infected with *Fusarium* spp. Food Hygiene and Safety Science, 13(5): 368-375.

Mosayyebi B, Imani M, Mohammadi L, et al. 2020. An update on the toxicity of cyanogenic glycosides bioactive compounds: possible clinical application in targeted cancer therapy. Mater Chem Phys, 246: 122841.

Motomura M, Toyomasu T, Mizuno K, et al. 2003. Purification and characterization of an aflatoxin degradation enzyme from *Pleurotus ostreatus*. Microbiol Res, 158(3): 237-242.

Nakayasu M, Akiyama R, Lee H J, et al. 2018. Generation of α-solanine-free hairy roots of potato by CRISPR/Cas9 mediated genome editing of the *St16DOX* gene. Plant Physiol Biochem, 131: 70-77.

Newman M A, Sundelin T, Nielsen J T, et al. 2013. MAMP (microbe-associated molecular pattern) triggered immunity in plants. Front Plant Sci, 1: 1-14.

Newman S J, Smith J R, Stenske K A, et al. 2007. Aflatoxicosis in nine dogs after exposure to contaminated commercial dog food. J Vet Diagn Invest, 19(2): 168-175.

Ngindu A, Johnson B K, Kenya P R, et al. 1982. Outbreak of acute hepatitis caused by aflatoxin poisoning in Kenta. Lancet, 319(8285): 1346-1348.

Nigam S N, Waliyar F, Aruna R, et al. 2009. Breeding peanut for resistance to aflatoxin contamination at ICRISAT. Peanut Science, 36(1): 42-49.

Nordt S P, Hendrickson M, Won K, et al. 2020. Death from cardiac glycoside "pong-pong" following use as weight-loss supplement purchased on Internet. Am J Emerg Med, 38(8): 1698.

Oliveira E M, Tanure C, Castejon F V, et al. 2015. Performance and nutrient metabolizability in broilers fed diets containing corn contaminated with fumonisin B_1 and esterified glucomannan. Rev Bras Cienc Avic, 17(3): 313-318.

Olsen A N, Ernst H A, Leggio L L, et al. 2005. NAC transcription factors: structurally distinct, functionally diverse. Trends Plant Sci, 10(2): 79-87.

Ormeño E, Fernandez C. 2012. Effect of soil nutrient on production and diversity of volatile terpenoids from plants. Curr Bioact Compd, 8(1): 71-79.

Osuchowski M F, Edwards G L, Sharma R P. 2015. Fumonisin B_1-induced neurodegeneration in mice after intracerebroventricular infusion is concurrent with disruption of sphingolipid metabolism and activation of proinflammatory signaling. Neurotoxicology, 26(2): 211-221.

Ouyang Y L, Li S, Pestka J J. 1996. Effects of vomitoxin (deoxynivalenol) on transcription factor NF-kappa B/Rel binding activity in murine EL-4 thymoma and primary $CD4^+$ T cells. Toxicol Appl Pharmacol, 140(2): 328-336.

Patel S. 2016. Plant-derived cardiac glycosides: role in heart ailments and cancer management. Biomed Pharmacother, 84: 1036-1041.

Pedrosa K, Borutova R. 2011. Synergistic effects of mycotoxins discussed. Feedstuffs, 83(19): 1-3.

Peng Z P, Wang D, Tang G, et al. 2019. Inheritance of steroidal glycoalkaloids in potato tuber flesh. J Integr Agric, 18(10): 2255-2263.

Pijut P M, Lineberger R D, Domir S C, et al. 1990. Ultra-structure of cells of *Ulmus americana* cultured *in vitro* and exposed to the culture filtrate of *Ceratocystis ulmi*. Phytopathology, 80(8): 764-767.

Pitta-Alvarez S I, Spollansky T C, Giulietti A M. 2000. The influence of different biotic and abiotic elicitors on the production and profile of tropane alkaloids in hairy root cultures of *Brugmansia candida*. Enzyme Microb Technol, 26(2-4): 252-258.

Plett J M, Cvetkovska M, Makenson P, et al. 2009. Arabidopsis ethylene receptors have different roles in fumonisin B_1-induced cell death. Physiol Mol Plant Pathol, 74(1): 18-26.

Poppenberger B, Berthiller F, Bachmann H, et al. 2006. Heterologous expression of *Arabidosis* UDP-glucosyltransferase in *Saccharomyces cerevisiae* for production of zearalenone-4-*O*-glucoside. Appl Environ Microbiol, 72(6): 4404-4410.

Poppenberger B, Berthiller F, Lucyshyn D, et al. 2003. Detoxification of the *Fusarium* mycotoxin deoxynivalenol by a UDP-glucosyltransferase from *Arabidopsis thaliana*. J Biol Chem, 278: 47905-47914.

Probst C, Njapau H, Cotty P J. 2007. Outbreak of an acute aflatoxicosis in Kenya in 2004: identification of the causal agent. Appl Environ Microbiol, 73(8): 2762-2764.

Qureshi M A, Hagler W M. 1992. Effect of fumonisin B_1 exposure on chicken macrophage functions *in vivo*. Poult Sci, 71(1): 104-112.

Raymond S L, Smith T K, Swamy H V. 2005. Effects of feeding a blend of grains naturally contaminated with *Fusarium* mycotoxins on feed intake, metabolism, and indices of athletic performance of exercised horses. J Anim Sci, 83(6): 1267-1273.

Robert-Seilaniantz A, Grant M, Jones J D G. 2010. Hormone crosstalk in plant disease and defense: more than jasmonate-salicylate antagonism. Annu Rev Phytopathol, 49(1): 317-343.

Robins R J, Walton N J. 1993. The biosynthesis of tropane alkaloids // Cordell G A. The Alkaloids: Chemistry and Pharmacology. San Diego: Academic Press: 115-187.

Rushton P J, Somssich I E, Ringler P, et al. 2010. WRKY transcription factors. Trends Plant Sci, 15: 247-258.

Saalia F, Phillips R. 2002. Reduction of aflatoxin in contaminated corn by extrusion cooking. The University of Georgia Department of Food Science and Technology Activity and Planning Summary Report, 1: 1-19.

Saier M H, Tran C V, Barabole R D. 2006. TCDB: the transporter classification database for membrance transport protein analyses and information. Nucleic Acids Res, 34: 181-186.

Schatzmayr G, Zehner F, Täubel M, et al. 2006. Microbiologicals for deactivating mycotoxins. Mol Nutr Food Res, 50: 543-551.

Schweiger W, Boddu J, Shin S, et al. 2010. Validation of a candidate deoxynivalenol-inactivating UDP-glucosyltransferase from barley by heterologous expression in yeast. Mol Plant Microbe Interact, 23(7): 977-986.

Scott P M, Lawrence G A. 1996. Determination of fumonisin B_1 in alkali-processed corn foods. Food Addit Contam, 13(7): 823-831.

Shahin A. 2007. Removal of aflatoxin B1 from contaminated liquid media by dairy lactic acid bacteria. Int J Agric Biol, 9(1): 71-75.

Shang Y, Ma Y, Zhou Y, et al. 2014. Biosynthesis, regulation, and domestication of bitterness in cucumber. Science, 346(6213): 1084-1088.

Shetty P H, Hald B, Jespersen L. 2007. Surface binding of aflatoxin B_1 by *Saccharmyces cerevisiae* strains with potential decontaminating abilities in indigenous fermented foods. Int J Food Microbiol, 113(1): 41-46.

Shi L, Bielawski J, Mu J, et al. 2007. Involvement of sphingoid bases in mediating reactive oxygen intermediate production and programmed cell death in *Arabidopsis*. Cell Res, 17(6): 1030-1040.

Shin S, Mackintosh C A, Lewis J, et al. 2008. Transgenic wheat expressing a barley class Ⅱ chitinase gene has enhanced resistance against *Fusarium graminearum*. J Exp Bot, 59(9): 2371-2378.

Shin S, Torres-Acosta J A, Heinen S J, et al. 2012. Transgenic *Arabidopsis thaliana* expressing a barley UDP-glucosyltransferase exhibit resistance to the mycotoxin deoxynivalenol. J Exp Bot, 63(13): 4731-4740.

Simsek B, Çakatay U. 2019. Could cyanogenic glycoside rich diet cause increased risk for carbamylation-induced protein damage in individuals with chronic inflammatory diseases? Med Hypotheses, 130: 109275.

Singh B, Sharma R A. 2014. Plant terpenes: defense responses, phylogenetic analysis, regulation and clinical applications. 3 Biotech, 5(2): 129-151.

Stenske K A, Smith J R, Newman S J, et al. 2006. Aflatoxicosis in dogs and dealing with suspected contaminated commercial foods. J Am Vet Med Assoc, 228(11): 1686-1691.

Stone J M, Heard J E, Asai T, et al. 2000. Simulation of fungal-mediated cell death by fumonisin B_1 and selection of fumonisin B1-resistant (*fbr*) *Arabidopsis mutants*. The Plant Cell, 12: 1811-1822.

Stone J M, Liang X, Nekl E R, et al. 2005. *Arabidopsis* AtSPL14, a plant-specific SBP-domain transcription factor, participates in plant development and sensitivity to fumonisin B_1. The Plant J, 41(5): 744-754.

Strosnider H, Azziz-Baumgartner E, Banziger M, et al. 2006. Workgroup report: public health strategies for reducing aflatoxin exposure in developing countries. Environ Health Perspect, 114(12): 1898-1903.

Sugita-Konishi Y, Park B J, Kobayashi-Hattori K, et al. 2006. Effect of cooking process on the deoxynivalenol content and its subsequent cytotoxicity in wheat products. Biosci Biotechnol Biochem, 70(7): 1764-1768.

Tajima O, Schoen E D, Feron V, et al. 2002. Statistically designed experiments in a tiered approach to screen mixtures of *Fusarium* mycotoxins for possible interactions. Food Chem Toxicol, 40(5): 685-695.

Tajner-Czopek A, Rytel E, Kita A, et al. 2012. The influence of thermal process of coloured potatoes on the content of glycoalkaloids in the potato products. Food Chem, 133(4): 1117-1122.

Thuvander A, Wikman C, Gadhasson I. 1999. *In vitro* exposure of human lymphocytes to trichothecenes: individual variation in sensitivity and effects of combined exposure on lymphocyte function. Food Chem Toxicol, 37(6): 639-648.

Tran-Dinh N, Pitt J I, Carter D A. 1999. Molecular genotype analysis of natural toxigenic and nontoxigenic isolates of *Aspergillus flavus* and *A. parasiticus*. Mycol Res, 103(11): 1485-1490.

Upadhyaya H D, Nigam S N, Thakur R P. 2002. Genetic enhancement for resistance to aflatoxin contamination in groundnut // Waliyar F, Adomou M. Summary Proceedings of the Seventh ICRISAT Regional Groundnut Meeting for Western and Central Africa. Cotonu, Benin: 29-36.

Vakili B, Karimi F, Sharifi M, et al. 2012. Chromium-induced tropane alkaloid production and *H6H* gene expression in *Atropa belladonna* L. (Solanaceae) *in vitro*-propagated plantlets. Plant Physiol Biochem, 52: 98-103.

Van Der Does D, Leon-Reyes A, Koomneef A, et al. 2013. Salicylic acid suppresses jasmonic acid signaling downstream of SCFCOI1-JAZ by targeting GCC promoter motifs via transcription factor *ORA59*. The Plant Cell, 25(2): 744-761.

Vandenbroucke V, Croubels S, Verbrugghe E, et al. 2009. The mycotoxin deoxynivalenol promotes uptake of *Salmonella typhimurium* in porcine macrophages, associated with *ERK1/2* induced cytoskeleton reorganization. Vet Res, 40(6): 64.

Veselý D, Veselá D. 1995. Embryotoxic effects of the combination of zearalenone and vomitoxin (4-dioxynivalenole) on the chick embryo. Veterinární Medicína, 40(9): 279-281.

Vesonder F, Ciegler A, Jensen A H. 1973. Isolation of the emetic principle from *Fusarium*-infected corn. Appl

Environ Microbiol, 26(6): 1008-1010.
Vetter J. 2000. Plant cyanogenic glycosides. Toxicon, 38(1): 11-36.
Visconti A, Haidukowski E M, Pascale M, et al. 2004. Reduction of deoxynivalenol during durum wheat processing and spaghetti cooking. Toxicol Lett, 153(1): 181-189.
Voss K A, Snook M E. 2010. Stability of the mycotoxin deoxynivalenol (DON) during the production of flour-based foods and wheat flake cereal. Food Additives and Contaminants: Part A Chemistry, Analysis, Control, Exposure and Risk Assessment, 27(12): 1694-1700.
Waliyar F, Hassan H, Bonkoungou S, et al. 1994 Sources of resistance to *Aspergillus flavus* and aflatoxin contamination in groundnut genotypes in West Africa. Plant Dis, 78(7): 704-708.
Wang E, Norred W P, Bacon C W, et al. 1991. Inhibition of sphingolipid biosyntheses by fumonisins and implications for diseases associated with *Fusarium moniliforme*. J Biol Chem, 266(22): 14486-14490.
Wang H, Li J, Bostock R M, et al. 1996. Apoptosis: a functional paradigm for programmed plant cell death induced by a host-selective phytotoxin and invoked during development. The Plant Cell, 8(3): 375-391.
Wang H M, Huang J Q, Lei Y, et al. 2012. Relationship of resveratrol content and resistance to aflatoxin accumulation caused by *Aspergillus flavus* in peanut seeds. Acta Agronomic Sinica, 38(10): 1875-1883.
Wang R J, Fui S X, Miao C H, et al. 2006. Effects of different mycotoxin adsorbents on performance, meat characteristics and blood profiles of avian broilers fed mold contaminated corn. Asian Australasian Journal of Animal Sciences, 19(1): 72-79.
Welch K. 2019. Plant toxins. Toxicon, 168: 140.
Will M E, Holbrook C C, Wilson D M. 1994. Evaluation of field inoculation techniques for screening peanut genotypes for reaction to preharvest *A. flavus* group infection and aflatoxin contamination. Peanut Science, 21(2): 122-125.
Williams L D, Glenn A E, Zimeri A M, et al. 2007. Fumonisin disruption of ceramide biosynthesis in maize roots and the effects on plant development and *Fusarium* verticillioides-induced seedling disease. J Agric Food Chem, 55(8): 2937-2946.
Xue H Q, Isleib T G, Payne G A, et al. 2004. Evaluation of postharvest aflatoxin production in peanut germplasm with resistance to seed colonization and preharvest aflatoxin contamination. Peanut Science, 31(2): 124-134.
Yoshiyuki M, Shinji K, Nobuyuki K, et al. 2002. A plant phytotoxin, solanapyrone A, is an inhibitor of DNA polymerase beta and lambda. J Biol Chem, 277(1): 630-638.
Yoshizawa T, Morooka N. 1973. Deoxynivalenol and its monoacetate: new trichothecene mycotoxins from *Fusarium roseum* and moldy barley. Agricultural and Biological Chemistry, 37(12): 2933-2934.
Yoshizawa T, Yamashita A, Luo Y. 1994. Fumonisin occurrence in corn from high and low risk areas for human esophageal cancer in China. Appl Environ Microbiol, 60(5): 1626-1629.
Young J C, Zhu H H, Zhou T. 2006. Degradation of trichothecene mycotoxins by aqueous ozone. Food Chem Toxicol, 44(3): 417-424.
Zhang H L, Scharfenstein L, Zhang D H, et al. 2015. Peanut resistance gene expression in response to *Aspergillus flavus* infection during seed germination. J Phytopathol, 163(3): 212-221.
Zhang X, Xie T, Li S, et al. 1995. Preventive detection of fungi and mycotoxins in corn from high risk area of esophageal cancer in Cixian county. Chinese Journal of Cancer Research, 7(3): 172-176.
Zhou F, Pichersky E. 2020. More is better: the diversity of terpene metabolism in plants. Curr Opin Plant Biol, 55: 1-10.
Zhou H R, Harkema J R, Hotchkiss J A, et al. 2000. Lipopolysaccharide and the trichothecene vomitoxin (deoxynivalenol) synergistically induce apoptosis in murine lymphoid organs. Toxicological Science, 53(2): 253-263.
Zomborszky-Kovacs M, Kovacs F, Horn P, et al. 2002. Investigations into the time- and dose-dependent effect of fumonisin B_1 in order to determine tolerable limit values in pigs. Livest Prod Sci, 76(3): 251-256.

第3章 植物吸收、转运和响应重金属的生物学机制

3.1 植物中重金属的毒害作用

重金属通常指密度大于或等于 5g/cm^3 的金属元素，环境污染重金属包括镉（Cd）、汞（Hg）、镍（Ni）、铅（Pb）、锌（Zn）、铬（Cr）、砷（As）① 等生物毒性显著的元素。Cd、Hg、Pb、Cr、As 被称为重金属“五毒”，是环境中主要的重金属污染物。由于重金属污染具有隐蔽性、潜伏性、不可逆性和长期性，重金属 Cd、Pb、Hg、As 和 Cr 被农业部（现称农业农村部）列为重点监控污染物。这些重金属在环境中不易被分解，还可与水中的其他毒素结合生成毒性更大的有机物或无机物。金属对植物的毒性因植物种类和特定金属浓度、化学形式及土壤 pH 和组成的不同而不同。许多重金属在植物的生长发育过程中发挥着重要作用。例如，铜（Cu）和 Zn 可以充当辅酶和酶反应的活化剂；铁（Fe）是细胞色素氧化酶和电子传递蛋白的重要组分，在光合、呼吸、氮代谢过程中起重要作用。一些重金属如 Cd、Pb、Hg 和 As，对于植物中对金属敏感的酶如 SOD、POD 等具有剧毒，导致植物生长受到抑制，甚至死亡（Mildvan，1970）。

随着我国工业化和城市化进程的不断加快，重金属造成的土壤污染形势日趋严峻，对我国的生态环境、食品安全、人民健康和农业的可持续发展构成了严重威胁。据报道，我国受 Cd、As、Cr、Pb 等重金属污染的耕地近 3 亿亩②，约占全国农田总数的 1/6。全国每年受重金属污染的粮食达 1200 万 t，造成直接经济损失超过 200 亿元。许多工业发达城市的郊区由于“三废”污染，其菜园耕作层土壤中 Cd、Pb、Cu 等重金属大量富集和积累，最终导致当地蔬菜产品中重金属含量严重超标。重金属一旦进入土壤–作物系统就很难排除，过量的重金属被作物根系吸收并在地上部及籽粒中积累，不仅影响作物的生长发育，而且可进入食物链严重危害人体健康（Fang et al.，2014）。20 世纪 50 年代，日本暴发的“痛痛病”就是由于人们长期食用被 Cd 污染的“镉米”。摄入过量的 Cd 易导致人体骨质缺钙疏松，骨骼病变，肾损伤；长期 Cd 中毒还会引发肺气肿、肠胃病和高血压等，甚至致癌。近年来我国也频发镉米事件，Cd 对水稻的毒害不容忽视。我国贵州、江苏、湖南、广东等地区生产的大米均有重金属污染现象。除“镉米”外，据新华网报道，我国近年来“砷毒”“血铅”等事件也频繁发生，引起了全社会的高度关注。因此，分析植物重金属毒害作用及解毒机制，探明植物对重金属的吸收积累及耐性的生理和分子机理，提出避免植物受到重金属伤害，以及降低植物可食部位重金属积累的有效措施，对保障农产品安全、生态安全和人民健康意义重大。

① 砷是非金属元素，因其化合物具有金属性质，故将其看作重金属。

② 1 亩≈666.7m^2，后同。

3.1.1 重金属对植物营养生长的影响

根据对植物生长发育的影响，可将土壤中的重金属分为两类，即微量元素和有害元素。微量元素有 Cu、钼（Mo）、Zn、锰（Mn）等，这些元素的适宜范围很窄，当土壤中含量适宜时，它们在植物的生长发育中起着促进作用；当土壤中含量过高时，将破坏植物的正常代谢功能，影响植物对其他元素的吸收和代谢，从而影响植物的生长发育。有害元素包括重金属 Pb、Cd、Ni、钴（Co）等，当土壤中这些元素的量很小时，植物并不表现受害症状，在某些情况下还对植物生长有刺激作用；当土壤中重金属的浓度增加到一定程度时，植物则表现出各种生长、生理毒害。重金属对植物的毒害主要通过对细胞膜、光合作用、呼吸作用、新陈代谢过程及酶活性等产生影响，进而影响植物的生长和发育。

3.1.1.1 重金属对细胞膜的破坏

植物细胞膜既可维持细胞内的环境稳定，又可选择和调节进出细胞的物质。细胞膜系统包括液泡膜、细胞器膜和质膜。重金属胁迫会严重破坏植物的细胞膜结构，增加细胞膜通透性，造成胞内大量物质外渗，胞外有毒物质自由进入细胞。有研究发现在 0.05 ～ 1.0mmol/L Cd 处理下，玉米的丙二醛（MDA）含量增加，质膜过氧化水平加剧，导致质膜通透性增加（黄真池等，2012）。研究对 Pb 作用于淡水藻细胞前后进行比较，发现高浓度组导致细胞不可逆损伤，而低浓度组所致损伤可恢复（王丙莲等，2007）。李荣春（2000）发现，Cd 对烟草叶肉细胞亚显微结构具有较强烈的诱变损伤作用，对细胞核、叶绿体和线粒体造成不可逆转的破坏，造成细胞正常生理活动所需基础结构的损伤。Cd^{2+} 可能与细胞膜上的蛋白质结合，导致蛋白质变性，造成细胞膜结构严重破坏。细胞膜可以阻止大部分 Pb 颗粒进入原生质体内部，但在细胞质和叶绿体中仍有 Pb 沉积粒。Pb 同样可以造成细胞亚显微结构水平上叶绿体、线粒体、细胞核的损伤。在 10mmol/L Hg^{+} 胁迫下，萍蓬草类囊体片层结构膨胀，基质减少，随着毒害时间的延长，类囊体片层结构明显增大，最终解体，导致基质进一步减少（李金辉，2020）。Hg 处理的紫花苜蓿根中，在分生组织和延伸区中发生膜脂的过氧化作用和质膜完整性的丧失（Zhou et al.，2007）。重金属对膜的破坏必然会导致细胞生理生化及代谢过程的紊乱，细胞膜上的蛋白质变性及胞内酶活性的改变会使细胞运作机制失调和自稳调节紊乱，从而导致植物的生长发育受到影响，严重时甚至导致植物的死亡。

3.1.1.2 重金属对植物光合作用的影响

重金属影响植物的光合作用是通过对叶绿素的破坏及抑制光合过程中电子传递的活性而实现的。例如，Hg 会破坏萍蓬草类囊体中的基质，从而影响类囊体膜的光合电子传递活性。Hg 对光合作用的两个光系统的电子传递活性均有抑制作用，且对光系统Ⅰ（PSⅠ）的抑制作用较光系统Ⅱ（PSⅡ）大。同样 Hg 对单细胞藻类的电子传递和 PSⅡ介导的电子传递都有抑制作用，它通过不同位点阻断了电子流动，抑制 PSⅡ的活性，而对 PSⅠ的电子传递速率没有影响（Sharma et al.，2020）。

过量的 Cu 同样可以引起类囊体结构和功能的破坏，从而阻断光合作用中 PSⅠ和 PSⅡ之间的联系，使光合作用严重受阻（Samson et al.，2010）。Pb 也是通过破坏植物叶绿素，使其含量降低，进而使植物呼吸及光合作用受阻，危害植物生长发育（黄轩等，2019）。Cd 通过抑制叶绿素的生物合成并降低 CO_2 固定酶的活性而破坏叶绿体的代谢，导致生物产量降低，并且叶绿素 a（chl a）含量与叶绿素 b（chl b）含量的比值（chl a/chl b）也受 Cd 的影响。对于水生维管植物，chl a 含量的下降幅度大于 chl b 含量的下降幅度；对于番茄，chl b 含量的下降幅度大于 chl a 含量的下降幅度。过量的 Hg 和 Cd 可显著降低叶片中叶绿素含量及 chl a/chl b。Zn 也会引起植物叶片褪绿，但是可以通过向培养基中添加 Fe 或在叶片上涂 Fe 来缓解症状（Nagajyoti et al.，2010）。Cr 胁迫也是影响光合作用 CO_2 固定、电子传递、光合磷酸化和酶活性等方面的重要因素之一，但还不清楚 Cr 对光合作用的抑制是由于叶绿体超微结构的紊乱、电子传递的抑制还是对卡尔文循环酶的影响。刘全吉等（2009）研究发现 As 对小麦的光合作用有明显的影响，可造成植株光合作用气孔性限制和非气孔性限制的出现，最终影响小麦的生长和发育。随着 As 处理浓度的提高，净光合速率、气孔导度、蒸腾速率都会降低；同时，高浓度 As 处理显著降低小麦叶片中叶绿素的含量，直接影响光合作用的进行。

3.1.1.3 重金属对植物呼吸作用的影响

重金属对呼吸作用的影响与对植物体内线粒体的损伤及抑制呼吸作用过程中的酶活性有关。在玉米中，用较低浓度的 Pb、Cd 处理时，线粒体内嵴数减少或消失，50mg/kg Cd、1000mg/kg Pb 处理条件下，线粒体肿胀，内腔空泡，导致部分线粒体溃解（彭鸣等，1989）。高浓度的 Cd 会破坏黄瓜根系线粒体，造成呼吸作用降低，植物细胞死亡。有研究认为低浓度的 Cd 会增加植物呼吸作用，这主要是通过刺激植物呼吸酶和三羧酸循环以产生能量；但是随着 Cd 浓度增加，会抑制酶活性，使呼吸作用下降（Zheng et al.，2019）。因此，重金属对呼吸作用的效应是通过对酶活性的调节来实现的。在 Cu、Zn、Cd 离子复合污染下，亚心型小球藻和小球藻的呼吸作用短暂增强后迅速下降（李坤等，2002）。低浓度 Hg 可以促进小麦种子初期萌发，但是随着作用时间的延长，呼吸作用会降低，表现出抑制作用（马成仓和洪法水，1998）。

3.1.1.4 重金属对植物新陈代谢过程及酶活性的影响

重金属对植物的各种代谢都有很大的影响，包括核酸代谢、碳水化合物代谢、氮素代谢、植物激素代谢等。重金属对细胞毒害的机理中，一方面，重金属离子进入细胞后可与酶活性中心或蛋白质中的巯基结合，导致酶活性丧失，还能取代金属蛋白中的必需元素（如 Ca、Mg、Zn、Fe），导致生物大分子构象改变及必需元素缺乏，从而干扰细胞的正常代谢过程（刘莉，2005）；另一方面，与重金属可影响植物体水分的吸收、核酸代谢、碳水化合物代谢、氮素代谢、激素水平和矿质营养等有关。

重金属胁迫会使水分运输受到阻碍，造成植物失水。研究发现 Cr 可引起植物细胞质壁分离，且不能复原，导致植物组织失水，并使植物体内可溶性糖和淀粉含量改变，导致植物体内碳水化合物代谢紊乱。Cd 胁迫可使凤眼莲叶片、蚕豆种子中的可溶性糖含量增加，玉米、大豆、黄瓜、小白菜等植物体内可溶性糖含量降低，而莲藕中可溶性糖含量在低浓度 Cd 刺激下增加，在高浓度 Cd 处理下迅速下降。高浓度 Cu、Cr 污染可降低水稻叶片中的可溶性糖含量，低浓度则起促进作用，因此重金属的污染程度是植物体内可溶性糖变化的依据，糖代谢的紊乱也可能与各种相关酶的活性有关，如葡萄糖酶、蔗糖酶等（李秀珍和李彬，2008）。

重金属污染会造成植物激素合成受到抑制。例如，Zn 抑制吲哚乙酸（IAA）的合成，过量的 Cu 对 IAA 氧化酶活性有影响。重金属还可能通过拮抗或协同作用，造成植物体内营养元素失调（周希琴和吉前华，2005）。土壤中的 Cu 过多会影响植物根系的正常代谢，导致植物从土壤吸收的氮和其他养分大量减少，减缓植物的生长和发育，降低产量。马成仓和洪法水（1998）研究发现 Hg 可抑制小麦的营养代谢，降低营养利用能力，造成小麦种子萌发和幼苗生长的抑制。低浓度 Cr 可提高植物体内 SOD、POD 等酶活性与葡萄糖含量，Cr 浓度过高时则阻碍植物中水分及养分向茎、叶中的输送，破坏植物的各种代谢作用（刘万玲，2006）。

重金属可以破坏植物体细胞的核酸代谢，主要方式是通过破坏细胞核和核仁，从而影响染色体复制。Hg 可诱导大麦细胞中核仁结构的破坏并增加染色体畸变率，直接或间接地影响 DNA 和染色体的复制。Cd 会使玉米根和叶中的核变形，甚至溶解。进入植物细胞的 Cd 和 Pb 也可以与带负电荷的核酸结合，从而降低 RNA 和 DNA 的活性并干扰植物的转录和翻译过程（Vardhan et al.，2019）。酶属于蛋白质的范畴，重金属在植物组织中的累积可导致酶的变性失活甚至破坏。重金属对各种新陈代谢的影响是通过影响新陈代谢相关酶活性而实现的，如高浓度 Hg 会抑制小麦种子萌发期 α-淀粉酶活性；Pb、Cd 对烟叶氮素代谢途径中硝酸还原酶、过氧化氢酶的活性有明显的抑制作用。过量的 Cu 会抑制脱氢酶的活性，间接影响氮素代谢；Cu 还可降低水稻根系蔗糖酶、脱氢酶、细胞色素 P450 还原酶及固氮酶的活性（Singh et al.，2020）。高浓度 Cd 胁迫下植物可溶性蛋白含量的下降可能是由于 Cd 破坏了蛋白质的合成系统。因此，重金属胁迫下蛋白酶活性的变化与蛋白质代谢紊乱有关。

综上所述，重金属对植物营养生长的影响是通过多种方式影响植物的生理活动，干扰植物正常的代谢活动，导致植物体内生理生化过程紊乱，光合作用降低，呼吸作用受到抑制，供给植物生长的物质和能量减少，最后使植物的生长发育受到不同程度的抑制。

3.1.2 重金属对植物生殖生长的影响

3.1.2.1 重金属对植物花芽分化及开花的影响

Cu 是花芽分化的必需因子之一，然而过高浓度的 Cu 积累会抑制花芽分化，影响成花。例如，以黄瓜子叶离体培养系统为载体，组织体在 Cu 缺乏条件下或 40d 持续处于 0.4μmol/L $CuSO_4$ 处理下均不能分化花芽（祝沛平等，2000）。以稀脉浮萍（*Lemna aequinoctialis*）为研究对象，将其培养液中的 Cu^{2+}浓度从 2μmol/L 提高到 4μmol/L，可以观测到稀脉浮萍的成花率由 0 提高至 45% ～ 63%，这可能是因为适宜浓度的 Cu^{2+}抑制了硝酸还原酶的活性进而减少了硝酸还原酶催化产物 NO_3^-的积累，而后者浓度过高时会抑制植物开花。然而，Cu 胁迫使凤仙花（*Impatiens balsamina*）、天竺葵（*Pelargonium hortorum*）、欧洲女贞（*Ligustrum vulgare*）和欧洲丁香（*Syringa vulgaris*）的花期延迟（Bessonova，1993；Armitage and Gross，1996）。可见，Cu 对植物花芽分化和开花的影响效果因植物种类、处理浓度的不同而不同，其影响成花的作用规律和机制有待进一步明确。类似的，不同浓度 Pb、Zn 单一和复合胁迫对蓖麻始花期、总花序长度及雌花序长度产生不同影响。低浓度的 Pb、Zn 胁迫可促进蓖麻雌花分化，始花期提前；高浓度的 Pb、Zn 单一和复合胁迫抑制植株生殖生长，推迟开花。此外，300mg/kg Cr 处理导致水稻穗期延迟，使每穗颖花数明显减少。长期的重金属胁迫会影响植物的水分运输，使植物失水，破坏碳水化合物的代谢平衡，降低可溶性糖和淀粉含量，影响植物激素的合成与信号转导，以及抑制营养元素吸收等。这些生长与代谢上的影响可能间接导致了重金属对开花的负面调控作用（李秀珍和李彬，2008）。

3.1.2.2 重金属对植物花粉萌发和花粉管伸长的影响

许多研究证实重金属可以抑制花粉萌发和花粉管的伸长。在 Cd（0.16mg/L、0.08mg/L）和 Cu（2.8mg/L、2mg/L、1.4mg/L）处理下，番茄和豌豆花粉的萌发均受到强烈的抑制。其中番茄花粉较豌豆花粉对 Cd 更为敏感，表现为较低的花粉萌发率（Ramaskeviciene et al.，

2004）。Cd、Pb、Hg、Cu 处理显著抑制烟草花粉的萌发和花粉管伸长（Tuna et al.，2002）。Hg、Pb、Cd 处理可以引起森林苹果（*Malus sylvestris* cv. ‘Gpdlen’）花粉萌发率降低和花粉管伸长减慢，且抑制效果与重金属浓度呈正相关，在高浓度时，Pb 比 Cd 的抑制效果更剧烈（Munzuroglu and Gur，2000）。Cd、Cu、Hg、Pb 4 种重金属均可以抑制榅桲（*Cydonia oblonga*）和欧洲李（*Prunus domestica*）的花粉萌发及花粉管伸长，其中，Cu 对两种植物的影响最小，Cd 对欧洲李的抑制作用最强（Gur and Topdemir，2005）。

虽然大多数研究认为重金属对花粉萌发和花粉管伸长起抑制作用，但也有少数证据证明重金属对花粉萌发和花粉管伸长的促进作用，如不同浓度的 $CdCl_2$（1 ～ 20mg/mL）都可以刺激花粉管伸长（Salgare，2001）。Pb 和 Cu 溶液处理麝香百合花梗提高了花粉的萌发率，Cu 增加了麝香百合花粉管的平均长度，但花粉管出现了畸形生长（Sawidis，1997）。

3.1.2.3　重金属对植物产量的影响

不同种类的重金属及其在土壤中的不同浓度对作物产量的影响可能不同。水稻受 Pb 影响后，其成熟期推迟，空秕率增加，产量大幅度下降。周毅等（1986）就土壤中 Pb 对作物的影响进行了研究，结果表明土壤 Pb 处理浓度为 100mg/L 时，对大豆具有一定的刺激作用；但在 300mg/L 处理时，大豆的千粒重减少了 7%，产量下降了 34%；处理浓度为 2000mg/L 时，大豆的千粒重减少了 20%，产量下降了 68%。土壤经过 Cr 处理后水稻因每穗颖花数减少和千粒重下降而导致减产，而且土壤 Cr 含量越高，生物产量越低。Cu 和 Cd 胁迫可明显降低小麦籽粒产量，且施用浓度越高，减产幅度越大。过量的 Cu 可使柑橘树的果数减少。Cd 处理使草莓结果数减少，但在 Cd 浓度较低时，影响较小，结果数反而有一定的增加；草莓的平均果重也有类似的变化趋势，对总果重而言，当 Cd 浓度达到 2.5mg/L 时总果重增加 17.42%，当 Cd 浓度＞ 5mg/L 时结果数和总果重均随 Cd 浓度的增大而降低（张金彪，2001）。Singh 等（1994）在 10 月的第一周杧果（*Mangifera indica*）花芽分化前于叶面分别喷施 0mg/L、250mg/L、500mg/L、1000mg/L、1500mg/L $CoSO_4$ 和 $CdSO_4$ 后发现，1000mg/L $CoSO_4$ 或 1500mg/L $CdSO_4$ 可使杧果畸形花减少 65% ～ 71%、增产 35% ～ 37%。在土壤中人为添加 Hg、Zn、Pb、As、Cd、Mn 的条件下，高浓度的重金属使黄瓜植株第一雌花节位高于对照，果实产量下降。

3.1.3　重金属对植物品质的影响

植物的品质主要取决于遗传因素和环境因素两个方面。遗传因素决定了植物的基本品质，栽培措施很难影响由基因决定的遗传品质；环境因素是后天决定植物品质的重要条件，可以体现出植物品种的遗传潜力。

众所周知，重金属污染会显著改变植物体内蛋白质水平，而在蛋白质水平影响植物品质的是一种含氮化合物。小白菜粗蛋白质含量在土壤 Cd 污染浓度小于 25mg/L 时呈下降趋势，但当浓度大于 25mg/L 时则呈逐渐增加的趋势。这一结果与玉米响应 Cd 胁迫的结果并不一致，玉米中蛋白质含量随着重金属浓度的增加呈现先升高后下降的趋势。而莲藕的可溶性蛋白含量在 Cd 胁迫下持续降低。Cd 处理可提高植物体内可溶性蛋白的含量，可溶性蛋白的增加可增加细胞渗透浓度和功能蛋白的数量，有助于维持细胞正常代谢，这被认为是植物对 Cd 胁迫的一种适应性表现。高浓度 Cd 胁迫条件下植物可溶性蛋白含量下降，究其原因可能是 Cd^{2+} 与 Mg^{2+} 的竞争导致植物体内蛋白质合成受阻。同时，重金属也会影响蛋白质活性，重金属可与 Zn、Ca 竞争转运离子通道，并与其转运蛋白结合，破坏植物体内的离子平衡，从而影响蛋白质的结构和功能，导致蛋白质和核酸代谢的蛋白酶、肽酶和其他有关酶的功能失效，最终使相关代谢过程受阻（李秀珍和李彬，2008）。

可溶性糖含量是植物体内碳素营养状况及农产品品质性状的重要指标之一。研究表明，重金属污染会引起植物体内碳水化合物代谢紊乱，其原因可能是重金属直接取代了碳水化合物代谢中相关酶活性中心的金属元素 Ca、Fe、Zn，或者与酶的半胱氨酸残基结合，从而抑制了这些酶的活性，进而影响植物相关的碳水化合物代谢过程。通常认为低浓度重金属会增加植物体内可溶性糖含量，高浓度重金属污染则降低植物体内的可溶性糖含量。然而，碳水化合物代谢的紊乱可能是重金属改变了碳水化合物代谢相关的葡萄糖酶、蔗糖酶等的活性引起的。

叶绿素对植物生长有重要作用，一般认为，叶绿素含量增加有利于提高植物的产量与品质。重金属可抑制叶绿素的合成，造成叶片褪绿、光反应和暗反应受到破坏，进而影响光合作用，其原因可能是重金属抑制了叶绿素合成所需的酶活性。然而，低浓度的重金属对某些植物有一定的刺激作用，如不同品种小白菜的叶绿素含量随着 Cd 处理浓度的增大呈先升后降的趋势。

抗坏血酸是衡量果蔬等作物品质的一个重要指标，也是植物防御系统中的一种重要的抗氧化剂，对植物抵抗逆境起重要作用，能清除损伤膜和酶分子结构的自由基，抑制膜脂过氧化作用。高浓度重金属污染会降低作物中抗坏血酸的含量，甚至会引起植物新陈代谢紊乱、营养水平失衡、气孔关闭等一系列毒害现象，进而抑制植株的正常生长，严重时会引起植物死亡。然而，低浓度重金属则对植物有促进作用，但这并不代表植物未受到伤害，而是植物对伤害所起的保护反应。植物受到重金属污染后，细胞膜受到伤害，正常的防御系统受到破坏，膜脂发生过氧化作用，体内积累大量的自由基，这些自由基一部分被 SOD 清除，一部分被抗坏血酸等清除。抗坏血酸与自由基发生反应，保护细胞膜结构的完整性，从而使植物体内抗坏血酸含量降低。

因此，当植物正常的生理活动遭受重金属侵害时，植物不能有序地进行新陈代谢，导致某些营养物质不能积累，茎、叶出现严重木质化和纤维化，口感品质严重降低，形态也发生很大改变。例如，重金属胁迫会使作物中淀粉、蛋白质积累减少，籽粒不饱满且干瘪无光泽（图 3-1）；在花卉观赏类植物中，叶绿素含量降低，叶片枯黄、茎秆缩短，严重影响其观赏性和价值；作为经济产品的果实也深受其害（图 3-2）。

图 3-1　重金属污染影响稻米品质

图 3-2　重金属污染破坏果实品质

值得指出的是，重金属污染的土壤可直接或间接引起农产品品质的改变，但对于各种重金属及其复合污染条件下对农产品品质的影响程度及发生影响的重金属临界浓度等指标尚没有定量描述。在其他外界条件确定的情况下，植物受单因素重金属污染的危害程度主要由土壤重金属含量决定，即植物吸收重金属的量与土壤中重金属的含量呈线性关系；在重金属复合污染条件下，不同重金属会表现出累积作用、协同作用和拮抗作用；植物对某一重金属的吸收还会受到土壤理化性质的影响，如土壤 pH、土壤有机质（soil organic matter，SOM）等。因此，在目前重金属复合污染的背景下，更加有效地开展农产品无公害生产的相关研究迫在眉睫。

3.2　植物对重金属的吸收与转运机制

植物对重金属的积累是植株体内重金属吸收、转运与分配的结果，主要受到以下 3 个过程的影响，即植物根部从土壤中吸收重金属，再通过木质部转运到地上部，以及地上部器官间的再分配等（Uraguchi and Fujiwara，2012，2013；朱智伟等，2014）。根系的吸收，木质部的负载，随着蒸腾流向顶芽的转运及韧皮部的进一步再分布，对于重金属在植物各部位中的分布至关重要。韧皮部运输是重金属在新梢内重新分布，以及在果实和种子中积累的基础。溶质可能从木质部转移到韧皮部。Zn 和 Cd 可在韧皮部中移动，并在分生组织（根尖、枝尖、腋芽）中积累。Fe 和 Mn 在韧皮部流动性差，并保留在较老的叶片中（Page and Feller，2015）。植物体的不同组织、器官间重金属的分布存在较大差异，研究植物对重金属的吸收、转运和分布的生理与分子机制，寻找有效的技术途径减少重金属的蓄积是目前农业和环境领域的热点研究课题，也有助于今后更好地利用植物修复技术解决重金属污染土壤的问题。

3.2.1　根系对重金属的吸收

根是植物与土壤中重金属直接接触的器官，根吸收是重金属进入植物体的第一步。土壤中的 Cd 离子通过植物根部吸收而进入植物体，其进入根部有两种途径：一是通过根表皮细胞的间隙空间自由扩散，二是通过根表皮细胞（主要是根毛细胞）膜上的转运蛋白转运到细胞中。在形成菌根的植物中，植物依靠外生真菌的菌丝体细胞吸收土壤中的 Cd（刘利等，2015）。植物吸收的重金属在根中的积累最多，多数植物中 65% ～ 90% 的 Cd 积累在根部（Ramos et al.，2002）。水稻中的 Cd 主要积累在根部，不同组织器官间 Cd 的积累由高至低依次为根＞茎＞叶＞籽粒（倪中应等，2020）。

3.2.1.1　土壤对根系吸收重金属的影响

植物根部对重金属的吸收受到诸多因素的影响，如土壤中重金属浓度、土壤 pH、有机质含量、根际微生物和根系分泌物等。其中，土壤 pH 是影响重金属移动性和生物有效性的主要因素之一。酸碱环境能够决定土壤颗粒表面电荷的正负性质和 Cd 的存在形态。碱性土壤，如 $CaCO_3$ 含量较高的土壤中，Cd^{2+}处于结合态，迁移能力较低；降低土壤 pH 能促使部分结合态重金属重新溶解而进入土壤，成为植物可吸收态的重金属。弱酸土壤中（4.5＜pH＜7.0），Cd^{2+}迁移加快，且毒性增强。强酸性土壤中（pH＜4.5），Cd^{2+}与 H^+竞争加剧，反而抑制了根系对 Cd^{2+}的吸收（廉梅花等，2015）。另外，Cd^{2+}易和土壤有机质的功能团如羧基、烯醇羟基、醇羟基等形成有机 Cd 络合物而降低活性。黄睡莲中的 Cd 含量与 pH 成反比，且随着土壤缓冲能力的逐渐降低，Cd 的积累持续增加（张玉秀等，2008）。有研究发现，在 pH 为 5.1 的红土和 pH 为 8.2 的黑土中分别种植玉米，黑土对植物 Cd 的吸收明显低于红土（梁烜赫等，2012）。

植物根际微生物、微生物分泌物、微生物与根系的相互作用也是影响土壤重金属生物有效性的重要因素。被重金属污染的土壤会积聚多种抗重金属的真菌和细菌，这些微生物会影响土壤中重金属的吸收和利用，目前报道较多的是菌根（能凤娇，2013）。寄生在根系中的菌根真菌能够减少植物对 Cd 的吸收，如丛枝菌根真菌（arbuscular mycorrhizal fungi，AMF）可以减少水稻对 Cd 的吸收。Tullio 等（2003）对大麦菌根的研究表明，菌根有效阻挡了 Cd 从根部向茎、叶的运输，降低了对植物的伤害。

植物根系释放到周围环境中的各种物质总称为根系分泌物，通常可分为低分子量化合物和高分子量化合物两类。低分子量化合物有氨基酸、有机酸、糖类、酚类及其他次生代谢物等；高分子量化合物有黏液（多糖）及蛋白质等。在重金属胁迫下，植物可以调节根系分泌物的组成，以改变根际中重金属的形式和有效性，适应外部环境。根系分泌物中的低分子量有机酸，如草酸、柠檬酸和苹果酸，在重金属螯合、营养元素溶解和根际酸化中起重要作用。植物根系细胞在 Cd 胁迫下会被动渗漏低分子量化合物（如 CO_2、HCO_3^-、H^+）及酒石酸、草酸、乙酸、丙酸、富马酸和苹果酸等化合物，使根际微环境发生变化，影响根际土壤中 Cd 的生物有效性（Osmolovskaya et al.，2018）。根系分泌物通过改变 pH 和有机质等条件影响重金属的活性，进而影响植物体对 Cd 的吸收（施积炎等，2004）。研究发现，植物根系分泌的有机酸、氨基酸和多肽等可与重金属螯合，改变重金属在土壤中的结合形态及活性，导致土壤中的 Cd^{2+} 失去迁移能力。Fe、Mn 等金属元素的氧化物在许多植物的根表沉积而形成红棕色铁膜，可吸附土壤中的 Cd^{2+}，抑制 Cd^{2+} 进入根部表皮（Mendoza-Cozatl et al.，2011）。铁氧化膜既保护根系免受 Cd、Pb 等重金属的毒害，又可以促进植物对 Fe、P 等营养元素的吸收（傅友强等，2014）。研究发现，柠檬酸和酒石酸可以降低 Pb 对萝卜（*Raphanus sativus*）的毒性，柠檬酸还可以促进 Pb 从根向地上部分的运输。此外，外源草酸的添加减轻了 Pb 对水稻根系生长的毒害作用，提示根系分泌的草酸可与 Pb 络合，降低其生物有效性，增强对 Pb 的解毒作用。

3.2.1.2 细胞壁对重金属的固定

细胞壁是阻止重金属进入植物根部的第一道屏障。成熟细胞壁的主要成分是纤维素、半纤维素、木质素、果胶类物质等，具有许多羧基、羟基、醛基等活性基团，带有丰富的负电基团如羧基、氨基及磷酸基等，可通过吸附、络合、沉淀等作用阻控重金属离子进入细胞内部，达到解毒的目的（刘清泉等，2014）。植物减轻重金属 Cd 毒害的重要机制之一就是根系细胞壁能结合和束缚进入植物中的 Cd，使 Cd 在细胞壁中积累和沉淀。Cd 进入根系细胞壁时可与负电基团结合形成沉淀，吸附在细胞壁上，减少 Cd 对植物细胞的毒害。水稻根系细胞壁中的果胶质、多聚半乳糖醛酸等多糖成分是 Cd 的主要吸附结合位点，70% ～ 90% 的 Cd 积累在细胞壁中。研究证实，果胶含量较多的细胞壁能更快地吸附 Cd。一氧化氮（NO）处理可增加水稻根系细胞壁果胶、半纤维素含量，进而增加水稻根细胞壁中的 Cd 积累，并提高水稻对 Cd 毒害的耐受性（Xiong et al.，2009）。有研究发现，在蒿柳（*Salix viminalis*）细胞壁上 Cd 最主要的沉积部位是胶质层。王芳等（2009）发现在蔬菜叶片中 Cd 主要分布于细胞壁中，占总量的 62% ～ 85%。Pb 离子与果胶羧基的络合被认为是植物细胞能够抵抗 Pb 胁迫的最重要机制，茶树根尖细胞壁上羟基、酰胺基、羰基、羧基等官能团可能参与了 Pb 的沉淀吸附过程。在重金属如 Pb、Cd、Cu、Zn 等胁迫下，植物细胞壁果胶甲基酯酶的活性增加，低甲基酯化果胶的含量显著增加，果胶在空间上重新排列，提高细胞壁吸收和积累重金属的能力（Ye et al.，2015）。

3.2.2 茎、叶对重金属的运输

3.2.2.1 木质部装载及运输

相对于根对 Cd 的吸收，Cd 在木质部的装载和向地上部的转运对植物地上部及籽粒中 Cd 的积累起到决定作用（Uraguchi et al.，2009）。研究东南景天（*Sedum alfredii*）木质部汁液中 Cd 的两种存在形式表明，木质部汁液中以游离态形式的 Cd^{2+} 为主，同时发现木质部汁液中游离态 Cd^{2+} 的比例随着 Cd 处理时间的延长有上升的趋势（叶海波等，2003）。Cd 从根系转运到地上部主要通过重金属转运蛋白的作用把 Cd 装载到木质部导管中，然后随着蒸腾流通过木质部向地上部运输。锌/铁调节蛋白（zinc/iron regulated protein，ZIP），阳离子扩散促进剂（cation diffusion facilitator，CDF），天然抗性相关巨噬细胞蛋白（natural resistance associated macrophage protein，NRAMP）和重金属 ATP 酶（heavy metal ATPase，HMA）家族成员等转运蛋白调控重金属的转运。植物的 ZIP 转运蛋白在 Fe、Zu、Mn、Cd、Ni 的转运中起关键作用。CDF 的大多数成员位于液泡膜上，并充当 Zn^{2+}/H^{+}、Cd^{2+}/H^{+} 和 Ni^{2+}/H^{+} 的抗体。NRAMP 的成员是转运二价阳离子（包括 Fe^{2+}、Mn^{2+}、Cd^{2+}、Zn^{2+}）的膜蛋白。植物中 P1B-ATPase 家族的 HMA 参与 Cu^{2+}、Ag^{+}、Zn^{2+}、Cd^{2+}、Pb^{2+} 等重金属的运输。研究人员发现位于叶绿体内膜中的拟南芥 HMA1 转运蛋白可将 Cu^{2+} 转运至基质。AtHMA1 还可以通过酵母外源表达转运 Cd^{2+} 和 Ca^{2+}。定位于细胞膜上的 AtHMA4 可将细胞质中的 Zn^{2+} 和 Cd^{2+} 转运至木质部导管，促进其从根向地面的转移（薛欢等，2019）。重金属 ATP 酶的基因 *OsHMA3* 主要在水稻根系液泡膜上表达，可以通过对 Cd 的液泡区域化作用将 Cd 运输至液泡并限制 Cd 向地上部运输，过表达 *OsHMA3* 减少了地上部中 Cd 的积累（Ueno et al.，2010）。Satoh-Nagasawa 等（2012）发现 *OsHMA2* 是 *OsHMA3* 的同源基因，其 C 端区域的突变可限制 Cd 向地上部的转运。*OsHMA2* 和 *OsCCX2* 可能直接参与了 Cd 向木质部的装载。利用 *OsHMA2* 启动子驱动 *OsHMA3* 表达的水稻中，Cd 向地上部的转运及其在籽粒中的积累降低，而其他离子几乎没有受到影响（Shao et al.，2018）。

3.2.2.2 重金属在茎、叶中的分布

重金属被运输到地上部之后，大部分被储存在叶中。在细胞水平上，重金属主要集中在质外体和液泡中。采用同步辐射法研究表明：重金属 Zn、Cd、Pb 积累在超积累植物东南景天地上部的叶肉和维管束中，且聚集在液泡内。液泡是叶肉细胞中重金属的主要解毒细胞器，谷胱甘肽可与它们形成复合物并隔离在液泡中。叶肉细胞中的 Cd^{2+} 主要来自水分从维管束向叶片的迁移，因此蒸腾作用在叶片重金属的积累中起着重要作用。叶片的组织化学染色和激光共聚焦荧光观察表明，Cd^{2+} 主要积累在栅栏组织和叶肉细胞的液泡中，也存在于气孔边缘的上表皮细胞中（王岚等，2018）。

水稻抽穗后，叶片特别是剑叶的韧皮部在水稻籽粒 Cd 的积累过程中起到关键作用。通过韧皮部进入水稻籽粒中的 Cd 占总量的 90% 以上，可见韧皮部运输对水稻籽粒 Cd 的积累具有重要作用（Tanaka et al.，2003）。Yan 等（2010）报道叶片衰老过程中韧皮部是水稻籽粒 Cd 积累的主要途径。实验证明节是将 Cd 运输到韧皮部的重要部位（Fujimaki et al.，2010）。通过木质部转运到地上部的 Cd 在节部位转移到了韧皮部，继而通过叶片特别是剑叶的韧皮部向水稻籽粒中运输 Cd。Uraguchi 等（2011）发现水稻的一个低亲和力阳离子转运蛋白基因（*OsLCT1*）可以影响韧皮部依赖的 Cd 运输调节途径，而不影响木质部依赖途径，其缺失突变可大大降低水稻籽粒的 Cd 含量。Shimo 等（2011）报道水稻低 Cd 基因 *LCD*（主要在根部

维管组织和叶片韧皮部细胞中表达）也参与了降低水稻 Cd 积累的过程。这些研究表明，水稻籽粒中的 Cd 积累是一个复杂的过程，更多影响水稻籽粒 Cd 积累、转运的关键转运体基因及其分子调控机制尚有待进一步研究。

3.2.3 籽粒中重金属的积累

籽粒中 Cd 的积累是植物体内 Cd 重新分配的结果。茎、叶中的 Cd 一旦进入籽粒中就被固定，几乎不再向其他部位运输，表明 Cd 的运输可能与光合产物的运输相关联（杨居荣等，2000）。

大多数重金属集中分布在根系中，籽粒中较少，Cd、Pb 在水稻不同器官间的分配存在差异，Cd 的分布表现为根＞茎＞叶、糙米，Pb 的分布表现为根＞叶＞茎＞糙米（杨祥田等，2013）。有研究认为籽粒对不同重金属的富集系数大小顺序为 Cd ＞ Zn ＞ Se ＞ Cu ＞ Ni ＞ V ＞ As ＞ Cr ＞ Sb ＞ Pb。Yan 等（2013）通过比较分析两个稻米中 Cd 高/低积累的水稻品种，发现了 5 个主效的 QTL（*scc10* 与茎部 Cd 积累相关，*gcc3*、*gcc9* 和 *gcc11* 与稻米 Cd 积累相关，*sgr5* 与茎部和稻米中的 Cd 积累相关）。水稻籽粒中 Cd 分布的研究表明，Cd 主要积累在皮层、外胚乳、糊粉层和胚中，其中胚乳的 Cd 含量较低（王亚军等，2010），说明 Cd 较易积累在蛋白质含量高的部位。稻米蛋白质结合了 54.8% 的 Cd，而淀粉只结合了 10.8% 的 Cd（Wei et al.，2017），稻米中储藏蛋白特别是球蛋白与 Cd 的结合能力较强，且含硫氨基酸含量与 Cd 的结合能力显著正相关。

3.2.4 重金属转运相关基因及 miRNA

目前植物对重金属的吸收和积累的分子机制研究已取得了重要进展，主要集中在金属离子转运蛋白基因及 miRNA 的克隆和功能研究方面。一批重金属转运体基因已经成功克隆，如 P 型 ATP 酶、阳离子/H^+ 反向载体家族、NRAMP 家族、黄色条纹样（yellow stripe like，YSL）蛋白家族、CDF 家族及 ZIP 家族等。它们作为重金属在植物体内运输的枢纽，参与重金属的吸收、隔离、外排和长距离运输过程（Takahashi et al.，2011；Uraguchi and Fujiwara，2012）。Cd 不是植物所必需的元素且毒性强，植物中没有完全特异性的 Cd 转运蛋白，那些参与植物细胞 Cd 吸收、液泡区室化和长距离运输的 Cd 转运蛋白往往也是植物必需元素金属离子（如 Cu^{2+}、Zn^{2+}、Fe^{2+}）的转运蛋白。Cd 通过 Zn^{2+}、Ca^{2+} 转运通道时与 Zn 转运蛋白和 Ca 转运蛋白结合，以共质体途径进入根表皮细胞。水稻 Zn 转运蛋白家族（ZRT）和 Fe 转运蛋白家族（IRT）位于根系细胞膜上，主要负责把环境中的 Zn、Fe、Cd 等重金属转运到细胞质中（Barberon et al.，2014）。Nakanishi 等（2010）发现水稻 ZIP 家族中的 Fe 转运体（OsIRT1 和 OsIRT2）和 Zn 转运体（OsZIP1）参与水稻体内 Cd 的吸收。植物根系分泌物麦根酸等小分子化合物可有效螯合 Cd^{2+}，形成金属配位体复合物；黄色条纹样蛋白转运载体可将 Cd 以螯合物的形式吸收进入根细胞。NRAMP 家族在植物对重金属的吸收过程中发挥了重要的作用。拟南芥 *AtNRAMP1*、*AtNRAMP3*、*AtNRAMP4* 在酵母细胞中表达能吸收 Cd，过表达 *AtNRAMP3* 则增加拟南芥对 Cd 的敏感性。水稻中有 7 个 *NRAMP* 基因，OsNRAMP1 是质膜 Cd 转运蛋白，在根部表达量比地上部高，其过表达可减少根部 Cd 的积累，增加地上部 Cd 的积累。OsNRAMP1 的基因在籼稻中的表达量比在粳稻中高，而籼稻地上部 Cd 的积累也比粳稻高。这些结果说明 *OsNRAMP1* 可能也参与了 Cd 从根部向地上部的转移（Takahashi et al.，2011）。水稻根部对 Cd 的吸收主要通过 OsNRAMP5 转运体进行，OsNRAMP5 调控 Cd^{2+}、Zn^{2+}、Fe^{2+} 等离子穿过凯氏带进入木质部维管柱（Sasaki et al.，2012）。液泡是高等植物根部Cd积累的另一个场所。Ca^{2+}/H^{+}逆向转运蛋白（如*CAX2*和*CAX4*）可将胞质中游离态的Cd直接运输到液泡。拟南芥*CAX2*和*CAX4*在番茄中过表达可增强Cd向根部液泡的转运，并增加根中Cd的积累（Korenkov et al.，2009）。中国科学院龚继明研究组克隆了调控Cd在水稻叶片积累的主效QTL基因*CAL1*，可螯合胞质Cd并分泌至胞外，特异性地调控Cd从根部向地上部的转运（Luo et al.，2018）。由此可见，水稻体内重金属的积累是一个复杂的过程，众多的水稻重金属转运体基因被克隆，对该问题的探索将有利于揭示水稻吸收、积累重金属的分子机制和培育低Cd积累水稻品种。

近年来，研究人员在水稻中已经发现了几种与Cd积累有关的重要金属转运体（表3-1）。G型ATP结合盒转运蛋白OsABCG36参与水稻对Cd的耐受性。OsABCG36位于细胞质膜上，在根和芽中均低水平表达，但短时暴露于Cd使其在根中的表达显著上调。*OsABCG36*的敲除导致根细胞中Cd的积累增加，Cd敏感性增强，但不影响对其他金属（包括Al、Zn、Cu、Pb）的耐受性。*OsABCG36*不参与芽中Cd的积累，可通过从水稻根细胞输出Cd或形成Cd结合物来实现对Cd的耐受性。OsNRAMP5位于根的细胞质膜上，是Cd进入根的主要转运体。*OsNRAMP5*突变会导致植株Cd的积累显著减少，而对农艺性状没有显著影响。OsNRAMP1转运Cd和Mn，主要在根和叶中表达，并编码质膜定位蛋白。Cd处理和Fe缺乏可诱导*OsNRAMP1*的表达。免疫染色显示OsNRAMP1位于除中央脉管系统之外的所有根细胞和叶肉细胞中。敲除*OsNRAMP1*会显著降低Cd和Mn的根吸收量，减少它们在地上部和籽粒中的积累，并增加植株对Mn缺乏的敏感性。OsHMA2（重金属ATP酶2）是Zn和Cd的转运体，促进这些金属从根到茎的移位。*OsHMA2*功能缺失突变体植株的叶片和籽粒中Cd浓度降低，植株生长受到抑制和产量急剧下降。OsHMA3定位于液泡膜，参与Cd向液泡转运。*OsHMA3*的过表达会显著降低Cd在水稻地上部和籽粒中的积累，而*OsHMA3*缺失突变体植株则提高了Cd从根到地上部的转运。OsLCT1是水稻低亲和力阳离子转运蛋白，定位在细胞质膜上，在水稻成熟期的叶片和茎节中强烈表达，参与Cd向籽粒的运输。*OsLCT1*沉默的植株籽粒中的Cd含量约为野生型植株的一半，而其他金属的含量和植物的生长不受负面影响。ZIP家族的成员*OsZIP9*在水稻中吸收Zn，它在侧根的表皮细胞中表达，定位于质膜中，并在缺Zn条件下诱导表达。在Zn浓度较高时，酵母表达的*OsZIP9*的Zn转运活性均高于其他水稻ZIP蛋白。敲除*OsZIP9*的水稻植株在低浓度Zn条件下表现出明显的生长缓慢表型，但可以通过高Zn供应来补救。与野生型相比，突变株系中根、茎和籽粒中Zn的积累量要低得多。*OsZIP9*也吸收转运Co，而且*OsZIP9*的表达水平与稻米中Zn的含量高度相关。

表3-1 已克隆的水稻重金属Cd吸收转运相关基因

基因符号	基因组位点	基因产物	主要表达部位	亚细胞定位	参考文献
ABCG36	LOC_Os01g42380	G型ATP结合盒转运蛋白	根	细胞质膜	Fu et al.，2019
OsNRAMP5	LOC_Os07g15370	天然抗性相关巨噬细胞蛋白	根	细胞质膜	Moore et al.，2020；Chang et al.，2020a
OsNRAMP1	LOC_Os07g15460	天然抗性相关巨噬细胞蛋白	根和叶	细胞质膜	Chang et al.，2020b
OsZIP6	LOC_Os05g07210	锌/铁调节蛋白	根和叶	细胞膜	Spielmann et al.，2020
OsMTP1	LOC_Os05g03780	金属耐受蛋白	各组织	液泡膜	Das et al.，2016
CAL1	LOC_Os02g41904	植物防御素类蛋白	根	细胞膜	Luo et al.，2018
OsZIP9	LOC_Os05g39540	锌转运蛋白	根	细胞质膜	Yang et al.，2020
OsHMA3	LOC_Os07g12900	重金属ATP酶3	根	液泡膜	Shao et al.，2018

续表

基因符号	基因组位点	基因产物	主要表达部位	亚细胞定位	参考文献
LCD	LOC_Os01g72670	低镉蛋白	根和叶	细胞质，细胞核	Shimo et al.，2011
OsLCT1	LOC_Os06g38120	阳离子转运蛋白 1	节和叶	细胞质膜	Liu et al.，2019
OsPCR1	LOC_Os10g02300	镉抗性相关蛋白	根和穗	细胞膜	Song et al.，2015
OsIRT1	LOC_Os03g46470	铁调控转运蛋白	根	细胞质膜	Pradhan et al.，2020
OsIRT2	LOC_Os03g46454	亚铁离子转运蛋白	根	细胞质膜	Pradhan et al.，2020

近年来，microRNA（miRNA）在植物重金属胁迫响应中的作用越来越受到研究人员的关注。miRNA 是植物中一类新型的调控基因表达的单链非编码小分子 RNA，主要通过对靶 mRNA 的切割或翻译抑制来负调控靶基因的表达，进而广泛参与植物的生长发育、器官形态建成及重金属、干旱、冷害等多种逆境胁迫应答过程（Chuck et al.，2009；Ding et al.，2020）。研究人员利用 miRNA 芯片和高通量测序技术分离鉴定出了一大批与重金属胁迫响应相关的 miRNA。Fang 等（2013）采用 miRNA 芯片技术分析经 Cd 处理与对照条件下 Cd 耐受型和敏感型大豆株系中 miRNA 的表达差异，共鉴定出 26 个与 Cd 胁迫相关的 miRNA。Zhang 等（2013）采用转基因技术研究发现 miR395 过表达的油菜植株可增加 Cd 螯合物的合成量并提高对 Cd 毒害的耐受性。Han 等（2016）联合转录组、sRNA 和降解组测序技术系统鉴定了超积累植物东南景天中重金属响应的 miRNA 及靶基因，构建了一个 Cd 胁迫下的调控网络，共鉴定出 356 个 miRNA，其中 79 个 miRNA 在 Cd 胁迫下差异表达。以上研究表明 miRNA 在植物对重金属的积累及耐受过程中发挥重要作用。中国计量大学朱诚课题组近十年来一直从事水稻重金属胁迫相关 miRNA 及其靶基因的克隆鉴定和功能研究（Ding et al.，2011，2016，2017，2018，2020）。前期利用 miRNA 微阵列芯片技术分析经 Cd 处理和未处理的水稻中 miRNA 表达模式的差异，发现 19 个 miRNA 的表达受 Cd 的调控。除了 miR528 在 Cd 胁迫下表达显著上调外，miR166、miR268、miR390 和 miR171 等的表达则受到显著抑制（Ding et al.，2011）。通过烟草瞬时表达及 5′cDNA 末端快速扩增法（RACE）实验鉴定 miR166 的靶基因为同源域亮氨酸拉链（HD-Zip）转录因子（*OsHB4*），并采用转基因技术发现 miR166 过表达的转基因水稻植株降低了 Cd 向地上部的转运与稻米中的积累，而 HD-Zip（*OsHB4*）超量表达则提高了水稻植株对 Cd 的积累与转运（Ding et al.，2018）。相比野生型植株，miR268 过表达的转基因水稻 Cd 的积累、H_2O_2 和丙二醛的含量增加，并降低了其对 Cd 毒害的耐受性（Ding et al.，2017）。另外，以 miR390 为重点研究对象，研究者发现 miR390 在 Cd 胁迫下表达显著下调，miR390 过表达增加了水稻对 Cd 的积累，并且水稻对 Cd 毒害的耐受性也降低（Ding et al.，2016）。

3.3 植物重金属超积累与抵抗的机制

3.3.1 超积累植物的概念和特征

超积累植物（hyperaccumulator）是能超量吸收重金属并能将其运移到地上部的植物，最早由 Jaffré 等（1976）提出，当时用以命名茎中镍（Ni）含量大于 1000mg/kg 干重的植物，国内也有许多学者称其为超富集植物。超积累植物往往长期生长在重金属含量较高的土壤中，经过不断演化而形成，或者通过遗传工程或基因工程培育、诱导而成。理想的重金属超积累植物一般具备以下特征：①可以耐受高水平的重金属，在重金属污染土壤上能良好生长，一般不会出现毒害现象；②地上部超积累某种或几种重金属时，不影响植物的正常生长，且通常超出普通植物的 100 倍以上，如超积累植物积累的重金属 Cd 可达 100μg/g 干重以上，金（Au）达 1mg/kg，Cu、Pb、As、Ni、Co 等达 1mg/g 以上，而 Mn、Zn 等达 10mg/g 以上；③可以富集两种及以上重金属；④生长速度快，生长期短；⑤生物量大；⑥抗害虫能力强（褚兴飞等，2017；Anna et al.，2020）。

超积累植物对特定重金属具有极强的吸收富集能力，在重金属污染土壤修复和植物提取方面极具应用价值。至 2020 年 3 月已经报道的超积累植物有 759 种，可在全球超积累植物数据库里检索获得（http://hyperaccumulators.smi.uq.edu.au/collection/）（Reeves et al.，2017；Anna et al.，2020）。超积累植物广泛分布于约 50 个科，但绝大多数属于 Ni 超积累植物，其中一些超积累植物可以同时积累多种重金属。目前研究较多的超积累植物主要集中在十字花科的芸薹属（*Brassica*）、庭荠属（*Alyssum*）及遏蓝菜属（*Thlaspi*），我国目前也发现了较多的超积累植物，如天蓝遏蓝菜（*Thlaspi caerulescens*）可超积累 Cd、Pb、Ni 和 Zn，东南景天（*Sedum alfredii*）可超积累 Cd、Zn 和 Pb，龙葵（*Solanum nigrum*）可超积累 Cd，蜈蚣草（*Pteris vittata*）可超积累 Pb 和 As 等。研究较多的一些超积累植物见表 3-2。

表 3-2 一些典型超积累植物代表

元素名称	植物种名	文献来源
Cd，Pb，Ni，Zn	天蓝遏蓝菜（*Thlaspi caerulescens*）	Salt et al.，1999；Reeves et al.，2001；Mohtadi et al.，2012；Halimaa et al.，2014
Cd	龙葵（*Solanum nigrum*）	魏树等，2004
	欧洲拟南芥（*Arabidopsis halleri*）	Bert et al.，2002
	芥菜（*Brassica juncea*）	Salt et al.，1995
Cd，Zn，Pb	东南景天（*Sedum alfredii*）	杨肖娥和傅承新，2002；Xiong et al.，2004；Yang et al.，2019
Pb，As	蜈蚣草（*Pteris vittata*）	陈同斌等，2002；Wan et al.，2014
Mn	水蓼（*Polygonum hydropiper*）	王华等，2007
	商陆（*Phytolacca acinosa*）	薛生国等，2003
Cr	李氏禾（*Leersia hexandra*）	张学洪等，2006
Cu	蓖麻（*Ricinus communis*）	康薇和郑进，2011
	鸭跖草（*Commelina communis*）	Liao et al.，2003
Se	遏蓝菜（*Thlaspi arvense*）	邵树勋等，2007

蜈蚣草为凤尾蕨科凤尾蕨属多年生草本，对 As 超强喜好，能通过根系大量吸收泥土中的 As，然后存入叶片中，它是世界上第一种被发现的 As 超积累植物。蜈蚣草对 As 具有极强的耐性和富集能力，体内的 As 含量可以达 1% ～ 2%，且多集中于地上部分。因此，蜈蚣草可用于污染土壤改良，将其种植于污染土壤，吸收重金属并加以回收，可达到“清污与回收”的双重作用。同时，蜈蚣草一年可以收割 3 次，对土壤中的 Pb、Cu、Zn、As 均具有不同程度的抗性与修复能力。

东南景天是一种 Zn、Cd、Pb 超积累植物，能将 Zn、Cd、Pb 等较多地吸收到植株的地上部，有效减轻土壤重金属污染。东南景天对 Cd 的污染修复效率较高，其对土壤 Cd 的清除率达 16% ～ 33%，特别适合修复低中度 Cd 污染土壤。

3.3.2 植物重金属超积累性状的适应性

生物所处的生存环境是非常复杂的，时刻受到各种生态因素的影响。自然选择学说认为生物只有适应环境才能生存，也就是说自然界中的每种生物对环境都有一定的适应性，否则将被环境淘汰。现在地球上生存的每一种生物，都具有与环境相适应的形态结构、生理特征和行为，超积累植物也是符合这一适应性规律的。植物长时间生长在重金属污染的环境中，依靠自身抗逆性、耐受性和规避性逐渐形成积累类植株、指示类植株和规避类植株，超积累植物也是植物在重金属长期胁迫下适应的结果。适应性是生物在复杂多变的环境中生存下去的最基础的本能，在该过程中起主要作用的就是遗传多样性的高低，生物遗传多样性丰富能保证物种在变化多样的生态环境中繁衍生息，是生物不断延续、繁殖生长的根本。

对重金属超积累性状的适应性目前存在多种假说，包括元素防御假说、抗旱假说、元素化感假说等，目前这几种假说中元素防御假说的证据最为充足。元素防御假说认为超积累植物在地上部分富集重金属是一种抵抗天敌（如食草动物、病原微生物等）的方式（Boyd，2007）。元素防御对植物自身来说具有如下优点：首先，有害重金属元素来自自然环境，无需自己合成；其次，无机元素很难再进行分解，作用效果比有机化合物更有效，对于超积累植物适应环境生存具有重要意义。然而现在已有的研究都是在实验室理论下完成的，即只考虑了天敌食用单一一种超积累植物，在自然界中摄食生物还会吃一些其他食物，从而稀释了摄取的重金属浓度，所以实验研究还要补充在野外研究的数据结果。另外，元素防御假说还有许多界定没有明确，它与其他防御如何起到联合作用也有待研究。

3.3.3 超积累植物对重金属的抗性机制

迄今为止，有关超积累植物吸收、富集重金属的机制尚无明确定论。在重金属胁迫下，植物根系分泌的高亲和力大分子有机酸苹果酸、柠檬酸等可与重金属结合形成化合物，从而促进植物对重金属的吸收，使土壤中自由重金属的浓度降低，进而降低重金属的毒性。Wei等（2012）研究发现，相比非超积累植物，超积累植物的根系更为发达，根毛更为稠密，对重金属的吸收更为有利。有研究表明，非超积累植物主要吸收以水溶态和交换态形式存在的重金属，而超积累植物除了直接吸收水溶态的重金属，还可分泌相关物质调节土壤环境，降低 pH 使其酸化，释放其他形态重金属，进而促进植物对重金属的吸收。超耐性超积累植物与超耐性非超积累植物重金属耐性与分布的主要过程见图 3-3。

超积累植物生长在重金属污染的土壤中，会采取一系列防御措施来控制这些重金属元素的摄取、积累和转运（薛欢等，2019；Anna et al.，2020）。例如，通过形成络合物和螯合物（李文一等，2006），使其化合成无毒或者低毒的复合物，并且将体内钝化的重金属转运到细胞壁或者液泡等（Hall，2002）对自身伤害最小的部位储藏，防止其继续转移，从而起到降低重金属有效性的作用；通过根系分泌有机酸，使环境中的重金属离子能够更好地吸收，形成的螯合物主要集中在细胞壁上；重金属经过金属转运蛋白的转运，沿着木质部向植物地上部分运输，优先积累在叶片表皮和表皮毛中（杨秀敏等，2008）。概括来说，超积累植物对重金属的抗性机制主要表现在它对重金属的隔离与解毒机制上（图 3-4）。

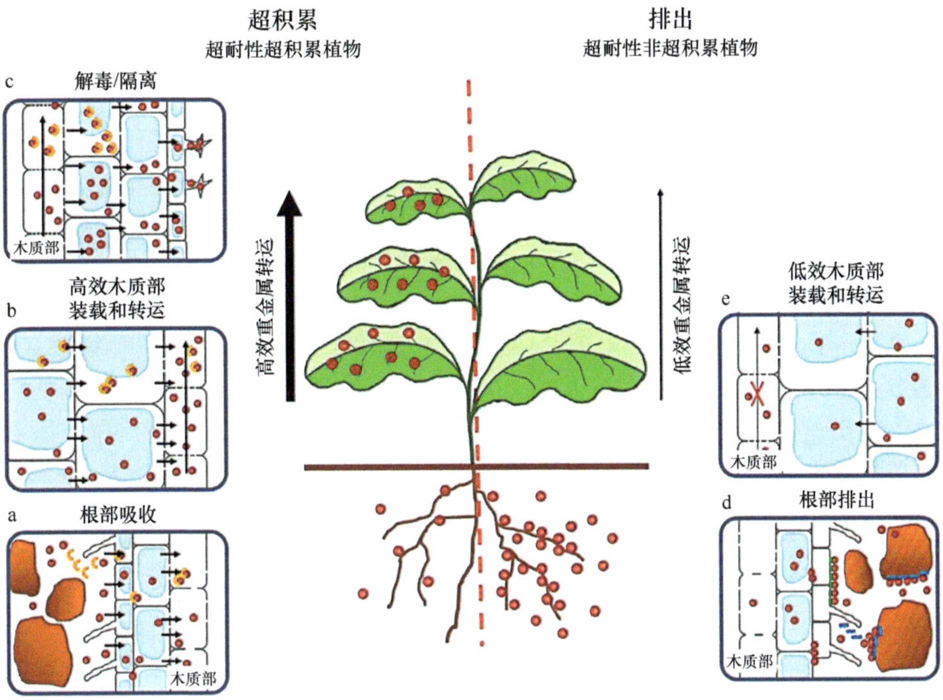

图 3-3　超耐性超积累植物（左侧）与超耐性非超积累植物（右侧）重金属耐性与分布的主要过程（Anna et al.，2020）

与金属超积累有关的机制：a. 增加根中的金属吸收和减少在根液泡中的积累；b. 有效的木质部装载和根–茎的转移；c. 在地上部的胞质中较强的金属螯合作用和/或叶片液泡中的区室化。与金属排斥有关的机制包括：d. 减少根系对金属的吸收，根分泌物在土壤中的螯合作用（红点表示金属和类金属，螯合分子用黄色、蓝色和绿色符号表示）；e. 抑制木质部的装载和向地上部的转移

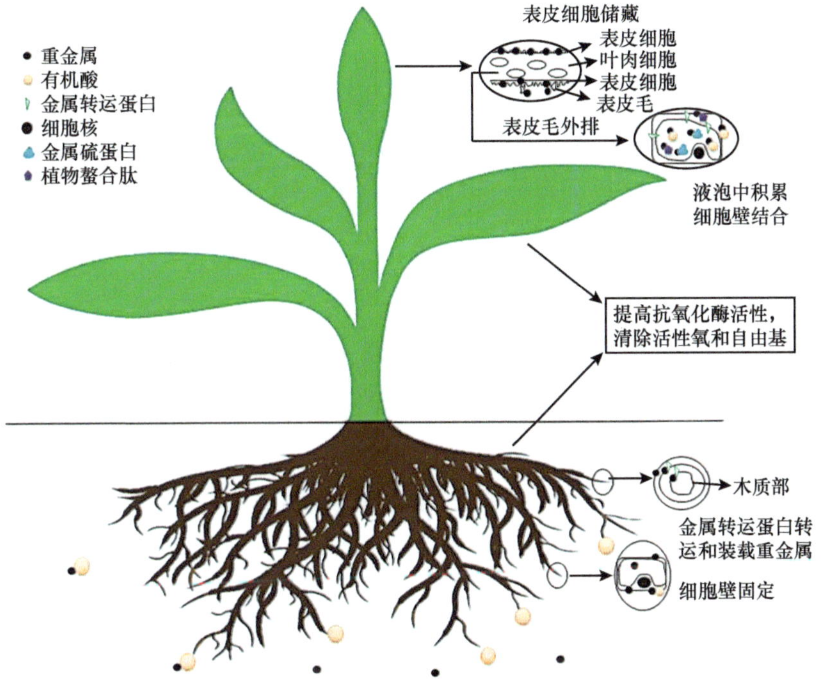

图 3-4　植物超积累重金属生理机制示意图（薛欢等，2019）

3.3.3.1 重金属的区隔化效应

重金属吸收进植物体内后，被带到细胞壁、液泡等代谢不活跃的部位储藏，这样可以有效降低重金属在体内的流动性，将其控制在一个安全的区域，这就是区隔化作用。安全储藏重金属的特性不仅可以帮助超积累植物在植株的地上部分聚集大量的重金属，还能保证自身不受其毒性的危害，是超积累植物的一个重要特性。植物液泡可积累较高浓度的Cd，液泡内部存在着各种有机酸和氨基酸，能与Cd^{2+}化合成各种高分子复合物，使Cd^{2+}的毒性钝化并且限制了它的流动性。杨红霞等（2013）的实验研究中将印度芥菜幼苗分别用0.5mg/L、1.0mg/L、2.0mg/L、3.0mg/L、5.0mg/L Cd处理1d、5d、7d、10d、14d后取样，采用电感耦合等离子体质谱法测定根系和叶片中的Cd含量。结果表明，Cd在细胞壁中的含量为50%～64%，细胞液中为22%～38%，细胞器中为7%～17%，Cd在细胞壁中所占比例显著高于在细胞液和细胞器中，证明细胞壁的区隔化作用同样相当重要。

3.3.3.2 重金属的解毒机制

重金属进入植物细胞质后，会诱导细胞内产生活性氧（ROS）。ROS会与蛋白质、脂类及DNA发生反应，降低细胞内酶的活性，使细胞膜的透性增加，还可能会增加基因突变，因此，清除ROS是降低生物大分子伤害的一个重要措施。植物体细胞会提高抗氧化酶活性来清除ROS和自由基。重金属转运到植物体内后，重金属超积累植物可以产生植物螯合肽、有机酸、金属硫蛋白等一系列物质作为金属结合配体来降低重金属对植物的伤害。然而，超积累机制中不同螯合剂的作用尚未完全明确。在此过程中，游离氨基酸可能发挥了关键作用，游离的组氨酸（His）被认为是Ni超积累中最重要的配体（Bothe and Słomka，2017），已有研究表明Ni的木质部负载与His的木质部负载是耦合的（Assuncao et al.，2003）。此外，植物螯合肽和金属硫蛋白能够与重金属形成复合物，减轻重金属对植物的危害。

（1）抗氧化酶系统

当植物处于重金属胁迫环境时，植物体内会产生大量的ROS，过量的ROS能与磷脂、膜受体蛋白发生脂质过氧化反应，破坏膜系统的完整性和流动性，进而影响膜系统的运输功能，甚至会攻击基因组DNA，造成DNA损伤，严重影响植物的生长发育（Noctor et al.，2015）。当植物检测到过量的ROS时，会产生一系列的抗氧化酶来应对氧化，其中主要包括超氧化物歧化酶（SOD）、过氧化氢酶（CAT）、过氧化物酶（POD）。研究表明，植物在重金属胁迫下体内会产生大量的ROS，这时抗氧化系统起着清除ROS的主要作用（张开明等，2005）。在线粒体中，重金属胁迫导致电子载体还原产生的ROS可在SOD的催化作用下反应生成H_2O_2；质膜与细胞壁之间的质外体是ROS产生和清除最为活跃的场所，生成的ROS最终都会在POD、CAT的催化作用下及抗坏血酸-谷胱甘肽（AsA-GSH）循环中生成H_2O和O_2，从而解除重金属对植物的毒害。

（2）植物螯合肽

植物螯合肽（phytochelatin，PC）最早是从重金属胁迫的蛇根草悬浮细胞中分离出来的重金属结合多肽，由3种氨基酸组成，即半胱氨酸、谷氨酸和甘氨酸，存在于大多数植物体内。PC是一类酶促合成的、富含半胱氨酸的低分子量多肽，富含巯基，可通过配位作用结合重金属。在超积累植物中，PC对金属的高亲和性螯合作用对超积累植物耐受性起着关键作用，能减少细胞中游离的金属离子。当重金属进入植物体后，PC与重金属形成复合物，随后被转移到液泡并形成稳定化合物（Bothe and Słomka，2017）。

（3）有机酸

有机酸作为小配体具有解毒作用。它们可以阻止重金属在细胞质中以游离态形式存在，也可以使重金属在液泡中进行区室化分隔，形成金属–有机酸螯合物的复合物。例如，柠檬酸能与 Al、Cu、Pb 等重金属形成复合物，从而保护植株免受毒害。有机酸可以促进重金属吸收，也可以通过在根外与重金属形成复合物来抑制重金属吸收。然而有机酸（主要是苹果酸和柠檬酸）作为根细胞中重金属的配体仍具有较大争议，可能只与液泡酸性环境有关。

（4）金属硫蛋白

金属硫蛋白（metallothionein，MT）是自然界中普遍存在的一种分子量低、富含半胱氨酸的蛋白质。MT 富含巯基，在植物中的表达水平普遍较高并且结构保守，能与重金属结合，对重金属解毒有重要作用，因此 MT 的过表达可以提高植物对特定金属的耐受性。MT 能与 Cd、Zn、Hg、Cu、铋（Bi）等多种金属相结合。小鼠、仓鼠、人类、酵母、蓝藻等多种生物的 MT 基因在植物中均可过表达。研究者将植物 MT 靶向到酵母质膜的内表面，设计了具有富集重金属功能的酵母细胞，在含重金属的培养基上进行培养，发现其生长旺盛，是生物修复应用的优良候选菌株。

（5）氨基酸

氨基酸是高等植物体中氮素的一种存在形式，游离氨基酸在植物超积累重金属中也具有一定作用。组氨酸（His）是参与金属超积累的重要游离氨基酸，它可以通过其羧酸根、胺和咪唑的功能作为三齿配体，如 Ni Ⅱ $(His)_2$（Callahan et al.，2006）。它也是许多已知配位模式的通用配体。例如，复合物 Cu Ⅱ $(His)_2$ 具有 5 个坐标，一个三齿和一个双齿配体的位点。含 Ni 环境引起十字花科庭荠属的一种超积累植物香雪球（*Alyssum lesbiacum*）体内游离 His 大量增加，而在非超积累植物山庭荠（*Alyssum montanum*）中未见到这种效应（Adamidis et al.，2014）。也有研究者分别用 His 作为叶面喷雾剂与根培养基添加剂对豌豆（*Pisum sativum*）进行处理，后者大大增加了豌豆 Ni 的耐受性、Ni 向芽转运的能力。

3.3.4　国内外重金属超积累植物研究现状与应用

3.3.4.1　国内外重金属超积累植物研究现状

迄今为止，有关超积累分子机制的研究主要局限于 Zn、Cd、Ni 3 个方面，这些信息主要源于 Cd、Zn 超积累植物天蓝遏蓝菜和圆叶拟南芥，它们与模式植物拟南芥有着密切的系统发育关系（Courbot et al.，2007；Milner et al.，2014；Liu et al.，2017；Anna et al.，2020）。通过 QTL 和测序等方法，已经确认了超积累植物中一些参与金属运输和体内平衡的基因，以及参与重金属胁迫响应的金属螯合蛋白编码基因。在重金属耐性与积累的关键因素分析中发现金属转运蛋白主要为 HMA、MTP 和 NRAMP 家族成员。例如，细胞膜转运体 HMA4 是 Zn 和 Cd 耐性与积累的关键因子，MTP1 是 Zn 耐性的关键因子，HMA3 和 NRAMP1 是 Cd 耐性与积累的关键因子，而 Ni 的超耐性与超积累均依赖于组氨酸的生物合成及 IREG/ferroportin 转运蛋白。

尽管对金属耐受性和积累的倾向性在各物种中均存在，但在超积累物种中种内遗传和表型变异通常比较显著，表明其对金属污染环境的适应是一个不断演变的过程，这种多样性显然与原生土壤的组成及其他环境因素有关（Meier et al.，2018；Schvartzman et al.，2018；Preite et al.，2019）。地理分离和偶尔的远距离人类传播也在遗传分化中发挥了重要作用，因为超积累植物通常从具有忍耐/积累重金属背景的非积累植物开始，通过非积累植物适应极端环境后产生（Gonneau et al.，2017；Preite et al.，2019）。研究表明，在适应重金属污染土壤的过程中，重金属在植物体内的迁移动力学主要影响重金属的迁移和区域化，这与超积累植物与非积累植物体内重金属离子转运蛋白基因的序列密切相关（Sobczyk et al.，2017）。此外，超积累植物和非积累植物的遗传变异与土壤重金属浓度有关，从而影响了植物体内与重金属相关的离子转运和胁迫响应相关基因的表达丰度（Sailer et al.，2018）。图 3-5 从分子角度阐述了超积累植物与非积累植物的机制差异。例如，超积累生态型的东南景天中编码液泡膜转运体的 *HMA3* 基因序列差异导致其表现出 *HMA3* 转录水平显著升高、在芽中优先表达、对 Cd 的显著选择性，而非积累生态型表现出体内较低水平且均匀分布的 *HMA3* 表达及 Zn 和 Cd 的特异性（Zhang et al.，2016）。

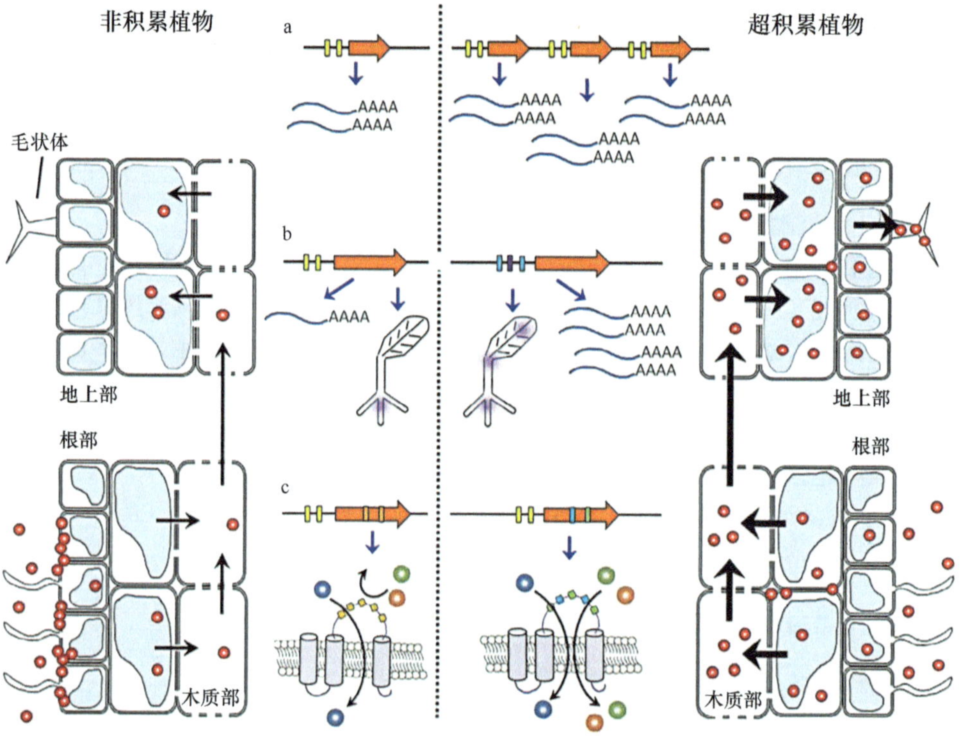

图 3-5　超积累植物（右侧）与非积累植物（左侧）的主要机制差异（Anna et al.，2020）

a. 基因复制事件（以橙色箭头表示）导致金属转运过程中涉及的基因表达增强（后者以黑色箭头为例）；b. 启动子序列的变化（以橙色箭头上游的彩色长方形表示）增强了重要的超积累决定因素的表达，并改变了植物体和组织的表达定位，允许金属积累在特定的解毒区域（如下叶表皮细胞或毛状体）；c. 编码序列的改变可以改变内含子的剪接位点或金属特异性位点，直接参与调控金属转运蛋白的能力（金属和类金属用红点表示；一般金属离子显示为蓝色、绿色和橙色点）

3.3.4.2　国内外重金属超积累植物的应用

重金属的迁移性、长效性、毒害性等特点使得解决土壤重金属污染问题成为环境领域和科学界的一个重大课题。国内外常采用各种物理法和化学法，如深耕法、客土法、改良剂法、电化学法、化学淋洗法等来处理土壤重金属污染，但是它们都有一定的局限性，不能有效地将隐藏在土壤中的重金属元素收集起来，而且消耗人力、物力，成本高，处理不当还会造成二次污染问题。自超积累植物概念提出后，1983 年钱尼（Chaney）提出了利用超积累植物清除土壤中重金属污染的思路，即植物修复。植物修复（phytoremediation）即将某种特定的植物种植在重金属污染的土壤上，由于该种植物对土壤中的污染元素有特殊的吸收和吸附能力，将植物收获并进行妥善处理（如灰化回收）后即可将该种有害重金属元素移出土体，达到污染治理与生态修复的目的。近年来发展起来的植物修复技术以其安全、廉价的特点正成为研究和开发的热点，有关耐重金属植物与超积累植物的研究逐渐增多，植物修复作为一种治理污染土壤的技术，其工程性试验研究及实地应用效果显示了植物修复技术商业化的巨大前景。

超积累植物在重金属污染土壤中的应用国内外均有研究。Baker 等（1994）在英国洛桑试验站首次以田间试验研究了在 Zn 污染土壤（440mg/kg）中栽种不同超富集植物和非超富集植物对土壤 Zn 的吸收清除效果。结果表明，超富集植物天蓝遏蓝菜（*Thlaspi caerulescens*）富集 Zn 的能力是非超富集植物萝卜的 150 倍，富集 Cd 的能力则是后者的 10 倍。在中国中南部一些炼砷区也发现了一种 As 的超富集蕨类植物蜈蚣草，其在 As 污染严重区域生物种群极其单一，生长非常繁盛，呈族群分布，调查样方内几乎没有其他植物生长，每平方米收割的植物地上部鲜重可达 316kg，显示其具有很大的植物修复潜力。

目前为了增强植物修复效果，很多科研工作者进行了探索，研究发现微生物联合植物修复、农艺措施、水分管理和植物修复剂等可增强超积累植物的土壤修复效果。微生物联合植物修复可以分为以下两类：细菌联合植物修复和菌根真菌联合植物修复。细菌分泌的植物生长调节剂、螯合剂、抗生素等物质能够增强植物的环境适应能力，并且能够有效缓解土壤中重金属的毒性和供给植物营养物质，从而提高了植物的修复效率。刘莉华等（2013）通过对龙葵接种内生细菌后研究发现，龙葵对 Cd 的吸收量增大 83.01%，并且显著促进了龙葵的生长。Sun 等（2010）在海州香薷和鸭跖草中接种厚壁菌等耐 Cu 细菌后发现，两种植物的地上部 Cu 含量增加了 63% ～ 125%，根部和地上部干物质量分别增加了 132% ～ 155% 和 71% ～ 83%。Leung 等（2006）研究也发现，接种菌根真菌后蜈蚣草体内的 As 含量和生物量均显著增加，该研究认为接种菌根真菌后，真菌生长出的菌丝体能通过增大吸收面积来增加接种植物的营养供给，从而提高植物的生物量，进而提高接种植物的重金属吸附量。Thompson（1996）的盆栽试验表明，亚麻接种泡囊丛枝菌根后，促进了对 P、Zn 的吸收，显著提高了 P、Zn 的累积量。

植物修复剂如螯合剂和有机酸等添加剂能够促使重金属离子解吸和溶解，提高其生物有效性。螯合剂乙二胺四乙酸（EDTA）是一种投入到土壤中能够形成水溶性的金属–螯合剂络合物的植物修复剂，它能够改变重金属在土壤中的赋存形态，提高重金属的生物有效性，强化植物对目标重金属的吸收，是目前研究最多的一种螯合剂。

植物修复技术作为一种新型绿色环保的治理方法，具有原位修复、改善土壤结构、提高土壤肥力及对周围环境扰动小、以太阳光为能源、减少水土流失、保护土壤生物多样性、易收集等优点，引起学者及政府管理部门的高度重视和关注。目前，超积累植物复杂的富集机制已经成为国内外科研工作者关注的重点和难点，如何提高这项技术的工作效率和实现广泛应用成为国内外学者重点考虑的问题。尽管植物修复技术简单来说就是利用超积累植物的吸收、降解、挥发、过滤、固定等作用来净化土壤中的重金属元素，但在实际应用过程中仍存在诸多问题与挑战，主要有以下几个方面。

超积累植物种类少，周期长，效果慢，比其他物理–化学技术的耗时长，且不易机械化作业，富集效率也得不到保证。

超积累植物对重金属具有选择性，已发现的植物大部分只对一种重金属具有富集作用，如蕨类植物对 As 的富集吸收能力强，对其他重金属元素不存在超积累作用。然而，土壤重金属污染通常为两种或两种以上的复合型污染，因此使用单一超积累植物难以全面清除土壤中的污染物质，但若同时使用多种超积累植物，则在生产实践中可操作性下降，大大增加了修复过程周期。

植物修复效果容易受到周围环境和土壤结构的制约，超积累植物生长也会受到pH、无机盐浓度、重金属污染物浓度及周边生态环境状况等因素的影响。如果环境导致超积累植物生长受阻或生长状况不佳，就会达不到污染修复的效果。

超积累植物可导致食物链污染。有些动物在食用超积累植物后，同时也将重金属携带进入食物链，对人类健康也构成威胁。因此，需对超积累植物进行严格监管，防止重金属转移至食物链。

超积累植物修复后如何妥善处理植物体内的重金属是一个有待解决且非常值得研究的问题，这将有助于完善污染土壤植物修复技术。

因此，加强对重金属超积累植物资源的搜索和鉴定，寻找生长周期短、生物量大、易推广，特别是能够对两种或两种以上重金属污染物同时有效进行超积累的植物，鉴定超积累相关基因，结合分子生物学手段创造新的超积累植物种质资源，是本领域的重要研究方向和未来发展的必由之路。

3.4 气体信号分子与重金属抗性

植物应答重金属胁迫是一个多信号、多通路协同工作的过程。从感知重金属的存在到做出相应的反应应对重金属胁迫需要许多信号分子的参与，如活性氧（reactive oxygen species，ROS）信号、钙信号系统、蛋白质的磷酸化级联反应、植物内源激素等。过去几十年的研究发现，气体递质（gasotransmitter）也在重金属胁迫应答中发挥着重要的功能。气体递质是指内源性的气体信号分子，包括一氧化氮（NO）、一氧化碳（CO）、硫化氢（H_2S）和甲烷（CH_4）。这些气体递质具有以下几项共同特性：①小分子气体，可以或不能溶解在生物组织中；②可自由穿过细胞膜而不依靠细胞膜受体和转运体；③可在生物体内内源合成，其发挥的生理功能又能被外源性气体模拟；④在特定的浓度下发挥生理功能；⑤发挥功能时靶向特定的分子（Wang，2002）。

上述这些气体递质最初均被认为是有害气体，但自它们在动物中的信号作用与生理功能被发现以来，植物领域的科学家也逐渐解析了它们在植物生命周期中的各项功能。这些气体信号分子既可以调控植物的生长发育过程，如种子萌发、侧根形成、气孔运动、果实发育，也广泛参与各种胁迫应答，包括病虫害等生物胁迫及温度胁迫、干旱胁迫、盐胁迫、重金属胁迫等非生物胁迫。在不同种类和程度的重金属胁迫下，这些气体信号分子在植物体内的含量可能受抑制或者受诱导。除了NO可能加重重金属造成的氧化伤害，多数研究认为NO、CO、H_2S、CH_4均在植物应答重金属胁迫中发挥着积极作用，外源施用这些气体信号分子则可以有效缓解重金属对植物体造成的伤害（Fang et al.，2021）。本节就植物体内源性气体信号分子在重金属胁迫下的生物合成和胁迫应答中的功能进行详细介绍。

3.4.1 内源性气体信号分子在重金属胁迫下的生物合成

3.4.1.1 NO

自然界中的NO可来自工业废料、汽车尾气和烟草燃烧产生的烟雾，是一种高毒化合物。20世纪80年代，NO被发现可参与动物多种因子调控的血管舒张过程，因而被定义为气体信号分子（Schmidt and Walter，1994）。植物中关于NO信号转导功能的发现比动物研究领域晚了将近 20 年。在高等植物中，NO 的生物合成途径主要包括酶介导的还原途径、氧化途径和非酶促途径（图 3-6）。动物体内的 NO 主要通过 NO 合酶（nitric oxide synthase，NOS）催化 L-精氨酸、O_2 及 NADPH 反应生成。在植物体的线粒体、叶绿体和过氧化物酶体中也分别检测到了类似 NOS 的活性（Corpas et al.，2009；Farnese et al.，2016）。NOS 介导的氧化途径中，以多胺（polyamine）、精氨酸（arginine）和羟胺（hydroxylamine）为底物，其中具体的反应过程仍有待探究（Shivaraj et al.，2020）。还原途径中，位于细胞质的硝酸还原酶（nitrate reductase，NR）和根组织特异性的亚硝酸还原酶（nitrite reductase，NiR）以 NAD(P)H 作为电子供体将亚硝酸盐（NO_2^-）还原生成 NO。此外，定位于过氧化物酶体中的黄嘌呤氧化还原酶（xanthine oxidoreductase，XOR）也是催化还原反应产生 NO 的关键酶。此外，NO 合成的非酶促途径包括抗坏血酸、类胡萝卜素和硝化-去硝化循环介导的途径。

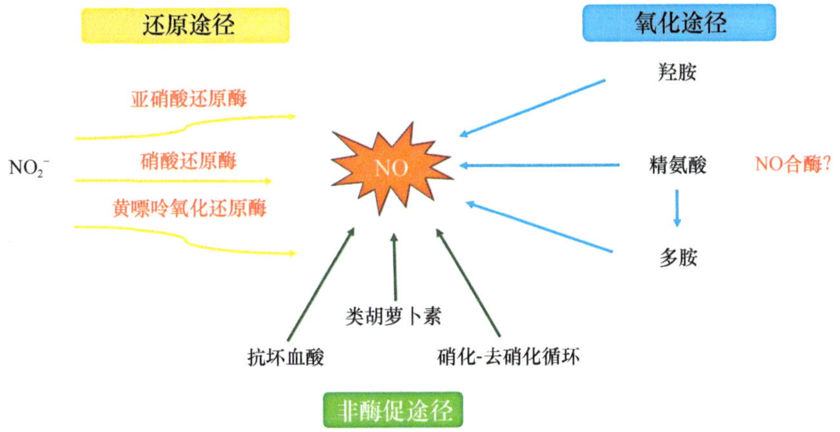

图 3-6　植物体中 NO 的主要合成途径

在重金属胁迫下，植物体内 NO 含量的变化受植物基因型的影响，并且依处理方式的不同而不尽相同（表 3-3）。例如，小麦（*Triticum aestivum*）根组织内部的 NO 水平在 250μmol/L Pb 处理后显著降低，而在 50μmol/L Pb 处理下则略有降低（Kaur et al.，2015）。相反，100μmol/L Pb 处理可以诱导金丝草（*Pogonatherum crinitum*）根细胞中内源 NO 含量的上升（Yu et al.，2012）。在 450μmol/L Cu 胁迫下，无壳大麦的地上部分中可以明显观测到早期 NO 的爆发，进一步研究表明该过程中的 NO 来自硝酸还原酶介导的途径（Hu et al.，2015）。而在番茄植株中，1μmol/L $CuSO_4$ 即可以诱导幼苗 NO 的积累和 NOS 的活力增加（Wang et al.，2010a）。Tian 等（2007）发现以 100μmol/L Al 处理芙蓉葵（*Hibiscus moscheutos*），其根组织中的 NOS 活性降低且 NO 含量减少。在 Zn 胁迫处理下，蚕豆根中的 NO 含量上升且伴随着类 NOS 活性的增加（Zou et al.，2012）。在 Cd 胁迫下，NO 含量上升的现象在诸多植物中都有发现，包括拟南芥（*Arabidopsis thaliana*）、芥菜（*Barassica juncea*）、小麦、紫花苜蓿（*Medicago sativa*）、百慕大草和大豆等（Zhu et al.，2012；Shi et al.，2014；Besson-Bard et al.，2009；De Michele et al.，2009）。Cd 胁迫诱导的 NO 被认为是由某种尚未明确的类 NOS 催化介导的（Besson-Bard et al.，2009；De Michele et al.，2009）。然而也有证据表明豌豆（*Pisum sativum*）根、叶组织中的 NO 含量在 Cd（浓度为 50μmol/L）处理 14d 后下降（Rodríguez-Serrano et al.，2006，2009）。Akinyemi 等（2017）研究发现，5mg/L Cd 处理后，玉米中的 NO 含量显著下降。另外有证据表明，在 25μmol/L As 和 300μmol/L Fe 处理下，并不能观测到 NO 含量的变化（Arnaud et al.，2006；Jin et al.，2010）。这些结果表明，重金属种类和胁

迫程度的不同，以及植物物种和组织部位的不同都能引起 NO 含量的多样性变化，因此 NO 在植物重金属耐受性中具有广泛的作用和复杂的机制。

表 3-3 NO 对各重金属胁迫的响应

重金属	物种	组织	处理时间	处理浓度/（μmol/L）	气体水平	介导的酶	参考文献
Cd	拟南芥	下胚轴	72h 内	50，100，150	增加	NOS	De Michele et al.，2009
	拟南芥	根、叶	根 7h，叶 96h	50，200	增加	未提及	Besson-Bard et al.，2009
	芥菜	根	96h	5，10，25，50，75，100	增加	未提及	Verma et al.，2013
	大豆	根	6h，24h，72h，144h	40	增加	NR	Perez-Chaca et al.，2014
	豌豆	根	24h	50	下降	NOS	Rodriguez-Serrano et al.，2006
	狗牙根	全株	12h，24h，48h	100，250，500，750，1000，2000，5000	增加	未提及	Shi et al.，2014
	水稻	根	6h	10	增加	未提及	Yang et al.，2016
	小麦	叶	4 周	100	增加	未提及	Kaya et al.，2020
Cu	大麦	地上部	6h，12h，24h，48h，72h，96h	450	增加	NR	Hu et al.，2015
Al	芙蓉葵	根	20min	100	下降	NOS	Tian et al.，2007
	四季豆	根	24h	50	增加	NR	Wang et al.，2010b
Pb	金丝草	根	40min	100	增加	NR	Yu et al.，2012
	小麦	根	2h，4h，6h，8h	50，250	下降	未提及	Kaur et al.，2015
Zn	龙葵	根	10d 内	200，400	增加	NOS?	Xu et al.，2010b
Fe	百脉根	根结	3h	300	增加	未提及	Chungopast et al.，2017

3.4.1.2 CO

CO 是自然界中普遍存在的无色无味气体分子，对动物具有高毒性。CO 的生理功能取决于其结合血红蛋白的能力。早在 1959 年就报道发现了植物中的 CO 信号（Wilks，1959）。与动物中的机制类似，植物中的内源 CO 主要通过血红素加氧酶（HO）催化产生，该酶催化血红素的氧化以生成游离铁、胆绿素Ⅸ α 和 CO（图 3-7）（Xuan et al.，2008）。拟南芥中共有 4 个基因编码血红素加氧酶，它们被划分为 2 个亚家族：① HO1 亚家族，包括 HO1（HY1）、HO3 和 HO4；② HO2 亚家族，只含有 HO2。在植物中，CO 的含量与其酶原 HO1 的活性密切相关。目前，通过添加外源 CO 和操纵 HO 编码基因的表达量已逐渐解析了 CO 在植物生长生理和胁迫耐受性中的各种作用，CO 也被认为是继 NO 之后的第二种气体信号分子。研究对 CO 含量的测定及其限速酶 HO1 活性的检测发现重金属胁迫可以激活 HO1 介导的 CO 信号，表明 CO 信号参与了重金属响应。100μmol/L 和 200μmol/L Cd 处理苜蓿后，苜蓿根组织中 HO1 的转录本上调，HO 的活性增强，从而诱导根组织中释放出 CO（Han et al.，2008）。Hg 胁迫同样可以增强 HO1 的活性和 HO1 的相对表达水平（Han et al.，2007；Wei et al.，2011）。

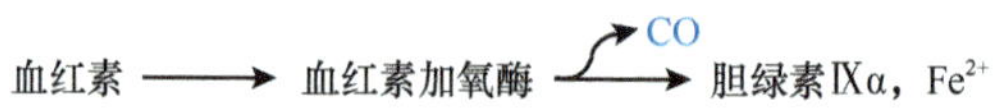

图 3-7 植物体中 CO 的合成途径

3.4.1.3　H_2S

H_2S 长期以来一直被认为是一种对动植物有毒害作用的气体分子，具有一种典型的臭鸡蛋气味。直到 20 世纪，H_2S 作为第二信使的信号转导作用才首次确立，随后被定义为第三类气体信号分子（Wang，2002）。在高等植物中，H_2S 的生物合成主要源自酶促和非酶促反应（图 3-8）（Aroca et al.，2018）。在酶促反应体系中，L-半胱氨酸脱硫酶（L-DES/LCD）和 D-半胱氨酸脱硫酶（D-DES/DCD）分别以 L-半胱氨酸和 D-半胱氨酸作为底物催化产生 H_2S。氰丙氨酸合酶（cyanoalanine synthase，CAS）可以将 L-半胱氨酸转化为氰化物，该氰化物可进一步转化为 H_2S，而半胱氨酸合成酶（cysteine synthetase，CS）可以可逆地催化 L-半胱氨酸和乙酸盐转换为 *O*-乙酰-L-丝氨酸（*O*-acetyl-L-serine，OAS）和 H_2S。碳酸酐酶（carbonic anhydrase，CA）以羰基硫化物（carbonyl sulfide，COS）为底物催化生成 H_2S 和 CO_2。此外，亚硫酸还原酶（sulfite reductase，SiR）催化亚硫酸盐（SO_3^{2-}）为 H_2S。H_2S 可以参与植物体内的各种生理、发育和代谢过程，包括气孔运动的调节、成熟和衰老、侧根的形成及对多种环境刺激的响应过程（Shivaraj et al.，2020）。

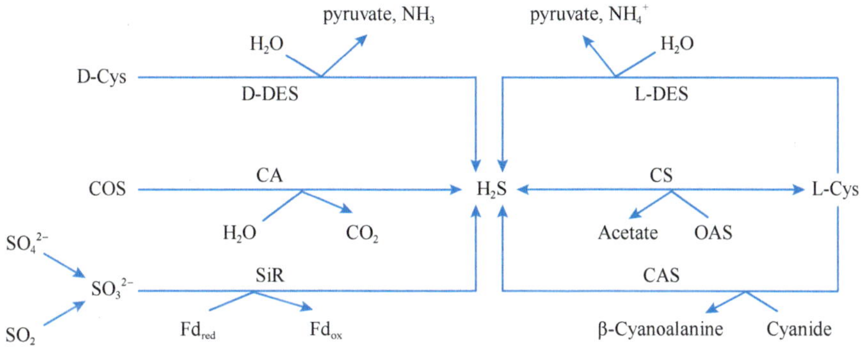

图 3-8　植物体内 H_2S 的生物合成途径

D-Cys：D-半胱氨酸；L-Cys：L-半胱氨酸；D-DES：D-半胱氨酸脱硫酶（D-cysteine desulfurase）；L-DES：L-半胱氨酸脱硫酶（L-cysteine desulfurase）；pyruvate：丙酮酸盐；COS：羰基硫化物（carbonyl sulfide）；CA：碳酸酐酶（carbonic anhydrase）；CS：半胱氨酸合成酶（cysteine synthetase）；SiR：亚硫酸还原酶（sulfite reductase）；Fd_{red}：还原态铁氧还蛋白；Fd_{ox}：氧化态铁氧还蛋白；Acetate：乙酸盐；OAS：*O*-乙酰-L-丝氨酸（*O*-acetyl-L-serine）；CAS：氰丙氨酸合酶（cyanoalanine synthase）；β-Cyanoalanine：β-氰丙氨酸；Cyanide：氰化物

植物内源性 H_2S 水平可受到多种重金属刺激的诱导。例如，百慕大草、白菜、油菜、沙柳和水稻在 Cd 胁迫下 H_2S 含量上升；400μmol/L $ZnCl_2$ 促使龙葵根部和叶片的 H_2S 积累较对照显著增加；Cr 使拟南芥叶片中的 H_2S 释放增加；Ni 和 Hg 处理下，水稻组织中的 H_2S 含量上升；大麦在 Al 胁迫下 H_2S 合成增加；Pb 诱导紫花苜蓿根、茎中 H_2S 增加。Cd 处理可以诱导百慕大草内源 H_2S 的释放，而施用 H_2S 的供体 NaHS 可以进一步提高 Cd 触发的 H_2S 积累（Shi et al.，2013）。作为 H_2S 的合成酶之一，L-DES 的活性在 Cd 胁迫下受到钙依赖型蛋白激酶（CDPK）信号的刺激，进而介导 Cd 诱导的 H_2S 合成（Qiao et al.，2015）。在 Zn 胁迫下，Cd/Zn 超积累植物龙葵的叶和根组织中检测到 H_2S 含量和 L-DES 活性的增加（Liu et al.，2016）。对油菜施以 Cd 处理，发现内源 H_2S 的产生伴随着 L-DES 和 D-DES 活性和基因表达水平的升高（Hu et al.，2018）。然而，在 50μmol/L As 胁迫处理下，豌豆幼苗中的 H_2S 含量、L-DES 的活性均呈下降趋势（Singh et al.，2015）。这些结果表明，重金属调控 H_2S 的生物合成至少有 L-DES 和 D-DES 参与。

3.4.1.4 CH_4

CH_4是地球上第二大常见的温室气体，也是最简单的有机物，其特点是无色、无味、无毒、挥发性强、微溶于水。生物界中CH_4的产生与厌氧环境和厌氧原核生物的活动有关。然而，即使在没有微生物并且存在氧气的情况下，在真核生物（包括植物、真菌和动物）中也观察到CH_4的内源性释放。近年来，CH_4已被定义为第四类气体信号分子（Wang，2014）。除了在正常生长条件下释放，大量研究已经证实逆境条件包括紫外照射、高温、机械损伤、干旱、弱光、盐胁迫等均可以诱导植物体内CH_4的释放，CH_4在植物生长发育与逆境应答中的功能也正被逐渐解析。CH_4可以通过血红素加氧酶/一氧化碳和钙离子影响侧根的生长。在渗透胁迫下，CH_4可以提高糖代谢、淀粉代谢和抗坏血酸代谢，抑制活性氧的产生，调节胞内氧化还原平衡。在盐胁迫下，CH_4可以促进血红素加氧酶HO1基因的表达，重塑铁离子平衡。最近，有报道指出CH_4受到重金属Cu、Cd和Al胁迫的诱导（表3-4），但在重金属胁迫下CH_4的释放机制尚不明确。

表3-4　CH_4信号对植物重金属胁迫的响应及发挥的功能

物种	组织	重金属	CH_4含量	外源CH_4对重金属胁迫的影响	参考文献
苜蓿	萌发的种子	Cu	增加	减少Cu积累，增加淀粉酶活性，维持胞内氧化还原平衡	Samma et al.，2017
苜蓿	根	Al	增加	减少Al积累，促进有机酸代谢，维持胞内氧化还原平衡	Cui et al.，2017
苜蓿	根	Cd	增加	减少Cd积累，调控miR159和miR167，维持胞内氧化还原平衡	Gu et al.，2018

3.4.2 气体信号分子在植物重金属应答中的功能

3.4.2.1 NO

鉴于许多激素和胁迫刺激都能迅速诱导植物内源性NO水平的升高，科学家对其生理功能进行了广泛的探索。通过药理学实验使用NO的一些供体、抑制剂和清除剂，如哺乳动物型NO合酶（NOS）及其抑制剂［亚硝基左旋精氨酸甲酯（L-NG-nitroarginine methylester，L-NAME）］、NR抑制剂［钨（tungsten）］、NO供体［亚硝基谷胱甘肽（nitrosoglutathione，GSNO）、硝普钠（sodium nitroprusside，SNP）和*S*-亚硝基-*N*-乙酰青霉胺（*S*-nitroso-*N*-acetyl-D-penicillamine，SNAP）］及NO清除剂［2-4-羧苯基四甲基咪唑烷-1-氧-3-氧化物，2-(4-carboxyphenyl)-4,4,5,5-tetramethylimidazoline-1-oxy-3-oxide，cPTIO］，并结合一些遗传学证据，目前已发现NO广泛参与植物的生长发育和逆境响应过程。下文就NO在植物应对重金属胁迫中的功能进行重点阐述。

作为信号分子及活性氮（reactive nitrogen species，RNS）的一员，NO在重金属胁迫下起到加重重金属毒害还是保护细胞的作用存在争议（图3-9）。NO的毒副作用与NO或其衍生的RNS过度积累有关，可诱导蛋白质亚硝基化和酪氨酸硝化，改变蛋白质结构和功能，也可能引起过氧化反应破坏DNA、脂质、蛋白质和碳水化合物，从而导致细胞功能受损。在Zn刺激下，黑茄主根中的NO爆发继而引起ROS超积累并促进细胞程序性死亡（programmed cell death，PCD），对根组织造成毒害作用（Xu et al.，2010b）。Cd胁迫诱导的NO促进丝裂原活化蛋白激酶6（mitogen-activated protein kinase 6，MAPK6）介导的信号级联反应，而MAPK6正反馈调节NO信号，促进蛋白质*S*-亚硝基化，抑制螯合重金属的植物螯合肽（PC）功能进而加重Cd诱导的细胞程序性死亡（Besson-Bard et al.，2009；De Michele et al.，2009；Ye et al.，2013）。在豌豆中，NO通过抑制*S*-亚硝基谷胱甘肽还原酶（*S*-nitroglutathione reductase，

GSNOR）的表达和活性促进 *S*-亚硝基谷胱甘肽/*S*-亚硝基硫醇（*S*-nitrosoglutathione / *S*-nitrosothiol，GSNO/SNO）积累并进一步增强 *S*-亚硝基化作用（Barroso et al.，2006）。在拟南芥幼苗中，根部 NO 含量较低的突变体比野生型植物对 Cd 胁迫诱导的抗氧化能力更强（Laura et al.，2019）。Cd 诱导的 NO 还被报道可抑制过氧化氢酶（CAT）和抗坏血酸过氧化物酶（APX）的活性（De Michele et al.，2009）。同时，NO 可以通过调节 NAD(P)H 氧化酶和抗氧化酶的活性来促进 ROS 的积累（Xu et al.，2010b）。NO 对植物细胞的毒性作用与细胞类型、细胞氧化还原状态和局部 NO 剂量等因素都有关系。

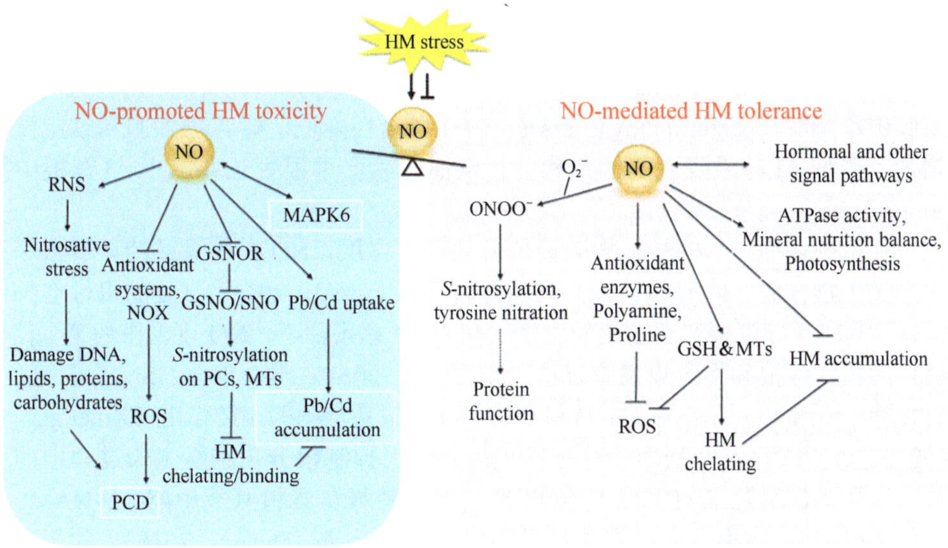

图 3-9　NO 在植物重金属胁迫中的功能

HM stress：重金属胁迫；NO-promoted HM toxicity：一氧化氮提高重金属毒性；RNS：活性氮（reactive nitrogen species）；Nitrosative stress：硝化压力；Damage DNA, lipids, proteins, carbohydrates：破坏 DNA、脂质、蛋白质和碳水化合物；PCD：细胞程序性死亡（programmed cell death）；Antioxidant systems：抗氧化系统；NOX：NAD(P)H 氧化酶；ROS：活性氧（reactive oxygen species）；GSNOR：*S*-亚硝基谷胱甘肽还原酶（*S*-nitroglutathione reductase）；GSNO/SNO：*S*-亚硝基谷胱甘肽/*S*-亚硝基硫醇（*S*-nitrosoglutathione / *S*-nitrosothiol）；*S*-nitrosylation：*S*-亚硝基化；PC：植物螯合肽（phytochelatin synthase）；MT：金属硫蛋白（metallothionein）；HM chelating/binding：重金属螯合/固定；MAPK6：丝裂原活化蛋白激酶 6（mitogen-activated protein kinase 6）；Pb/Cd uptake：Pb、Cd 吸收；Pb/Cd accumulation：Pb、Cd 积累；NO-mediated HM tolerance：一氧化氮缓解重金属胁迫；tyrosine nitration：酪氨酸硝化；Protein function：蛋白质功能；Antioxidant enzymes：抗氧化酶；Polyamine：多胺；Proline：脯氨酸；GSH：谷胱甘肽；HM accumulation：重金属积累；ATPase activity：ATP 酶活性；Mineral nutrition balance：矿物营养平衡；photosynthesis：光合作用；Hormonal and other signal pathways：激素和其他信号途径

然而，很多研究也认为 NO 具有缓解重金属毒性的功能。首先，NO 可以直接或间接清除活性氧。NO 作为抗氧化剂可以直接清除 ROS，如与 O_2^- 反应生成比过氧化物毒性小的 ONOO⁻，因此可以限制氧化损伤。NO 供体 SNP（100μmol/L）的施用可减少小麦根中丙二醛、氢氧根离子和超氧阴离子的积累，降低了抗氧化酶活性，从而表明 NO 直接作为抗氧化剂的作用（Kaur et al.，2015）。NO 也可以通过激活抗氧化系统间接降低 ROS 的积累。外源 NO 的施用提高了 Cu 胁迫下番茄中 SOD、CAT 和 POD 的活性（Wang et al.，2010a），并诱导了 Cd 胁迫下蒺藜苜蓿（*Medicago truncatula*）中非酶类抗氧化物质多胺和脯氨酸含量的增加（Filippou et al.，2013）。谷胱甘肽（GSH）具有螯合重金属和提高抗氧化能力的作用（Hasan et al.，2016）。研究在苜蓿中观察到 NO 会增加 GSH 和谷胱甘肽基因的表达（Xu et al.，2011）。在谷胱甘肽与 NO 相互作用的过程中可形成 GSNO（Xiong et al.，2009）。拟南

芥中 Zn 胁迫诱导的 H_2O_2 使 GSNOR 失活，导致 GSNO/SNO 积累并进一步增强 *S*-亚硝基化作用（Kolbert et al.，2019）。金属硫蛋白（MT）是低分子量、富含半胱氨酸的金属结合蛋白，可缓解重金属对植物造成的伤害。有证据表明，外源 NO 可以增加 MT 含量并增强番茄对 Cu 胁迫的抗性（Wang et al.，2010a）。

尽管有少量证据表明 NO 的早期爆发在 Pb 的吸收和 Cd 的积累中发挥作用（Besson-Bard et al.，2009；Yu et al.，2012），更多的研究报道 NO 可以减少重金属的吸收和积累。外源 NO 的施用可以有效遏制苜蓿对 Cd 的吸收（Xu et al.，2010a），减少小麦和豌豆中 Zn 的过量积累（Abdel-Kader，2007），抑制决明子对 Al 的吸收（Wang and Yang，2005）和豌豆对 Ag 的吸收（Tripathi et al.，2017）。作为阻止重金属离子进入细胞的第一个屏障，细胞壁是重金属在植物中的重要储存位点（Xiong et al.，2009）。用 NO 清除剂（cPTIO）处理的小麦根组织表现出果胶甲基酯酶（pectin methylesterase，PME）活性降低，导致根细胞和细胞壁中果胶甲基化增加，降低 Al 与果胶之间的亲和力，从而连续促进根生长并减少 Al 在根中的积累（Sun et al.，2015）。

另外一种机制是通过 NO 与植物激素信号的相互作用。NO 在转录或翻译后水平调节植物激素水平（生物合成、降解和结合）和信号转导（Freschi，2013）。Cd 的毒性会抑制植物主根的生长，同时诱导侧根和不定根的发生。在 Cd 处理条件下，NO 可以作为第二信使介导生长素调控的植物侧根和不定根发育过程（Xu et al.，2011）。NO 供体 GSNO 可增加侧根和不定根的数量，使用 NO 清除剂 cPTIO 可逆转 NO 对根系结构的调控作用（Xu et al.，2011）。在 Cd 胁迫下，AXR3/IAA17 蛋白的稳定性提高，进而抑制根分生组织生长过程中的生长素信号转导。使用 NO 清除剂 cPTIO 或 NOS 抑制剂亚硝基左旋精氨酸甲酯（L-NAME）均证实了 NO 在 Cd 抑制植物根分生组织生长中的作用（Yuan and Huang，2016）。除了影响生长素信号转导，SNP 还可以诱导植物组织中的茉莉酸（JA）水平升高，但下调茎和根中的乙烯（ET）水平。在小麦中，水杨酸（SA）和 NO 协同参与调控了小麦对重金属胁迫的响应过程（Gilvanova et al.，2012）。在拟南芥植株中，NO 介导了赤霉素缓解 Cd 毒性的过程（Zhu et al.，2012）。

NO 还可在重金属胁迫下保持矿物质营养平衡，提高 ATP 酶活性，使幼苗保持有效的光合效率（Gong et al.，2017）。NO 可以通过调节蛋白激酶激活下游气体信号（包括 CO 和 H_2S），以及通过调节 Ca^{2+} 通道和转运蛋白并调动其他第二信使［包括可能是环磷酸鸟苷（cGMP）和环二磷酸腺苷核糖（cADPR）的蛋白］的活性来缓解重金属的毒性（Besson-Bard et al.，2009；Shi et al.，2014；Amooaghaie et al.，2015）。

3.4.2.2 CO

当用 50% CO 水溶液预处理苜蓿 6h 后进一步给予 Cd 处理，CO 的含量将进一步增加，并缓解了 Cd 诱导的氧化损伤（Han et al.，2008）。类似的，外源 CO 处理可以减少 Hg 在植物组织中的积累量，并有效缓解 Hg 胁迫对根系生长的抑制（Meng et al.，2011）。施用高铁血红素（hematin）和 β-环糊精-氯化血红素（β-CD-hemin）包合物诱导苜蓿根组织中的 *HO1* 转录增强后，重金属对植物的氧化损伤得以减轻。在甘蓝型油菜中过表达 *BnHO1* 可以增强植物对汞毒的耐受性，进一步支持了 HO1 介导的 CO 信号可以减轻重金属毒害的观点（Shen et al.，2011）。此外，HO1 介导的 CO 信号可能参与了水杨酸诱导的 Cd 抗性（Cui et al.，2012）。CO 诱导重金属抗性的机制可能在于两点：一是遏制重金属的吸收和积累；二是在重金属积累于植物体之后对植物细胞的保护作用（图 3-10）。

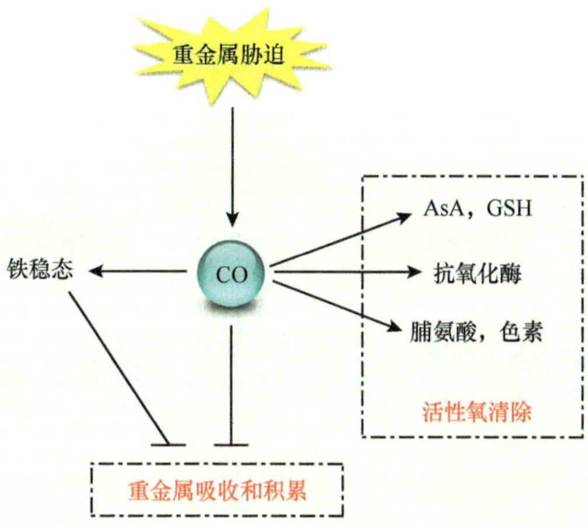

图 3-10　CO 在植物重金属胁迫响应中的功能

Zhu 等（2019）认为，血红素（heme）诱导白菜幼苗对 Cd 产生抗性的原因在于抑制了 Cd 的吸收。在 β-环糊精-氯化血红素包合物和高铁血红素预处理的紫花苜蓿中，Cd 处理条件下 Cd 积累量较未经预处理的紫花苜蓿含量低（Fu et al.，2011）。莱茵衣藻（*Chlamydomonas reinhardtii*）中过表达 *HO1* 基因减少了 Hg 胁迫条件下 Hg 的积累量（Wei et al.，2011）。同样，相较于野生型，过表达 *BnHO1* 的油菜中每单位生物量累积的 Hg 较少（Shen et al.，2011）。药理学实验还表明，CO 诱导的植物对 Al、Zn、Pb 和 Cr 的抗性均伴随着相应重金属含量的减少而减少（Cui et al.，2013；Chen et al.，2017，2018）。虽然这些结果证实了 CO 可以通过抑制重金属在植物组织中的吸收和积累来保护植物，但其中的具体调控机制尚不十分清楚。Cd^{2+}经 Fe^{2+}、Zn^{2+}和 Ca^{2+}转运蛋白或通道进入根细胞后又被转运到地上部分，因此某些必需金属元素的稳态，特别是 Fe^{2+}可以影响 Cd^{2+}的转运（Clemens，2006）。在拟南芥中，过表达 *HY1* 基因引起 Fe^{2+}吸收相关基因 *FRO2* 和 *IRT1/2* 的下调进而促进 Cd 的外排（Han et al.，2014）。此外，CO 还可以通过下调重金属吸收相关基因的表达来减少重金属积累（Chen et al.，2018；Zhu et al.，2019）。

除了抑制重金属积累，保护植物细胞免受氧化损伤也是 CO 缓解重金属胁迫的一种机制。首先，CO 可以激活抗氧化酶的活性，包括谷胱甘肽还原酶（GR）、单脱氢抗坏血酸还原酶（MDHAR）、POD 和 SOD，从而清除重金属诱导的活性氧积累（Han et al.，2007；Shen et al.，2011）。用 HO1 诱导剂血红素处理水稻显著提高了 SOD、APX 和 GR 的活性，以及非酶类抗氧化物质 AsA、GSH 的含量（Chen et al.，2017）。其次，CO 可以重塑 GSH 代谢平衡，提高还原型谷胱甘肽的比例（Han et al.，2008；Fu et al.，2011）。另外，CO 可以诱导脯氨酸、光合色素的积累，减轻重金属诱发的氧化胁迫（Meng et al.，2011）。例如，血红素诱导的 Cd 抗性与叶绿素、类胡萝卜素含量的增加及光合作用的提高相关（Zhu et al.，2019）。在 Zn、Pb 和 Cr 胁迫下，血红素的施用提高了水稻叶片中色素的积累量（Chen et al.，2017）。

3.4.2.3　H_2S

实验证明，H_2S 可以缓解重金属对植物造成的毒害作用。外源施用 NaHS 可以减轻 Cd 胁迫对拟南芥的生长抑制，而 H_2S 合成抑制剂的使用消除了 NaHS 诱导的 Cd 抗性（Cui et al.，2014）。在苜蓿、油菜、水稻和黄瓜等植物中也观察到 NaHS 对 Cd 胁迫的缓解作用（Zhang et al.，2015；Fang et al.，2019；Kabala et al.，2019；Yu et al.，2019）。除了降低 Cd 毒性，NaHS 的施用还可以通过激活多种保护途径减轻 Cr、Cu、Zn、Al、Ni、Hg 对植物的伤害（图 3-11）。

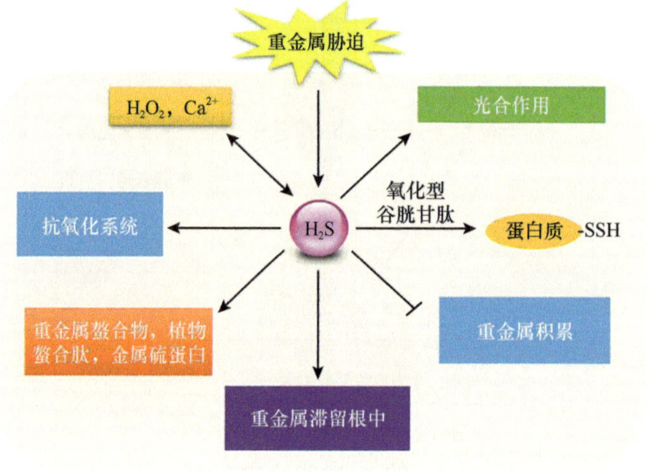

图 3-11　H_2S 在植物重金属胁迫应答中的功能

激活抗氧化系统，维持 ROS 平衡是 H_2S 保护植物细胞的主要机制之一。在芸薹根中，H_2S 有效激活了抗氧化酶（SOD、CAT、POD 和 APX）和 GSH 的活性，从而避免 Cd 胁迫下 ROS 的过量积累（Zhang et al.，2015；Hu et al.，2018）。类似的，NaHS 预处理水稻可以上调非酶类抗氧化物质 AsA 和 GSH 的水平，以及各种抗氧化酶［SOD、APX、CAT、单脱氢抗坏血酸还原酶（MDHAR）、脱氢抗坏血酸还原酶（DHAR）、GR 和谷胱甘肽过氧化物酶（GSH-Px）］的活性（Mostofa et al.，2015）。在拟南芥中，Cd 诱导的 H_2S 通过上调与半胱氨酸生物合成相关的基因 *SAT1* 和 *OASA1* 的表达量来提高半胱氨酸水平，促使编码金属螯合物质 MT 和 PC 的转录本增加（Cobbett and Goldsbrough，2002；Jia et al.，2016）。在 Cd 胁迫下，NaHS 预处理谷子幼苗显著上调脯氨酸含量，抑制 Cd 引起的脂质过氧化（Tian et al.，2016）。

H_2S 对光合作用的调控是 H_2S 提高重金属抗性的另一种潜在机制。外源 H_2S 可以缓解 Cd 胁迫造成的叶绿素和类胡萝卜素降解，提高净光合速率，增加气孔导度、胞间 CO_2 浓度和蒸腾速率等光合参数（Ali et al.，2014；Mostofa et al.，2015）。在适宜生长的条件下，H_2S 可以通过促进叶绿体生物合成、光合酶表达和硫醇氧化还原修饰来调节光合作用，并提高核酮糖-1,5-二磷酸羧化酶的活性，该活性在控制净光合速率方面起着关键作用（Garcia-Mata and Lamattina，2010）。这些机制可能有助于解释 H_2S 在重金属胁迫下对光合作用的积极调控作用。然而，近年来也有报道指出 H_2S 可能参与调控气孔开放过程（Papanatsiou et al.，2015）。因此，关于 H_2S 在重金属胁迫下调节气孔运动的功能及机制是一个值得探讨的话题，其中尚有重要的机制性问题没有得到阐明。例如，H_2S 信号既然可以通过诱导气孔关闭对干旱做出反应，并通过影响内向 K^+ 和阴离子通道的活性而参与调控气孔关闭（Papanatsiou et al.，2015；Jin et al.，2017），那么它如何在重金属胁迫下诱导气孔导度。

H_2S 在植物对重金属的吸收和积累中也发挥着重要作用。用 NaHS 预处理可显著抑制大麦中 Al 和 Cr 的积累、龙葵中 Zn 的积累（Ali et al.，2013；Chen et al.，2013；Liu et al.，2016），降低甘蓝型油菜、水稻、拟南芥和柳属植物中的 Cd 含量（Yang et al.，2018；Mostofa et al.，2015；Ali et al.，2014）。Sun 等（2013）对胡杨细胞进行 Cd 胁迫试验，发现 H_2S 缓解的细胞程序性死亡不仅由抗氧化酶活性介导，还可以通过抑制 H_2O_2 的积累进而减少 H_2O_2 依赖的 Cd 流入，并通过增加 Cd 向液泡中的分布来减轻 Cd 毒性。在甘蓝型油菜中，NaHS 的施用显著降低了茎和叶中 Cd 的含量，并增加了 Cd 在根细胞壁中的固定，表明 H_2S 在根组织和地上部的 Cd 分配转运中发挥了作用（Yu et al.，2019）。

硫巯基化是一种蛋白质翻译后修饰机制，通常将［Cys-S(–)］转化为［Cys-S-S(–)］，是 H_2S 改变蛋白质功能的具体机制。通过硫巯基化修饰，蛋白质功能可能被激活，如磷酸甘油醛脱氢酶（GAPDH）、呼吸爆发氧化酶同源蛋白 D（RBOHD）和 Parkin E3 泛素酶（Mustafa et al.，2009；Vandivder et al.，2013）。硫巯基化也可能抑制蛋白质活性，如 PTP1B 蛋白（Krishnan et al.，2011）。此外，硫巯基化修饰已被证明可以改变蛋白质之间的相互作用（Yang et al.，2013）。硫巯基化修饰可发生在植物对温度、紫外线、盐和渗透胁迫的响应过程中（Gotor et al.，2019）。硫巯基化修饰的位点主要发生在蛋白质中的半胱氨酸（Aroca et al.，2015）。氧化型谷胱甘肽（GSSH）含量可用于指示蛋白质硫巯基化水平（Qiao et al.，2015）。鉴于重金属胁迫下 GSSH 的含量受 H_2S 诱导，且富含半胱氨酸的蛋白 PC 和 MT 可以受到 H_2S 诱导，因此在植物应对重金属反应中很有可能存在一些功能蛋白直接受内源 H_2S 的靶向作用。

3.4.2.4　CH_4

Samma 等（2017）研究发现 0.39mmol/L CH_4 可以缓解 Cu 胁迫对紫花苜蓿种子萌发的抑制，促进幼苗生长，同时降低脂质过氧化程度并提高细胞膜完整性。Cui 等（2017）研究了 CH_4 对 Al 胁迫下拟南芥幼苗的保护作用，发现 CH_4 可以通过缓解 Al 诱导的根伸长抑制、营养紊乱和相对电导率增加来提高拟南芥幼苗对 Al 的抗性。在 Cd 胁迫下，紫花苜蓿的根组织会产生并释放 CH_4，外源 CH_4 可以缓解 Cd 诱导的幼苗生长抑制（Gu et al.，2018）。这些结果表明，CH_4 可以提高植物对重金属的抗性。根据现有报道，CH_4 提高植物对重金属抗性的机制至少包括两个方面：重塑细胞氧化还原平衡和减少重金属积累（图 3-12）。CH_4 可以通过激活抗氧化酶、调节脯氨酸代谢和维持 GSH 平衡来改善重金属胁迫引起的胞内氧化还原不平衡。外源 CH_4 预处理可以提高 Cd 和 Al 胁迫下的 SOD、APX 和 POD 活性；在 Cu 胁迫下，除了 SOD、APX 和 POD，CAT 活性也受到 CH_4 的诱导（Cui et al.，2017；Samma et al.，2017；Gu et al.，2018）。与没有预处理的幼苗相比，经 CH_4 预处理的幼苗在 Cu 胁迫下积累的脯氨酸减少。Cu 胁迫会导致氧化型谷胱甘肽的增加，而 CH_4 预处理会抑制这种增加趋势。

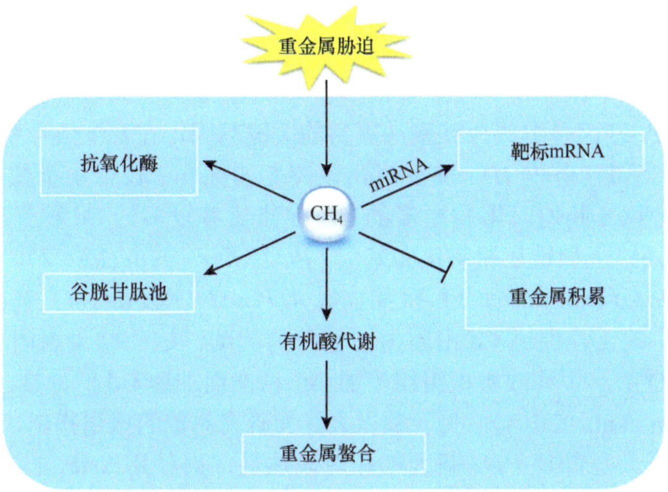

图 3-12　CH_4 在植物重金属胁迫应答中的功能

在 Cd 胁迫下，CH_4 可以通过调控 miR159 和 miR167 来调节重金属转运因子如 ABC 转运蛋白和 NRAMP6 蛋白，最终减少 Cd 在紫花苜蓿根中的积累（Gu et al.，2018）。在 Al 胁迫下，CH_4 通过激活有机酸代谢和转运基因的表达来降低 Al 在植物体内的积累（Cui et al.，2017）。

3.4.3 气体信号分子间的交互作用对植物重金属应答的调控

在调控植物生理生化的过程中，各种气体信号分子并非独立行动，而是与其他气体信号分子协同或拮抗作用。例如，CO 信号被认为位于 H_2S 信号的下游，参与 H_2S 缓解的由赤霉素引发的细胞程序性死亡。Lin 等（2012）报道指出 NaHS 诱导主根形成的过程中伴随着 HO1 转录本与蛋白质水平的增加。CH_4 作用于 NO 上游调节植物侧根和不定根的形成（Jin et al.，2020；Qi et al.，2017）。与 NO 类似，CO 和 H_2S 也可能是 CH_4 调控根发育过程中的第二信使（Cui et al.，2015；Mei et al.，2019）。类似的，在 CH_4 调控的多种逆境响应过程中，NO、CO 和 H_2S 也被发现位于 CH_4 下游，参与调控抗逆过程（Han et al.，2017；Samma et al.，2017；Zhang et al.，2018；Zhu et al.，2016）。然而目前尚无证据表明 CO 与 H_2S 之间，或者 CH_4 和其他气体信号间在重金属胁迫下有交互作用。下面我们就已有的研究证据，概述 NO 和 CO 在重金属胁迫应答过程中的关系，以及 NO 和 H_2S 协同调控重金属抗性的现象（图 3-13）(Fang et al.，2021)。

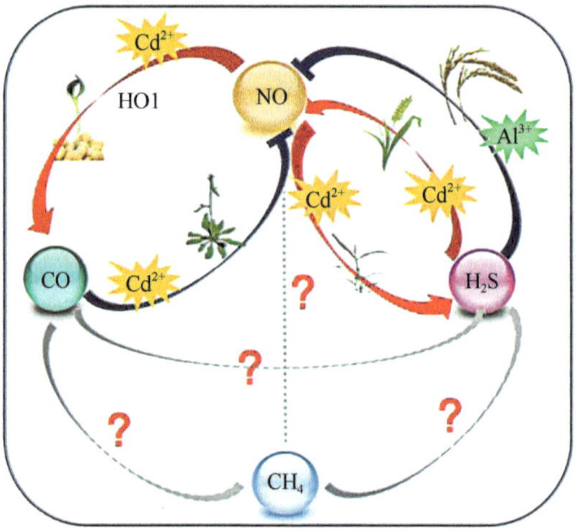

图 3-13　植物重金属胁迫应答中气体信号分子交互作用研究进展

3.4.3.1 NO 和 CO

拟南芥中的 *HY1* 基因是编码血红素加氧酶的关键基因，在 CO 信号系统中发挥着重要作用。有研究表明，当拟南芥的 *HY1* 突变时，该突变植株 *hy1* 较野生型植株表现出根部组织中 Fe^{2+} 的减少，受到 Cd 胁迫时爆发更多的 NO 并伴随着较多的 Cd 积累。而过表达 *HY1* 的转基因植株则可以通过上调铁还原氧化酶基因 *FRO2*（*ferric reductase 2*）、铁调节转运蛋白基因 *IRT1*（*iron-regulated transporter 1*）和重金属 *ATPase2/4*（*HMA2/4*）基因的转录水平来缓解 Cd 胁迫下的 Fe^{2+} 缺乏，促进 Cd 由胞内向胞外的流动。这些结果表明 HY1 介导的 CO 信号可以通过抑制 NO 的产生和改善根组织中的 Fe^{2+} 稳态而加速 Cd 的外排，从而减少 Cd 在植物体中的积累（Han et al.，2014）。另一项以大豆为研究对象的报道指出，施用 NO 供体 SNP 可以上调 Cd 胁迫下大豆叶片 *HO1* 基因的相对表达量；而使用 SNP 的同时施用 NO 清除剂 cPTIO，遏制了 NO 诱导的 *HO1* 基因表达水平的上调，并消除了 NO 对 Cd 诱导的活性氧的清除作用（Noriega et al.，2007）。该报道说明，NO 也可能在 CO 信号上游参与植物重金属抗性的调控。值得注意的是，NO 可以在体外与人血红素加氧酶 HO1 的血红素基团的 Fe^{2+} 结合，从而抑制其活性减少和 CO 的产生，因此在植物应对重金属胁迫中，NO 和 CO 之间是否存在直接的相互作用机制值得探究。

3.4.3.2　NO 与 H_2S

相较于其他气体信号分子，对 NO 和 H_2S 在重金属胁迫中的作用机制探究得更为深入。H_2S 供体 NaHS 和 NO 供体 SNP 都可以正向调节植物对重金属的耐性，并且它们具有某些共同的调节机制，如激活酶系统和非酶系统的氧化途径进而维持胞内氧化还原平衡；通过调节金属螯合、离子平衡、金属转运等抑制重金属的积累；与其他第二信使如 Ca^{2+} 相互作用等。那么 NO 与 H_2S 是否可以协同调控植物的重金属抗性？

在 NO 过量积累导致重金属毒性的情况下，Zhu 等（2018）的研究表明内源性 NO 含量的减少可能是 H_2S 缓解 Al 对水稻根部毒性的机制之一。该研究指出，H_2S 处理通过降低果胶甲基酯酶的活性降低了根细胞壁负电荷的含量，进而阻断了根细胞壁上的 Al 结合位点，且增加了柠檬酸的分泌，减少了 Al 的结合，使 Al 储存于液泡组织进而降低 Al 毒性。伴随着这些现象，水稻根系组织中的 NO 含量在 H_2S 施用后显著下调。施用 NO 供体 SNP 能明显增加根系中 Al 的含量，而 NO 清除剂能逆转 SNP 对根系伸长的抑制作用。这些结果表明 NO 信号位于 H_2S 下游，参与重金属胁迫抗性的调控（Zhu et al.，2018）。在支持 NO 对重金属抗性起积极作用的理论体系中，NaHS 缓解 Cd 对紫花苜蓿氧化伤害的机制依赖于 NO 信号的产生（Li et al.，2012）。有报道指出，Cd 胁迫可促进小麦叶片中 NO 和 H_2S 的合成。NaHS 诱导产生的 H_2S 和 NO 可被 H_2S 清除剂 HT（次牛磺酸）消除，并被 NO 清除剂 cPTIO 部分抑制，而 SNP 诱导的 Cd 胁迫下小麦根系中 NO 和 H_2S 水平的增加不受 HT 的影响，但对 cPTIO 敏感（Kaya et al.，2020）。这些证据表明 Cd 应答中 NO 在 H_2S 信号的下游起作用。与该结论不一致的是，无论有无 Cd 处理，cPTIO 和 H_2S 的清除剂及抑制剂［HT、丙酮酸钾（PP）和羟胺（HA）］均可以消除 SNP 诱导的 H_2S。NaHS 诱导的 H_2S 信号只能被 HT 特异性阻断，却对 cPTIO 不敏感，表明 NO 可能在 H_2S 信号上游起作用。

此外，H_2S、NO 和其他信号分子之间相互作用的证据不断涌现。在植物中，NO 供体促进 Ca^{2+} 增加和钙调素 CaM1 表达的作用可以被 H_2S 抑制剂阻断。Ca^{2+} 螯合剂或 Ca^{2+} 通道阻断剂减弱了 NaHS 诱导的侧根发生，表明 H_2S 在 NO 信号的下游，但在 Ca^{2+} 信号上游发挥作用。DES1 介导产生的 H_2S 是 ABA 诱导 NO 积累过程中所需的。NO 在 H_2S 下游调节 ABA 引起的气孔关闭过程（Scuffi et al.，2014）。进一步研究重金属胁迫下 H_2S 和 NO 介导的信号网络，有助于理解气体信号分子在植物重金属胁迫响应中的作用机制。

3.4.4　展望

研究包括 H_2S、NO、CO 和 CH_4 等气体信号分子在植物体内的功能和作用模式已成为植物学领域的新兴热点。在植物应答重金属这一特定领域，大量的数据已经证明不同重金属刺激可以诱导或者抑制植物内源性气体信号。大量的实验揭示了气体信号提高植物重金属抗性的功能，这种气体信号对重金属解毒的功能主要通过以下途径实现：①提高抗氧化酶和非酶类抗氧化系统活性以保持植物胞内氧化还原平衡；②保持微量元素与离子平衡；③缓解胁迫下的光合抑制；④干预重金属在植物体内的吸收、分配与积累过程；⑤与其他调控因子如植物激素、Ca^{2+} 信号协同作用；⑥不同气体信号交互影响、协同调控。然而，气体信号如何实现对这些途径的精细调控仍需要进一步探索。由于重金属在植物体内的积累不仅影响到植物本身的生长发育与产量，也关系到食品安全与人类的生命健康，因此深度剖析气体信号调节重金属吸收、分配与积累的机制，对保障作物安全生产具有重要的理论指导意义。

虽然在不同植物组织中不同气体信号分子存在被不同程度的重金属胁迫诱导或抑制的现象，但重金属胁迫下气体信号分子的特异性内源合成与代谢途径还有待进一步研究。另一个值得研究的问题是气体信号分子调控重金属抗性时的直接作用靶标。蛋白质组学研究表明，NO 对目标蛋白有 3 种翻译后修饰：金属亚硝酰化（metal nitrosylation）、酪氨酸硝化（tyrosine nitration）和 *S*-亚硝基化（*S*-nitrosylation）。H_2S 可以通过硫巯基化蛋白的半胱氨酸位点来直接修饰蛋白质结构，改变蛋白质功能。然而，在很大程度上是未知的。此外，气体信号在重金属胁迫应答中可能存在协同或反馈机制，其中深入的互作机制在未来重金属胁迫应答研究领域值得进一步研究。

参考文献

陈同斌, 韦朝阳, 黄泽春, 等. 2002. 砷超富集植物蜈蚣草及其对砷的富集特征. 科学通报, 47(3): 207-210.
褚兴飞, 唐晓声, 徐翔, 等. 2017. 超积累植物修复土壤重金属污染的富集机理的研究与进展. 广东化工, 44(17): 146-147.
樊霆, 叶文玲, 陈海燕, 等. 2013. 农田土壤重金属污染状况及修复技术研究. 生态环境学报, 22(10): 1727-1736.
傅友强, 杨旭健, 吴道铭, 等. 2014. 磷素对水稻根表红棕色铁膜的影响及营养效应. 中国农业科学, 47(6): 1072-1085.
黄轩, 李琬婷, 黄晓霞, 等. 2019. 铅胁迫对中华常春藤叶绿素含量及荧光特性的影响. 分子植物育种, 17(16): 5469-5475.
黄真池, 彭舒, 欧阳乐军, 等. 2012. Cu^{2+}、Cd^{2+}、Hg^{2+}对玉米幼苗生长和抗氧化酶活性的影响. 西北农林科技大学学报（自然科学版）, 40(1): 37-42.
康薇, 郑进. 2011. 蓖麻：一种新的铜超积累植物. 安徽农业科学, 39(3): 1449-1451.
李金辉. 2020. 明湖国家湿地公园 10 种水生植物的重金属富集特征. 水生态学杂志, 41(1): 86-91.
李坤, 李琳, 侯和胜, 等. 2002. Cu^{2+}、Cd^{2+}、Zn^{2+}对两种单胞藻的毒害作用. 应用与环境生物学, 8(4): 395-398.
李荣春. 2000. Cd、Pb 及其复合污染对烤烟叶片生理生化及细胞亚显微结构的影响. 植物生态学报, 24(2): 238.
李文一, 徐卫红, 李仰锐. 2006. 重金属污染土壤植物修复机理研究. 广东农业科学, (4): 79-81.
李秀珍, 李彬. 2008. 重金属对植物生长发育及品质的影响. 安徽农业科学, 36(14): 5742-5746.
廉梅花, 孙丽娜, 胡筱敏, 等. 2015. pH 对不同富集能力植物根际土壤溶液中镉形态的影响. 生态学杂志, 34(1): 130-137.
梁烜赫, 王洪君, 曹铁华, 等. 2012. 镉污染条件下不同 pH 处理对大豆生长发育及产品质量的影响. 吉林农业大学学报, 34(4): 363-367.
刘莉. 2005. 镉对不同作物幼苗生长和生理特性的影响. 杭州: 浙江大学硕士学位论文.
刘莉华, 刘淑杰, 陈福明, 等. 2013. 接种内生细菌对龙葵吸收积累镉的影响. 环境科学学报, 33(12): 3368-3375.
刘清泉, 陈亚华, 沈振国, 等. 2014. 细胞壁在植物重金属耐性中的作用. 植物生理学报, 50(5): 605-611.
刘全吉, 孙学成, 胡承孝, 等. 2009. 砷对小麦生长和光合作用特性的影响. 生态学报, 29(2): 854-859.
刘利, 郝小花, 田连福, 等. 2015. 植物吸收、转运和积累镉的机理研究进展. 生命科学研究, 19(2): 176-184.
刘万玲. 2006. 重金属污染及其对植物生长发育的影响. 安徽农业科学, 34(16): 4026-4027.
刘周莉, 何兴元, 陈玮. 2013. 忍冬：一种新发现的镉超富集植物. 生态环境学报, 22(4): 666-670.
马成仓, 洪法水. 1998. 汞对小麦种子萌发和幼苗生长作用机制初探. 植物生态学报, 22(4): 373-378.
能凤娇. 2013. 根际促生菌在植物修复重金属污染土壤中的应用研究进展. 中国农学通报, 29(5): 187-191.
倪中应, 章明奎, 王京文, 等. 2020. 水稻不同生育期镉吸收与积累特征研究. 农学学报, 10(3): 49-54.
彭鸣, 王焕校, 吴玉树. 1989. 镉、铅在玉米幼苗中的积累和迁移：X 射线显微分析. 环境科学学报, (1): 61-67.
邵树勋, 郑宝山, 苏宏灿, 等. 2007. 湖北渔塘坝硒矿区发现超富集硒植物. 矿物学报, 27(3): 567-570.
施积炎, 陈英旭, 林琦, 等. 2004. 根分泌物与微生物对污染土壤重金属活性的影响. 中国环境科学, 24(3): 316-319.

王丙莲, 孟庆军, 马耀宏, 等. 2007. 重金属铅对藻细胞膜电导参数（电位/电阻）的影响研究 // 中国环境科学学会. 全国铅污染监测与控制治理技术交流研讨会论文集. 北京: 中国环境出版社.
王华, 唐树梅, 廖香俊, 等. 2007. 锰超积累植物：水蓼. 生态环境学报, 16(3): 830-834.
王亚军, 潘传荣, 钟国才, 等. 2010. 稻谷中镉元素残留分布特征分析. 粮食与饲料工业, (10): 56-59.
王芳, 杨勇, 张燕, 等. 2009. 不同蔬菜对镉的吸收累积及亚细胞分布. 农业环境科学学报, 28(1): 44-48.
王岚, 戴闽玥, 严重玲. 2018. 磷镉交互作用对白骨壤幼苗体内镉的亚细胞分布和生理特性的影响. 农业环境科学学报, 37(4): 640-646.
魏树, 周启星, 王新, 等. 2004. 一种新发现的镉超积累植物龙葵（*Solanum nigrum* L.）. 科学通报, 49(24): 2568-2573.
薛欢, 刘志祥, 严明理. 2019. 植物超积累重金属的生理机制研究进展. 生物资源, 41(4): 289-297.
薛生国, 陈英旭, 林琦, 等. 2003. 中国首次发现的锰超积累植物：商陆. 生态学报, 23(5): 935-937.
杨红霞, 刘崴, 李冰, 等. 2013. 胁迫浓度和胁迫时间对印度芥菜中镉形态分布的影响. 岩矿测试, 32(2): 306-310.
杨居荣, 何孟常, 查燕, 等. 2000. 稻、麦籽实中 Cd 的结合形态. 中国环境科学, 20(5): 404-408.
杨祥田, 周翠, 何贤彪, 等. 2013. 田间试验条件下不同基因型水稻对 Cd 和 Pb 的吸收分配特征. 农业环境科学学报, 32(3): 438-444.
杨肖娥, 傅承新. 2002. 东南景天（*Sedum alfredii* H.）：一种新的锌超积累植物. 科学通报, 47(13): 1003-1006.
杨秀敏, 胡振琪, 胡桂娟, 等. 2008. 重金属污染土壤的植物修复作用机理及研究进展. 金属矿山, (7): 120-123.
叶海波, 杨肖娥, 何冰, 等. 2003. 东南景天对锌、镉复合污染的反应及其对锌、镉吸收和积累特性的研究. 农业环境科学学报, 22(5): 513-518.
殷小林, 孙志忠, 袁定阳, 等. 2018. 水稻体内镉离子代谢机制研究进展. 分子植物育种, 16(3): 972-978.
张金彪. 2001. 镉对草莓的毒害及机理和调控研究. 福州: 福建农林大学博士学位论文.
张开明, 黄苏珍, 原海燕, 等. 2005. 铜污染的植物毒害、抗性机理及其植物修复. 江苏环境科技, 18(1): 4-6.
张学洪, 罗亚平, 黄海涛, 等. 2006. 一种新发现的湿生铬超积累植物：李氏禾（*Leersia hexandra* Swartz）. 生态学报, 26(3): 950-953.
张玉秀, 于飞, 张媛雅, 等. 2008. 植物对重金属镉的吸收转运和累积机制. 中国生态农业学报, 16(5): 1317-1321.
周希琴, 吉前华. 2005. 铬胁迫下不同品种玉米种子和幼苗的反应及其与铬积累的关系. 生态学杂志, 24(9): 1048-1052.
周毅, 李应雪, 戴碧琼, 等. 1986. 土壤中铅对作物的影响. 农业环境保护, 6(2): 9-12.
朱智伟, 陈铭学, 牟仁祥, 等. 2014. 水稻镉代谢与控制研究进展. 中国农业科学, 47(18): 3633-3640.
祝沛平, 杨在娟, 李凤玉. 2000. 钙盐和铜盐对离体黄瓜子叶花芽分化的时间效应. 浙江农业学报, 12(3): 175-176.
Abdel-Kader D E. 2007. Role of nitric oxide, glutathione and sulfhydryl groups in zinc homeostasis in plants. Amer J Plant Physiol, 2(2): 59-75.
Abdulmajeed A M, Derby S R, Strickland S K, et al. 2017. Interactive effects of temperature and UVB radiation on methane emissions from different organs of pea plants grown in hydroponic system. J Photochem Photobiol B, 166: 193-201.
Adamidis G C, Aloupi M, Kazakou E, et al. 2014. Intra-specific variation in Ni tolerance, accumulation and translocation patterns in the Ni-hyperaccumulator *Alyssum lesbiacum*. Chemosphere, 95: 496-502.
Akinyemi A J, Faboya O L, Olayide I, et al. 2017. Effect of cadmium stress on non-enzymatic antioxidant and nitric oxide levels in two varieties of maize (*Zea mays*). Bull Environ Contam Toxicol, 98(6): 845-849.
Ali B, Gill R A, Yang S, et al. 2014. Hydrogen sulfide alleviates cadmium-induced morpho physiological and ultrastructural changes in *Brassica napus*. Ecotoxicol Environ Saf, 110: 197-207.
Ali S, Farooq M A, Hussain S, et al. 2013. Alleviation of chromium toxicity by hydrogen sulfide in barley. Environ Toxicol Chem, 32(10): 2234-2239.
Althoff F, Benzing K, Comba P, et al. 2014. Abiotic methanogenesis from organosulphur compounds under ambient conditions. Nat Commun, 5(1): 4205.
Amooaghaie R, Tabatabaei F, Ahadi A M. 2015. Role of hematin and sodium nitroprusside in regulating *Brassica nigra* seed germination under nanosilver and silver nitrate stresses. Ecotoxicol Environ Saf, 113: 259-270.
Anna M, Elisa F, Antonella F, et al. 2020. Evolution of the metal hyperaccumulation and hypertolerance traits. Plant, Cell & Environment, 43(12): 2969-2986.

Armitage A M, Gross P M. 1996. Copper-treated plug flats influence root growth and flowering of bedding plants. Hort Science, 31(6): 941-943.

Arnaud N, Murgia I, Boucherez J, et al. 2006. An iron-induced nitric oxide burst precedes ubiquitin-dependent protein degradation for *Arabidopsis AtFer1* ferritin gene expression. J Biol Chem, 281(33): 23579-23588.

Aroca A, Gotor C, Romero L C. 2018. Hydrogen sulfide signaling in plants: emerging roles of protein persulfidation. Front Plant Sci, 9: 1369.

Aroca A, Serna A, Gotor C, et al. 2015. *S*-sulfhydration: a cysteine posttranslational modification in plant systems. Plant Physiol, 168(1): 334-342.

Assuncao A G L, Schat H, Aarts M G M. 2003. *Thlaspi caerulescens*, an attractive model species to study heavy metal hyperaccumulation in plants. New Phytol, 159(2): 351-360.

Baker A J M, McGrath S P, Sidoli C M D. 1994. The possibility of *in situ* heavy metal decontamination of polluted soils using crops of metal-accumulation plants. Resour Conserv Recycl, 11(1-4): 41-49.

Barberon M, Dubeaux G, Kolb C, et al. 2014. Polarization of IRON-REGULATED TRANSPORTER 1 (IRT1) to the plant-soil interface plays crucial role in metal homeostasis. PNAS, 111(22): 8293-8298.

Barroso J B, Corpas F J, Carreras A, et al. 2006. Localization of *S*-nitrosoglutathione and expression of *S*-nitrosoglutathione reductase in pea plants under cadmium stress. J Exp Bot, 57(8): 1785-1793.

Bauer M, Huse K, Settmacher U, et al. 2008. The heme oxygenase-carbon monoxide system: regulation and role in stress response and organ failure. Intensive Care Med, 34(4): 640-648.

Bert V, Bonnin I, Saumitou-Laprade P, et al. 2002. Do *Arabidopsis halleri* from nonmetallicolous populations accumulate zinc and cadmium more effectively than those from metallicolous populations? New Phytol, 155(1): 47-57.

Besson-Bard, A, Gravot A, Richaud P, et al. 2009. Nitric oxide contributes to cadmium toxicity in *Arabidopsis* by promoting cadmium accumulation in roots and by up-regulating genes related to iron uptake. Plant Physiol, 149(3): 1302-1315.

Bessonova V P. 1993. Effect of environmental pollution with heavy metals on hormonal and trophic factors in buds of shrub plants. Russ J Ecol, 24(2): 91-95.

Bothe H, Słomka A. 2017. Divergent biology of facultative heavy metal plants. J Plant Physiol, 219: 45-61.

Boyd R S. 2007. The defense hypothesis of elemental hyperaccumulation: status, challenges and new directions. Plant Soil, 293(1-2): 153-176.

Bruggemann N, Meier R, Steigner D, et al. 2009. Nonmicrobial aerobic methane emission from poplar shoot cultures under low-light conditions. New Phytol, 182(4): 912-918.

Callahan D L, Baker A J M, Kolev S D, et al. 2006. Metal ion ligands in hyperaccumulating plants. J Biol Inorg Chem, 11(1): 2-12.

Chang J D, Huang S, Konishi N, et al. 2020a. Overexpression of the manganese/cadmium transporter *OsNRAMP5* reduces cadmium accumulation in rice grain. J Exp Bot, 71(18): 5705-5715.

Chang J D, Huang S, Yamaji N, et al. 2020b. *OsNRAMP1* contributes to cadmium and manganese uptake in rice. Plant, Cell & Environment, 43(10): 2476-2491.

Chen J, Wang W H, Wu F H, et al. 2013. Hydrogen sulfide alleviates aluminum toxicity in barley seedlings. Plant Soil, 362(1): 301-318.

Chen Q, Gong C, Ju X, et al. 2018. Hemin through the heme oxygenase 1/ferrous iron, carbon monoxide system involved in zinc tolerance in *Oryza sativa* L. Plant Growth Regulation, 37(3): 947-957.

Chen Q, Zhang X Y, Liu Y Y, et al. 2017. Hemin-mediated alleviation of zinc, lead and chromium toxicity is associated with elevated photosynthesis, antioxidative capacity; suppressed metal uptake and oxidative stress in rice seedlings. Plant Growth Regulation, 81(2): 253-264.

Chuck G, Candela H, Hake S. 2009. Big impacts by small RNAs in plant development. Curr Opin Plant Biol, 12(4): 81-86.

Chungopast S, Duangkhet M, Tajima S, et al. 2017. Iron-induced nitric oxide leads to an increase in the expression of ferritin during the senescence of *Lotus japonicus* nodules. J Plant Physiol, 208: 40-46.

Clemens S. 2006. Toxic metal accumulation, responses to exposure and mechanisms of tolerance in plants. Biochimie, 88(11): 1707-1719.

Cobbett C, Goldsbrough P. 2002. Phytochelatins and metallothioneins: roles in heavy metal detoxification and homeostasis. Annu Rev Plant Biol, 53(1): 159-182.

Corpas F J, Palma J M, Del Río L A, et al. 2009. Evidence supporting the existence of L-arginine-dependentnitric oxide synthase activity in plants. New Phytol, 184(1): 9-14.

Courbot M, Willems G, Motte P, et al. 2007. A major quantitative trait locus for cadmium tolerance in *Arabidopsis halleri* colocalizes with *HMA4*, a gene encoding a heavy metal ATPase. Plant Physiol, 144(2): 1052-1065.

Cui W, Cao H, Yao P, et al. 2017. Methane enhances aluminum resistance in alfalfa seedlings by reducing aluminum accumulation and reestablishing redox homeostasis. Biometals, 30(5): 719-732.

Cui W, Li L, Gao Z, et al. 2012. Haem oxygenase-1 is involved in salicylic acid- induced alleviation of oxidative stress due to cadmium stress in *Medicago sativa*. J Exp Bot, 63(15): 5521-5534.

Cui W, Qi F, Zhang Y, et al. 2015. Methane-rich water induces cucumber adventitious rooting through heme oxygenase1/carbon monoxide and Ca^{2+} pathways. Plant Cell Rep, 34(3): 435-445.

Cui W, Zhang J, Xuan W, et al. 2013. Up-regulation of heme oxygenase-1 contributes to the amelioration of aluminum-induced oxidative stress in *Medicago sativa*. J Plant Physiol, 170(15): 1328-1336.

Cui W T, Chen H P, Zhu K K, et al. 2014. Cadmium-induced hydrogen sulfide synthesis is involved in cadmium tolerance in *Medicago sativa* by reestablishment of reduced (homo) glutathione and reactive oxygen species homeostases. PLOS ONE, 9(10): e109669.

Das N, Bhattacharya S, Maiti M K. 2016. Enhanced cadmium accumulation and tolerance in transgenic tobacco overexpressing rice metal tolerance protein gene *OsMTP1* is promising for phytoremediation. Plant Physiol Biochem, 105: 297-309.

De Michele R, Vurro E, Rigo C, et al. 2009. Nitric oxide is involved in cadmium-induced programmed cell death in *Arabidopsis* suspension cultures. Plant Physiol, 150(1): 217-228.

Ding Y F, Chen Z, Zhu C. 2011. Microarray-based analysis of cadmium-responsive microRNAs in rice (*Oryza sativa*). J Exp Bot, 62(10): 3563-3573.

Ding Y F, Ding L H, Xia Y J, et al. 2020. Emerging roles of microRNAs in plant heavy metal tolerance and homeostasis. J Agric Food Chem, 68(7): 1958-1965.

Ding Y F, Gong S H, Wang Y, et al. 2018. MicroRNA166 modulates cadmium tolerance and accumulation in rice. Plant Physiol, 177(4): 1691-1703.

Ding Y F, Wang Y, Jiang Z H, et al. 2017. MicroRNA268 overexpression affects rice seedling growth under cadmium stress. J Agric Food Chem, 65(29): 5860-5867.

Ding Y F, Ye Y Y, Jiang Z H, et al. 2016. MicroRNA390 is involved in cadmium tolerance and accumulation in rice. Front Plant Sci, 7: 235.

Fang L C, Ju W L, Yang C L, et al. 2019. Application of signaling molecules in reducing metal accumulation in alfalfa and alleviating metal-induced phytotoxicity in Pb/Cd contaminated soil. Ecotoxicol Environ Saf, 182: 109459.

Fang P P, Sun T, Wang Y G, et al. 2021. Plant gasotransmitters: light molecules interplaying with heavy metals. Rev Environ Sci Biotechnol, 20: 31-53.

Fang T, Cao Z, Li J, et al. 2014. Auxin-induced hydrogen sulfide generation is involved in lateral root formation in tomato. Plant Physiol Biochem, 76: 44-51.

Fang X, Zhao Y, Ma Q, et al. 2013. Identification and comparative analysis of cadmium tolerance-associated miRNAs and their targets in two soybean genotypes. PLOS ONE, 8(12): e81471.

Farnese F S, Menezes-Silva P E, Gusman G S, et al. 2016. When bad guys become good ones: the key role of reactive oxygen species and nitric oxide in the plant responses to abiotic stress. Front Plant Sci, 7: 471.

Filippou P, Antoniou C, Fotopoulos V. 2013. The nitric oxide donor sodium nitroprusside regulates polyamine and proline metabolism in leaves of *Medicago truncatula* plants. Free Radic Bio Med, 56: 172-183.

Freschi L. 2013. Nitric oxide and phytohormone interactions: current status and perspectives. Front Plant Sci, 4: 398.

Fu G Q, Zhang L F, Cui W T, et al. 2011. Induction of heme oxygenase-1 with β-CD-hemin complex mitigates cadmium-induced oxidative damage in the roots of *Medicago sativa*. Plant Soil, 345(1-2): 271-285.

Fu S, Lu Y, Zhang X, et al. 2019. The ABC transporter ABCG36 is required for cadmium tolerance in rice. J Exp Bot, 70(20): 5909-5918.

Fujimaki S, Suzui N, Ishioka N S, et al. 2010. Tracing cadmium from culture to spikelet: noninvasive imaging and quantitative characterization of absorption, transport, and accumulation of cadmium in an intact rice plant. Plant Physiol, 152(4): 1796-1806.

Gallego B, Martos S, Cabot C, et al. 2017. Zinc hyperaccu-mulation substitutes for defense failures beyond salicylate and jasmonate signaling pathways of *Alternaria brassicicola* attack in *Noccaea caerulescens*. Physiol Plant, 159(4): 401-415.

Garcia-Mata C, Lamattina L. 2010. Hydrogen sulphide, a novel gasotransmitter involved in guard cell signalling. New Phytol, 188(4): 977-984.

Gilvanova I R, Enikeev A R, Stepanov S Y, et al. 2012. Involvement of salicylic acid and nitric oxide in protective reactions of wheat under the influence of heavy metals. Appl Biochem Microbiol, 48(1): 90-94.

Gong B, Nie W, Yan Y, et al. 2017. Unravelling cadmium toxicity and nitric oxide induced tolerance in *Cucumis sativus*: insight into regulatory mechanisms using proteomics. J Hazard Mater, 336: 202-213.

Gonneau C, Noret N, Godé C, et al. 2017. Demographic history of the trace metal hyperaccumulator *Noccaea caerulescens* (J. Presl and C. Presl) F. K. Mey. in Western Europe. Mol Ecol, 26(3): 904-922.

Gotor C, García I, Aroca A, et al. 2019. Signaling by hydrogen sulfide and cyanide through posttranslational modification. J Exp Bot, 70(16): 4251-4265.

Gu Q, Chen Z, Cui W, et al. 2018. Methane alleviates alfalfa cadmium toxicity via decreasing cadmium accumulation and reestablishing glutathione homeostasis. Ecotoxicol Environ Saf, 147: 861-871.

Gur N, Topdemir A. 2005. Effects of heavy metals (Cd, Cu, Pb, Hg) on pollen germination and tube growth of quince (*Cydonia oblonga* M.) and plum (*Prunus domestica* L.). Fresenius Environment al Bulletin, 14(1): 36-39.

Halimaa P, Lin Y F, Ahonen V H, et al. 2014. Gene expression differences between *Noccaea caerulescens* ecotypes help to identify candidate genes for metal phytoremediation. Environ Sci Technol, 48(6): 3344-3353.

Hall J L. 2002. Cellular mechanisms for heavy metal detoxification and tolerance. J Exp Bot, 53(366): 1-11.

Han B, Duan X, Wang Y, et al. 2017. Methane protects against polyethylene glycol-induced osmotic stress in maize by improving sugar and ascorbic acid metabolism. Sci Rep, 7(1): 46185.

Han B, Yang Z, Xie Y, et al. 2014. Arabidopsis *HY1* confers cadmium tolerance by decreasing nitric oxide production and improving iron homeostasis. Mol Plant, 7(2): 388-403.

Han X J, Yin H F, Song X X, et al. 2016. Integration of small RNAs, degradome and transcriptome sequencing in hyperaccumulator *Sedum alfredii* uncovers a complex regulatory network and provides insights into cadmium phytoremediation. Plant Biotechnol J, 14(6): 1470-1483.

Han Y, Xuan W, Yu T, et al. 2007. Exogenous hematin alleviates mercury-induced oxidative damage in the roots of *Medicago sativa*. J Integr Plant Biol, 49(12): 1703-1713.

Han Y, Zhang J, Chen X, et al. 2008. Carbon monoxide alleviates cadmium-induced oxidative damage by modulating glutathione metabolism in the roots of *Medicago sativa*. New Phytol, 177(1): 155-166.

Hasan M K, Liu C C, Wang F N, et al. 2016. Glutathione-mediated regulation of nitric oxide, *S*-nitrosothiol and redox homeostasis confers cadmium tolerance by inducing transcription factors and stress response genes in tomato. Chemosphere, 161: 536-545.

Herrera M, Hong N J, Garvin J L. 2006. Aquaporin-1 transports NO across cell membranes. Hypertension, 48(1): 157-164.

Hou D D, Wang K, Liu T, et al. 2017. Unique rhizosphere micro-characteristics facilitate phytoextraction of multiple metals in soil by the hyperaccumulating plant *Sedum alfredii*. Environ Sci Technol, 51(10): 5675-5684.

Hu L B, Li H, Huang S J, et al. 2018. Eugenol confers cadmium tolerance via intensifying endogenous hydrogen sulfide signaling in *Brassica rapa*. J Agric Food Chem, 66(38): 9914-9922.

Hu Y F, You J, Liang X L. 2015. Nitrate reductase-mediated nitric oxide production is involved in copper tolerance in shoots of hulless barley. Plant Cell Rep, 34(3): 367-379.

Jaffré T, Books R R, Lee J, et al. 1976. *Sebertia acuminata*: a hyperaccumulator of nickel from New Caledonia. Science, 193(4253): 579-580.

Jia H L, Wang X F, Dou Y H, et al. 2016. Hydrogen sulfide-cysteine cycle system enhances cadmium tolerance through alleviating cadmium-induced oxidative stress and ion toxicity in *Arabidopsis* roots. Sci Rep, 6(1): 39702.

Jiang J, Chan A, Ali S, et al. 2016. Hydrogen sulfide: mechanisms of toxicity and development of an antidote. Sci Rep, 6(1): 109-134.

Jin J W, Xu Y F, Huang Y F. 2010. Protective effect of nitric oxide against arsenic-induced oxidative damage in tall fescue leaves. Afr J Biotechnol, 9(11): 1619-1627.

Jin X X, Li Y, Lu R F, et al. 2020. Methane-induced lateral root formation requires the participation of nitric oxide signaling. Plant Physiol Biochem, 147: 262-271.

Jin Z, Wang Z, Ma Q, et al. 2017. Hydrogen sulfide mediates ion fluxes inducing stomatal closure in response to drought stress in *Arabidopsis thaliana*. Plant Soil, 419(1-2): 141-152.

Kabala K, Zboińska M, Dorota G, et al. 2019. Interaction between the signaling molecules hydrogen sulfide and hydrogen peroxide and their role in vacuolar H^+-ATPase regulation in cadmium: tressed cucumber roots. Physiol Plant, 166(2): 688-704.

Kaur G, Singh H P, Batish D R, et al. 2015. Exogenous nitric oxide (NO) interferes with lead (Pb)-induced toxicity by detoxifying reactive oxygen species in hydroponically grown wheat (*Triticum aestivum*) roots. PLOS ONE, 10(9): e0138713.

Kaya C, Ashraf M, Alyemeni M N, et al. 2020. Responses of nitric oxide and hydrogen sulfide in regulating oxidative defence system in wheat plants grown under cadmium stress. Physiol Plant, 168(2): 345-360.

Kolbert Z, Feigl G, Freschi L, et al. 2019. Gasotransmitters in action: nitric oxide-ethylene crosstalk during plant growth and abiotic stress responses. Antioxidants, 8(6): 167.

Korenkov V, King B, Hirschi K, et al. 2009. Root-selective expression of *AtCAX4* and *AtCAX2* results in reduced lamina cadmium in field-grown *Nicotiana tabacum* L. Plant Biotechnol J, 7(3): 219-226.

Krishnan N, Fu C X, Pappin D J, et al. 2011. H_2S-induced sulfhydration of the phosphatase PTP1B and its role in the endoplasmic reticulum stress response. Sci Signal, 4(203): ra86.

Laura C, Terrón-Camero, Val C D, et al. 2019. Low endogenous NO levels in roots and antioxidant systems are determinants for the resistance of *Arabidopsis* seedlings grown in Cd. Environ Pollut, 256: 113411.

Leung H M, Ye Z H, Wong M H. 2006. Interactions of mycorrhizal fungi with *Pteris vittata* (As hyperaccumulator) in As-contaminated soils. Environ Pollut, 139(1): 1-8.

Li L, Wang Y Q, Shen W B. 2012. Roles of hydrogen sulfide and nitric oxide in the alleviation of cadmium-induced oxidative damage in alfalfa seedling roots. Biometals, 25(3): 617-631.

Liao B, Deng D M, Yang B, et al. 2003. Cu tolerance and accumulation in *Commelina communis*. Acta Scient Circumst, 23(6): 797-801.

Lin Y T, Li M Y, Cui W T, et al. 2012. Haem oxygenase-1 is involved in hydrogen sulfide-induced cucumber adventitious root formation. Plant Growth Regulation, 31(4): 519-528.

Lisjak M, Teklic T, Wilson I D, et al. 2011. Hydrogen sulfide effects on stomatal apertures. Plant Signal Behav, 6(10): 1444-1446.

Liu H, Zhao H, Wu L, et al. 2017. Heavy metal ATPase 3 (HMA3) confers cadmium hypertolerance on the cadmium/zinc hyperaccumulator *Sedum plumbizincicola*. New Phytol, 215(2): 687-698.

Liu S M, Jiang J, Liu Y, et al. 2019. Characterization and evaluation of *OsLCT1* and *OsNramp5* mutants generated through CRISPR/Cas9-mediated mutagenesis for breeding low Cd rice. Rice Sci, 26(2): 88-97.

Liu X, Chen J, Wang G H, et al. 2016. Hydrogen sulfide alleviates zinc toxicity by reducing zinc uptake and regulating genes expression of antioxidative enzymes and metallothioneins in roots of the cadmium/zinc hyperaccumulator *Solanum nigrum* L. Plant Soil, 400(1): 177-192.

Luo J S, Huang J, Zeng D L, et al. 2018. A defensin-like protein drives cadmium efflux and allocation in rice. Nat Commun, 9(1): 1-28.

Luo Q, Sun L N, Hu X M. 2015. Metabonomics study on root exudates of Cd hyperaccumulator *Sedum alfredii*. Chin J Anal Chem, 43(1): 7-12.

Ma L Q, Komar K M, Tu C, et al. 2001. A fern that hyperaccumulates arsenic. Nature, 411(6836): 438.

Maines M D. 1988. Heme oxygenase: function, multiplicity, regulatory mechanisms, and clinical applications.

FASEB J, 2(10): 2557-2568.
Martel A B, Qaderi M M. 2017. Light quality and quantity regulate aerobic methane emissions from plants. Physiol Plant, 159(3): 313-328.
McLeod A R, Fry S C, Loake G J, et al. 2008. Ultraviolet radiation drives methane emissions from terrestrial plant pectins. New Phytol, 180(1): 124-132.
Mei Y D, Zhao Y Y, Jin X X, et al. 2019. L-cysteine desulfhydrase-dependent hydrogen sulfide is required for methane-induced lateral root formation. Plant Mol Biol, 99(3): 283-298.
Meier S K, Adams N, Wolf M, et al. 2018. Comparative RNA-seq analysis of nickel hyperaccumulating and non-accumulating populations of *Senecio coronatus* (Asteraceae). Plant J, 95(6): 1023-1038.
Mendoza-Cozatl D G, Jobe T O, Hauser F, et al. 2011. Long-distance transport, vacuolar sequestration, tolerance, and transcriptional responses induced by cadmium and arsenic. Curr Opin Plant Biol, 14(5): 554-562.
Meng D K, Chen J, Yang Z. 2011. Enhancement of tolerance of Indian mustard (*Brassica juncea*) to mercury by carbon monoxide. J Hazard Mater, 186(2-3): 1823-1829.
Mildvan A S. 1970. Metals in enzyme catalysis. Enzymes, 2: 446-536.
Milner M J, Mitani-Ueno N, Yamaji N, et al. 2014. Root and shoot transcriptome analysis of two ecotypes of *Noccaea caerulescens* uncovers the role of *NcNramp1* in Cd hyperaccumulation. Plant J, 78(3): 398-410.
Mohtadi A, Ghaderian S M, Schat H. 2012. A comparison of lead accumulation and tolerance among heavy metal hyperaccumulating and non-hyperaccumulating metallo-phytes. Plant Soil, 352(1-2): 267-276.
Moore R E T, Ullah I, De Oliveira V H, et al. 2020. Cadmium isotope fractionation reveals genetic variation in Cd uptake and translocation by Theobroma cacao and role of natural resistance-associated macrophage protein 5 and heavy metal ATPase-family transporters. Hortic Res, 7(1): 71.
Mostofa M G, Rahman A, Ansary M M U, et al. 2015. Hydrogen sulfide modulates cadmium-induced physiological and biochemical responses to alleviate cadmium toxicity in rice. Sci Rep, 5(1): 14078.
Munzuroglu O, Gur N. 2000. The effects of heavy metals on the pollen germination and pollen tube growth of apples (*Malus sylvestris* Miller cv. Gloden). Turk J Bio, 24: 677-684.
Mustafa A K, Gadalla M M, Sen N. 2009. H_2S signals through protein *S*-sulfhydration. Sci Signal, 2(96): ra72.
Nagajyoti P C, Lee K D, Sreekanth T V M. 2010. Heavy metals, occurrence and toxicity for plants: a review. Environ Chem Lett, 8(3): 199-216.
Nakanishi H, Ogawa I, Ishimaru Y, et al. 2010. Iron deficiency enhances cadmium uptake and translocation mediated by the Fe^{2+} transporters *OsIRT1* and *OsIRT2* in rice. Soil Sci Plant Nutr, 52(4): 464-469.
Noctor G, Lelarge Trouverie C, Mhamdi A. 2015. The metabolomics of oxidative stress. Phytochemistry, 112: 33-53.
Noriega G O, Yannarelli G G, Balestrasse K B, et al. 2007. The effect of nitric oxide on heme oxygenase gene expression in soybean leaves. Planta, 226(5): 1155-1163.
Osmolovskaya N, Vu D V, Kuchaeva L. 2018. The role of organic acids in heavy metal tolerance in plants. Bio Commun, 63(1): 9-16.
Page V, Feller U. 2015. Heavy metals in crop plants: transport and redistribution processes on the whole plant level. Agronomy, 5(3): 447-463.
Papanatsiou M, Scuffi D, Blatt M R, et al. 2015. Hydrogen sulfide regulates inward-rectifying K^+ channels in conjunction with stomatal closure. Plant Physiol, 168(1): 29-35.
Perez-Chaca M V, Rodriguez-Serrano M, Molina S A, et al. 2014. Cadmium induces two waves of reactive oxygen species in *Glycine max* (L.) roots. Plant, Cell & Environment, 37(7): 1672-1687.
Pradhan S K, Pandit E, Pawar S, et al. 2020. Genetic regulation of homeostasis, uptake, bio-fortification and efficiency enhancement of iron in rice. Environ Exp Bot, 177: 104066.
Preite V, Sailer C, Syllwasschy L, et al. 2019. Convergent evolution in *Arabidopsis halleri* and *Arabidopsis arenosa* on calamine metalliferous soils. Philos Trans R Soc B Biol Sci, 374(1777): 20180243.
Qi F, Xiang Z, Kou N, et al. 2017. Nitric oxide is involved in methane-induced adventitious root formation in cucumber. Physiol Plant, 159(3): 366-377.
Qiao Z J, Jing T, Liu Z Q, et al. 2015. H_2S acting as a downstream signaling molecule of SA regulates Cd tolerance in Arabidopsis. Plant Soil, 393(1/2): 137-146.

Ramaskeviciene A, Sliesaravicius A, Pilipavicius V, et al. 2004. Effect of different anthropogenic factors on pollen germination. Sodininkyste ir Darzininkyste. Lietuvos Sodininkystes ir Darzininkystes Institutas (Lithuanian Institute of Horticulture), 23(2): 291-301.

Ramos I, Esteban E, Lucena J J, et al. 2002. Cadmium uptake and subcellular distribution in plants of *Lactuca* sp. Cd-Mn interaction. Plant Sci, 162(5): 761-767.

Reeves R D, Baker A J M, Jaffré T, et al. 2017. A global database for plants that hyperaccumulate metal and metalloid trace elements. New Phytol, 218(2): 407-411.

Reeves R D, Schwartz C, Morel J L, et al. 2001. Distribution and metal-accumulating behavior of *Thlaspi caerulescens* and associated metallophytes in France. Int J Phytoremediat, 3(2): 145-172.

Rodríguez-Serrano M, Romero-Puertas M C, Pazmin D M, et al. 2009. Cellular response of pea plants to cadmium toxicity: cross talk between reactive oxygen species, nitric oxide, and calcium. Plant Physiol, 150(1): 229-243.

Rodríguez-Serrano M, Romero-Puertas M C, Zabalza A, et al. 2006. Cadmium effect on oxidative metabolism of pea (*Pisum sativum* L.) roots. Imaging of reactive oxygen species and nitric oxide accumulation *in vivo*. Plant, Cell & Environment, 29(8): 1532-1544.

Sailer C, Babst-Kostecka A, Fischer M C, et al. 2018. Transmembrane transport and stress response genes play an important role in adaptation of *Arabidopsis halleri* to metalliferous soils. Sci Rep, 8(1): 16085.

Salgare S A. 2001. Effect of cadmium chloride on pollen germination and tube growth of successive flowers of pink flowered cultivar of *Catharanthus roseus*. Bionotes, 3(2): 46.

Salt D E, Prince R C, Baker A J M, et al. 1999. Zinc ligands in the metal hyperaccumulator *Thlaspi caerulescens* as determined using X-ray absorption spectroscopy. Environ Sci Technol, 33(5): 713-717.

Salt D E, Prince R C, Pickering I J, et al. 1995. Mechanisms of cadmium mobility and accumulation in Indian mustard. Plant Physiol, 109(4): 1427-1433.

Samma M K, Zhou H, Cui W, et al. 2017. Methane alleviates copper-induced seed germination inhibition and oxidative stress in *Medicago sativa*. Biometals, 30(1): 97-111.

Samson G, Morisette J C, Popovic R. 2010. Copper quenching of the variable fluorescence in *Dunaliella tertiolecta*. New evidence for a copper inhibition effect on PSⅡ photochemistry. Photochem Photobiol, 48(3): 329-332.

Sasaki A, Yamaji N, Yokosho K, et al. 2012. *Nramp5* is a major transporter responsible for manganese and cadmium uptake in rice. The Plant Cell, 24(5): 2155-2167.

Satoh-Nagasawa N, Mori M, Nakazawa N, et al. 2012. Mutations in rice (*Oryza sativa*) heavy metal ATPase2 (*OsHMA2*) restrict the translocation of zinc and cadmium. Plant Cell Physiol, 53(1): 213-224.

Sawidis T. 1997. Accumulation and effects of heavy metals in *Lilium* pollen. Acta Horticulturae, 43(7): 153-158.

Schmidt H H, Walter U. 1994. NO at work. Cell, 78(6): 919-925.

Schvartzman M S, Corso M, Fataftah N, et al. 2018. Adaptation to high zinc depends on distinct mechanisms in metallicolous populations of *Arabidopsis halleri*. New Phytol, 218(1): 269-282.

Scuffi D, Álvarez C, Laspina N, et al. 2014. Hydrogen sulfide generated by L-cysteine desulfhydrase acts upstream of nitric oxide to modulate abscisic acid-dependent stomatal closure. Plant Physiol, 166(4): 2065-2076.

Shao J F, Xia J X, Yamaji N, et al. 2018. Effective reduction of cadmium accumulation in rice grain by expressing *OsHMA3* under the control of *OsHMA2* promoter. J Exp Bot, 69(10): 2743-2752.

Sharma A, Kumar V, Shahzad B, et al. 2020. Photosynthetic response of plants under different abiotic stresses: a review. J Plant Growth Regul, 39(2): 509-531.

Shen Q, Jiang M, Li H, et al. 2011. Expression of a *Brassica napus* heme oxygenase confers plant tolerance to mercury toxicity. Plant, Cell & Environment, 34(5): 752-763.

Shi H, Wang Y, Chen Z, et al. 2012. Analysis of natural variation in bermudagrass (*Cynodon dactylon*) reveals physiological responses underlying drought tolerance. PLOS ONE, 7(12): e53422.

Shi H, Ye T, Chan Z. 2013. Exogenous application of hydrogen sulfide donor sodium hydrosulfide enhanced multiple abiotic stress tolerance in bermudagrass (*Cynodon dactylon* (L). Pers.). Plant Physiol Biochem, 71: 226-234.

Shi H T, Ye T T, Chan Z L. 2014. Nitric oxide-activated hydrogen sulfide is essential for cadmium stress response in bermudagrass (*Cynodon dactylon* (L). Pers.). Plant Physiol Biochem, 74: 99-107.

Shimo H, Ishimaru Y, An G, et al. 2011. Low cadmium (LCD), a novel gene related to cadmium tolerance and

accumulation in rice. J Exp Bot, 62(15): 5727-5734.
Shin M N, Shim J, You Y, et al. 2012. Characterization of lead resistant endophytic *Bacillus* sp. MN3-4 and its potential for promoting lead accumulation in metal hyperaccumulator Alnus firma. J Hazard Mater, 199-200: 314-320.
Shivaraj S M, Vats S, Bhat J A, et al. 2020. Nitric oxide and hydrogen sulfide crosstalk during heavy metal stress in plants. Physiol Plant, 168(2): 437-455.
Singh S, Yadav V, Arif N, et al. 2020. Heavy metal stress and plant life: uptake mechanisms, toxicity, and alleviation // Durgesh K T, Vijay P S, Devendra C, et al. Plant Life Under Changing Environment: Responses and Management. London: Elsevier: 271-287.
Singh V P, Singh S, Kumar J, et al. 2015. Hydrogen sulfide alleviates toxic effects of arsenate in pea seedlings through upregulation of the ascorbate-glutathione cycle: possible involvement of nitric oxide. J Plant Physiol, 181: 20-29.
Singh Z, Singh L, Arora C L, et al. 1994. Effect of cobalt, cadmium, and nickel as inhibitors of ethylene biosynthesis on floral malformation, yield, and fruit quality of mango. Plant Nutr, 17(10): 1659-1670.
Sobczyk M K, Smith J A C, Pollard A J, et al. 2017. Evolution of nickel hyperaccumulation and serpentine adaptation in the *Alyssum serpyllifolium* species complex. Heredity, 118(1): 31-41.
Song W Y, Lee H S, Jin S R, et al. 2015. Rice PCR1 influences grain weight and Zn accumulation in grains. Plant, Cell & Environment, 38(11): 2327-2339.
Spielmann J H, Ahmadi M, Scheepers M, et al. 2020. The two copies of the zinc and cadmium ZIP6 transporter of *Arabidopsis halleri* have distinct effects on cadmium tolerance. Plant, Cell & Environment, 43(9): 2143-2157.
Sun C L, Liu L J, Yu Y, et al. 2015. Nitric oxide alleviates aluminum-induced oxidative damage through regulating the ascorbate-glutathione cycle in roots of wheat. J Integr Plant Biol, 57(6): 550-561.
Sun J, Wang R, Zhang X, et al. 2013. Hydrogen sulfide alleviates cadmium toxicity through regulations of cadmium transport across the plasma and vacuolar membranes in *Populus euphratica* cells. Plant Physiol Biochem, 65: 67-74.
Sun L N, Zhang Y F, He L Y, et al. 2010. Genetic diversity and characterization of heavy metal-resistant-endophytic bacteria from two copper-tolerant plant species on copper mine wasteland. Bioresour Technol, 101(2): 501-509.
Takahashi R, Ishimaru Y, Senoura T, et al. 2011. The *OsNRAMP1* iron transporter is involved in Cd accumulation in rice. J Exp Bot, 62(14): 4843-4850.
Tanaka K, Fujimaki S, Fujiwara T, et al. 2003. Cadmium concentrations in the phloem sap of rice plants (*Oryza saliva* L.) treated with a nutrient solution containing cadmium environment. Soil Sci Plant Nutr, 49(2): 311-313.
Thompson J P. 1996. Correction of dual phosphorus and zinc deficiencies of linseed (*Linum usita tissimum* L.) with cultures of vesicular-arbuscular mycorrhizal fungi. Soil Biol Biochem, 28(6): 945-951.
Tian B, Qiao Z, Zhang L, et al. 2016. Hydrogen sulfide and proline cooperate to alleviate cadmium stress in foxtail millet seedlings. Plant Physiol Biochem, 109: 293-299.
Tian Q Y, Sun D H, Zhao M G, et al. 2007. Inhibition of nitric oxide synthase (NOS) underlies aluminum-induced inhibition of root elongation in *Hibiscus moscheutos*. New Phytol, 174(2): 322-331.
Tripathi D K, Singh S, Singh S, et al. 2017. Nitric oxide alleviates silver nanoparticles (AgNps)-induced phytotoxicity in *Pisum sativum* seedlings. Plant Physiol Biochem, 110: 167-177.
Tullio M, Pierandrei F, Salerno A, et al. 2003. Tolerance to cadmium of vesicular arbuscular mycorrhizae spores isolated from a cadmium-polluted and unpolluted soil. Biol Fert Soils, 37(4): 211-214.
Tuna A L, Burun B, Yokas I, et al. 2002. The effects of heavy metals on pollen germination and pollen tube length in the tobacco plant. Turk J Biol, 26(2): 109-113.
Ueno D, Yamaji N, Kono I, et al. 2010. Gene limiting cadmium accumulation in rice. PNAS, 107(38): 16500-16505.
Uraguchi S, Fujiwara T. 2012. Cadmium transport and tolerance in rice: perspectives for reducing grain cadmium accumulation. Rice, 5(1):1-8.
Uraguchi S, Fujiwara T. 2013. Rice breaks ground for cadmium-free cereals. Curr Opin Plant Biol, 16(3): 328-334.
Uraguchi S, Kamiya T, Sakamoto T, et al. 2011. Low-affinity cation transporter (*OsLCT1*) regulates cadmium transport into rice grains. PNAS, 108(52): 20959-20964.
Uraguchi S, Mori S, Kuramata M, et al. 2009. Root-to-shoot Cd translocation via the xylem is the major process determining shoot and grain cadmium accumulation in rice. J Exp Bot, 60(9): 2677-2688.

Vandivder M S, Paul B D, Xu R S, et al. 2013. Sulfhydration mediates neuroprotective actions of parkin. Nat Commun, 4(1): 1626.

Vardhan K H, Kumar P S, Panda R C. 2019. A review on heavy metal pollution, toxicity and remedial measures: current trends and future perspectives. J Mol Liq, 290: 111197.

Verma K, Mehta S K, Shekhawat G S. 2013. Nitric oxide (NO) counteracts cadmium induced cytotoxic processes mediated by reactive oxygen species (ROS) in *Brassica juncea*: cross-talk between ROS, NO and antioxidant responses. Biometals, 26(2): 255-269.

Wan X M, Lei M, Chen T B, et al. 2014. Phytoremediation potential of *Pteris vittata* L. under the combined contamination of As and Pb: beneficial interaction between As and Pb. Environ Sci Pollut Res, 21: 325-336.

Wang H H, Huang J J, Bi Y R. 2010b. Nitrate reductase-dependent nitric oxide production is involved in aluminum tolerance in red kidney bean roots. Plant Sci, 179(3): 281-288.

Wang L N, Yang L M, Yang F J, et al. 2010a. Involvements of H_2O_2 and metallothionein in NO-mediated tomato tolerance to copper toxicity. J Plant Physiol, 167(15): 1298-1306.

Wang R. 2002. Two's company, three's a crowd: can H_2S be the third endogenous gaseous transmitter? FASEB J, 16(13): 1792-1798.

Wang R. 2014. Gasotransmitters: growing pains and joys. Trends Biochem Sci, 39(5): 227-232.

Wang Y S, Yang Z M. 2005. Nitric oxide reduces aluminum toxicity by preventing oxidative stress in the roots of *Cassia tora* L. Plant Cell Physiol, 46(12): 1915-1923.

Wei S, Guo B, Feng L, et al. 2017. Cadmium distribution and characteristics of cadmium-binding proteins in rice (*Oryza sativa* L.) kernel. Food Sci Technol Res, 23(5): 661-668.

Wei S H, Li Y M, Zhan J, et al. 2012. Tolerant mechanisms of *Rorippa globosa* (Turcz.) Thell. hyperaccumulating Cd explored from root morphology. Bioresour Technol, 118: 455-459.

Wei Y Y, Zheng Q, Liu Z P, et al. 2011. Regulation of tolerance of *Chlamydomonas reinhardtii* to heavy metal toxicity by heme oxygenase-1 and carbon monoxide. Plant Cell Physiol, 52(9): 1665-1675.

Wilks S S. 1959. Carbon monoxide in green plants. Science, 129(3354): 964-966.

Xiong J, An L, Lu H, et al. 2009. Exogenous nitric oxide enhances cadmium tolerance of rice by increasing pectin and hemicelluloses contents in root cell wall. Planta, 230(4): 755-765.

Xiong Y H, Yang X E, Ye Z Q, et al. 2004. Characteristics of cadmium uptake and accumulation by two contrasting ecotypes of *Sedum alfredii* Hance. J Environ Sci Heal A, 39(11012): 2925-2940.

Xu J, Wang W Y, Yin H X, et al. 2010a. Exogenous nitric oxide improves antioxidative capacity and reduces auxin degradation in roots of *Medicago truncatula* seedlings under cadmium stress. Plant Soil, 326(1): 321-330.

Xu J, Wang W, Sun J, et al. 2011. Involvement of auxin and nitric oxide in plant Cd-stress response. Plant Soil, 346(1-2): 107-119.

Xu J, Yin H, Li Y, et al. 2010b. Nitric oxide is associated with long-term zinc tolerance in *Solanum nigrum*. Plant Physiol, 154(3): 1319-1334.

Xuan W, Zhu F Y, Xu S, et al. 2008. The heme oxygenase/carbon monoxide system is involved in the auxin-induced cucumber adventitious rooting process. Plant Physiol, 148(2): 881-893.

Yan Y F, Choi D H, Kim D S, et al. 2010. Absorption, translocation, and remobilization of cadmium supplied at different growth stages of rice. J Crop Sci Biotechnol, 13(2): 113-119.

Yan Y F, Lestari P, Lee K J, et al. 2013. Identification of quantitative trait loci for cadmium accumulation and distribution in rice (*Oryza sativa*). Genome, 56(4): 227-232.

Yang G D, Zhao K X, Ju Y J, et al. 2013. Hydrogen sulfide protects against cellular senescence via *S*-sulfhydration of Keap1 and Activation of Nrf2. Antioxid Redox Sign, 18(15): 1906-1919.

Yang L, Ji J, Harris-Shultz K R, et al. 2016. The dynamic changes of the plasma membrane proteins and the protective roles of nitric oxide in rice subjected to heavy metal cadmium stress. Front Plant Sci, 7(245): 190.

Yang L P, Zeng J, Wang P, et al. 2018. Sodium hydrosulfide alleviates cadmium toxicity by changing cadmium chemical forms and increasing the activities of antioxidant enzymes in salix. Environ Exp Bot, 156: 161-169.

Yang M, Li Y, Liu Z, et al. 2020. A high activity zinc transporter OsZIP9 mediates zinc uptake in rice. Plant J, 103(5): 1695-1709.

Yang W H, Wang S S, Ni W H, et al. 2019. Enhanced Cd-Zn-Pb-contaminated soil phytoextraction by *Sedum alfredii* and the rhizosphere bacterial community structure and function by applying organic amendments. Plant Soil, 444(1-2): 101-118.

Yang X E, Long X X, Ni W Z. 2002. Physiological and molecular mechanisms of heavy metal uptake by hyperaccumulating plants. Plant Nutr Fert Sci, 8(1): 8-15.

Ye Y, Li Z, Xing D. 2013. Nitric oxide promotes MPK6-mediated caspase-3-like activation in cadmium-induced *Arabidopsis thaliana* programmed cell death. Plant, Cell & Environment, 36(1): 1-15.

Ye Y Q, Jin C W, Fan S K, et al. 2015. Elevation of NO production increases Fe immobilization in the Fe-deficiency roots apoplast by decreasing pectin methylation of cell wall. Sci Rep, 5: 10746.

Yu Q, Sun L, Jin H, et al. 2012. Lead-induced nitric oxide generation plays a critical role in lead uptake by *Pogonatherum crinitum* root cells. Plant Cell Physiol, 53(10): 1728-1736.

Yu Y, Zhou X Y, Zhu Z H, et al. 2019. Sodium hydrosulfide mitigates cadmium toxicity by promoting cadmium retention and inhibiting its translocation from roots to shoots in *Brassica napus*. J Agric Food Chem, 67(1): 433-440.

Yuan H M, Huang X. 2016. Inhibition of root meristem growth by cadmium involves nitric oxide-mediated repression of auxin accumulation and signaling in *Arabidopsis*. Plant, Cell & Environment, 39(1): 120-135.

Zhang J, Zhang M, Shohag M J I, et al. 2016. Enhanced expression of *SaHMA3* plays critical roles in Cd hyperaccumulation and hypertolerance in Cd hyperaccumulator *Sedum alfredii* Hance. Planta, 243(3): 577-589.

Zhang L P, Pei Y X, Wang H J, et al. 2015. Hydrogen sulfide alleviates cadmium-induced cell death through restraining ROS accumulation in roots of *Brassica rapa* L. ssp. *pekinensis*. Oxid Med Cell Longev, 2015: 1-11.

Zhang L W, Song J B, Shu X X, et al. 2013. miR395 is involved in detoxification of cadmium in *Brassica napus*. J Hazard Mater, 250: 204-211.

Zhang Y, Su J, Cheng D, et al. 2018. Nitric oxide contributes to methane-induced osmotic stress tolerance in mung bean. BMC Plant Biol, 18(1): 207.

Zheng L, Li Y, Shang W, et al. 2019. The inhibitory effect of cadmium and/or mercury on soil enzyme activity, basal respiration, and microbial community structure in coal mine-affected agricultural soil. Ann Microbiol, 69(8): 849-859.

Zhou Z S, Huang S Q, Guo K, et al. 2007. Metabolic adaptations to mercury-induced oxidative stress in roots of *Medicago sativa* L. J Inorg Biochem, 101(1): 1-9.

Zhu C Q, Zhang J H, Sun L M, et al. 2018. Hydrogen sulfide alleviates aluminum toxicity via decreasing apoplast and symplast Al contents in rice. Front Plant Sci, 9: 294.

Zhu K, Cui W, Dai C, et al. 2016. Methane-rich water alleviates NaCl toxicity during alfalfa seed germination. Environ Exp Bot, 129: 37-47.

Zhu X F, Jiang T, Wang Z W, et al. 2012. Gibberellic acid alleviates cadmium toxicity by reducing nitric oxide accumulation and expression of IRT1 in *Arabidopsis thaliana*. J Hazard Mater, 239-240(15): 302-307.

Zhu Z B, Huang Y F, Wu X, et al. 2019. Increased antioxidative capacity and decreased cadmium uptake contribute to hemin-induced alleviation of cadmium toxicity in Chinese cabbage seedlings. Ecotoxicol Environ Saf, 177: 47-57.

Zou T, Zheng L P, Yuan H Y, et al. 2012. The nitric oxide production and NADPH-diaphorase activity in root tips of *Vicia faba* L. under copper toxicity. Plant Omics, 5(2): 115-121.

第4章
植物吸收、转运和降解有机污染物的生物学机制

4.1 有机污染物类别及成因

4.1.1 有机污染物的概念和主要类别

环境中的有机污染物是指引起环境污染并对生态系统产生有害影响的有机化合物，包括天然有机污染物和人工合成有机污染物。天然有机污染物主要由生物体的代谢活动及其他活动产生，如黄曲霉类、氨基甲酸乙酯、黄樟素等。人工合成有机污染物是指一类在自然环境中并不存在、由人工合成的有机化学物质，如各类农药、多环芳烃、多氯联苯、高分子聚合物等。持久性有机污染物（persistent organic pollutant，POP）污染源广、分解缓慢且其毒性容易通过食物链的生物放大作用蓄积于生物体内，对人体和环境造成严重危害（图4-1）。

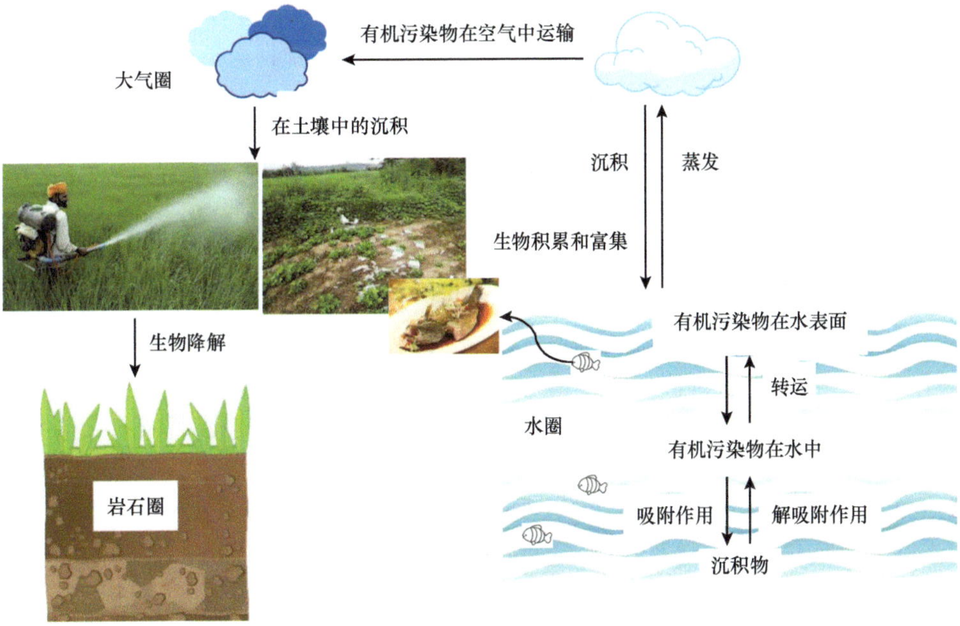

图4-1 持久性有机污染物在环境中的流通与归趋

4.1.1.1 有机农药

有机农药是农药中属于有机化合物的品种总称，指防治植物病虫害、消灭杂草和调节植物生长的有机化学药剂，或者是通过仿生合成具有特异作用的农药制剂。按其化学成分分为有机氯农药、有机磷农药、有机氮农药、拟除虫菊酯类农药、有机硫农药、杂环类化合物、

苯氧羧酸类、酚类化合物、脲类化合物、醚类化合物、酮类化合物、苯二氮䓬类、苯甲酸类和香豆素类化合物。这类农药有杀虫剂、杀菌剂、杀螨剂、除草剂、杀线虫剂及杀鼠剂，如敌百虫、对硫磷等，是使用最多的一类农药。

有机氯农药（organochlorine pesticide，OCP）主要分为以苯为原料和以环戊二烯为原料的两大类，应用比较多的有滴滴涕（DDT）、六六六（BHC）、氯丹（chlordane）、艾氏剂（aldrin）。绝大多数的有机氯农药毒性大，几乎不降解，积累性甚高，对生态系统有显著影响。有机磷农药是目前世界上使用量最大的杀虫剂之一，其种类超过 150 种，较常用的有乐果（dimethoate）、敌敌畏（dichlorvos）、内吸磷（demeton）等，因具有高效性和广谱性而被广泛使用。拟除虫菊酯类农药是 20 世纪 80 年代兴起的由人工合成的仿生性杀虫剂，是仅次于有机氯类、有机磷类和氨基甲酸酯类农药的第四大类新型广谱杀虫剂（李倩等，2021）。有机磷的毒性虽然大，但一般容易降解，积累性不强，因而对生态系统的影响不明显。有机氮农药主要有氨基甲酸酯类农药、酰胺类化合物、脒类化合物。有机硫农药是二硫代氨基甲酸酯类杀菌剂的总称，主要有代森锌、代森锰、福美铁等。

我国是一个农药需求与生产大国，农药被作为防治设施蔬菜病虫害的重要手段。2016 年我国化学农药原药产量为 377.8 万 t。从使用量来看，杀虫剂中辛硫磷和毒死蜱居于首位。土壤的农药污染，不仅会改变土壤的正常结构和功能，影响植物的生长发育，而且可通过食物链影响人体健康。通常农作物从土壤中吸收农药，然后积累到根、茎、叶、果实及种子中，最后通过食物、饲料等进入人、畜体内，进而危害人体及牲畜的健康。长期摄取低于检测标准的低剂量残留农药也有可能缓慢危害人体健康，甚至影响人类的生殖与繁衍。

4.1.1.2 多环芳烃

多环芳烃（polycyclic aromatic hydrocarbon，PAH）类化合物是指 2 个或 2 个以上芳环稠合在一起的具有致癌、致畸、致突变特性的持久性有机污染物，主要来源于有机物的不完全燃烧或热解。由于其结构较为稳定而不易被降解，因此，PAH 广泛存在并累积于环境中，成为大气、土壤、沉积物和水体等各种环境介质中长期存在的污染物。典型的 PAH 样品是许多同分异构体结构、烃化和非烃化形态的 PAH 的混合物（Gupta et al.，2021）。

植物能够从环境中累积 PAH，导致农作物遭受 PAH 的污染。此外，借助大气传输，PAH 对农作物也形成了不同程度的污染。PAH 作为最早发现且数量最多的一类化学致癌物，一旦进入粮食、蔬菜、水果等与人类生活饮食密切相关的农作物后，便可通过食物链累积于人体内，最终造成毒害。

4.1.1.3 多氯联苯

多氯联苯（polychlorinated biphenyl，PCB）又称氯化联苯，是一类人工合成的有机物，是联苯苯环上的氢原子为氯所取代而形成的一类氯化物。多氯联苯在工业上的广泛使用，已造成全球性环境污染问题。根据氯原子的取代数和取代位置的不同，理论上 PCB 可以有 209 种同类物。PCB 化学性质极为稳定，难以被生物体降解，因此能够通过食物链富集，并在生物、土壤等环境样品中广泛存在。环境中的 PCB 类物质可通过植物进行吸收和积累，生物富集率高，有潜在致癌、致突变及内分泌干扰作用。PCB 的分子式可以用通式 $C_{12}H_{10-n}Cl_n$ 表示，分子结构式及性质见图 4-2。

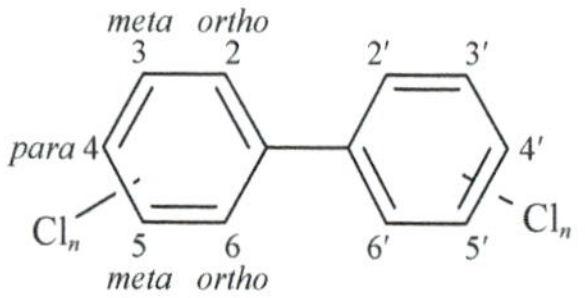

图 4-2　多氯联苯结构式

4.1.1.4　高分子聚合物

高分子聚合物是指由许多相同的、简单的结构单元通过共价键重复连接而成的高分子量化合物。高分子聚合物（塑料、人造纤维、合成橡胶等）多为难降解有机物或持久性有机物，它们在土壤、水体等环境中的含量虽然不高，但因在环境中残留时间长、有蓄积性，可造成人体慢性中毒，具有致癌、致畸、致突变等生理危害。

4.1.2　有机污染物的特性

4.1.2.1　持久性

POP 化学键较牢固，键能大，导致其难降解。POP 在水中的半存留期大于 2 个月，在土壤中的半存留期更长，达 6 个月以上（Karthigadevi et al.，2021）。POP 进入环境中，会长时间停留在水体、大气和土壤中，进而影响动植物的生长，最终危害人体健康。

4.1.2.2　半挥发性

POP 可从水体和土壤中直接挥发到空气中，加上其难降解性、持久性，POP 可长期存留在空气中，甚至能吸附在大气颗粒物中，在大气环境中重复挥发、沉降、再挥发的过程，从而实现远距离迁移，污染环境。

4.1.2.3　生物富集性

POP 具有高亲油性、亲脂性，可富集到生物体脂肪中，通过食物链的放大作用，危害人类健康。昆虫类低等级生物对卤代有机污染物（halogenated organic pollutant，HOP）有富集效应，这使得环境介质中的持久性有机污染物迁移到生物圈，证实了生物富集和营养级生物放大特征。

4.1.2.4　高毒性

POP 对有机体的毒性较高，具有致癌性、生殖毒性、神经毒性、内分泌干扰特性。POP 随着食物网逐渐富集放大，使不同能级的有机生物因 POP 的浓度差异呈现不同的毒性表现，严重破坏生态系统。POP 是可挥发性的，有机污染物可进入空气、水体，污染环境。经过各种途径释放到环境介质中的 POP，经过干湿沉降、地表径流等途径进入土壤，因此土壤中各类 POP 的浓度在一定程度上能反映当地的污染状况。

4.1.3　植物有机污染物的成因

4.1.3.1　有机污染物的来源

有机污染物普遍存在于大气、土壤和水等外界环境中，森林火灾、尾气排放及化石燃料的工业燃烧等均会释放有机污染物。工业生产中“三废”的肆意排放、现代农业发展过程中农药、化肥的过量施用，以及人类生活中对消耗品的大量使用等均可导致有机污染物广泛分布于环境中。有机污染物一般水溶性较差，辛醇-水分配系数高。当进入土壤中的有机污染物超过其自净能力时可产生显著积累并被植物吸收，从而成为植物体内的有机污染物。

4.1.3.2　植物体内有机污染物的来源

植物体内有机污染物的来源复杂。由于有机污染物大多具有亲脂性和疏水性，当其沉积于陆地系统时主要存在于土壤中。农业生产中为防治病虫害而喷洒农药，植物会通过根系从土壤中吸收有机污染物，并经蒸腾流转移到地上部分。研究已发现黑麦草、水稻、玉米、萝卜和白杨等植物可以吸收并在体内不同组织中积累有机污染物（林庆祺等，2013）。此外，植物也可以吸收大气中的有机污染物。例如，有机氯农药（OCP）通过化工厂的废水和废气排放，在大气沉降的作用下，进入土壤。OCP 进入土壤后，通过自身挥发、动植物吸收及微生物降解这一系列物理、化学及生物反应，状态不断变化，且危害整个生物圈。又如，菲主要来自废物焚烧和化工燃料不完全燃烧产生的烟气，如汽车尾气、烹饪等。菲既能以气态形式被菠菜和玉米叶片吸收，也可以通过颗粒沉降在叶片表面再扩散进入叶片中（Wild et al.，2006）。另外，植物体自身亦可产生少量毒性有机物，并对作物生长和土壤活性产生破坏性影响。

不同作物种类吸收有机污染物的能力也不相同。对污染土壤的田间试验表明，多氯联苯（PCB）土壤污染主要是由 Delor 106 或 Aroclor 1260 累积引起的，而多环芳烃（PAH）则是由荧蒽、苯并 [b] 荧蒽、菲、芘等化学物质污染引起的。玉米和向日葵根系积累的多氯联苯最多，这些植物所积累的六氯联苯和七氯联苯同系物多于三氯联苯、四氯联苯和五氯联苯同系物。向日葵地上部生物量中菲含量最高，玉米根系中芘含量最高（Salehi-Lisar et al.，2015）。

4.1.3.3 有机污染物的污染现状

大多数有机污染物能长期滞留于环境中，使大气、水、沉积物、土壤和生物体受到多种有机污染物不同程度的危害。国内外众多学者对 POP（包括有机氯农药、多氯联苯、多环芳烃等）在土壤中的浓度进行研究，结果表明，世界各地的土壤中均存在 POP（Rivera-Perez et al.，2021）。大气颗粒物中 PCB 含量在城市地区达 242pg/m^3，而半农业地区为 74pg/m^3。甚至在南极、北极、青藏高原等偏远地区，OCP 及 PCB 等持久性有机污染物均有不同程度的检出。例如，南极东部地区大气中检出 32 种多氯联苯和 38 种有机氯农药。研究表明，POP 的吸附量与土壤中的有机质含量有关，有机质含量多的土壤对 POP 的吸附能力稍强（田培等，2019）。

在农业生产中，大量使用的 POP 类农药极易进入农作物内部且不易分解，造成其在植物体内的过量积累。土壤中极微量的有机污染物也会影响植物的生长和代谢，而这些污染物经食物链富集和传递，最终能够进入人体并参与细胞的代谢活动中，其中一些有机污染物可持续停留在细胞 DNA 中并可能诱发其突变，危害人类健康。有证据表明，长期接触高浓度 POP 的人会比普通人更容易患阿尔茨海默病、帕金森病等神经性疾病。水及沉积物也是有机污染物聚集的重要场所，许多自然水体甚至城市饮用水中都已检测到 POP 的存在。杭州地区土壤中检出的 131 份样品中 DDT 平均浓度为 30.26μg/kg，说明杭州地区土壤中的 DDT 具有一定的生态风险。西安城区土壤中有机氯农药含量为 1.027 ～ 39.632μg/kg，多氯联苯含量为 0.110 ～ 13.497μg/kg。黄河中下游表层土壤中 PCB 的含量为 0.43 ～ 39.83ng/g，均值为 3.72ng/g。以上研究表明我国土壤 POP 也存在一定程度的污染。

4.2 有机污染物在植物体内的选择性吸收、转运和生物毒性效应

4.2.1 植物对有机污染物的吸收、转运和积累

植物吸收有机污染物的途径有两种：一是空气中的有机污染物沉降到植物叶片，并扩散进入内部或直接以气态形式被叶片吸收；二是通过根部从土壤或水溶液中吸收。吸收的一般规律是小分子量、易挥发的有机污染物通过上述两种途径进入植物体内；而分子量较大、疏水性较强的有机污染物由于较难挥发到大气中，主要通过根部被吸收。

4.2.1.1　植物根部对有机污染物的吸收

从宏观角度来看，有机污染物从土壤中进入植物体可分为两个过程：第一个过程是有机污染物从土壤颗粒或者有机质中解吸出来，进入土壤溶液中，随着溶液与植物根系的接触，有机污染物首先扩散进入根系表面的自由空间，并慢慢吸附在根系表皮的外部；第二个过程是有机污染物通过质外体或者共质体途径，依次经过表皮、皮层、内皮层和维管组织进入根系内部组织中，并在此过程中发生分配、代谢等各种生理活动。目前主流的观点认为，在上述过程中几乎所有的非离子型有机污染物都是通过被动吸收的过程进入植物中，其迁移动力来源于蒸腾拉力（Chiou et al.，2001）。只有极少数具有激素样性质的有机污染物（如苯氧基酸类除草剂）存在植物主动吸收的现象（Simonich and Hites，1995；Paraiba，2007）。

一般，有机污染物的物化性质及植物种类是影响植物吸收的两大主要因素。由于不同植物间脂质性质存在差别，而辛醇的性质与生物脂质相似，因此研究人员普遍利用辛醇-水分配系数（K_{ow}）来代替脂质-水分配系数（K_{lip}），用于表征有机污染物在脂相和水相之间的分配行为。传统观点认为，K_{ow} 是衡量植物根系吸收有机污染物能力最重要的物化性质参数，有报道指出大麦根部从土壤和水中吸收的有机污染物比例与 K_{ow} 成正比（Briggs，1982）。

在植物吸收有机污染物的过程中，植物本身的类型和性质也起着重要作用。目前研究中所使用的植物材料主要分为两类：作物类（叶菜类、茎菜类、根菜类、果菜类）及非作物类（草本植物黑麦草、木本植物白杨等），但只有个别的果菜类（如辣椒、冬瓜、南瓜）、叶菜类（如菜心）作物和白杨等非作物类植物存在吸收量较多的现象（表 4-1）。例如，以菜心作为受试植物，在相似的污染水平和时间下，芘在植物中的浓度无论是根系还是地上部都明显高于菲的浓度（高曦等，2014）。而利用南瓜和黄瓜对有机氯农药 DDT 的主要代谢产物 2,2-双(对氯苯基)-1,1,1-三氯乙烷（*p,p'*-DDE）进行吸收试验则发现，虽然南瓜和黄瓜同属葫芦科植物，但 *p,p'*-DDE 在两者体内的浓度也有着显著差异（White，2002）。

表 4-1　有机污染物在植物中的吸收水平（傅婉秋等，2017）

有机污染物	lgK_{ow}	植物	栽培方式	处理条件/(mg/kg DW)	处理时间	吸收水平/（μg/kg DW）	
						根部	地上部
三氯乙烯	2.61	杂交杨树	土培	20	8 个月	803	783
菲	4.57	萝卜	土培	ND ～ 0.264	64d	1.1 ～ 82	ND ～ 462
菲	4.57	菜心	土培	ND ～ 457	45d	ND ～ 11 900	60 ～ 610
芘	4.88	菜心	土培	ND ～ 489	45d	ND ～ 42 800	90 ～ 4 570
邻苯二甲酸二丁酯	4.9	萝卜	土培	ND ～ 0.148	64d	7.6 ～ 31.7	ND ～ 29
邻苯二甲酸二丁酯	4.9	大白菜	水培	0 ～ 100	42d	ND ～ 640	ND ～ 2 390
邻苯二甲酸二丁酯	4.9	大白菜	水培	0 ～ 100	42d	ND ～ 780	ND ～ 3 320
邻苯二甲酸二丁酯	4.9	辣椒	土培	2.3 ～ 82.3	3 个月	16 180 ～ 21 030	76 340 ～ 96 480
氯丹	6.16	生菜	土培	6.692a	NR	51 155a	440a
2,2-双 (对氯苯基)-1,1,1-三氯乙烷	6.51	西葫芦	土培	0.18a	3 个月	3 900a	1 893a
2,2-双 (对氯苯基)-1,1,1-三氯乙烷	6.51	南瓜	土培	0.15 ～ 1.2	2 个半月	130 ～ 2 900	28.3 ～ 2 615
2,2-双 (对氯苯基)-1,1,1-三氯乙烷	6.51	黄瓜	土培	0.15 ～ 1.2	2 个半月	300 ～ 690	127 ～ 188
邻苯二甲酸二辛酯	7.6	萝卜	土培	ND ～ 0.176	64d	56 ～ 501	ND ～ 2 048

ND：未检测到；NR：未报道；DW：干重。a 代表数值为平均值

研究发现，植物吸收有机污染物的量与该植物根系的脂质含量通常呈显著的正相关关系，表明有机污染物可能累积在植物的脂质中。另外，根系的碳水化合物和其他细胞壁成分对植物吸收有机污染物也起着重要作用。研究发现，PAH 主要存在于细胞壁中，而碳水化合物是植物细胞壁的主要成分，其组分主要有纤维素、半纤维素、果胶等糖类物质。Chen 等（2009）研究发现，小麦的细胞壁比根部其他组织成分具有更高的芳香化程度和更低的极性，而所分离得到的 3 种小麦细胞壁成分（果胶和两种半纤维素）对菲的吸附能力分别与它们自身的芳香化程度和极性呈明显的正相关及负相关，这也从侧面反映了以碳水化合物为主的细胞壁在吸收有机污染物时所起的重要作用。

由此可见，有机污染物从表皮到维管组织的传递过程实际上也是有机污染物在一系列细胞壁和细胞膜物质之间的分配过程。如果以碳水化合物代表细胞壁，以脂质代表细胞膜，则这个过程可以简单类比为有机污染物在植物不同成分之间的分配作用过程。当然，这种类比不能完全模拟真实的植物吸收过程，因为植物是一个活体，细胞膜的存在可能会延缓有机污染物进入细胞内部。死根由于其细胞膜的穿透性增大，使更多的有机污染物分配到植物根部的有机成分中，因而相对于活体，灭活组织吸收得更多。

4.2.1.2 植物地上部对有机污染物的吸收

有机污染物可以通过“土壤–空气–植物”的途径被植物地上部所吸收。针对有机污染物的分配过程，可以将植物叶片分为两个部分：比例较小但吸收迅速的表层部分，以及比例较大但扩散较慢的叶肉部分，而后者被认为对有机污染物在植物叶片内部的积累具有重要的影响。

植物茎、叶表面覆盖着一层角质层，其一般组成为角质、蜡质等生物聚合物，厚度为小于 1μm 至十几微米，这些有机组分对有机污染物进入叶片内部起到有效的阻隔作用。对于挥发到空气中的有机污染物，除了以气态形式经叶片气孔被吸收外，附着在大气颗粒物上的有机污染物也可以通过干湿沉降落在植物叶片表面，再通过扩散作用进入叶片内部。研究指出，很多半挥发性有机污染物在叶片和空气中的分配作用与有机污染物本身的辛醇-空气分配系数（K_{oa}）有关，$\lg K_{oa} < 8.5$ 的半挥发性有机污染物主要通过气态形式被叶片吸收，且有机污染物在叶片和空气间的分配会达到一个平衡状态；而 $\lg K_{oa}$ 在 8.5 ～ 11 的半挥发性有机污染物，虽然气态吸收仍是主要途径，但这一过程会受到吸收动力学的限制而无法达到平衡；$\lg K_{oa} >$ 11 的半挥发性有机污染物则主要附着在颗粒物上从而沉降至叶片。在同样的大气环境下，不同植物对有机污染物的吸收存在很大差异，这主要受到植物叶片本身的脂质含量、性质及叶片的暴露面积、表面粗糙度等因素的影响。

有机污染物在叶片的归宿与它在植物叶片组织中的位置及到达该位置的途径有关。表层或接近表层（蜡质层和表皮）的有机污染物可能会再次挥发回到大气中，或者发生光降解，而在皮层细胞质中的污染物则更容易被代谢。研究利用双光子激发显微技术（two-photon excitation microscopy，TPEM）观察发现，大气中的菲既能以气态形式被玉米和菠菜叶片吸收，也可以通过颗粒沉降在叶片表面再扩散进入叶片中。叶片表面的微尺度差异对植物叶片吸收有机污染物的位点有重要影响，菲在植物叶片表面呈不均匀分布，形成吸附通道。例如，在菠菜叶片表面突出的位置或者与气孔连接的位置中菲的浓度水平比凹陷处高；另外，在叶边缘菲的浓度水平比叶中间高。相对而言，菲在玉米叶片表面的分布更为均匀（Wild and Jones，2007）。当菲“填满”了角质层后，它开始通过质外体途径（玉米的细胞壁）或共质体途径（菠菜的细胞质）迁移进入表皮细胞和叶肉细胞中（图 4-3）。在蒸腾速率较高时，新型持久性有机污染物多溴联苯醚（PBDE）纵向的径向传输和横向的径向传输都有所增强，验证了 PBDE 在茎中的传输随蒸腾流进行的可能性。

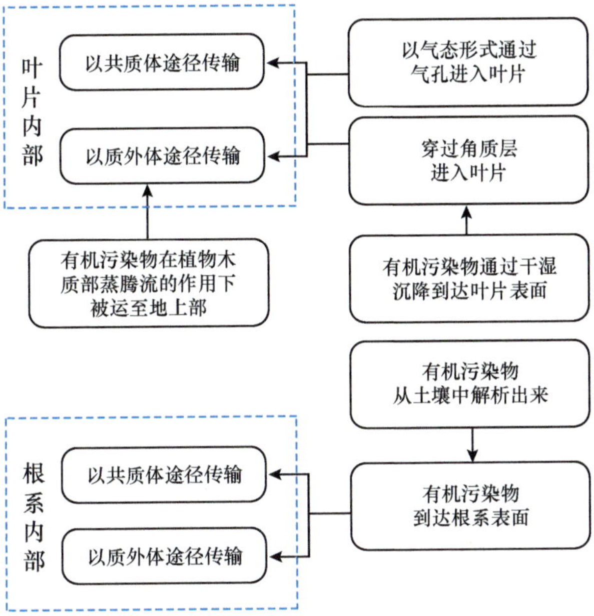

图 4-3　植物吸收有机污染物的主要途径

4.2.1.3　有机污染物从根部向地上部的迁移

影响有机污染物在植物体内吸收和转运过程的主要因素包括有机污染物的分子量、疏水性、根系可萃取脂质含量、土壤电解质类型、pH 及土壤有机质含量。植物吸收有机污染物是一个被动分配的过程，假设以土壤溶液作为有机污染物的“源”，而植物体作为有机污染物的“汇”，则植物通过蒸腾流的作用，将有机污染物从源“泵”入汇中，而植物根系在这个过程中扮演着非常重要的角色。植物根系吸收有机污染物后，可通过蒸腾流的作用迁移到地上部。目前国际上广泛使用蒸腾流浓度因子（transpiration stream concentration factor，TSCF）来表征有机污染物从根部向地上部迁移能力的相对大小。蒸腾流浓度因子是指有机污染物在植物蒸腾流中的浓度与其在根部外围溶液中浓度的比值，其理论值为 0 ～ 1。

早期研究认为，强疏水性有机污染物（$\lg K_{ow} > 3.0$）易被根表面强烈吸附，不易向上迁移；亲水性有机污染物（$\lg K_{ow} < 0.5$）不易被根吸收或较难通过植物的细胞膜；中等亲水性有机污染物（$\lg K_{ow}=0.5 \sim 3.0$）则较易被植物吸收转运。由此可见，随着 $\lg K_{ow}$ 增大，TSCF 呈现先增大后减小的“钟形”分布趋势（图 4-4）。近年来研究发现，对于一些非离子型、高极性和水溶性的有机污染物（如环丁砜、甲基叔丁基醚、二噁烷），其 TSCF 值会远远高于之前“钟形”模型的预测值，表明这类有机污染物也较容易被植物吸收和转运（图 4-4）。而对于 $\lg K_{ow} > 3.0$ 的有机污染物（如菲、芘等），它们在根系中很可能是通过质外体途径进行转运的，这类有机污染物与皮层细胞壁中的多糖成分结合会导致其径向移动阻力增大，这可能是这类有机污染物较难向上迁移的原因之一。

植物根部可吸收疏水性的有机污染物，强疏水性有机污染物通常只有极少量会被迁移到地上部。但也有研究表明，一些南瓜品种可以将强疏水性有机污染物输送到植株地上部，含量与同属甚至同种的其他品种相比达到显著性差异。研究发现，南瓜品种‘Howden’的叶和茎的 *p,p'*-DDE 浓度（分别为 380ng/g DW 和 2200ng/g DW）远高于品种‘Prizewinner’（26ng/g DW、

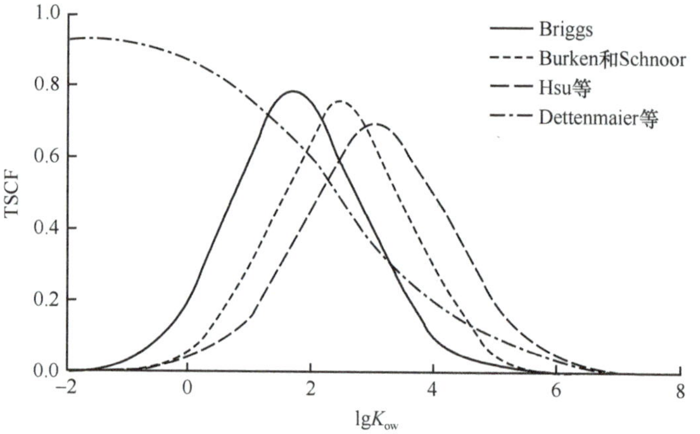

图 4-4 蒸腾流浓度因子（TSCF）与辛醇-水分配系数（K_{ow}）的关系（Briggs，1982；Hsu et al.，1990；Burken and Schnoor，1998；Dettenmaier et al.，2008）

100ng/g DW）和‘Valenciano’（11ng/g DW、10ng/g DW），这与根部浓度呈现显著的相关性，可能与一些品种能将疏水性的有机污染物转运到茎、叶部位有关。品种之间的差异与非生物胁迫、信号转导、脂质代谢和光合作用等相关基因表达有关（White，2002）。

4.2.1.4 植物对有机污染物的代谢

有机污染物被植物吸收进入细胞后的代谢分为 3 个阶段：其一，在一些酶的氧化、还原、水解的作用下获得亲水性官能团（如羟基、羧基、氨基等），这些官能团的引入会促进后续代谢的进行；其二，在酶的作用下，有机污染物的亲水性官能团与细胞的内源性分子（如蛋白质、多肽、氨基酸、有机酸、多糖等）结合，形成具有醚键、酯键、硫醚键等共价化合物；其三，结合产物转移至细胞的非活性部位，水溶性较强的产物会运输至液泡内部，而较难溶的则转移至细胞壁中。通过上述过程，有机污染物一般由于水溶性增强，更容易被植物细胞所代谢，因此其毒性会逐渐减小，但也存在某些有机污染物的代谢中间产物比母体化合物具有更高毒性的现象。

有机污染物在植物细胞内部的代谢步骤复杂，需要一系列不同的酶参与。细胞色素 P450 单加氧酶（cytochrome P450 monooxygenase）、过氧化物酶（peroxidase）、酚氧化酶（phenoloxidase）是有机污染物代谢研究中受到关注较多的 3 种酶。细胞色素 P450 单加氧酶是位于内质网–质膜上的混合功能氧化酶系，它们在有机污染物的羟基化过程中起着重要的作用。研究发现，菊芋细胞中的细胞色素 P450 可以明显缓解甚至消除苯脲类除草剂对植物本身的毒性。过氧化物酶代谢有机污染物的作用也被许多研究所证实，多氯联苯在植物中的降解与过氧化物酶的含量呈正相关关系。有研究发现，菠菜中的酚氧化酶会主动参与芳香化合物（如苯、甲苯等）的氧化过程。虽然大部分有机污染物能够被植物代谢，但只有部分结构简单的有机污染物可以被完全矿化。

4.2.2 有机污染物对植物的生物毒性效应

4.2.2.1 有机污染物对植物细胞的毒性

有机污染物会对植物细胞超微结构、生物合成、膜稳定性和 DNA 产生毒性作用（图 4-5）。有机污染物被植物细胞吸收后，会引起细胞超微结构的紊乱。例如，当烟草暴露于浓度为

10 000mg/kg 二噁英类有机污染物时，烟草细胞被破坏，细胞壁的表面变得粗糙和起皱，细胞质开始渗漏，叶绿体横截面的形状从圆形变为六角形。一些有机污染物，如二苯醚和联吡啶会导致细胞膜破裂，进而损害植物组织。洋葱分生组织根细胞暴露于 100μg/mL 噻苯唑或灰黄霉素中，可引起微管损伤，排列异常。灰黄霉素可诱发异常的有丝分裂纺锤体、成膜体和异常三倍体纺锤体。其他有机污染物如双酚 A 会诱导豌豆分生组织根尖细胞微管逐渐变松，使其平均直径从未处理时的（23±0.70）nm 增加到（32±0.14）nm，然后完全解聚。

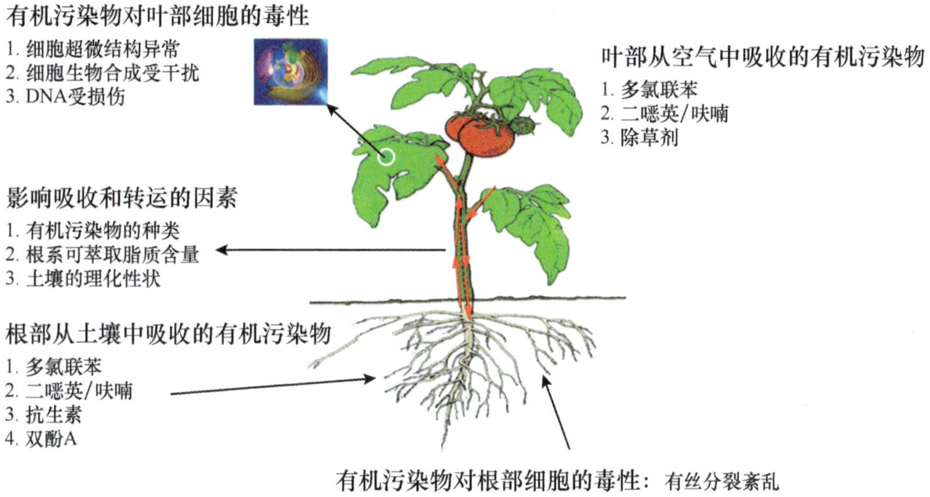

图 4-5 有机污染物在植物中的吸收、转运、影响因子及其毒性

4.2.2.2 有机污染物对细胞生物合成的毒性

有机污染物对植物细胞生物合成的影响研究主要集中在对光合作用、蛋白质、氨基酸、核酸、脂类和激素合成的不利影响上。例如，多氯联苯和除草剂会导致细胞生物合成和光合作用受抑制。浓度为 10μg/L 的多氯联苯可抑制自然浮游植物群落和单细胞藻类培养物的光合碳同化。土霉素（oxytetracycline，OTC）对小麦光合作用的影响类似于盐、碱和重金属引起的氧化胁迫，OTC 处理下敏感小麦品种植株的光合速率、蒸腾速率和气孔导度均显著降低（Li et al.，2011）。

一些光合作用抑制剂如三嗪类、苯脲类、尿嘧啶类、苯并噻二唑类和腈类有机污染物，通过结合到敏感植物叶绿体内的特定位置，从而关闭植物的光合作用进程。除草剂还通过阻止植物形成光合色素和抑制叶绿体中与光合作用有关的酶的合成，导致植物的绿叶和茎部变成白色及半透明。长期暴露于氯嗪酮和氯磺隆可显著抑制 RNA、蛋白质和脂质的合成。

有机污染物可通过抑制植物体内关键酶的活性来抑制作物的生长。乙酰乳酸合成酶是磺酰脲类、咪唑啉酮类、三唑并嘧啶类、嘧啶氧（硫）苯甲酸类及磺酰胺基羰基三唑啉酮类除草剂非常有效的作用靶标。同时，乙酰乳酸合成酶也是诱导植物体内支链氨基酸生物合成第一阶段的关键酶（图 4-6）。由于乙酰乳酸合成酶抑制型除草剂对植物乙酰乳酸合成酶的抑制，使支链氨基酸——亮氨酸、异亮氨酸与缬氨酸的生物合成受阻，导致蛋白质合成停止，使细胞有丝分裂停留于 G2 阶段的 M 期与 G1 阶段的 S 期，造成生长停滞，最终导致植株死亡。草甘膦和甲氧咪草烟可以分别通过诱导泛素-26S 蛋白酶体系统和木瓜蛋白酶样半胱氨酸蛋白酶来抑制芳香族及支链氨基酸的生物合成。

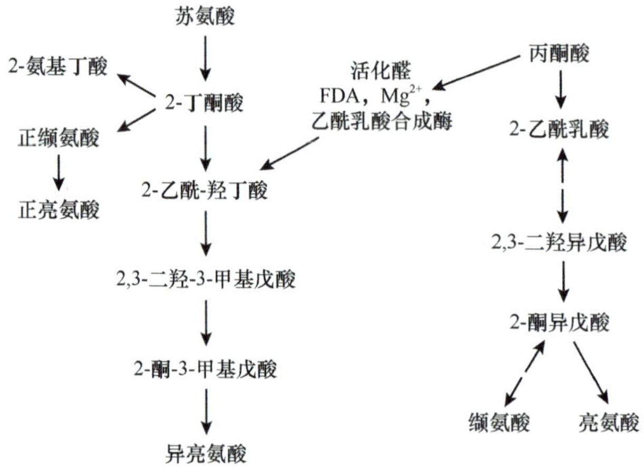

图 4-6　支链氨基酸生物合成途径

4.2.2.3　有机污染物对细胞膜稳定性的影响

研究发现，高浓度下多氯二苯并二噁英/呋喃（PCDD/Fs）会导致烟草丙二醛含量增加和细胞超微结构损伤。烟草则可通过激活抗氧化酶活性和改变植物激素水平来提高对低浓度PCDD/Fs导致的氧化胁迫的抵抗能力。水培试验表明，土霉素通过抑制光合作用显著降低了小麦的生物量和地上部生长量。当浓度超过5mg/L时，四环素可显著增加小麦叶片丙二醛（MDA）含量，染色体畸变和MDA可能是四环素污染的敏感生物学指标。

4.2.2.4　有机污染物对植物细胞DNA的损伤

研究表明，多氯联苯和除草剂会对植物细胞的DNA造成损害。烟草植株在多氯联苯污染的土壤中生长时，叶片细胞核DNA受到明显损伤。大豆根尖细胞在草甘膦中培养8h后，其彗星率、彗星尾长、彗星尾DNA含量等指标与对照有显著差异，所有指标均存在明显的剂量反应关系。使用麦草畏（3,6-二氯-2-甲氧基苯甲酸）后，DNA片段以剂量依赖的方式增加。一些研究表明，多环芳烃也可导致DNA损伤。当采用浓度为50mg/kg菲处理植物时，彗星试验的尾力矩值从对照的46.41μm增加到122.04μm。随着芘浓度（0～50mg/kg）的增加，DNA损伤程度增加。研究还发现，芘处理对蚕豆根尖细胞DNA有明显的损伤作用，彗星尾力矩值从对照的44.3μm增加到50mg/kg芘处理的110.36μm（高曦等，2014）。

4.2.2.5　有机污染物对植物有丝分裂的影响

关于多氯联苯对有丝分裂损害的报道主要集中在藻类物种上。研究发现多氯联苯会影响多种藻类的细胞分裂。例如，在低浓度下PCB显著抑制假微型海链藻、中肋骨条藻、聚生角毛藻、巴夫金藻和球等鞭金藻等的细胞分裂。坛紫菜的细胞分裂也受到多氯联苯的显著影响，分裂率随着多氯联苯浓度的增加而降低。在高等植物中，氯霉素也可能阻止细胞分裂，其中一个可能的原因是蛋白质合成的抑制、酶活性的降低及正常细胞器功能的破坏，这可导致植物根尖细胞有丝分裂受到抑制。研究发现，低浓度金霉素（0.0625～250mg/L）和四环素（0.25～10mg/L）轻微增加了植物根尖的微核和染色体畸变频率，以及姐妹染色单体交换率。然而，当四环素浓度从0.5mg/L增加到300mg/L时，染色体畸变频率显著升高。采用浓度为20mg/L、50mg/L、100mg/L的双酚A处理豌豆幼苗根尖1h、3h、6h、12h、24h，均影响了染色体的正常分离，阻碍胞质分裂的完成，扰乱分裂间期。这表明双酚A对豌豆根尖分生组织细胞具有严重的抗有丝分裂效应（Adamakis et al.，2013）。

4.3 生物对植物有机污染物的抗性及机制

4.3.1 植物对有机污染物的修复及机制

植物修复（phytoremediation）是指通过利用植物忍耐或超量吸收积累某种或某些化学元素的特性，或者利用植物及其根际微生物通过吸收、降解、过滤和固定等过程将污染物降解转化为无毒物质达到净化环境污染的技术。植物修复具有诸多优势，如利用原位修复方式使土壤中的污染物得以去除，相对于其他治理修复技术可减少场地破坏及对现场环境的扰动，同时通过植物修复可增加土壤中有机质含量和土壤肥力。如图 4-7 所示，根据其作用过程和原理，植物修复技术可以分为根际过滤、植物固定、植物降解、植物挥发、植物萃取等类型，其修复机理与对应的有害物质见表 4-2。

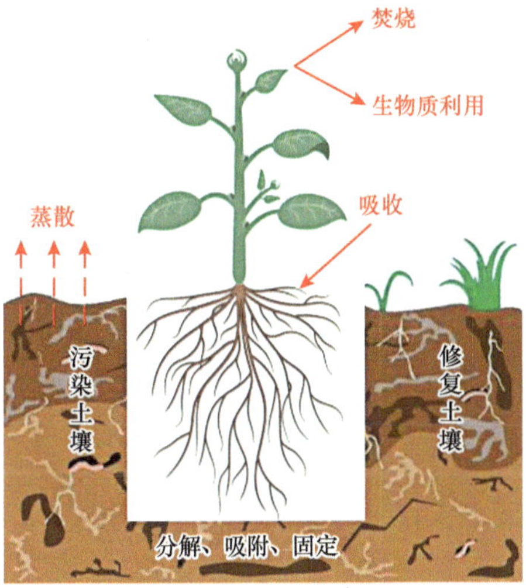

图 4-7 植物修复的概念图

表 4-2 污染土壤的植物修复技术机理

植物修复	修复机理	污染物质
植物固定	植物在土表形成绿色覆盖层，植物根系及其分泌物通过吸附、积累、沉淀等过程减少因淋洗、地表侵蚀等作用导致的污染物质向地下水等其他地方扩散	重金属，放射性核素，非金属，有机污染物
植物降解	植物通过体内或分泌的植物酶将有机物质降解的过程	有机污染物
根域降解	植物根系环境及根圈微生物的作用，使污染物质得到分解	有机污染物
根际过滤	植物根系吸收、吸附、沉淀污染物，形成一个根系过滤系统，一般利用根系发达的植物	有机污染物，重金属
植物挥发	植物将污染物质吸收到植物体内，通过植物蒸腾作用将挥发性化合物或其代谢产物释放到大气的过程	挥发性无机或有机物质（Hg、Se、VOC 类物质等）
植物萃取	植物将土壤中的污染物质吸收提取到根部可收获的部位和植物地上茎、叶部位，一般利用超富集植物	重金属，放射性核素，非金属（B、F 等），部分有机污染物质

植物修复技术的基本原理是通过植物的蒸腾作用，将分散在土壤中的污染物提取出来，转移到植物地上的茎、叶部位或可以收获的根部，最后通过收获和处理用于修复的植物去除土壤中的污染物，从而实现修复、治理土壤的目的。一般具有以下特征的植物较为理想：土

壤中污染物浓度较低的情况下也可以大量吸收和积累；对污染物具有较高的耐性、富集能力或促进分解的能力；对多种污染物同时具有较好的修复能力；生长快、生物量大、耐病虫害、容易栽培种植与管理；收获后通过有效利用（如制造生物燃料、作为观赏花卉等）产生高附加值的经济效益。比较 6 种野草对菲污染土壤的修复作用发现，去除能力表现：狐尾草＞狗尾草＞蟋蟀草＞稗草＞高羊茅＞碱蓬。研究 4 种植物（红三叶草、扁穗冰草、黑麦草和狗牙根）对土壤中石油污染物的降解作用发现，对于污染浓度为 3000mg/kg 的石油污染土壤，修复 455d 后，红三叶草对总石油烃类化合物（total petroleum hydrocarbon，TPH）的降解率达 94.52%，相比扁穗冰草、黑麦草、狗牙根分别高出 13.82%、18.28%、20.82%（申圆圆等，2012）。

从表 4-2 可以看出，对农药等有机污染物而言，虽然植物萃取、植物降解及植物挥发等都可能有一些作用，但主要还是根域降解。通过根系分泌物的作用，促进根圈微生物的生长与繁殖，而且植物种植还可以改善根域土壤的氧气供给，这些都可以促进有机污染物的分解。而对于重金属（Cd、Pb、Cr 等）与放射性物质（Cs、Sr 等）及其他一些无机污染物（As 等），其最有效的方法是植物萃取。

土壤植物修复的关键是选择合适的植物。利用植物修复有机污染的原理主要包括三方面的内容，分别是积累作用、降解转化作用、催化作用。①积累作用，主要是植物将有机污染物加以吸收，并且在植物体内保存，从而使得污染物得到有效的分解；②降解转化作用，主要是当土壤中富含有机污染物（主要包括农药、油等）时，植物将其吸收进入体内，通过植物内部组织对污染物进行分解，并且储存在植物组织中；或者通过植物的光合作用，促使环境污染物得以全部分解为 CO_2 和水；③催化作用，主要是充分发挥植物根系分泌特定分泌物的作用（酶、蛋白质、糖类、有机酸、酚等），从而使得土壤中的有机污染物分解，并且将分解物提供给植物作为养料，促进植物生长，而在植物生长的情况下，分泌物增多又有助于加速有机污染物的分解。

利用植物修复土壤中的有机污染物具有修复成本低、无二次污染、技术操作简单等优点，农用地经过植物修复后，可增加土壤肥力和有机质含量，有利于农作物的种植。然而由于用于修复土壤的植物对有机污染物的耐性范围有限，同时大多数植物根系集中在污染土壤表层，故其修复深度有限，且修复周期较长，因此如何提高植物修复有机污染物污染土壤的效率是未来研究的重点。

4.3.2 微生物对植物有机污染物的降解作用及机制

目前，国际上环境生物修复技术的核心是微生物修复技术，即利用土著微生物直接降解污染物或向处理系统投加外源微生物（或降解菌、降解酶等），优化微生物群落结构，提高降解活性，加速环境中污染物的降解反应，使有毒有害的污染物转化为无害物，或者矿化为 CO_2 和水。与物理、化学修复技术相比，微生物修复技术具有成本低、不破坏原始环境、无二次污染、处理效果好、操作简便等特点。20 世纪中期以来，已有大量关于降解 POP 的微生物被分离的报道。目前报道的 POP 微生物降解途径主要涉及厌氧还原脱卤、有氧环境的脱卤及开环矿化和共代谢途径。

4.3.2.1 POP 的微生物厌氧降解途径

在还原性的厌氧土壤或沉积物等环境中，O_2、NO_3^-等电子受体的缺乏是限制氧化反应发生的主要原因。含卤原子的 POP 的氧化还原电势相对比较高（260 ～ 570mV），在厌氧环境中更易成为脱卤微生物的电子受体，POP 化合物得到电子且卤原子被氢原子取代从而完成还原脱卤反应，进而完成电子传递的厌氧脱卤呼吸作用。脱卤反应通常为放能反应，厌氧微生物可通过还原脱卤过程来获得支撑自身生长代谢的能量。脱卤微生物的细胞量增长与卤代化合物含量的降低呈正相关关系。微生物通过还原脱卤酶的催化作用完成还原脱卤过程（图 4-8）。

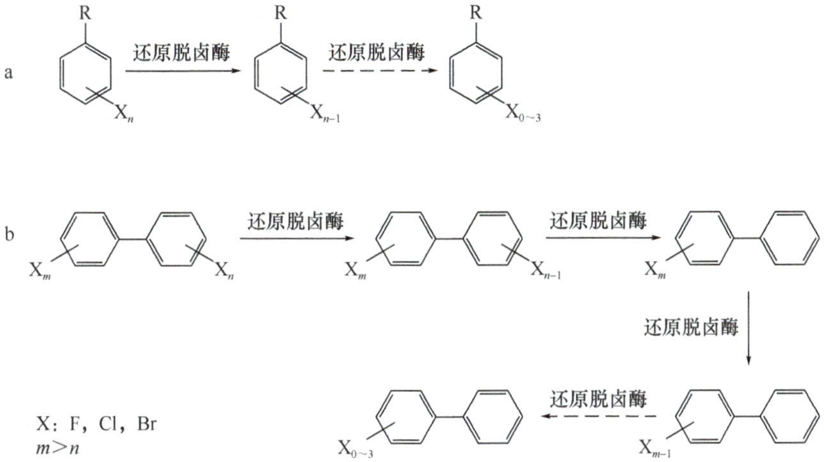

图 4-8　卤代芳烃的微生物厌氧降解途径

a. 卤化苯；b. 多氯联苯。m，n：卤原子数量

一般高卤代芳烃化合物都抵制好氧降解，所以最常见的六氯苯（hexachlorobenzene，HCB）降解途径是典型的厌氧还原脱氯。从土壤、污水底泥等厌氧环境中分离出的细菌，外加碳源、无机铁盐等营养物质，能将 HCB 高效地厌氧降解为毒性较低的低氯代苯。DDT 的生物降解适合在厌氧条件下完成。DDT 在微生物的作用下脱去 1 个氯原子转化为 DDD，这一步需要过渡态的金属和金属复合物作为还原剂，再在厌氧条件下发生还原脱氯生成二氯二苯基甲烷，最后在好氧条件下通过其他微生物的共同作用使苯环裂解。

卤代联苯醚在厌氧条件下的脱卤反应最容易发生在间位，其次为对位，最后是邻位。此外，当环境中有其他化合物如 2,6-二溴联苯、十溴联苯等底物存在时，能促进十溴联苯醚（BDE-209）的厌氧降解。紫外线的存在可产生活性自由基，攻击碳溴键，使其发生断裂来促进还原脱卤过程。

共代谢还原脱卤也是厌氧环境中 POP 的重要降解方式，厌氧脱卤反应总是会与产甲烷、Fe^{3+} 还原、反硝化、硫酸盐还原等生物过程相伴。在厌氧微生物培养物中，抑制硫酸盐还原反应的同时也会抑制多氯联苯（PCB）还原脱氯；添加 $FeSO_4$ 时，对脱氯反应有显著促进作用。有研究表明，一些产甲烷古菌如八叠球菌（*Methanosarcina* spp.）可以同时发生裂解乙酸产甲烷和氧化乙酸生成脱卤所需的还原力 H_2，从而使以 H_2 作为电子供体的微生物进行还原脱卤反应。

4.3.2.2　POP 的微生物好氧降解途径

微生物催化的 POP 的厌氧脱卤反应总体来讲是一个相对缓慢的过程，反应前的环境适应期甚至需要 7 ～ 12 周。经过微生物的还原脱卤后，化合物的亲水性增强，可以成为电子供体而进入微生物的好氧降解过程，进一步脱卤并开环，或者先开环再脱卤分解为小分子物质，进而进入三羧酸（TCA）循环氧化为水和 CO_2。POP 的微生物好氧降解反应是一个相对周期较短的过程，且不会产生毒性较大的中间产物，是 POP 矿化的主要途径。

对于含有多个苯环结构的卤代 POP，氧化反应只作用于低卤代化合物（＜ 5 个卤原子）。间位取代的卤代联苯比邻位取代的更易发生降解，没有取代基或取代基少的苯环先开环裂解；具有相同卤原子数的含有两个苯环的 POP，比卤原子集中在一个苯环上的 POP 更易被降解。大多数好氧降解菌只能以一氯联苯为唯一碳源生长，其他低氯代联苯则需要共代谢降解（图 4-9）。

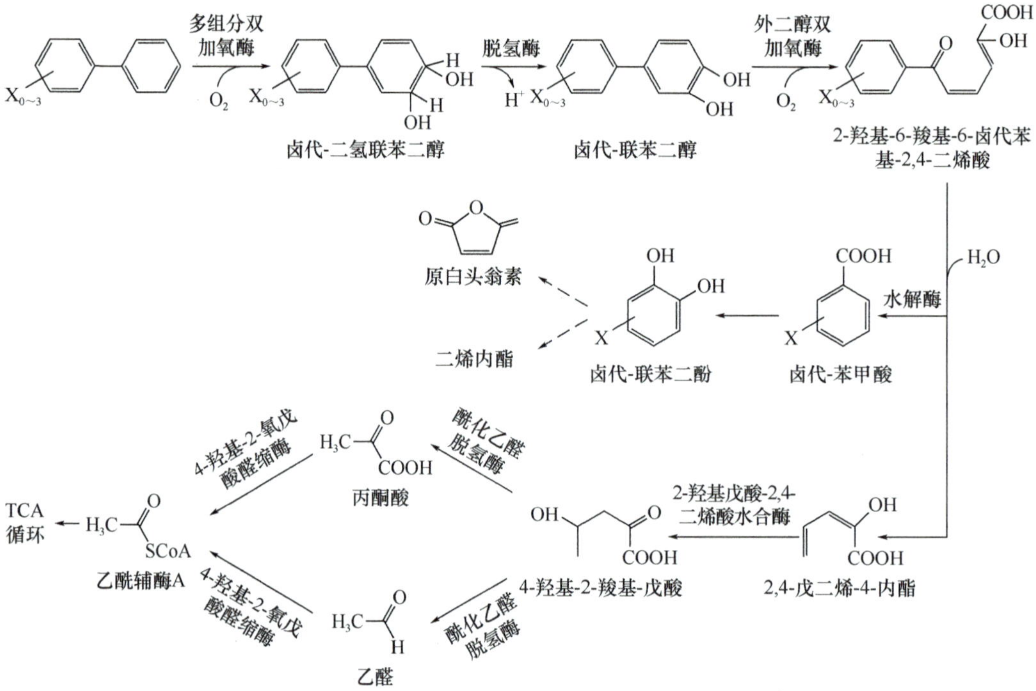

图 4-9　多卤联苯的微生物好氧降解途径（阮哲璞等，2020）

有机氯农药（OCP）的微生物好氧降解途径一般是先对 OCP 进行羟基化，形成中间产物氯代邻苯二酚，进一步的开环方式主要是 1、2 位邻位开环和 2、3 位或 1、6 位间位开环，开环后通过内酯化过程脱去氯原子。六氯苯先氧化成五氯苯酚，然后继续氧化成四氯对苯二酚，再转变为 2,6-二氯对苯二酚，最后开环矿化。微生物的好氧降解主要在厌氧还原脱氯后，主要有继续脱氯开环或者直接开环再脱氯。

多环芳烃（PAH）的微生物降解一般具有以下一些特点：①无论是在好氧还是厌氧环境下，降解的难易都与 PAH 的化学结构复杂性有关，包括环和取代基的种类、位置和数目；②二环和三环的 PAH 通常更易被土壤微生物和真菌降解；③四环及四环以上的 PAH 很难进行生物降解，需要依赖多个微生物的协同代谢来完成；④ PAH 的饱和度与降解难易程度成反比。在实际情况下，许多污染场地往往是多种高分子量 PAH 的复合污染，单一的微生物降解菌往往不能满足要求。因此，如何构建可以同时处理多种高分子量 PAH 的降解菌群也是值得研究的重要内容。目前，已报道萘的降解途径有以下 3 条：第一条是水杨酸途径，萘首先在双加氧酶和脱氢酶催化下生成 1,2-二羟基萘，然后生成水杨酸，随后在水杨酸羟化酶作用下生成邻苯二酚；第二条是龙胆酸途径，萘被转化为水杨酸后在单加氧酶的作用下转化为龙胆酸；第三条是邻苯二甲酸途径，萘先被转化成 1-羟基-2-萘甲酸后再进一步被催化生成邻苯二甲酸。

4.3.2.3 微生物共培养降解多环芳烃

在实际污染的环境中，有多种污染物和微生物共存。由于污染物及其中间代谢物的毒性以及与其他微生物竞争的影响，单个微生物只能代谢有限范围的化合物，这使得很多重要的生化过程无法完成。而共培养（混菌培养）是指在无菌条件下，将不同的微生物在厌氧或好氧条件下进行混合培养。因此在多环芳烃污染中，利用混合微生物能更有效地降解更复杂的多环芳烃污染体系。目前已报道的共培养降解 PAH 的组合方式有真菌和细菌混合培养、真菌间混合培养、细菌间混合培养、藻类和细菌混合培养（表 4-3）。

表 4-3 微生物共培养降解多环芳烃

微生物种类	拉丁名	单菌降解效率/%	混菌降解效率/%	污染物类型	培养基质
拟盘多毛孢属真菌	*Pestalotiopsis* sp.	66	91	混合多环芳烃	土壤固体
多孔属真菌	*Polyporus* sp.	56			
沙漏菌	*Sarocladium* sp.	30	70	芘	液体
隐球菌	*Cryptococcus* sp.	30			
地衣芽孢杆菌	*Bacillus licheniformis*	41 ～ 58	60 ～ 61	苯并 [G, H, I] 苝	土壤固体
枯草芽孢杆菌	*Bacillus subtilis*				
铜绿假单胞菌	*Pseudomonas aeruginosa*				
毛霉	*Mucor* sp.	39	67	芘	土壤固体
分枝杆菌属细菌	*Mycobacterium* sp.	56			
嗜盐芽孢杆菌	*Halobacillus* sp.	35 ～ 47	45 ～ 64	芘、芴和荧蒽	液体
嗜盐单胞菌	*Halomonas* sp.				
羊角月牙藻	*Selenastrum capricornutum*	0	100	芘	液体
分枝杆菌属细菌	*Mycobacterium* sp.	80			

4.3.3 植物–微生物联合修复有机污染物及机制

植物–微生物联合体系中微生物与植物互利共生，利用土壤–植物–微生物组成的复合体系来共同降解有机污染物，清除环境污染。一方面，植物生长过程中通过根系为微生物生长提供生活场所；另一方面，微生物在植物体内或根际旺盛生长，可提高植物对极端温度、水分、营养条件及病原体侵染等外部胁迫的抵抗力，进而增强植物对污染物的降解，使植物有更加优越的生长空间。这样的植物–微生物联合体系促进了污染物的快速降解、矿化。植物–微生物联合体系包括植物–内生菌共生体系、植物–菌根菌联合体系和植物–根际微生物联合体系。如表 4-4 所示，不同植物–微生物联合体系在有机污染物的降解方面发挥重要作用。

表 4-4 不同植物–微生物联合体系对有机污染物的降解能力（傅婉秋等，2017）

植物–微生物联合体系	有机污染物	研究结论
柳树和禾本科植物–假单胞菌属 PD1	菲	菲的降解率增加 25% ～ 40%
水稻–拟茎点霉属内生真菌 B3	菲	30d 后菲的残留浓度为无菌对照组的 8.40%
香根草–无色杆菌 F3B	芳香族化合物	污染物毒性减少且蒸散率下降 30%

续表

植物–微生物联合体系	有机污染物	研究结论
柳枝稷–食异生素伯克霍尔德氏菌 LB400	多氯联苯	种植柳枝稷的土壤接种 LB400 后，PCB 去除率达 47.30%±1.22%
紫花苜蓿–苜蓿根瘤菌	多氯联苯	接种根瘤菌的紫花苜蓿根际土壤中，PCB 去除率显著高于其他处理，达 42.6%
柳枝稷、荻和狼尾草–土壤混合菌	石油	经过 150d 温室降解，柳枝稷降解率最高为 73.47%，荻为 67.82%，狼尾草为 68.01%
白花草木犀–丛枝菌根真菌	柴油	柴油毒性减少，植物生物量和养分含量提高，抗氧化能力增强
紫花苜蓿–根际土壤细菌和真菌	芘	根际芘的平均去除率比非根际高 6%
番茄–木霉	辛硫磷	15d 后番茄根部辛硫磷含量降低 77.45%
高丹草–毒死蜱降解菌 DSP-A	毒死蜱	毒死蜱的降解率达 96.44%，远远高于单一的植物或微生物降解
高羊茅和蚯蚓–丛枝菌根真菌	多环芳烃	120d 内将 PAH 质量分数从 620mg/kg 降到 41mg/kg，PAH 去除率高达 93.4%
牵牛花–菌群	石油	石油降解率比无植被时显著增加，最高为 67.42%

4.3.3.1 植物–内生菌对有机污染物的降解及机理

（1）植物–内生菌共生体系及降解作用

植物内生菌是指存活于健康植物组织内部，而又不引发宿主植物表现出明显感染症状的微生物类群。现已报道可与植物建立共生体系的内生细菌中有多个菌属，其中芽孢杆菌属（*Bacillus*）、假单胞菌属（*Pseudomonas*）和不动杆菌属（*Acinetobacter*）等具有降解柴油、苯酚、芘等有机污染物的能力。此外，内生真菌中的拟茎点霉属（*Phomopsis*）等，对阿魏酸、肉桂酸和芥子酸等有机污染物也具有很好的降解效果。这些内生菌与植物建立联合体系，通过降解或固定土壤及植物体内有机污染物的方式减少植物毒性，促进植物生长，从而增强对有机污染环境的修复。

内生菌与植物对有机污染物的降解表现出协同作用。一方面，定植于植物各组织如根、茎、叶、花、果实内部的内生菌和植物形成共生作用，产生特定的酶来降解不能单独转化的有机污染物；另一方面，植物为内生菌提供生存场所，并通过植物内部的纤维素提供自身生产的碳源，促进内生菌的生长繁殖，加速有机污染物的降解。

（2）内生菌在植物体内的生长代谢

内生菌可将环境中的有机污染物作为碳源和能源加以分解与利用，其原因有两个：一是某种内生菌可代谢特定的有机污染物；二是内生菌的生存环境中缺乏适合利用的碳源物质。从宿主植物中筛选出能够以多氯联苯和多溴联苯醚为碳源及能源生长的内生菌，并且这两种污染物对其生长表现出协同作用。从芦苇中分离到的木糖氧化无色杆菌（*Achromobacter xylosoxidans*）F3B 可以芳香族化合物为碳源且能够提高共生植物的生物量。内生菌利用植物中有机污染物作为碳源和能源，不仅增强植物耐受有机污染物的能力，促进植物在污染环境中的生长，同时也为内生菌的生长提供原料，维持其基本的生存条件。

（3）内生菌在植物体内的共代谢

共代谢是指某些难降解的有机化合物，通过微生物的作用能改变化学结构，但并不能被用作碳源和能源，微生物必须从其他底物获取大部分或全部的碳源和能源，这样的代谢过程称为共代谢。一般情况下，高分子量的有机化合物由于复杂的化学结构和低溶解度，难以被微生物直接降解。内生菌对植物体内的有机污染物可能进行共代谢。一种可能性是植物体内存在大量的糖类等有机营养物质，可作为共代谢的初级底物供给内生菌的正常生长，同时可以产生转化目标污染物的诱导酶，促使环境中的有机污染物进行有效降解。另一种可能性是代谢植物体内目标污染物的内生菌利用初级底物或目标污染物的中间产物作为必需营养物质，这有利于促进内生菌生长并增强活性，从而促使内生菌分泌足够量且高效的活性酶应用于有机污染物的降解。研究表明，DDT 的降解经历了共代谢作用过程，其代谢转化产物可被好氧微生物降解。

（4）内生菌产生特定的酶对有机污染物进行逐步降解

内生菌定植于植物组织内部，可产生多种特异性的酶对有机污染物进行降解。研究发现，黄孢原毛平革菌在代谢菲的过程中产生细胞色素 P450 和锰过氧化物酶，并且提高锰过氧化物酶活力，增强菲的降解。内生真菌拥有两种必要的胞外酶系统：一是负责多糖降解的水解系统，主要是木聚糖酶和纤维素酶；二是独特的木质素氧化系统，可以打开苯环，降解木质素，主要包括漆酶、木质素酶和过氧化物酶。另外，内生菌中编码水杨酸羟化酶的基因可调控降解植物体内产生的水杨酸，使进入宿主的内生菌不至于被宿主攻击而能够稳定定植于宿主植物各组织内部，继而产生其他酶从而发挥降解有机污染物的作用。通常，可利用加氧酶在 PAH 苯环内加入氧原子进行环的断裂，又因为 PAH 的结构大多有相似性，使得其代谢的中间产物结构也存在一定的相似性，因此可推测在一系列能降解 PAH 的微生物中存在着功能类似的酶。

内生菌还可以通过底物诱导产生酶，使许多难降解有机污染物的中间产物变成易于降解的物质，且这些中间产物有可能被内生菌作为碳源或能源利用以促进生长，从而加速有机污染物的降解。在芳香族化合物降解过程中，邻苯二羟基类化合物是多种芳香烃和相关化合物的细菌代谢中间体，在内生菌需氧降解芳香烃的代谢途径中需要脱氢酶将其两个氢原子脱去，形成含两个羟基的中间体，随后即可被双加氧酶裂解，最后逐渐降解为能进入基础代谢途径中的化合物。

4.3.3.2 植物–菌根菌对有机污染物的降解及机理

菌根是菌根真菌和高等植物的营养根系产生互惠互利作用所形成的一种联合共生体。菌根真菌是指能引起植物形成菌根的真菌，多属于担子菌亚门，少部分属于子囊菌亚门。常见的有属于丛枝菌根（arbuscular mycorrhiza，AM）真菌的幼套近明球囊霉（*Claroideoglomus etunicatum*）和摩西管柄囊霉（*Funneliformis mosseae*）。

（1）植物–菌根菌体系对有机污染物的修复潜力

近年来，生物修复对环境污染起到有效缓解作用，而其中植物–菌根菌的互惠作用在修复有机污染方面表现出诸多独特优势。AM 真菌广泛分布于有机污染土壤中，对各种有毒有机污染物如农药、石油、多环芳烃等有一定的抗性，也可提高宿主植物的抗毒害能力。例如，在长期施用甲胺磷、辛硫磷、马拉硫磷、乐果等有机磷农药的耕作土壤中，土壤 AM 真菌多样性达 0.58 ～ 2.04，其中优势种为摩西管柄囊霉和幼套近明球囊霉（Li et al.，2009）。高浓度的氟代二噁英干扰了丛枝菌根真菌的生长发育，但接种菌根可保护寄主植物免受 PCDD/Fs 的药害（Meglouli et al.，2020）。菌根真菌与其他微生物如内生菌、根际微生物等形成联合体系，共同降解环境中的有机污染物，菌根的某些分泌物也可成为降解污染物的共代谢底物。

研究证实，AM 真菌可以促进有机污染物的降解和转化，加速有机污染土壤的生物修复，降低有机污染物在农产品体内和土壤中的残留。农药是一种重要的土壤污染源，尽管有些农药尤其是一些杀真菌剂对 AM 真菌有一定的抑制作用，但菌根化植物对农药有很强的耐受性，并且能把一些有机成分转化为菌根真菌和植株的养分，降低农药对土壤的污染程度。在施用绿麦隆、二甲四氯和氟乐灵等除草剂的土壤中，接种 AM 真菌对白三叶的植物生长量及氮、磷的吸收都有促进作用。大豆在被摩西管柄囊霉侵染后，生长不但没有受到 0.15mg/L 乐果的影响，反而促进了摩西管柄囊霉孢子的萌发（Menendez et al.，1999）。AM 真菌对甲胺磷有较强的耐性，在甲胺磷污染条件下接种 AM 真菌促进番茄的生长，并可能加速甲胺磷的矿化。Wu 等（2008）发现接种幼套近明球囊霉后紫花苜蓿根系中 DDT 含量增加，而地上部的含量却明显降低；接种处理的根际土壤中细菌、真菌数量及脱氢酶活性显著增加，DDT 含量明显降低。接种 AM 真菌加速了辛硫磷在土壤中的降解过程，降低了辛硫磷在土壤中的半衰期（Wang et al.，2011）。

丛枝菌根真菌可修复化学除草剂阿特拉津（莠去津）对环境的影响。Huang 等（2009）发现接种 AM 真菌降低了玉米植株和土壤中的阿特拉津残留量，接种 AM 真菌的植物在根中积累了较多的阿特拉津，并且接种 AM 真菌的宿主植物根际土壤中微生物数量多于不接种处理，表明 AM 真菌能促进根际微生物的繁殖，增强有机污染物的降解。通过建立摩西管柄囊霉和美国南瓜的联合体系，发现菌丝通过影响根际土壤微生物群落结构及生物量，促进三氯联苯及四氯联苯降解，从而提高土壤 PCB 修复效率（Qi et al.，2016）。菌根真菌不仅通过自身活动为植物生长提供必需但不能主动吸收的营养元素并增加生物量，还能增强植物的抗逆性与抗病性，提高其在有机污染环境中的存活率。此外，AM 真菌还可以提高植物对多环芳烃、酞酸酯类有机污染物的抗性，促进其降解，有助于植物在污染土壤中的生存，如蒽、菌、芘、邻苯二甲酸二丁酯（DBP）和邻苯二甲酸二异辛酯（DEHP）。韭葱、玉米、黑麦草和三叶草接种菌根菌后，菌根菌不仅能够增加宿主植物对营养和水分的吸收，而且可以增加多环芳烃的生物可利用性，提高矿化率和降解率。黑麦草–菌根菌在较低菲和芘浓度下可显著提高土壤中芘的消耗及土壤过氧化物酶活性。AM 真菌对植物生长和污染物残留的影响因污染物类型不同而异。例如，AM 真菌对地上部杀虫剂污染物残留的降解作用最为显著，依次为邻苯二甲酸酯（PAE）、多环芳烃（PAH）和多氯联苯（PCB）（Wang et al.，2020）。

（2）植物–菌根菌联合降解机制

菌根真菌是异养微生物，可通过有机污染物提供外源碳，在维持菌根真菌基本生长的同时达到降解有机污染物的目的，而对难降解的有机污染物一般进行共代谢。在植物–菌根菌联合降解中最具特征的是菌根根际效应。在植物生长幼期阶段，菌根真菌侵染到植物根部，随着植物的生长，菌根真菌的菌丝逐渐深入土壤中，极大地增加了根系表面积，提高植物对有机污染物的吸收率，有利于增强植物修复效率；此外，菌根真菌本身也具有分解有机污染物的潜力，可直接降解有机污染物。因此，菌根真菌可与植物根系、根际微生物形成特有的结构，进行相互作用，发挥菌根根际效应（图 4-10）。

菌根真菌定植可通过多种方式影响根系对污染物的吸收。首先，菌根真菌侵染植物根系可以形成大量的根外菌丝，产生的菌丝可直接与有机污染物反应，并且可促进植物有效吸收和代谢有机污染物。通过建立玉米与丛枝菌根真菌幼套近明球囊霉的联合体系，利用分室培养比较菌根室和菌丝室中阿特拉津降解的异同，研究发现在较低浓度污染下，菌丝室中阿特拉津降解较多，且菌丝室中磷酸酶和脱氢酶活力增加（Qi et al.，2016）。这说明与菌根相比，菌丝体在阿特拉津的降解过程中发挥较大作用。其次，菌根真菌定植可以增加根系生物量，从而增加根系长度和表面积。AM 菌丝具有较大的比表面积，可以大大增加根系–土壤界面区域，增加与污染物的接触。最后，有机污染物对 AM 菌丝的分配远高于向根的分配（Gao et al.，2011）。例如，AM 菌丝对芴或菲的吸收系数要比根部高 270% ～ 356%。

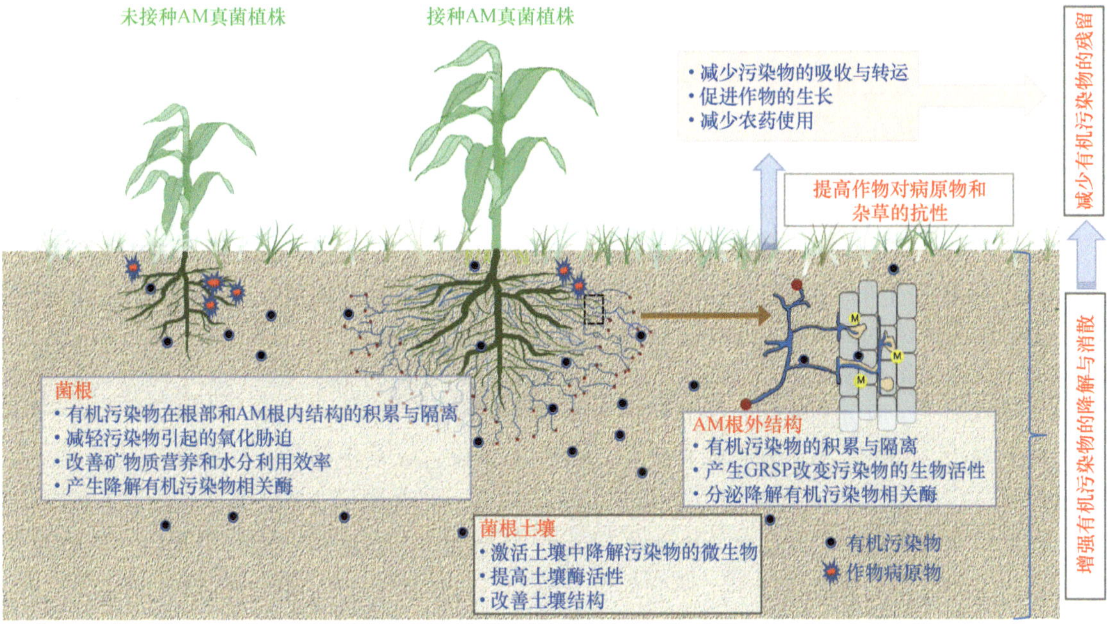

图 4-10 从枝菌根真菌在减少作物有机污染物残留中的作用（Wang et al.，2020）

根系分泌物对菌根真菌具有刺激强化的作用。植物在生长过程中经根系释放一些物质到根区土壤，增强周围微生物活性，并且这些根系分泌物还有可能成为难降解有机污染物的共代谢底物，从而有利于土壤中有机污染物的降解。具有降解活性的菌根菌能够利用植物根际提供的生活场所和氧气进行快速增殖，这也间接促进有机污染物的降解及其在植物根际的矿化作用。

植物根区的菌根真菌与植物形成联合体系后可提高许多酶的活性，常见的如过氧化物酶、氧化还原酶和多酚氧化酶等。研究发现，在菲、芘复合污染的土壤中，三叶草接种幼套近明球囊霉和摩西管柄囊霉提高了根际土壤酸性磷酸酶、多酚氧化酶和过氧化氢酶活性（肖敏等，2009）。也有研究发现，将丛枝菌根真菌与植物生长促进细菌联合接种到植物中，可显著增加超氧化物歧化酶、过氧化氢酶和过氧化物酶活力，增强植物对有机污染物的耐受性，同时还可以增强土壤酶如脲酶、蔗糖酶和脱氢酶的活性来改善土壤质量。

菌根真菌还可以通过改善矿物质营养和水的可利用性增加植物的生物量。有机污染物的疏水性和亲脂性常导致土壤矿物溶解度和水分有效性的降低，这影响了作物在污染土壤中的生长。AM 真菌的主要功能之一是获取养分，尤其是在营养缺乏的条件下。AM 真菌根外菌丝可以将环境中的有机污染物降解为自身可吸收利用的简单化合物及糖类物质，并将其传递给寄主植物。AM 真菌诱导的磷酸盐转运蛋白（PT）基因在植物磷吸收中起着关键作用，尤其是在缺磷条件下。在添加或不添加 3,4-苯并芘的紫花苜蓿栽培中，接种根内球囊霉（*Rhizophagus irregularis*）提高了植株对 P 的吸收和生物量，同时，苜蓿对大量营养素和微量营养素的吸收均有所提高（Calonne-Salmon et al.，2018）。

AM 真菌可以通过多种策略来改善因有机污染物导致的植物水分胁迫。接种 AM 真菌诱导了寄主植物耐旱基因，通过菌丝将水分直接吸收并运输到根系，增强寄主植物的渗透调节、气体交换和水分利用效率，使作物组织中保持稳定的水分状态。在多环芳烃污染的土壤中，两种菌根作物（小麦和豇豆）的含水量均显著高于未接种对照（Rabie，2005）。

球囊霉素相关土壤蛋白（glomalin-related soil protein，GRSP）是 AM 真菌菌丝分泌的疏水性糖蛋白。GRSP 可减少大团聚体破坏，增强土壤颗粒的疏水性和持水性，起到稳定土壤团粒结构的作用（Miller and Jastrow，2000），GRSP 对土壤结构的影响对土壤中有机污染物的归宿、生物有效性和生态毒性具有重要意义（Rajtor and Piotrowska-Seget，2016）。在 PAH 污染土壤中种植紫花苜蓿，土壤中 PAH 的去除率与 AM 真菌菌丝密度和 GRSP 总量呈显著正相关，表明 AM 真菌促进了 PAH 的降解。通过水培试验，Chen 等（2018）发现 GRSP 增加 PAH 在黑麦草根中的积累依赖于 GRSP 浓度。

AM 真菌定植可以诱导根系渗出物发生质和量的变化，进而改变根际微生物群落结构。由于 AM 真菌对有机污染物的降解能力有限，AM 真菌主要通过影响土壤根际微生物，特别是细菌来促进污染物的降解（Korade and Fulekar，2009）。研究发现，和未污染的土壤相比，菲污染土壤中的细菌密度和群落结构均存在显著差异。菌根的生物降解能力的增强与菌根诱导根系分泌物化学成分的变化有关，包括 AM 菌丝分泌物（Lenoir et al.，2016）。

迄今为止，AM 真菌的分布遍布全球，但只有少数 AM 真菌菌种，如摩西管柄囊霉、根内根孢囊霉和幼套近明球囊霉被用于降解有机污染物。研究表明，AM 真菌混合菌剂通常比单一物种对土壤中多环芳烃残留的影响更为显著（Gao et al.，2011）。因此，筛选一个能够集中发挥作用的 AM 真菌复混菌剂，而不是单一菌种，可能对有机污染物的降解有更好的效果。应进一步研究 AM 真菌与污染物降解菌/真菌的组合及其作用机理。

4.3.3.3 植物–根际微生物对有机污染物的降解及机理

根际是指受植物根系密切影响同时确保植物根系进行正常生长发育的区域，该场所可进行植物与外界环境的能量和物质交换，也可与多种微生物共同构成复杂的生态区系，进行环境中有机污染物的降解。根际具有丰富的微生物多样性，主要包括假单胞菌属（*Pseudomonas*）、黄杆菌属（*Flavobacterium*）、产碱菌属（*Alcaligenes*）和土壤杆菌属（*Agrobacterium*）。微生物数量和种类具有强烈的根际效应，植物根际土壤中微生物的数量和种类显著多于根围土壤。有研究表明，根际细菌种类比根外土壤中多 1.5 ～ 3.0 倍，多样的数量和种类构成了较为复杂的生物链及巨大的污染物降解群体，有助于有机污染物的降解。

（1）植物–根际微生物联合降解效果

植物–根际微生物对环境中的有机污染物存在联合降解的作用。研究发现，与未栽种棉花的对照相比，栽种棉花的污染土壤中石油烃的降解率在整个生育期提高了 44.0%，而棉花根际微生物的种类和生物量在棉花各生育期都有显著增加。另外，通过比较污染土壤中不种植柳枝稷、种植柳枝稷及种植柳枝稷同时接菌的多氯联苯（PCB）降解情况，研究发现 PCB 降解率最高的是种植有柳枝稷且其根际处接种了食异生素伯克霍尔德氏菌（*Burkholderia xenovorans*）LB400 的污染土壤（Liang et al.，2014）。

在根际混合微生物区系中，由于微生物种类多、数量大，其与植物的联合降解作用更加显著。通过选择多种根际微生物如根瘤菌、石油烃降解菌、根际促生菌与扁豆组合为联合体系，对土壤石油污染物的降解进行研究，发现扁豆与根际微生物联合降解率达 83.05%，比单独种植扁豆的土壤中石油的降解率高出一倍左右，也比单独加入微生物的土壤中石油的降解率高出 12.48%。存在于小麦根际的细菌和真菌群落可与小麦联合对有机污染物进行降解，种植小麦的污染土壤中芘降解率比没有种植小麦的污染土壤高出 50%。

（2）植物–根际微生物联合降解机制

有机污染物进入土壤后，随着与土壤接触时间的延长，有机污染物会与土壤颗粒或者其他有机物紧密结合在一起而难以被利用或者降解，使得有机污染物的生物利用度降低和发生老化现象，继而增加降解代谢的难度，所以提高有机污染物的生物利用度对后续的高效降解是必要的。由于植物生长所释放的根系分泌物不仅刺激根际微生物的活性、影响繁殖，还会对土壤中有机污染物产生活化作用，因此可利用根系分泌物提高有机污染物降解能力。根系分泌物可使根际产生浓度较高的碳水化合物、氨基酸、维生素及其他生长因子，将土壤中锁定的有机污染物从土壤表面分离，进而便于植物–根际微生物联合对老化的有机污染物进行有效降解。有研究发现，紫花苜蓿与 4 种根际微生物建立联合体系后产生的根系分泌物在菲污染降解中发挥积极作用。

根际微生物的新陈代谢和增殖可依赖于植物输送到根部的营养物质及氧气，同时植物根系还能为根际微生物的共代谢提供代谢底物，促进诸如多氯联苯、表面活性剂及农药等难降解有机污染物的降解。另外，当植物根–土壤界面受到有机污染物的影响而产生胁迫时，植物通常会直接释放出特异性的根系分泌物，并在体外建立抗衡模式，从而增强根际微生物群落转化，降低污染物毒性。将 3 种不同的植物种在 PCB 长期污染的土壤中，6 个月后土壤中 PCB 含量显著降低，且发现根际土壤细菌总数显著升高，而植物根系附近 PCB 降解菌的数量、种类和活性也明显增加（Leigh et al.，2007）。

4.3.3.4　植物–木霉菌对有机污染物的降解

棘孢木霉对提高蔬菜根区有机磷残留和有机氯类杀菌剂的降解有明显的促进作用。接种木霉显著降低了番茄、黄瓜、生菜、豇豆等根部辛硫磷、多菌灵和百菌清残留量（图 4-11a），提高了农药的降解效率，农药残留降低 35% ～ 100%，同时产量增加 12.5% ～ 25.6%。木霉可显著降低百菌清的残留量，第 3 天时较对照降低 78.74%。转录组和代谢组分析表明，木霉诱导了解毒基因的高表达，这些上调表达的基因涉及催化活力、金属离子结合绑定、转运功能、转录调控和信号转导、电子载运、酶活力调控和转录调控等。与只进行辛硫磷处理相比，接种木霉显著提高了番茄根部解毒基因 *CYP724B2*、*GST1*、*GST2*、*GST3*、*GSH*、*GR*、*ABC2* 和 *GPX* 的表达量。硝酸还原酶抑制剂钨酸盐阻断了木霉诱导的 *S*-亚硝基化（*S*-nitrosylation，SNO）积累和 MAPK 激活。进一步用 cPTIO（NO 清除剂）清除 NO 抑制了木霉诱导的农药残留降解。结果表明，木霉通过诱导 MAPK 活性、NO 积累及两者的正反馈循环促进农药残留的降解。进一步研究发现，木霉通过激活农药代谢转化、结合和隔离过程从而提高了解毒能力，减少了辛硫磷在番茄根部的残留（图 4-11b）。

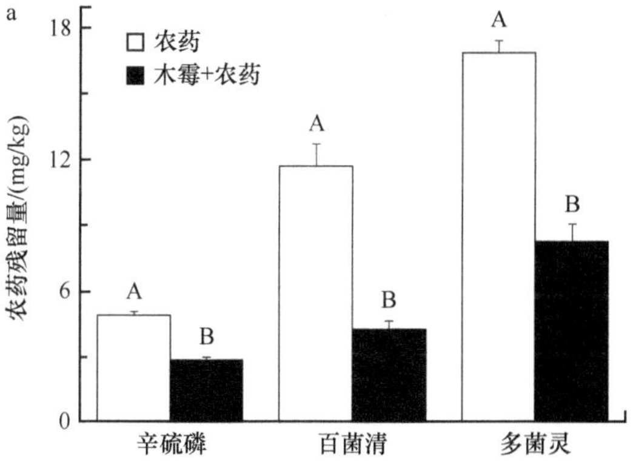

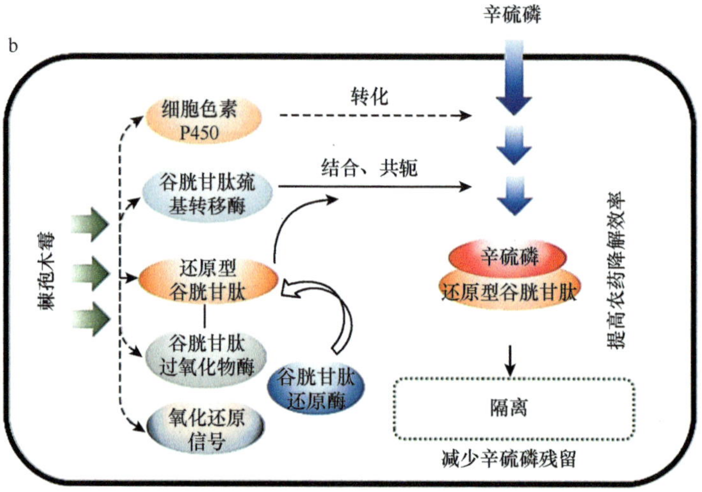

图 4-11　木霉对辛硫磷等农药的降解作用（Chen et al., 2020）

a. 木霉对辛硫磷、百菌清和多菌灵降解的促进作用，图柱上方不同大写字母表示处理间差异显著（$P < 0.05$）；
b. 木霉促进农药降解机理的模式图

自然界存在多种能降解 PAH 的微生物，其代谢途径呈现出多样性和复杂性。借助现代分子遗传技术，已分离鉴定出控制 PAH 降解的多个基因，并探明了有关基因表达调控的机制。同时，研究者正积极探索厌氧降解 PAH 的关键步骤和有关的生化机制及其编码基因。然而土著菌对 PAH 的降解缓慢，特别是 PAH 的低溶性限制了土著微生物的降解效率。因此，运用分子遗传学技术设计构建新型的降解微生物和降解途径，对快速高效地检测和控制多环芳烃造成的环境污染具有非常重要的意义及十分广阔的应用前景。

参 考 文 献

陈婷, 杨萍. 2020. 有机污染土壤修复技术研究进展. 环境研究与监测, 33(3): 37-45.

傅婉秋, 谢星光, 戴传超, 等. 2017. 植物–微生物联合对环境有机污染物降解的研究进展. 微生物学通报, 44(4): 929-939.

黄俊伟, 闯绍闯, 陈凯, 等. 2017. 有机污染物的植物–微生物联合修复技术研究进展. 浙江大学学报（农业与生命科学版）, 43(6): 757-765.

李倩, 杨璐, 姜越, 等. 2021. 农药生产场地污染土壤的化学氧化修复技术研究进展. 生态与农村环境学报, 37(1): 19-29.

林庆祺, 蔡信德, 王诗忠, 等. 2013. 植物吸收、迁移和代谢有机污染物的机理及影响因素. 农业环境科学学报, 32(4): 661-667.

阮哲璞, 徐希辉, 陈凯, 等. 2020. 微生物降解持久性有机污染物的研究进展与展望. 微生物学报, 60(12): 2763-2784.

申圆圆, 王文科, 李春荣. 2012. 红三叶草根际区石油降解菌的筛选及降解性能. 环境工程学报, 6(12): 4676-4680.

田培, 狄珊珊, 汪志威, 等. 2019. 土壤中持久性有机污染物的吸附与解吸研究. 浙江农业科学, 25(12): 2277-2280.

王效举. 2019. 植物修复技术在污染土壤修复中的应用. 西华大学学报（自然科学版）, 38(1): 65-70.

肖敏, 高彦征, 凌婉婷, 等. 2009. 菲、芘污染土壤中丛枝菌根真菌对土壤酶活性的影响. 中国环境科学, 29(6): 668-672.

Adamakis I D S, Panteris E, Cherianidou A, et al. 2013. Effects of bisphenol A on the microtubule arrays in root meristematic cells of *Pisum sativum* L. Mutat Res/Genet Toxicol Environ Mutagen, 750(1-2): 111-120.

Briggs R. 1982. Instrumental methods of monitoring and control of water and wastewater treatment processes. ISA Trans, 21(2): 59-73.

Burken J G, Schnoor J L. 1998. Predictive relationships for uptake of organic contaminants by hybrid poplar trees. Environ Sci Technol, 32(21): 3379-3385.

Calonne-Salmon M, Plouznikoff K, Declerck S. 2018. The arbuscular mycorrhizal fungus *Rhizophagus irregularis* MUCL 41833 increases the phosphorus uptake and biomass of *Medicago truncatula*, a benzo[a]pyrene-tolerant plant species. Mycorrhiza, 28(8): 761-771.

Ceci A, Pinzari F, Russo F, et al. 2019. Roles of saprotrophic fungi in biodegradation or transformation of organic and inorganic pollutants in co-contaminated sites. Appl Microbiol Biotechnol, 103(1): 53-68.

Chen L, Zhang S Z, Huang H L, et al. 2009. Partitioning of phenanthrene by root cell walls and cell wall fractions of wheat (*Triticum aestivum* L.). Environ Sci Technol, 43(24): 9136-9141.

Chen S C, Yan Y R, Wang Y Q, et al. 2020. *Trichoderma asperellum* reduces phoxim residue in roots by promoting plant detoxification potential in *Solanum lycopersicum* L. Environ Pollut, 259: 113893.

Chen S, Wang J, Waigi M G, et al. 2018. Glomalin-related soil protein influences the accumulation of polycyclic aromatic hydrocarbons by plant roots. Sci Total Environ, 644: 465-473.

Chiou C T, Sheng, G, Manes M. 2001. A partition-limited model for the plant uptake of organic contaminants from soil and water. Environ Sci Technol, 35(7): 1437-1444.

Dettenmaier E M, Doucette W J, Bugbee B. 2008. Chemical hydrophobicity and uptake by plant roots. Environ Sci Technol, 43(2): 324-329.

Gao Y, Li Q, Ling W, et al. 2011. Arbuscular mycorrhizal phytoremediation of soils contaminated with phenanthrene and pyrene. J Hazard Mater, 185(2-3): 703-709.

Gupta P, Suresh S, Jha J M, et al. 2021. Sonochemical degradation of polycyclic aromatic hydrocarbons: a review. Environ Chem Lett, 19(3): 2663-2687.

Hsu F C, Marxmiller R L, Yang A Y S. 1990. Study of root uptake and xylem translocation of cinmethylin and related compounds in detopped soybean roots using a pressure chamber technique. Plant Physiol, 93(4): 1573.

Huang H L, Zhang S Z, Wu N Y, et al. 2009. Influence of *Glomus etunicatum*/*Zea mays* mycorrhiza on atrazine degradation, soil phosphatase and dehydrogenase activities, and soil microbial community structure. Soil Biol Biochem, 41(4): 726-734.

Karthigadevi G, Manikandan S, Karmegam N, et al. 2021. Chemico-nanotreatment methods for the removal of persistent organic pollutants and xenobiotics in water: a review. Bioresour Technol, 324: 124678.

Korade D L, Fulekar M H. 2009. Rhizosphere remediation of chlorpyrifos in mycorrhizospheric soil using ryegrass. J Hazard Mater, 172(2-3): 1344-1350.

Leigh M B, Pellizari V H, Uhlík O, et al. 2007. Biphenyl-utilizing bacteria and their functional genes in a pine root zone contaminated with polychlorinated biphenyls (PCBs). ISME J, 1(2): 134-148.

Lenoir I, Sahraoui A L H, Fontaine J. 2016. Arbuscular mycorrhizal fungal-assisted phytoremediation of soil contaminated with persistent organic pollutants: a review. Eur J Soil Sci, 67(5): 624-640.

Li Y F, Ran W, Zhang R P, et al. 2009. Facilitated legume nodulation, phosphate uptake and nitrogen transfer by arbuscular inoculation in an upland rice and mung bean intercropping system. Plant Soil, 315(1-2): 285-296.

Li Z J, Xie X Y, Zhang S Q, et al. 2011. Negative effects of oxytetracycline on wheat (*Triticum aestivum* L.) growth, root activity, photosynthesis, and chlorophyll contents. Agr Sci China, 10(10): 1545-1553.

Liang Y, Meggo R, Hu D F, et al. 2014. Enhanced polychlorinated biphenyl removal in a switchgrass rhizosphere by bioaugmentation with *Burkholderia xenovorans* LB400. Ecol Eng, 71: 215-222.

Meglouli H, Fontaine J, Sahraoui A L H. 2020. Dioxins/furans disturb the life cycle of the arbuscular mycorrhizal fungus, *Rhizophagus irregularis* and chicory root elongation grown under axenic conditions. Int J Phytoremediat, 22(14): 1497-1504.

Menendez A, Martinez A, Chiocchio V, et al. 1999. Influence of the insecticide dimethoate on arbuscular mycorrhizal colonization and growth in soybean plants. Int Microbiol, 2(1): 43-45.

Miller R M, Jastrow J D. 2000. Mycorrhizal fungi influence soil structure // Kapulnik Y, Douds D. Arbuscular Mycorrhizas: Physiology and Function. Dordrecht: Springer: 3-18.

Paraiba L C. 2007. Pesticide bioconcentration modelling for fruit trees. Chemosphere, 66(8): 1468-1475.

Qi H, Brookes P, Xu J. 2016. Arbuscular mycorrhizal fungal hyphae alter soil bacterial community and enhance polychlorinated biphenyls dissipation. Front Microbiol, 7: 939.

Rabie G H. 2005. Influence of arbuscular mycorrhizal fungi and kinetin on the response of mungbean plants to irrigation with seawater. Mycorrhiza, 15(3): 225-230.

Rajtor M, Piotrowska-Seget Z. 2016. Prospects for arbuscular mycorrhizal fungi (AMF) to assist in phytoremediation of soil hydrocarbon contaminants. Chemosphere, 162: 105-116.

Rivera-Perez A, Romero-Gonzalez R, Garrido F. 2021. Persistent organic pollutants (PCBs and PCDD/Fs), PAHs, and plasticizers in spices, herbs, and tea: a review of chromatographic methods from the last decade (2010-2020). Crit Rev Food Sci, 2: 1-21.

Salehi-Lisar S Y, Deljoo S, Harzandi A M. 2015. Fluorene and phenanthrene uptake and accumulation by wheat, alfalfa and sunflower from the contaminated soil. Int J Phytoremediat, 17(12): 1145-1152.

Simonich S L, Hites R A. 1995. Organic pollutant accumulation in vegetation. Environ Sci Technol, 29(12): 2905-2914.

Wang F Y, Adams C A, Yang W, et al. 2020. Benefits of arbuscular mycorrhizal fungi in reducing organic contaminant residues in crops: implications for cleaner agricultural production. Crit Rev Env Sci Tec, 50(15): 1580-1612.

Wang F Y, Shi Z Y, Tong R J, et al. 2011. Dynamics of phoxim residues in green onion and soil as influenced by arbuscular mycorrhizal fungi. J Hazard Mater, 185(1): 112-116.

White J C. 2002. Differential bioavailability of field-weathered *p,p'*-DDE to plants of the *Cucurbita* and *Cucumis* genera. Chemosphere, 49(2): 143-152.

Wild E, Dent J, Thomas G, et al. 2006. Visualizing the air-to-leaf transfer and within-leaf movement and distribution of phenanthrene: further studies utilizing two-photon excitation microscopy. Environ Sci Technol, 40(3): 907-916.

Wild E, Jones K C. 2007. Seeing chemicals in environmental samples. Environ Sci Technol, 41(17): 5934-5938.

Wu N Y, Zhang S Z, Huang H L, et al. 2008. DDT uptake by arbuscular mycorrhizal alfalfa and depletion in soil as influenced by soil application of a non-ionic surfactant. Environ Pollut, 151(3): 569-575.

Zhang C, Feng Y, Liu Y W, et al. 2017. Uptake and translocation of organic pollutants in plants: a review. J Integr Agric, 16(8): 1659-1668.

第 5 章 植物吸收、转运纳米污染物及解毒的生物学机制

纳米材料是一种由在三维空间中至少有一维处于纳米尺寸（1 ～ 100nm）的基本颗粒组成的天然或人工材料，其基本颗粒的总数量占全球所有材料颗粒总数的 50% 以上。纳米材料主要包括纳米颗粒（nanoparticle）、纳米纤维（nanofiber）、纳米管（nanotube）、复合材料（composite material）和表面纳米化修饰的物质（nano-structure surface）。由于其组成单元的尺度小，界面占用相当大的成分，因此与其他材料相比，纳米微粒构成的体系出现了不同于通常大块宏观材料体系的许多特殊性质，包括颗粒尺寸小、比表面积大、表面能高、表面原子所占比例大及特有的小尺寸效应、表面效应、量子尺寸效应等。得益于纳米材料独特的物理化学性状，纳米科学与技术已成为新兴的科学领域，并被广泛应用于各种消费产品中，包括涂料、电子产品、印刷产品、化妆品、药品、纺织品和食品等。“纳米技术产品数据库”（https://product.statnano.com/）显示，截至 2021 年，市场上有高达 9000 余种纳米产品。2010 年全球工程纳米材料的产量为 21 000t，而在 2020 年预计增加到 58 000t，到 2025 年全球纳米颗粒市场价值预计将达到 1180.5 亿美元。纳米技术的快速发展和工程纳米材料的广泛商业应用增加了纳米颗粒排放到环境特别是土壤–植物系统中的风险。纳米材料进入土壤–植物系统后，不可避免地会与植物相互作用，从而潜在地影响植物生理过程，甚至可能影响粮食安全。越来越多的研究表明，纳米材料对微生物、水生和陆生动植物都具有一定的毒性效应。因此，在纳米材料为人类社会带来巨大经济效益的同时，其潜在的环境污染和生态效应正逐渐受到关注。植物是生态系统的重要组成部分，纳米颗粒可能成为影响植物生长、发育和产量品质形成的污染物，研究植物对纳米颗粒的响应及其抗性生物学具有重要意义。

5.1 主要纳米污染物

环境中的纳米颗粒在纳米科技出现之前就已存在，自然界中的大气、水及土壤环境甚至是生物体中均有纳米颗粒的分布。例如，蜘蛛丝网是天然纳米纤维，细菌鞭毛是纳米蛋白丝状物，荷叶的自洁效应与叶片表面多重纳米和微米级超微结构有关。火山爆发、矿物质腐蚀和有机物降解等自然过程也都会产生天然纳米颗粒。同时，人类的生产、生活如垃圾焚烧、工业排放和汽车尾气排放等过程中也会伴随着纳米颗粒的产生。然而近年来纳米材料之所以引起人们的高度关注还是由于伴随纳米科技的迅速发展，大量人工纳米材料被合成与应用。目前人工纳米材料主要有碳纳米材料和金属纳米材料等。

5.1.1 植物纳米污染物的主要来源

纳米污染物主要来源于工业制造，在其合成和使用过程中直接流入环境，也可能通过间接方式，如垃圾填埋、污水污泥等进入水源、土壤，这些污水污泥中常见的纳米污染物有纳

米 SiO_2、纳米 TiO_2、纳米 ZnO 和纳米 Ag。消费者购买的化妆品、色素、颜料等商品中也往往含有纳米颗粒，它们通过生活废水和生活垃圾形式进入环境，最终污染土壤。土壤已被证明是纳米材料的汇集地和污染源。纳米污染物的第二个主要来源是空气。以固体或气溶胶形式存在的纳米颗粒，由于自身的质量很小，很容易飘浮在空气中，因此可以通过叶片途径自上而下直接进入植物体，也可以在进入大气后经过沉降到达土壤。在农业领域，纳米技术常被应用于肥料、农药等中，如纳米 SiO_2、纳米 TiO_2、纳米 Zn/ZnO、纳米 Fe/FeO_x、纳米 Cu/CuO/$Cu(OH)_2$、纳米 CeO_2、纳米 Ag 等。纳米肥料主要包括纳米结构肥料与纳米材料包膜或胶结的缓/控释肥料。纳米农药是利用纳米材料与制备技术，将原药、载体与辅剂进行高效配伍创制的农药制剂产品，主要包括农药微乳剂、农药悬浮剂、载药纳米微粒剂型、纳米生物农药及植物生长调节剂（如纳米 TiO_2）。这些纳米物质的大量使用在提高作物生长潜力和抗病耐逆性的同时，引起巨大的潜在安全风险。此外，农业生产中的塑料薄膜及生活中大量塑料制品的使用使得降解后的微米、纳米塑料颗粒进入环境，主要形式为聚乙烯、聚丙烯、聚氯乙烯等的纳米聚合物，成为植物纳米污染物的新来源。

5.1.2 碳纳米材料

碳纳米材料按其空间维度受纳米尺度的约束程度可以分为 3 类：零维、一维和二维碳纳米材料。零维碳纳米材料指的是 3 个维度均在纳米范围的碳材料，富勒烯（fullerene）、碳纳米洋葱（carbon nano-onion，CNO）、碳包覆纳米金属颗粒（carbon-encapsulated metal nanoparticle，CEMNP）等是其中的典型代表。一维碳纳米材料指的是空间上两个维度均在纳米范围的新型碳材料，碳纳米纤维和碳纳米管是其中的典型代表。二维碳纳米材料是指在空间范围仅有一维处于纳米尺度范围内的碳纳米材料，石墨烯是其中的典型代表。自富勒烯、碳纳米纤维和碳纳米管发现以来，人们对碳纳米材料的关注热点主要集中于零维和一维碳纳米材料，而关于二维碳纳米材料的研究较少。

5.1.2.1 零维碳纳米材料

1985 年英国化学家哈里·克罗托（Harry Kroto）和美国科学家理查德·斯莫利（Richard E. Smalle）在莱斯大学制备出了世界上第一种富勒烯，并命名为巴克明斯特富勒烯（巴克球）。富勒烯是一种完全由碳组成的中空分子，由 12 个五元环和 20 个六元环组成外形酷似足球的三十二面体。富勒烯在电子信息、生命科学、环境治理、航空航天等领域具有独特的应用前景，如在太阳能电池、电传感器、催化剂、润滑体系、气体储存、超导材料、化妆品、药物载体等中起关键作用。富勒烯的制备方法主要有石墨激光气化法、石墨电弧放电法、太阳能加热石墨法、石墨高频电炉加热蒸发法、低压苯/乙炔–氧气扩散火焰燃烧法、有机合成法等，目前主要还是通过石墨电弧放电法来获得富勒烯。

碳纳米洋葱是一种新型零维纳米材料，最初由日本学者饭岛澄男于 1980 年发现，但由于当时富勒烯分子结构尚未确定，碳纳米洋葱的发现并未受到重视。1992 年乌加特（Ugarte）等用高强度电子束对碳棒长时间照射，发现了多层嵌套的巴基球，结构像洋葱，因此被称为洋葱碳（onion-like carbon）。CNO 高表面积、高导电率、高热稳定性和化学稳定性及封闭稳定的结构使它具有较大的应用潜力，在能源转换和存储、催化、润滑等领域都显示出良好的应用前景。尽管在过去的 20 多年里，电子束辐照法、直流电弧法、催化热解法、等离子体法等多种合成方法被用于制备碳纳米洋葱，但暂时还未实现大规模的宏量生产。至今已经发现的合成碳纳米洋葱的方法仍处于初级阶段，并受到产量、品质和纯度等问题的困扰。

碳包覆纳米金属颗粒，又称碳包裹纳米金属晶，是一种新型的零维纳米碳–金属复合材料。其结构特征是有序排列的石墨片层紧密环绕中心金属纳米颗粒，形成类洋葱结构，纳米金属粒子则处于洋葱的核心。由于碳壳的限域和保护作用，可以将金属粒子禁锢在很小的空间内，并使包覆其中的金属纳米颗粒免受外界环境的影响而稳定存在。另外，由于碳包覆层的存在，有望提高某些金属与生物体之间的相容性，因而在医学方面具有广阔的应用前景。此外，依据金属粒子和碳基体的不同，该材料可望用作磁记录材料、锂离子二次电池负极材料、电波屏蔽材料、氧化还原催化剂、核废料处理材料、精细陶瓷材料和抗菌材料等。目前碳包裹纳米金属颗粒的制备方法主要有电弧放电法、化学气相沉积法、热解法和液相浸渍法等。

5.1.2.2　一维碳纳米材料

20 世纪 50 年代，随着航天科技的飞速发展，急需新型结构材料和耐烧蚀材料，碳纤维因而出现在新材料的舞台上。而一维碳纳米材料真正引起人们广泛关注却是因为 20 世纪 90 年代碳纳米管的发现。碳纳米管在很大程度上丰富了碳材料的研究内容，引发了跨世纪的材料革命。以碳纳米纤维和碳纳米管为载体制备的催化剂可以改善多相催化反应的催化性能。

碳纳米纤维（carbon nanofiber，CNF）是由多层石墨片卷曲而成的纤维状碳纳米材料，它的直径一般为 10 ～ 500nm，长度为 0.5 ～ 100μm，是介于碳纳米管和普通碳纤维之间的准一维碳材料，具有较高的结晶取向度和较好的导电导热性能。碳纳米纤维的制备方法有化学气相沉积法、固相合成法、静电纺丝法，其中化学气相沉积法又分为基体法、喷淋法和等离子体化学气相沉积法。根据碳纳米纤维的石墨片层与纤维的轴向所成角度可以将碳纳米纤维分成 3 类，即管状（平行的）、鲱鱼骨状（成一定角度的）和片层状（垂直的）。碳纳米纤维由于具有优异的力学性质、良好的导热性和导电性、卓越的热稳定性和化学稳定性及特殊的表面性能，使其在新能源及多相催化领域具有十分广泛的应用前景。

碳纳米管（carbon nanotube，CNT）于 1991 年由日本电气股份有限公司的电镜专家饭岛澄男在氩气氛下电弧放电后的阴极碳棒上发现。它的主体由六边形碳环构成，可以说是单层石墨六边形网络卷曲形成的无缝中空管，直径约几纳米，长约几微米。根据构成碳纳米管石墨烯的层数不同，碳纳米管可以分成单壁碳纳米管和多壁碳纳米管。碳纳米管的硬度和金刚石相当，却拥有良好的柔韧性，可以拉伸，重量极轻，导电性极强，可以说是兼有金属和半导体的性能，可以用于集成电路、存储、电池、医疗成像、生物传感器、纳米机器人、导电塑料、电磁干扰屏蔽、隐形材料等。碳纳米管的制备方法很多，主要有电弧放电法、激光烧蚀法、等离子体法、化学气相沉积法、固相热解法和气体燃烧法、聚合反应合成法等。到目前为止，碳纳米管主要通过催化裂解和电弧放电法来制备。经过几十年的发展，碳纳米管的研究已经进入了一个新的时期，碳纳米管的各种生产方式已经被开发；化学改性、功能化、填充和掺杂已经实现；碳纳米管的单独控制、分离和表征已经成为可能。

5.1.2.3　二维碳纳米材料

石墨烯是由碳原子六角形网格形成的单层二维片层，是一种典型的二维碳纳米材料。它既可以卷曲形成零维的富勒烯和一维的碳纳米管，又可以堆砌成三维的石墨。石墨烯长期以来都被认为是一种不稳定、不可能以游离状态存在、只是在理论上存在的学术研究材料。直到 2004 年，英国曼彻斯特大学的安德烈・海姆（Andre Geim）领导的课题组采取微机械撕裂（micro-mechanical cleavage）方法制备出了二维单层石墨烯材料。之后随着石墨烯一系列独特的光、电、磁、热性质的陆续发现，将碳材料的研究又推向一个全新的领域，被称为是碳材料研究的又一次“淘金运动”。石墨材料具有极特殊的电子性质、表面性质、吸附性质、导电导热性质、高的化学稳定性和热稳定性，使其成为一种非常具有潜力的催化剂和催化剂载体材料。另外，由于氧化石墨具有丰富的表面官能团，可以方便地进行化学修饰，得到具有不同亲疏水性质的碳材料而分散在不同极性的溶剂中，还可以接枝具有催化功能的基团。另外，由于氧化石墨制备的石墨烯尺度为微米级，可以看作一种特殊的高分子材料，能够分散在溶液中，得到均匀溶液，担载了催化功能团后，可以方便地过滤分离，可望成为一种方便回收的类均相催化剂。石墨烯的制备方法研究尚处于初级阶段，除了上述的微机械撕裂法，到目前为止最有前景的是氧化石墨还原法。石墨经过氧化插层解离后，可以在碳层上形成羟基和羧基等含氧官能团，经过化学还原就可以得到分散在水中的二维石墨烯材料（图 5-1）。

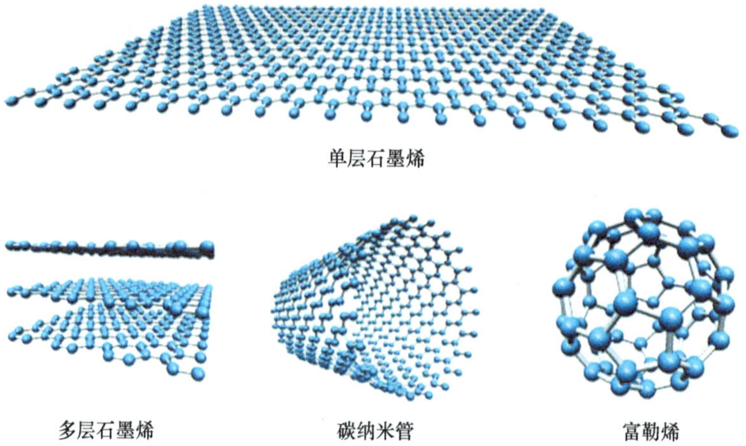

图 5-1　石墨烯、碳纳米管、富勒烯示意图（Lloyd-Hughes and Jeon，2012）

5.1.3　金属纳米材料

金属纳米材料（metal-based nanomaterial，MNM）主要可分为零价金属纳米材料和金属氧化物纳米材料及量子点。典型的零价金属纳米材料有纳米 Ag（Ag nano-particle，Ag NP）、纳米零价铁（nanoscale zero-valent iron，nZVI），而金属氧化物纳米材料主要有纳米 TiO_2、纳米 ZnO、纳米 Al_2O_3、纳米 CeO_2 等。

5.1.3.1　零价金属纳米材料

纳米 Ag 是使用纳米技术将银纳米化，粒径做到纳米级的金属银单质，粒径一般为 25 ～ 50nm，是消费品中最常用的金属纳米材料。纳米 Ag 对大肠杆菌、淋球菌、沙眼衣原体等数十种致病微生物都有强烈的抑制和杀灭作用，而且不会产生耐药性，因此在医疗卫生领域及抗菌材料中应用广泛。由于纳米 Ag 颗粒具有粒径小、比表面积大并且有较多悬空键的特点，表现出良好的催化活性，可以被用作多种反应的催化剂。此外，纳米 Ag 颗粒具有比其他纳米颗粒更为优异的导电性能和电催化性能，因此在微电子领域占有极其重要的地位。纳米 Ag 的制备方法主要包括物理法、液相化学还原法、电化学还原法、光化学还原法等，目前年产量约为 450t。

纳米零价铁是粒径为 1 ～ 100nm 的零价铁颗粒，具有比表面积大、表面能高及良好的吸附和较强的还原能力，并且具有环境安全性，被认为是最有潜力的环境治理材料之一。近年来，纳米零价铁的修复技术在环境领域特别是水体重金属和有机物污染修复方面显示出独特的优势而备受关注。大量研究表明，纳米零价铁能通过其强还原性有效地去除水体中的重金属，已被应用于受重金属如 Cr、Cd、Ni、Zn、Pb 等污染的水土介质环境修复。此外，纳米零价铁在催化领域也具有重大的应用价值，能够催化加氢、过氧化物分解。目前纳米零价铁的制备主要以商品化的二价或三价铁盐为铁源溶液，以过量的 $NaBH_4$ 溶液为还原剂，采用液相还原法制备而成。

5.1.3.2　金属氧化物纳米材料

纳米 TiO_2，亦称纳米钛白粉，外观为白色疏松粉末。纳米 TiO_2 以其良好的化学稳定性、热稳定性、无毒性、超亲水性、非迁移性，且完全可以与食品接触，被广泛应用于抗紫外线材料、纺织、光催化触媒、自洁玻璃、防晒霜、涂料、油墨、食品包装材料、精细陶瓷、造纸工业、航天工业、锂电池等领域。我国对纳米 TiO_2 的研究已经进入产业化开发与生产阶段，目前，纳米 TiO_2 的制备方法主要有气相法、液相法。

纳米 ZnO 是一种新型高功能精细无机产品，表现出许多特殊的性质，如非迁移性、荧光性、压电性、吸收和散射紫外线能力等。利用其在光、电、磁敏感等方面的奇妙性能可制造气体传感器、荧光体、变阻器、紫外线遮蔽材料、图像记录材料、压电材料、压敏电阻、高效催化剂、磁性材料和塑料薄膜等。ZnO 有纳米管、纳米棒、纳米丝和纳米同轴电缆、纳米带、纳米环、纳米笼、纳米螺旋及其超晶格结构等多种纳米形态，是纳米材料家族中结构最多样的成员之一。纳米 ZnO 可以通过微波法、静电纺丝法、离子液体法、脉冲激光沉积法、磁控溅射法等制备。

纳米 Al_2O_3 有 α-Al_2O_3、β-Al_2O_3、γ-Al_2O_3 等多种晶型。氧化铝陶瓷是一种以 α-Al_2O_3 为主晶相的陶瓷材料，由于其本身具有高熔点、高硬度、耐热、耐腐蚀、电绝缘性特性，因此可以在较苛刻的条件下使用。氧化铝陶瓷的价格低廉，生产工艺成熟，是目前产量最大、应用面最广的陶瓷材料之一，但普通氧化铝陶瓷的韧性低、脆性大，使其应用领域受限。纳米技术的进步对氧化铝产业产生了深远的影响，作为特种功能材料的纳米 Al_2O_3，具有高硬度、高强度、耐腐蚀、抗磨损、耐高温、高绝缘性、高抗氧化性等许多优良的特性，因此大范围应用于精密陶瓷、生物陶瓷、化工催化剂、耐火材料、集成电路和航空航天等方面。而 γ-Al_2O_3 因其特殊的结构和物理化学性质在催化剂及其载体、复合材料等行业占有一席之地。纳米 Al_2O_3 的制备方法有许多，其中按反应方式的不同可分为三大类：固相法、气相法和液相法。

近年来，随着稀土新材料的迅速发展与广泛应用，人们发现超细粉末纳米 CeO_2 具有新的优异性能。纳米 CeO_2 因拥有较多的氧空位和较高的比表面积，在汽车尾气控制、污水处理、电极材料及化学机械抛光等领域都有广泛的应用。纳米 CeO_2 是目前玻璃抛光最常用的磨料，广泛应用于玻璃、光学元件等精密加工，并得到广泛研究。以纳米 CeO_2 作涂层和添加剂能改善高温合金和不锈钢的抗氧化、热腐蚀、水腐蚀和硫化性能，也可用作球墨铸铁的孕育剂。由于纳米 CeO_2 具有丰富的电子跃迁能级，对紫外线吸收有优异的光学敏感性。加之纳米颗粒的小尺寸效应、高比表面效应和宏观量子效应，使其对紫外线有较强的散射和反射作用。高档化妆品中加入纳米 CeO_2，其防紫外线性能优于目前所用的纳米 TiO_2 和 ZnO。目前，制备纳米 CeO_2 的方法有固相烧结法、液相法、气相法、喷雾热分解法等。

5.1.3.3　量子点

量子点（quantum dot，QD）是把激子在 3 个空间方向上束缚住的半导体纳米结构，是由几百到几千个原子组成的具有量子约束效应的发光半导体纳米晶体，会展现出显著的量子效应。量子点通常由Ⅱ～Ⅵ和Ⅲ～Ⅴ族元素组成，如 CdSe、CdTe、ZnSe、CuInS、InP 等；也可以由两种或两种以上的半导体材料构成，如核壳结构的 CdSe/ZnS、CdSe/CdZnS 等及掺杂结构的 ZnS ∶ Mn、ZnSe ∶ Cu 等。作为一种新的荧光纳米材料，量子点具有许多独特的性质，如尺寸依赖效应、窄而对称的吸收峰、荧光寿命长、量子产率高等。量子点的合成方法按照溶剂种类可分为有机相合成法和水相合成法。

5.1.4 纳米材料的主要效应

5.1.4.1 小尺寸效应

当超细微粒的尺寸与光波波长、德布罗意波长及超导态的相干长度或透射深度等物理特征尺寸相当或更小时，晶体周期性的边界条件将被破坏；非晶态纳米微粒的颗粒表面层附近的原子密度减小，导致声、光、电、磁、热、力学等特性发生改变。这种由于颗粒尺寸变小而引起材料物理化学性质发生变化的特异效应，称为小尺寸效应。细胞的大小在几个到几十个微米量级，与微米颗粒相比，比细胞小几个量级的纳米颗粒相对容易进入植物细胞，因此纳米颗粒进入植物的途径和进入植物后发生的相互作用是决定其对植物产生效应的基础和关键。

5.1.4.2 表（界）面效应

随着尺寸的减小，颗粒的比表面积迅速增大，当尺寸达到纳米级时，颗粒中位于表面上的原子占相当大的比例，颗粒具有非常高的表面能。人们把这种纳米材料显示的特殊效应称为表面效应。当直径为 30nm 时，有大概 10% 的原子分布在表面；当直径降至 3nm 时，颗粒表面原子数已经占总原子数的 50%。表面积与体积之比决定了潜在的活性基团的数目，而比表面积的显著增加使材料具有特殊的光学、热学、磁学及力学性质。根据使用目的的不同，这种高表面活性可以是有益的（如抗氧化、药物运载能力、增强吸收能力和与生物组织间的相互作用），也可以是有害的（有毒性、不稳定、诱导氧化胁迫等）。

5.1.4.3 量子尺寸效应

能带理论表明，金属费米能级附近的电子能级一般是连续的，但这一点只有在高温或宏观尺寸情况下才成立。当材料的尺寸下降到某个值时，系统形成一系列离散的量子能级，电子在其中的运动受到约束，称为量子尺寸效应。当能级间距大于热能、磁能、静磁能、静电能、光子能量或超导态的凝聚能时，这时必须要考虑量子尺寸效应，因为这会导致纳米微粒磁、光、声、热、电及超导电性与宏观特性显著不同。

5.2 纳米污染物在植株体内的循环机制

纳米颗粒如何被植物摄取、转运和积累对纳米颗粒植物的毒性起着至关重要的作用，并可能进一步影响人类的粮食安全。明确植物对纳米材料的吸收、转运和积累的机制，有助于更好地解析植物与纳米污染物的相互作用及其解毒机制（图 5-2）。

5.2.1 纳米污染物吸收机制

植物主要面临两种不同的纳米污染物暴露，即根暴露和叶面暴露。两种机制分别使纳米物质能够自下而上和自上而下地吸收进入植物体。

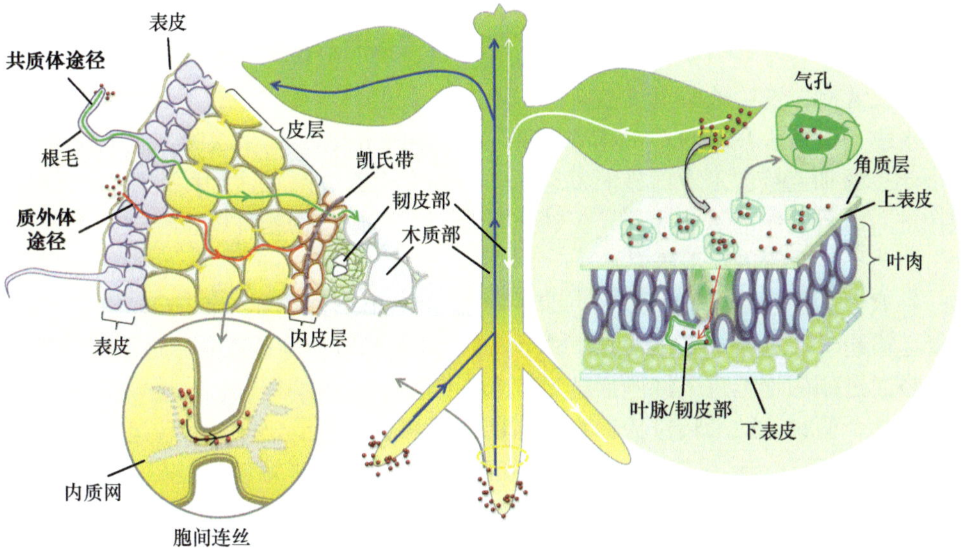

图 5-2　纳米颗粒在植物体内的吸收和转运途径示意图（Lv et al.，2019）

5.2.1.1　根吸收机制

根既是植物、土壤、微生物及其环境因子相互作用的场所，也是纳米材料从无机环境进入生命系统，参与食物链物质循环的主要通道。纳米颗粒接触植株根系后，首先吸附在根系表面。根系表面较为粗糙，根尖和根毛可以分泌大量黏液，这种黏液是一种高度水合的多糖，可能为一种果胶物质，它含有许多负电荷。纳米颗粒在中性 pH 下往往呈正电荷，与带负电的根表面有静电引力。这些特性使得表面带正电荷的纳米颗粒更容易被吸附并在根表面积累。

为了进行吸收和转运，纳米颗粒必须经过根部一系列结构和生理性屏障才能从根表面进入木质部导管，其中包括根表面角质层、表皮、皮层、内皮层、凯氏带，最后通过木质部向上运输到地上部。根表面角质层的作用和组成与叶表面角质层相似，纳米颗粒是否能渗透到根表面角质层尚不清楚，但主次根根毛表面的角质层发育不全，根尖发育不全，因此纳米颗粒可以直接暴露在这些区域的表皮上。植物根表吸附的纳米颗粒也可以从根冠下面的顶端分生组织进入根冠。在根尖分生组织中，细胞分裂活跃，有效孔隙率较高，有利于纳米颗粒的快速运输。

纳米颗粒进入植物细胞，首先需要穿过细胞壁屏障。许多研究观察到植物细胞壁起到半渗透屏障的作用，只容许特定的纳米颗粒通过孔隙。在高等植物根表皮中，纳米颗粒的吸收和运输有两条基本途径。大多数研究都提出了质外体途径，即纳米颗粒先穿过细胞壁的孔洞，然后扩散到细胞壁和质膜之间的空隙，或者穿过细胞间隙而不穿过细胞膜。大量研究利用透射电子显微镜即透射电镜（transmission electron microscope，TEM）或激光扫描共聚焦显微镜（confocal scanning laser microscope，CLSM）在根的质外体空间观察到纳米颗粒或其聚集体，表明纳米颗粒在植物根系中传递存在一种质外体途径。然而一个难以解释的问题是，植物细胞壁的孔径为 5 ～ 20nm，从逻辑上讲只有小于 20nm 的纳米颗粒才能通过细胞壁；但许多大于 20nm 的纳米颗粒在细胞间隙中被观察到。一种可能的机制是纳米颗粒可造成细胞壁的机械破坏，使孔径增大。另一个未证实的假设是纳米颗粒可能通过病根进入细胞间隙甚至木质部，或者由于地下食草动物的机械损伤、苗木移植过程中的意外事故等而进入。纳米颗粒通过质外体途径经过表皮、皮质到达内皮层，但会受到凯氏带（即位于维管系统周围内皮层邻近细胞内的亲脂性碳氢化合物所封闭的特殊细胞壁材料带，用来阻止大分子和纳米颗粒进入维管束）的阻碍。在某些特殊情况下，纳米颗粒可以避开凯氏带，如通过尚未形成凯氏带的根尖区域，或者侧根连接处即凯氏带断开处。Lv 等（2015）提供了该通路的实验证据，他们利用透射电镜、微束 X 射线荧光光谱（micro X-ray fluorescence，μ-XRF）和荧光示踪方法在玉米侧根连接处和连接的木质部柱面发现 30nm 的纳米 ZnO 颗粒。因此，侧根连接处可能是纳米颗粒进入维管系统的重要途径，但该途径是否在其他植物物种中也存在，以及该途径对分子大小的选择性有待进一步研究。

另一种假设的途径是共质体途径，即细胞到细胞的运输途径。除了穿过细胞壁，通过共质体途径运输纳米颗粒还需要穿越两个屏障。一个是纳米颗粒穿透细胞膜进入细胞质，另一种是纳米颗粒通过胞间连丝进入细胞后转运到邻近细胞。关于纳米颗粒在植物细胞中的跨膜转运已经存在几个假说。纳米颗粒的细胞内化机制通常被认为是一种主动转运机制（Etxeberria et al.，2009），如通过转运蛋白、连接离子通道、内吞等。纳米颗粒通过转运蛋白进入植物细胞的假设往往基于间接证据。例如，在水稻根中发现 *Lsi1*、*Lsi2* 和 *Lsi6* 基因参与运输（Ma et al.，2015）。种皮中还报道涉及另一种类型的转运–水通道蛋白（AQP），它被推测调节纳米颗粒的进入（Abu-Hamdah et al.，2004；Khodakovskaya et al.，2012a）。不同浓度的多壁碳纳米管（MWCNT）包裹均上调了大豆种子中水通道蛋白基因 *S_PIP1-2* 的表达；大麦种子中水通道蛋白基因 *PIP1*（*B_PIP1-1*）则在一定浓度范围的 MWCNT 作用下表达上调（Lahiani et al.，2013）。水通道蛋白在本质上是非选择性的，但其蛋白通道的直径一般小于 1nm，纳米颗粒细胞内化的水通道或离子通道假说显然面临着植物生理学基本原理的挑战。纳米颗粒最可能的跨膜途径是通过内吞作用。内吞过程包括依赖网格蛋白和不依赖网格蛋白的途径。依赖网格蛋白的途径包括在质膜上形成折叠或包覆的结构，随后形成包覆网格蛋白结构的小泡。不依赖网格蛋白的途径有 3 种，即吞噬作用、小泡作用和液相内吞作用。一些基于原生质体的体外研究表明，与动物细胞类似，植物细胞也通过内吞途径以摄取纳米颗粒（Iversen et al.，2011）。与动物系统相比，目前对植物细胞内吞作用的了解很少，关于纳米颗粒在离体植物细胞中内化的研究表明内吞途径参与其中。例如，Onelli 等（2008）利用激光扫描共聚焦显微镜（CLSM）观察了纳米 Au 进入烟草原生质体的不依赖网格蛋白和依赖网格蛋白的内吞途径。Etxeberria 等（2006）使用 CLMS 观察到细胞悬浮培养的无花果细胞通过液相内吞分别摄取 40nm 和 20nm 的聚苯乙烯纳米颗粒及 CdSe/ZnS 量子点（QD），并将聚苯乙烯纳米颗粒运至中央液泡内，CdSe/ZnS 量子点则被隔离至细胞质的囊泡结构中。稀土纳米颗粒 La 和 Tb 能激活辣根块茎的内吞作用，通过在质膜上产生的囊泡将溶质从质体结合到液泡中，促进物质的运输。Torney 等（2007）进一步证实纳米颗粒的表面性质在植物细胞内吞摄取中起着至关重要的作用。烟草叶肉原生质体能够内吞摄取经过三甘醇（TEG）功能化的纳米 SiO_2 颗粒，但未经功能化的纳米颗粒未被吸收。内化的纳米颗粒以 1 ～ 15 个颗粒聚集在细胞质内吞小泡内，囊泡大小为 0.2 ～ 3μm。然而，目前除了透射电镜观察到植物根系细胞质中含有纳米颗粒小泡的证据能够间接证明之外，还缺乏纳米颗粒在植物根系中原位内吞的直接证据。

细胞壁将植物细胞分开，细胞间还可以通过胞间连丝发生共质体转运。胞间连丝是横跨植物细胞壁的通道，通过连接相邻细胞的细胞质来实现细胞间的通信。植物学家已经提供了大量的证据证明胞间连丝促进了生物大分子如蛋白质、核酸、RNA 等在细胞间的运输。Geisler-Lee 等（2013）将拟南芥根暴露于 20nm、40nm 和 80nm 的纳米 Ag 中，利用 TEM 首次直接观测到拟南芥根尖前 1 ～ 2mm 根细胞胞间连丝和中片层内含纳米 Ag 颗粒及聚集团块。

Zhai 等（2014）利用透射电镜观察到杨树根细胞的细胞质、细胞壁、质体、线粒体中存在纳米 Au 颗粒或其聚集物，特别是暴露于 15nm、25nm 和 50nm 的纳米 Au 下杨树胞间连丝中观察到的更多，但值得注意的是，两项研究还在 Ag^+处理或 Au^+处理的根细胞中观察到含有 Ag（0）或 Au（0）的黑点。因此，通过 TEM 在根细胞中观察到的纳米颗粒在体内是被完整吸收还是被纳米颗粒释放的 Ag^+或 Au^+还原或同化，目前尚不清楚。许多研究已经证明在植物体内能够天然合成纳米 Ag 或纳米 Au，这在以纳米 Ag 或 Au 颗粒为模型研究植物纳米颗粒吸收途径时需要特别注意。到目前为止，在胞间连丝中还没有直接观察到除纳米 Ag 或纳米 Au 外的其他纳米颗粒。这是否由于纳米 Ag 或纳米 Au 特殊的物理化学性质使它们具有穿越胞间连丝的能力，还是仅仅因为 Ag^+的原位还原，目前仍难以澄清。因此，细胞间纳米颗粒通过胞间连丝通道转运的假设仍然缺乏足够的证据，需要进一步研究。

也有研究表明存在不依赖能量的纳米颗粒入胞途径。Van Lehn 等（2013）利用脂质物质包被纳米 Au 颗粒，发现即使内吞作用被抑制也能观察到纳米颗粒的渗透，且没有发生膜穿孔或细胞死亡。通常，细胞在纳米颗粒通过后就会尽快“密封”开口，不允许纳米颗粒身后的小分子经过，但未经修饰的碳纳米管在细胞内化过程中细胞膜破裂，是一种破坏性的入侵，可能导致膜溶解和细胞死亡。

5.2.1.2　叶吸收机制

当纳米颗粒自上而下转移时，可能通过两条途径进入植物叶片，即角质层和气孔途径。高等植物的叶片受到蜡质角质层的保护，能够防止水分流失和其他溶质不受控制的交换，因此角质层被认为是防御纳米颗粒进入基质组织的第一个天然屏障。通过角质层吸收溶质有两种途径（角质层途径），即通过扩散和渗透的非极性溶质（亲脂性途径）和通过极性水孔的极性溶质（亲水性途径），其估计允许通过颗粒的有效尺寸为 0.6 ～ 4.8nm（Eichert et al., 2008）。因此，小于 4.8nm 的纳米颗粒可能通过角质层途径直接穿透表皮，但许多研究报道了大于 5nm 的纳米颗粒能够被叶面吸收、积累，因此应特别关注大于 5nm 的纳米颗粒是否能通过表皮途径被叶片吸收。此外，随着生命阶段、气候条件和病虫害的发生，叶片角质层也会发生变化，因此在某些情况下，纳米颗粒也可以绕过角质层这一屏障进入细胞。

除了角质层途径，研究表明亲水性物质可以通过气孔开口摄取（气孔途径）。气孔长约 25μm，宽 3 ～ 10μm。然而，由于气孔独特的几何结构和生理功能，对纳米颗粒能够穿透的气孔孔径的实际尺寸排阻极限仍不清楚。Hu 等（2020）通过实时共焦显微镜分析表明，纳米颗粒能够通过气孔途径在叶片表面发生位移。Eichert 等（2008）证明当颗粒大于 40nm 时，亲水性纳米颗粒通过气孔转移，纳米颗粒会聚集在气孔中。Eichert 等（2008）采用间接计算方法估计该途径的等效孔径半径大于 20nm。这一气孔通路是目前唯一确认的从叶片表面吸收纳米颗粒到内部组织的通路。大量的研究支持这一纳米颗粒摄取途径，包括利用透射电镜（TEM）、激光扫描共聚焦显微镜（CLSM）、微束 X 射线荧光光谱（μ-XRF）观察到不同植物的叶片气孔和深层组织中的各种纳米颗粒或它们的聚集物，这些植物包括西瓜、西葫芦、韭葱、莴苣和拟南芥等。Eichert 等（2008）研究了水悬浮、荧光标记的聚苯乙烯纳米颗粒的角质层途径和气孔途径摄取的横向异质性。通过 CLSM 可以检测到气孔途径摄取 43nm 的纳米颗粒，而没有摄取 1.1μm 的颗粒。他们还观察到，一旦纳米颗粒进入气孔就能观察到叶质外体中的荧光分布。Kim 等（2015）发现纳米零价铁（nZVI）可以诱导质膜 H^+-ATP 酶的活化，促进气孔张开。此外，形态、气孔大小和密度不同的植物叶片对纳米颗粒的吸收能力也不同。在最近的一项研究中，生菜、芥蓝菜、羽衣甘蓝叶面暴露于 20 ～ 100nm 的纳米 CuO 下，采用单颗粒电感耦合等离子体质谱（single particle inductively coupled plasma mass spectrometry，SP-ICP-MS）对纳米颗粒进行了分析。结果表明，大部分纳米颗粒及其聚集体都能被水冲洗掉，纳米颗粒在叶片组织中的保留能力取决于其疏水性和表面粗糙度（Trujillo-Reyes et al.，2014）。

5.2.2 纳米污染物转运机制

纳米颗粒能够穿透根表皮的细胞壁和细胞膜，伴随着一系列复杂的过程进入植物维管束并转移至中柱，最终转运至叶片。木质部和韧皮部是纳米颗粒长距离运输的重要载体。为了验证纳米 CuO 是否能从根转移到地上部，Wang 等（2012）使用透射电子显微镜对暴露于 100mg/L 纳米 CuO 的玉米幼苗木质部汁液进行了原位分析，并对一些暗区使用能量色散 X 射线谱仪（energy dispersive X-ray spectrometer，EDS）进行鉴定，结果表明这些暗区中存在铜，而使用 Cu^{2+} 处理的玉米幼苗木质部汁液则没有含铜暗区。使用类似的方法对韧皮部汁液进行分析，同样表明韧皮部中存在含铜暗区。通过裂根实验进一步表明玉米植株中纳米 CuO 可以通过木质部由根向地上部转运，并通过韧皮部向根反向运输。在这一转移过程中，纳米 CuO 颗粒可能由 Cu（Ⅱ）还原为 Cu（Ⅰ）。Hernandez-Viezcas 等（2013）在含有 500mg/kg 纳米 ZnO 和 1000mg/kg 纳米 CeO_2 的有机农田土壤中种植大豆，收获时对大豆不同组织（包括豆荚）进行了基于同步加速器的微束 X 射线荧光光谱（μ-XRF）和微 X 射线吸收近边结构（micro X-ray absorption near edge structure，μ-XANES）分析，以确定纳米颗粒处理下植株中铈和锌的形态。X 射线吸收光谱研究表明，组织内不存在纳米 ZnO 颗粒，然而 μ-XANES 数据显示存在氧结合态 Zn，以类似锌-柠檬酸盐的形式存在，可能是大豆籽粒中重要的锌配合物。另外，μ-XRF 结果显示植株中 Ce 主要以纳米 CeO_2 的形式存在，而一部分被生物转化为 Ce（Ⅲ）。纳米颗粒在整个植物生长周期中可能发生组织间的位移，甚至进入可食用部分，同时可能发生生物转化，其形态和大小均发现有显著变化。Ma 等（2017）通过裂根实验观察了 25nm 的纳米 CeO_2 在黄瓜木质部和韧皮部中的转运，他们通过使用 μ-XRF 和 μ-XANES 进一步发现，纳米 CeO_2 通过木质部由根运输到地上部的过程中有 15% 的纳米颗粒被还原为 Ce（Ⅲ），只有纳米 CeO_2 可通过韧皮部从地上部运输回根中。这些结果支持了纳米颗粒可以通过木质部向上运输和通过韧皮部向下运输的观点，然而关于纳米颗粒在木质部和韧皮部之间如何运输仍然未知。在根中转运的纳米颗粒及其转化产物可能随后被排到根际，在叶中转运的纳米颗粒可能被排到叶际，进而影响根际或叶际中的微生物群落。

纳米颗粒通过气孔途径进入叶片质外体后，可通过维管系统进行长距离运输。传统上认为，光合产物、糖类和叶片中的大分子，包括 RNA 和蛋白质，能够通过韧皮部系统向下运输到地上部和根。一般，在高等植物中液体的长距离运输是通过维管系统进行的，维管系统由木质部和韧皮部传导性组织组成。在木质部系统中，流动的方向是从下到上（根到地上部），而在韧皮部系统中，流动的方向是从上到下（地上部到根）。这种植物的维管系统在本质上是非循环的，这意味着在韧皮部向下运动的物质不能通过木质部循环回到它们原来的位置。因此，韧皮部系统是叶片吸收途径中纳米颗粒从叶片转移到根的唯一可能的途径。虽然许多研究已经确定了纳米颗粒在叶面的吸收，但尚未有研究提供支持纳米颗粒在植物韧皮部转移途径的直接证据。Wang 等（2013）研究了西瓜叶片对 24 ～ 47nm 大小 4 种纳米金属氧化物的吸收。利用透射电镜发现，小的纳米颗粒可以通过气孔途径渗透到西瓜叶片中，并且在地上部其他组织和根中检测到金属元素，因此认为纳米颗粒在地上部传输并最终通过韧皮部筛管到达根。Hong 等（2014）对黄瓜叶片喷施不同浓度的纳米 CeO_2 颗粒［（8±1）nm］，处理 15d 后电感耦合等离子体原子发射光谱仪（inductively coupled plasma optical emission spectroscopy，ICP-OES）和 TEM 分析结果均证实，纳米 CeO_2 处理下的植株各组织中均存在 Ce，表明 Ce 通过叶片吸收并转运到植株其他部位。Zhao 等（2016b）通过电感耦合等离子体质谱仪（inductively coupled plasma mass spectrometry，ICP-MS）定量研究发现，生菜叶片暴露于 50～1000nm 纳米 $Cu(OH)_2$ 下 1 个月后，97%～99% 的 Cu 被隔绝至叶片外，只有 1%～3% 的 Cu 在根组织中积累。他们认为叶片分泌物在有水的情况下可以形成弱酸，从而加速纳米 $Cu(OH)_2$ 的溶解，形成一条铜离子穿透表皮细胞并转移到其他组织的途径。然而，使用元素分析来跟踪纳米颗粒输送的一个常见和重要缺点是没有提供证据来证实元素分析检测到的金属含量或 TEM 检测到的地上部和根中的颗粒来自纳米颗粒抑或是溶解的金属离子。

5.2.3　纳米污染物吸收转运的影响因素

5.2.3.1　叶吸收途径的影响因素

在自然环境中，叶际存在着大量的共生微生物。叶际微生物可以分泌胞外聚合物（extracellular polymeric substance，EPS）或特殊的化学物质作为群体感应信号分子。这些渗出物可以诱导纳米物质的溶解并进一步促进植物叶片对金属离子的吸收；也可以形成黏液层，保护叶片表面免受纳米颗粒侵入。关于叶际微生物如何影响叶片对纳米颗粒的吸收，以及纳米颗粒是否影响叶际微生物生长的研究较少。此外，植物在不同生命阶段的器官发育和结构特征有很大差异，这也可能影响叶片对纳米颗粒的吸收。例如，新生叶片和未完全发育花的角质层或老叶角质层的自然衰老为纳米颗粒进入叶片提供很大的可能性。此外，一些常见的叶病如叶霉病、枯萎病、褪绿病和坏死可能破坏叶片的保护组织如角质层、表皮，甚至叶肉。因此，当植物发生病虫害时，叶片对纳米颗粒的屏障就会失效，特别是当一些纳米颗粒如 $Cu(OH)_2$、TiO_2、Ag、SiO_2 等作为纳米级杀虫剂喷洒在患病叶片表面时，增加了纳米颗粒通过叶面吸收并转运到其他组织的风险。

Hu 等（2020）研究了纳米颗粒在棉花和玉米作物叶片上的传递，结果表明降低表面张力（～22mN/m）对于水动力学尺寸大于 2nm 的亲水纳米颗粒的叶面快速传递至关重要。纳米颗粒进入保卫细胞、细胞外空间、叶绿体的效率取决于纳米颗粒的大小和电荷。带正电荷的纳米颗粒从叶面向叶绿体的转运效率更高，这可能是由于它们与带负电荷的植物细胞壁有较高的亲和力，且细胞膜具有负跨膜电势。此外，在棉花和玉米两种植物中，纳米颗粒进入叶片细胞的有效水动力学尺寸限制分别为 20nm 和 11nm，表明两种植物的细胞壁孔径可能不同，因此植物种类也是影响纳米颗粒进入叶片的因素之一。Avellan 等（2019）研究表明纳米材料涂层的化学性质对纳米 Au 与小麦叶片的相互作用、进入途径及小麦生长的影响起着重要作用。纳米 Au 颗粒的大小影响了它们在叶片上的附着力；相对疏水性较强的聚乙烯吡咯烷酮（PVP）涂层增加了纳米 Au 颗粒与叶片表面的相互作用，同时它也影响了纳米 Au 颗粒通过角质层进入叶肉并通过植物的维管系统转运的能力。尽管涂层的化学性质对纳米 Au 颗粒的黏附、吸收和转移起着重要作用，但无论涂层如何，纳米 Au 在组织间的转运是相似的。纳米 Au 颗粒在小麦根系中的分配受纳米材料初始大小的影响较大，能到达小麦根系的小尺寸纳米颗粒（离子型或 3nm）的比例更低。

5.2.3.2　根吸收途径的影响因素

植物根暴露于纳米颗粒的报道多于叶面暴露。然而，关于根对纳米材料的吸收不时出现相互矛盾的报道，其中一个重要原因是植物根对纳米颗粒的吸收受到多种因素的影响，如颗粒大小、表面功能化、形态、暴露条件、植物种类、植物生长阶段、根系完整性（损伤或病害）和根际生理过程等。影响植物根系吸收纳米颗粒的最重要特性之一是颗粒大小。Sabo-Attwood 等（2012）用荧光光谱和透射电镜观察到 3.5nm 的纳米 Au 被根系吸收，而 18nm 的纳米 Au 颗粒仍然聚集在根的外表面。Taylor 等（2014）利用 TEM 发现 7 ～ 108nm 的纳米 Au 颗粒没有直接被拟南芥根系吸收。Slomberg 和 Schoenfisch（2012）利用 TEM 观察到随着颗粒尺寸的增加（14nm、50nm、200nm），根系吸收的颗粒减少，但大至 200nm 的纳米 SiO_2 仍然能够被拟南芥根系吸收。Larue 等（2012）利用小麦进行了一项精细的实验，揭示了纳米 TiO_2 在小麦中的吸收和运输。TEM 和 μ-XRF 分析证据表明，直径小于 36nm 的纳米颗粒能够积累在根部，分布在整个植物组织中并没有解散或转换，而主体直径为 36 ～ 140nm 的纳米颗粒在小麦根薄壁组织中积累，但没有到达中柱，因此没有运输至地上部，而纳米颗粒超过 140nm 则不能在小麦根中积累。目前的研究还无法估计根系吸收纳米颗粒的阈值，其中一个原因是不同的植物种类和生长阶段，其阈值也是不同的。另一个重要因素是根际的纳米材料大小与原来的尺寸可能完全不同，具有高度的变异性。然而，在大多数研究中评估的颗粒尺寸是基于原始纳米材料的平均尺寸。事实上，植物对纳米材料的吸收依赖于纳米材料的最小值，而不是平均大小。

表面电荷是影响纳米颗粒在植物根系中吸收和转运的另一个主要因素。一般情况下，植物根冠受到由根分泌物组成的带负电荷的边缘细胞黏液层的保护。Avellan 等（2017）使用 X 射线计算机纳米断层扫描（nano-CT）和高光谱成像显微镜（HSI）发现拟南芥的根会分泌黏液，吸附带正电荷的 Au 纳米颗粒进而阻止其进入根组织。相反，带负电荷的 Au 纳米颗粒（约 12nm）并不会被黏液吸附，而能够转移到根的质外体中。Koelmel 等（2013）利用激光烧蚀电感耦合等离子体质谱（LA-ICP-MS）进一步发现，表面功能化极大地影响了水稻根系对 2nm 纳米 Au 颗粒（带负电荷）的吸收，而在地上部得到相反的结果，结果表明带负电荷的纳米颗粒通过维管系统优先转运。当小麦暴露于带正电、中性和负电的纳米 CeO_2 颗粒（约 4nm）时也观察到类似的效应。在某些情况下，纳米颗粒的表面电荷可以通过在带正电荷的纳米颗粒表面涂上带负电荷的根分泌物来逆转。这些纳米涂层结合物可以像带负电荷的纳米颗粒一样通过维管系统运输。更复杂的是，根系分泌物可能诱导纳米聚合，部分颗粒解散或转换，并进一步影响它们的根际吸收和生物利用度，究竟何种机制占主导地位取决于纳米颗粒和渗出液的化学性质及根际微环境。另外，由于不同植物物种和不同的生长阶段分泌不同的根系分泌物，从而影响纳米颗粒的大小、表面电荷和形态，因此植物根系吸收纳米颗粒的影响因素是十分复杂的。

目前，针对植物种类、病害和根际微生物等生理因素对土壤–植物系统中纳米颗粒吸收、积累和转化影响的研究较少。不同植物对纳米颗粒的吸收能力不同，也可能是由于植物生理和代谢功能的差异造成的。例如，双子叶植物的 Ce 转移率普遍比单子叶植物高。Glenn 等（2011）使用 TEM 和 ICP-MS 分析发现，3 种不同形态的水生植物根系吸收纳米 Au 具有颗粒大小的选择性和物种特异性。4nm 和 18nm 的纳米 Au 颗粒均能被卡洲满江红吸收，而拟肉豆蔻仅吸收 4nm 的纳米 Au 颗粒，粗叶杉则不吸收这两种大小的纳米 Au 颗粒。Judy 等（2012）使用 μ-XRF 和 LA-ICP-MS 发现 10 ～ 50nm 的纳米 Au 颗粒可被烟草根系吸收，而不被小麦根系吸收。菌根真菌能与高等植物形成共生关系，可使植物根表面的有效面积增加 10 倍，这促进了植物对水分和养分的吸收，并可能影响纳米颗粒的吸收和生物利用度。研究表明，在 2nm 纳米 Ag 处理下，与非菌根真菌相比，菌根真菌侵染的番茄植株组织中积累的 Ag 浓度较低，但在 15nm 纳米 Ag 处理的条件下，这种效应则不明显。另一项研究发现，共生菌根定植降低了暴露于纳米 ZnO［（90±10）nm］的玉米组织中锌的积累。根腐病、根结病和根霉病等根系疾病也会影响纳米颗粒的吸收，因为它们破坏了根系抵御纳米颗粒侵入的生理屏障。

5.3 纳米污染物对植物的毒副作用

5.3.1 生长和外在表型响应

纳米颗粒被植物吸收后，根据尺寸和浓度的不同，会诱导植物发生一系列生长、形态解剖等方面的变化。现有的报道既显示了纳米颗粒的积极影响，也显示了其植物毒性效应。例如，Siddiqui 等（2014）研究发现低浓度的纳米 SiO_2 促进番茄种子的萌发；水培条件下，纳米 SiO_2 对玉米的生长有显著影响，发芽率和生长率均有不同程度的提高，但同属硅肥的 Na_2SiO_3 则表现出植物毒性效应（Suriyaprabha et al.，2014）。生育期、生物量积累、叶面积等生长指标的下降是评估纳米颗粒植物毒性最直接的参数。Lin 等（2009b）观察到多壁碳纳米管和 C_{70} 纳米颗粒可使水稻开花延迟约一个月，并伴随产量下降。Stampoulis 等（2009）观察到在 1000mg/L 多壁碳纳米管处理下，西葫芦的生物量减少了 60%。De La Torre-Roche 等（2013）发现 500mg/L 富勒烯处理导致大豆和玉米生物量减少了 36.5% ～ 45%。Nair 和 Chung（2014）证明纳米 Ag 颗粒对水稻的毒性效应，0.5mg/L 纳米 Ag 颗粒暴露后水稻根和地上部生物量显著下降，而进一步增加浓度也会影响叶面积、叶绿素和类胡萝卜素含量。Hawthorne 等（2012）报道了类似的结果，显示 205 ～ 750mg/L 纳米 Ag 颗粒处理导致西葫芦生物量减少高达 49% ～ 91%。Rico 等（2013a，2013b）通过揭示光合作用速率在纳米颗粒暴露情况下的净减少，阐释了纳米颗粒对光合作用的有害影响。此外，Rico 等还证实了暴露于纳米 TiO_2 颗粒对幼苗生长产生了阻碍，尤其是促进了幼苗的失绿和落叶。

根长是纳米材料对植物生长影响的另一个重要指标。Cañas 等（2008）报道番茄、黄瓜、莴苣、水稻、甘蓝、萝卜在单壁和功能化碳纳米管处理下根长受到抑制。Cañas 等（2008）和 Chen 等（2010）观察到，在富勒醇［$C_{60}(OH)_{20}$］存在的条件下，苦瓜和洋葱的根长相比对照下降。同样，水溶性富勒烯纳米颗粒抑制了拟南芥根系的伸长，刺激了根的负向地性（Liu et al.，2010）。Priester 等（2012）观察到纳米 CeO_2、纳米 Yb_2O_3 暴露降低了大豆的生长参数和品质；2000mg/L 纳米 Yb_2O_3、纳米 Gd_2O_3 和纳米 La_2O_3 颗粒对萝卜、甘蓝型油菜、番茄、莴苣、小麦、甘蓝和黄瓜根的生长具有抑制作用（Ma et al.，2010）。Raliya 等（2015）认为，当通过不同途径施用纳米 TiO_2 时，番茄植株的根系生长存在差异，其中叶片喷施处理下除 1000mg/kg 浓度组外其他所有浓度处理都会使番茄根长显著缩短；在根施条件下，当纳米 TiO_2 浓度低于 250mg/kg 时，根长增加，在高浓度下则没有显著差异。Asli 和 Neumann（2010）观察到在 30mg/L 和 1000mg/L 浓度下，直径 30nm 的纳米 TiO_2 颗粒有利于玉米矮化植株叶片的生长，而直径为 35nm 的纳米 TiO_2 颗粒减少了豌豆的侧根数量（Fan et al.，2014）。

纳米材料还会导致植物的形态解剖学性状发生变化。Pokhrel 和 Dubey（2013）评估了纳米 Ag 颗粒和纳米 ZnO 颗粒对玉米及甘蓝变种的影响，研究发现这两种纳米颗粒能够减小液泡的大小，从而降低细胞的膨胀度和细胞大小。同样，暴露于纳米 ZnO 颗粒时，由于皮层和表皮细胞的解体，观察到根尖萎缩（Ma et al.，2010）。此外，Ma 等（2010）还观察到纳米 ZnO 颗粒通过细胞壁孔在细胞内运输（质外体途径），并最终因胞质堵塞导致细胞连接的阻塞。Zhao 等（2013）观察到浓度为 1000mg/L 的纳米 ZnO 具有植物形态毒性效应，表现出液泡、皮层细胞、表皮和根的塌陷结构。此外，Lin 和 Xing（2007）证明了多壁碳纳米管对生菜形态的不利影响。

5.3.2 生理响应

纳米颗粒对植物产生毒性效应最常见的症状是运输通道如维管束的孔隙被堵塞，从而降低了营养物质吸收和水力输送能力（Van Aken，2015）。Asli 和 Neumann（2010）的研究表明，纳米 TiO_2 颗粒和膨润土纳米颗粒阻止了玉米的蒸腾作用，并降低了玉米的水力传导率。Musante 和 White（2012）观察到纳米 Ag 会降低西葫芦的蒸腾速率。Asli 和 Neumann（2010）通过观察 30mg/L 和 1000mg/L 浓度纳米 TiO_2 处理下玉米的蒸腾速率，发现纳米 TiO_2 对植物的负面影响。Mukherjee 等（2014）的研究表明，浓度为 125mg/L、250mg/L、500mg/L 的纳米 ZnO 降低了豌豆的叶绿素含量。类似的，纳米 CeO_2 在浓度为 1000mg/L 和 2000mg/L 时分别导致叶绿素含量降低 60% 和 85%（Ma et al.，2013）。Nair 和 Chung（2014）报道当纳米 Ag 浓度为 0.5 ～ 1.0mg/L 时，水稻幼苗叶绿素和类胡萝卜素含量显著降低。Ma 等（2013）观察到纳米 TiO_2 可以引起黄瓜叶绿素含量的显著变化。Jacob 等（2013）对菜豆的研究表明，纳米 TiO_2 会导致叶绿素含量的变化。在烟草 BY2 细胞中，8nm 的纳米 Al_2O_3 处理导致脱氢酶和氧化还原酶活性降低（Poborilova et al.，2013）。

5.3.3 生化响应

碳水化合物是植物生命的主要能源，是植物生物量的重要组成部分。总体来说，纳米材料会下调碳水化合物代谢和能量代谢，从而导致植物生物量减少并产生防御刺激。纳米颗粒（如 CdO NP、WS_2 NP）降低了植物的光合活性，显著降低了植物光合作用初级产物的含量（如大麦中葡萄糖/果糖/蔗糖和小球藻中的淀粉）（Vecerova et al.，2016）。而对碳水化合物代谢（如淀粉和蔗糖代谢、乙醛酸和二羧酸代谢）的抑制则表明植物能量消耗超过了物质积累，这是生物量下降的原因（Wu et al.，2017）。有些碳水化合物如甘露糖是细胞壁的重要组成部分，其含量的减少与植物细胞接触多壁碳纳米管时细胞壁损伤有关（Zhang et al.，2018）。纳米材料除了下调碳水化合物，还可以降低植物的能量代谢。CdO 和 $Cu(OH)_2$ 纳米级杀菌剂下调了大麦根和莴苣叶中的三羧酸循环水平（Vecerova et al.，2016；Zhao et al.，2016a）。在大麦根中，纳米颗粒对苹果酸脱氢酶和/或柠檬酸合酶的抑制可能是柠檬酸减少的原因之一（Vecerova et al.，2016）。

纳米颗粒诱导植物产生氧化应激反应，因此可通过测定活性氧来研究纳米颗粒暴露对植物的毒理学影响，如通过电解质渗漏、脂质过氧化和碘化丙啶荧光试验检测氧化损伤。Yin 等（2012）证明了纳米 TiO_2 在一系列细胞系统中的光细胞毒性，并明确此毒性由活性氧引起。Tan 等（2009）报道多壁碳纳米管诱导活性氧的产生，由此影响了细胞的增殖速度，并随后导致植物细胞死亡。10 ～ 30nm 多壁碳纳米管在 20mg/L、40mg/L 和 80mg/L 浓度下引起水稻细胞染色质凝聚和收缩。Lin 等（2009a，2009b）还报道了多壁碳纳米管在水稻和拟南芥中的植物毒性效应，其能穿透植物细胞壁，进而导致抗氧化物含量增加。Nair 等（2010）的研究也表明了纳米颗粒暴露下引起的过敏反应、坏死和细胞凋亡。暴露于 62.5mg/L、125mg/L、250mg/L 和 500mg/L 的纳米 CeO_2 颗粒诱导水稻产生活性氧和氧化损伤；浓度为 5mg/L、25mg/L 和 100mg/L 的 1nm 单壁碳纳米管诱导拟南芥和水稻体内活性氧的产生（Khodakovskaya et al.，2012a）。大小为 20nm 的 Ag（PVP 包被）可以在拟南芥中引起氧化应激（Kaveh et al.，2013）。在纳米 NiO 存在的情况下，番茄中发现了更高的超氧化物歧化酶（SOD）、过氧化氢酶活性，以及谷胱甘肽（GSH）和脂质过氧化（LPO）含量（Faisal et al.，2013）。10nm 大小的纳米 ZnO 颗粒在 500mg/L 的浓度下引起豌豆的氧化胁迫（Mukherjee et al.，2014）。Jacob 等（2013）观察到，浓度为 10mg/L 和 30mg/L 的纳米 TiO_2 颗粒在菜豆修饰酶类抗氧化剂的活性方面起着关键作用。在菠菜幼苗中，0.25% 的纳米 TiO_2 颗粒（胶体）导致叶绿体产生氧化胁迫（Lee et al.，2010）。浓度为 5.8mmol/L 的量子点作用于拟南芥，使得谷胱甘肽（GSH）含量下降（Navarro et al.，2012）。

5.3.4 遗传响应

金属纳米颗粒进入细胞后，一系列大分子相互作用并发挥效应。Atha 等（2012）发现 100nm 的纳米 CuO 在浓度为 10mg/L、100mg/L、500mg/L、1000mg/L 的情况下会对萝卜细胞中的 DNA 造成损伤；浓度为 10mg/L、100mg/L、500mg/L 和 1000mg/L 时对多年生黑麦草的影响也类似。在 2000mg/L 和 4000mg/L 的纳米 CeO_2 存在条件下，López-Moreno 等（2010）观察到大豆 DNA 结构损伤，这些类型的损伤效应已经通过随机扩增多态性 DNA 技术进行了阐释。Moreno-Olivas 等（2014）证明了纳米 TiO_2 会对西葫芦 DNA 造成损伤。在烟草（Ghosh et al.，2010）和玉米（Castiglione et al.，2010）中，分别观察到 2mmol/L 和 10mmol/L 纳米 TiO_2 颗粒造成的 DNA 损伤。Ghosh 等（2010）观察到 4mmol/L 的纳米 TiO_2 颗粒对洋葱 DNA 造成损伤，Kumari 等（2009）则报道了纳米 Ag 颗粒对洋葱染色体的植物毒性作用。纳米 TiO_2 会通过染色体臂的碎裂导致蚕豆染色体畸变（Castiglione et al.，2010），其中在末期和后期主要形成桥式结构。在玉米的染色体结构中也观察到了纳米颗粒的负面影响（Castiglione et al.，2010）。此外，Wang 等（2011）的研究表明，浓度为 20mmol/L、（2.8±1.4）nm 的纳米 TiO_2 颗粒引起拟南芥微管的重组和消除，随后微管蛋白单体加速降解。

除此之外，纳米物质还可以改变基因的表达。到目前为止，对纳米颗粒介导的维管植物毒害的分子基础知之甚少。然而，转录分析可以提供基因上调和下调之间的联系，因此有助于理解纳米颗粒在高等植物中产生毒性的机制（Landa et al.，2015）。Yan 等（2013）证明了暴露在单壁碳纳米管（SWCNT）下，玉米根组织中 *SLR1* 和 *RTCS* 基因表达上调，*RTH1* 和 *RTH3* 基因表达下调。Hossain 等（2016）证明了富勒烯通过抑制基因转录扰乱了能量和电子的传输途径。Khodakovskaya 等（2011）研究了在碳纳米管处理下茄子叶和根的基因表达谱，发现许多基因上调，如水通道蛋白基因 *LeAqp2*。Khodakovskaya 等（2012b）的研究还表明，多壁碳纳米管能够上调负责水分运输（水通道蛋白）、细胞壁形成和细胞分裂的标志基因 *NNtPIP1*、*NtLRX1* 和 *CycB* 等。Nair 和 Chung（2014）报道，纳米 Ag 会引起水稻幼苗 *MSD1*、*CSD1* 和 *FSD* 等与氧化胁迫耐受相关基因的差异表达。

5.4 植物对纳米污染物的降解转化和防御

5.4.1 生物转化

根际是一个具有丰富根系分泌物和微生物的生化活性区域，可以使纳米颗粒在接近根表面时发生转化。例如，Huang 等（2017）发现纳米 Cu（约 40nm）与根分泌物和有机酸具有较强的结合能力，根渗出物能够显著影响纳米 Cu 氧化为 Cu（Ⅰ）和 Cu（Ⅱ），并显著降低黄瓜对铜的吸收和生物积累。Gao 等（2018）研究了纳米 CuO（约 40nm）在小麦根际土中的溶解，根际土壤中 Cu 的有效含量（可被 $CaCl_2$ 提取）增加，而不稳定态的 Cu 含量［可被二乙烯三胺五乙酸（DTPA）提取］下降。Rico 等（2018）研究了纳米 CeO_2（67nm）的转化，利用基于同步加速的 μ-XRF 和 μ-XANES 分析了大麦完整根系在土–根界面上的空间定位和形态形成。结果表明，CeO_2 在土壤和根表面的含量为 84% ～ 90%，而在根表面的几个 CeO_2

积累“热点”处纳米CeO_2较Ce（Ⅲ）的含量显著降低（56%～98%）。总体而言，纳米颗粒在土壤根系表面的溶解转化机制复杂，土壤的pH、有机质、矿物成分和微生物群落的变化不仅影响到根际过程，还诱发了这些土壤因子的变化，这些土壤因子的变化又可以进一步对纳米颗粒的转化产生正向或负向反馈调节作用。

生物转化是生物体对常见污染物进行生物化学修饰的一种方法。在生物转化过程中，增强毒性或解毒都是可能的。对于纳米颗粒，它可能被周围环境介质和生物系统所改变，其最终命运和对生物体的毒性也可能会改变。纳米Ag_2S颗粒是一种环境中广泛分布的纳米Ag转化产物，Wang等（2017）研究了纳米Ag_2S颗粒在植物中的吸收、积累和毒性。在黄瓜和小麦中，尺寸高达120nm的纳米Ag_2S颗粒可被植物根系吸收，随后以纳米Ag_2S颗粒形式不经转化被输送到叶片组织中。然而，关于硫化是否会增加或减少植物体内纳米Ag的生物利用度和积累这一问题并没有得到阐明。Stegemeier等（2015）比较了纳米Ag（6.3nm）和纳米Ag_2S（7.8nm）的生物利用度。他们认为，尽管根（＞99%）和地上部（＜1%）中积累的Ag总量在纳米Ag和纳米Ag_2S处理下类似，但不同形式的Ag以不同的方式与根相互作用，其中Ag^+在整个根中均匀积累，纳米Ag颗粒主要在根柱边缘细胞和延伸区积累，纳米Ag_2S颗粒则主要在根的外表面黏附。Spielman-Sun等（2018）研究了Cu基纳米颗粒的形态和溶解度对小麦根中Cu吸收和转运的影响。他们的结果表明，高溶解度的纳米$Cu(OH)_2$颗粒被根迅速吸收，并进一步减少和/或磺化，而低溶解度的纳米CuO或纳米CuS颗粒在暴露后48h内更持久，有高达80%的纳米颗粒未被转化。因此，为了更好地理解和预测纳米颗粒在环境和农业生态系统中的命运、生物利用度和风险，相关研究工作不仅需要关注纳米颗粒的吸收、积累和毒性，还需要关注环境中丰富的纳米颗粒转化产物。

除了在根际环境中的转化，在植物组织内部或表面也发现可以发生纳米颗粒的转化，从而导致植物中元素形态和积累的不同。Yin等（2011）首次发现纳米Ag暴露下黑麦草根中的银被氧化为Ag（Ⅰ），并提出两种假说来解释这一现象：①纳米Ag直接被根吸收，然后在根组织中发生氧化转化；②纳米Ag在根表面外溶解，然后其离子被根吸收。Wang等（2016）发现纳米Ag颗粒在莱茵衣藻中能够发生细胞内化，通过胞内生物转化为Ag_2S和Ag-硫醇盐，但在高等植物组织中没有观察到纳米Ag的类似转化。纳米Au的氧化还原活性低于纳米Ag，目前尚无研究报道其在植物体内的氧化转化。然而，Ag^+和Au^+都能被植物吸收并在根和地上部中形成纳米颗粒。区别原始纳米Ag或纳米Au与植物转化合成的纳米颗粒是一个重大的挑战，可通过测定银、金同位素比值更清楚地区分两者。

金属氧化物纳米颗粒如纳米TiO_2和纳米SiO_2是常见纳米颗粒中最稳定的类型，它们常以原始形态存在于植物中。相比之下，纳米ZnO、纳米CuO、纳米NiO、纳米CeO_2、纳米Yb_2O_3和纳米La_2O_3容易发生转化，导致植物累积物形态的变化。Lv等（2015）利用同步X射线吸收光谱（X-ray absorption spectrometry，XAS）测定纳米ZnO在植物中的转化，发现在水培和纳米ZnO暴露条件下，玉米根、芽中积累的Zn大部分以磷酸锌形式存在，这主要是由于纳米ZnO在根际的溶解增强、植物对Zn^{2+}的吸收和转运。在土壤栽培小麦中也发现了类似的锌积累形态。其他种类的锌积累形态，如大豆中的柠檬酸锌和硝酸锌、豇豆中的柠檬酸锌、组氨酸锌和植酸锌、短绒毛牧豆树中的硝酸锌也有报道（Lv et al.，2019）。虽然在植株中发现了不同的Zn形态，但一致的结论是，纳米ZnO暴露后幼苗中并没有发现ZnO，因此植株对Zn的吸收、转运和积累主要是以纳米ZnO释放Zn^{2+}的形式进行的。暴露于纳米CuO和Cu^{2+}的小麦中Cu的积累形态相似，但CuO在植物中被部分还原为Cu（Ⅰ），形成了Cu（Ⅰ）-硫复合物。在土壤栽培的水稻和玉米中，研究也观察到植株的Cu（Ⅱ）向

Cu（Ⅰ）的转化（Dimkpa et al.，2013）。Peng 等（2015）进一步发现 40nm 的纳米 CuO 从水稻根部向茎部输送后，溶解的纳米 CuO 主要与半胱氨酸、柠檬酸和磷酸盐配体结合，部分纳米 CuO 被还原为 Cu_2O。在早期的研究中，稀土氧化物（REO）如纳米 CeO_2 被认为具有高度稳定性，在周围环境和植物中不发生转化；然而 Zhang 等（2012）对植物吸收和积累稀土纳米颗粒进行的系统研究显示，纳米 CeO_2、纳米 Yb_2O_3 和纳米 La_2O_3 能够在植物和根际进行生物转化。透射电镜图像表明，2000mg/L 纳米 CeO_2 处理 21d 后，黄瓜根的表皮和细胞间隙出现针状簇，通过扫描透射 X 射线显微镜（scanning transmission X-ray microscopy，STXM）技术证实针状簇为 $CePO_4$。微 X 射线吸收近边结构（μ-XANES）光谱表明，Ce 在根中的形态为 CeO_2 和 $CePO_4$，而在地上部为 CeO_2 和铈羧化物（cerium carboxylate）。模拟研究表明，还原性物质（如抗坏血酸）在转化过程中起关键作用，有机酸（如柠檬酸）可促进颗粒溶解。纳米 CeO_2 首先在根表面被吸收，并在根系分泌的有机酸和还原性物质的帮助下部分溶解。释放的 Ce（Ⅲ）离子与磷酸盐一起沉淀在根表面和细胞间隙，或者在转移到地上部的过程中与羧基化合物形成复合物。类似的纳米 CeO_2 还原和变换在琼脂栽培的芦笋、生菜和土壤栽培的大豆中也观察到（Cui et al.，2014）。Ma 等（2015）进一步研究了纳米 CeO_2 在黄瓜植株中的转化位点。他们发现，在根暴露模式下，Ce 以 Ce（Ⅳ）和 Ce（Ⅲ）的混合物形式存在于所有的植物组织中，而在叶柄暴露模式下，Ce（Ⅲ）在植物组织中缺失，该结果支持了根际圈对纳米 CeO_2 的还原作用。通过使用分根暴露模式对黄瓜进行 25nm 的纳米 CeO_2 处理，进一步发现 Ce（Ⅳ）和 Ce（Ⅲ）的混合物从根通过木质部到达地上部，但通过韧皮部从地上部反向运输至根时几乎完全是 CeO_2 形式。

5.4.2　抗氧化防御

植物暴露于各种纳米材料中导致细胞内 ROS 的产生，产生的 ROS 自由基作为信号分子激活植物抗氧化防御机制，降低自由基的毒性。植物的抗氧化防御机制包括超氧化物歧化酶（SOD）、过氧化氢酶（CAT）、抗坏血酸过氧化物酶（APX）、谷胱甘肽过氧化物酶（GSH-Px）、脱氢抗坏血酸还原酶（DHAR）、谷胱甘肽还原酶（GR）及非酶类抗氧化剂，如抗坏血酸、谷胱甘肽、硫醇、酚类等。其中，氧化型谷胱甘肽（GSSG）或谷胱甘肽（GSH）和抗坏血酸是最重要的低分子抗氧化剂。CAT 和 GSH-Px 在 ROS 和过氧化物自由基的猝灭中都发挥着重要作用，而 SOD 则催化超氧阴离子歧化为过氧化氢的过程。APX、DHAR 和 GR 等酶作用于抗坏血酸–谷胱甘肽循环（ASA-GSH 循环）中复杂的氧化还原动态平衡，该循环控制 ROS 的过量产生及植物的氧化状态。在纳米材料诱导的 ROS 生成过程中，APX 使 SOD 合成的 H_2O_2 还原为 H_2O 分子。APX 再次利用 DHAR 作用下再生的抗坏血酸来减少 H_2O_2（Rico et al.，2015）。GR 产生的还原型谷胱甘肽被 DHAR 利用来再生抗坏血酸。Wei 等（2013）还展示了植物应对纳米颗粒的抗氧化机制，介绍了多种纳米材料如纳米 CeO_2、纳米 Fe_3O_4、纳米 Co_3O_4 诱导 CAT，纳米 CeO_2、纳米 Fe_3O_4、纳米 Co_3O_4、纳米 MnO_2、纳米 CuO 诱导 GSH-Px，纳米 CeO_2、富勒烯诱导 SOD，以及纳米 CeO_2、纳米 Fe_3O_4、纳米 Co_3O_4 等纳米材料对抗氧化酶的激活作用。一些研究表明，纳米颗粒对抗氧化剂的酶活性有直接影响，但仍然没有证据表明这与纳米颗粒的化学性质有关。事实上，纳米颗粒对防御机制中的酶活性的影响是不均匀和不稳定的。Lei 等（2008）证明纳米 TiO_2 能提高菠菜 SOD、CAT、APX 和 GSH-Px 的活性，与此相反，Foltete 等（2011）的研究表明蚕豆中 GR 和 APX 活性降低。因此，很难证明纳米颗粒对各种酶具有直接的正面或负面影响。以往的研究表明，纳米颗粒的类型、性质、浓度和暴露介质是影响植物抗氧化防御系统反应的主要因素。Majumdar 等（2014）记录了纳

米 CeO_2 颗粒对菜豆的影响，表明纳米 CeO_2 颗粒可能通过干扰植物的抗氧化防御机制而对植物产生毒害作用。因此，纳米颗粒毒性与植物抗氧化酶系统表现间的关系尚不完全清楚，有待进一步探讨。Chen 等（2015）证实了一氧化氮（NO）对纳米 ZnO 颗粒诱导的水稻幼苗毒性的缓解作用。Amooaghaie 等（2015）在研究黑芥时报道了血红素和 NO 供体硝普钠在纳米 Ag 胁迫下对种子萌发率的调节作用，结果表明，在纳米 Ag 和硝酸银胁迫下血红素和硝普钠对黑芥种子萌发具有调控作用。

5.4.3 碳水化合物与能量代谢

基于糖分解的能量代谢［如糖酵解、TCA 循环和戊糖磷酸途径（PPP）］在一些纳米材料［如纳米 $Cu(OH)_2$、纳米 TiO_2、纳米 Ag］存在下被显著上调（Ke et al.，2018；Wu et al.，2017；Zhao et al.，2016b）。能量代谢被纳米颗粒上调，表明植物试图通过产生能量来维持其正常生理过程或增加与防御有关的活动，如 DNA 和 RNA 的修复、其他生物分子和防御化合物的制造等（Ke et al.，2018；Zhang et al.，2018）。Zhang 等（2018）发现纳米材料作用下中间产物 5-磷酸核酮糖的增加，表明氧化多壁碳纳米管提高了蛋白核小球藻细胞中的 PPP 水平，而 PPP 可以产生 NADPH，为核苷酸和核酸的合成提供原料，多余的 NADPH 则有助于抗氧化应激。柠檬酸的减少抑制了金属纳米材料中金属铁的溶解，是植物对金属纳米颗粒的防御反应（Vecerova et al.，2016；Zhao et al.，2016b）。此外，TCA 循环除了提供能量，还为氨基酸的合成提供原料（Du et al.，2017）。碳水化合物和能量代谢的提高是植物对抗环境胁迫的一种防御机制，碳水化合物代谢的提高也有利于植物生物量的积累。

5.4.4 氨基酸代谢

氨基酸是蛋白质生物合成所必需的，并在信号传递过程和植物应激反应中发挥关键作用（Hildebrandt et al.，2015）。暴露于纳米颗粒会干扰植物的氨基酸代谢，在大多数研究中，纳米材料处理导致植物氨基酸的表达上调，并表现出应激防御机制。金属纳米颗粒如纳米 Cu、纳米 CdO 和纳米 $Cu(OH)_2$ 等纳米级杀菌剂上调了与脯氨酸、甘氨酸、天冬酰胺、色氨酸、天冬氨酸和组氨酸等氨基酸代谢相关基因的表达，而氨基酸作为金属离子的螯合剂，降低了植物组织中金属纳米颗粒的生物利用度（Vecerova et al.，2016；Zhao et al.，2016a，2016c）。纳米 Cu 上调了黄瓜根分泌物中氨基酸，如丙氨酸、甘氨酸、亮氨酸、赖氨酸、苯丙氨酸、脯氨酸、丝氨酸、苏氨酸和缬氨酸的表达，为铜提供了更多结合位点，阻碍了铜在根细胞膜上的转运（Zhao et al.，2016c）。作为一种多功能氨基酸，脯氨酸也通过减少应激诱导的细胞酸化而减少金属离子的释放（Wu et al.，2017）。

氨基酸参与植物的抗氧化防御。为了保护植物细胞免受氧化损伤，两种抗氧化防御系统（酶和非酶）将被激活。一些氨基酸是抗氧化酶的前体，氨基酸的增加可以促进抗氧化酶的产生，从而抵抗氧化应激（Wu et al.，2017；Zhao et al.，2016b）。例如，甘氨酸、谷氨酰胺和脯氨酸的增加促进了谷胱甘肽（GSH）和超氧化物歧化酶（SOD）的生物合成，而这两者是必需的抗氧化剂，对维持细胞内氧化还原状态至关重要（Wu et al.，2017；Zhao et al.，2016a，2016b）。谷胱甘肽还能螯合重金属，起到解毒作用（Zhao et al.，2016a）。一些氨基酸（如甘氨酸、脯氨酸和谷氨酰胺）是清除 ROS 的有效抗氧化剂（Wu et al.，2017；Zhao et al.，2016b，2016c）。苯丙氨酸和色氨酸具有保护细胞膜和减少脂质过氧化的作用，它们在大麦中被纳米 CdO 上调（Vecerova et al.，2016）。

此外，氨基酸还是能量来源。纳米 $Cu(OH)_2$ 和纳米 Cu 增加了玉米叶片和黄瓜果实中的支链氨基酸（BCAA，即异亮氨酸、缬氨酸和亮氨酸）含量，而它们是氧化磷酸化的能量来源，在植物对胁迫的适应过程中起重要作用（Taylor et al.，2004；Zhao et al.，2016b，2019）。

氨基酸同时也是次生代谢物的前体。苯丙氨酸、色氨酸和酪氨酸 3 种氨基酸不仅是蛋白质合成所必不可少的基本组成单元，也是种类繁多的次生代谢物和一些植物激素的前体，这些次生代谢物可用于植物防御、信号传递和繁殖过程（如类黄酮、酚类物质、异类黄酮、花青素、生育酚和质体醌）。例如，大麦植株在纳米 CdO 处理下这些氨基酸将上调（Vecerova et al.，2016；Yoo et al.，2013）。

5.4.5　脂质代谢

脂肪酸是细胞膜的重要组成部分，脂肪酸的改变可能会影响细胞在应激条件下的生存力（Zhao et al.，2019）。脂质代谢的调节与以下两种功能有关：第一，脂肪酸的上调能够保持细胞膜的相对流动性，以保证细胞的正常生理功能。纳米 TiO_2、纳米 $Cu(OH)_2$ 等纳米级杀虫剂和水合石墨烯提高了水稻、玉米和小麦中脂肪酸（如亚油酸、亚麻酸、硬脂酸、棕榈酸、十六烷酸和十八烯酸）和膜脂前体的含量，其功能主要是在非生物胁迫（膜脂过氧化）下保护细胞膜（Hu and Zhou，2014；Wu et al.，2017）。相应的，C_{60} 富勒醇降低了黄瓜叶片中的脂肪酸含量，扰乱了细胞膜的组成（Zhao et al.，2019）。第二，膜流动性与不饱和脂肪酸水平呈正相关，是维持细胞代谢和功能的关键（Hoekstra et al.，2001）。氧化石墨烯和单壁碳纳米管诱导的膜流动性和渗透压的下降与小球藻中不饱和脂肪酸的减少有关。膜流动性的降低也被认为是防止纳米颗粒转运到细胞质的一种机制（Vecerova et al.，2016）。

5.5　纳米污染物精准研究技术

5.5.1　位置和化学形态分析

透射电子显微镜和扫描电子显微镜是用于直接或间接表征纳米材料表面和结构性质最普遍的技术，常被应用于纳米颗粒二维图像的获取，其工作原理是电子散射。透射电子显微镜（TEM）简称透射电镜，通过把经加速和聚集的电子束投射到非常薄的样品上，电子与样品中的原子碰撞而改变方向，从而产生立体角散射。散射角的大小与样品的密度、厚度相关，因此可以形成明暗不同的影像，影像将在放大、聚焦后在成像器件（如荧光屏、胶片，以及感光耦合组件）上显示出来。通常，透射电镜的分辨率为 0.1 ～ 0.2nm，放大倍数为几万至百万倍，用于观察超微结构，即小于 0.2μm、光学显微镜下无法看清的结构，又称“亚显微结构”。利用透射电镜可以观察到纳米物质在植物不同组织、细胞、亚细胞结构中的尺寸、形状和分布，但是透射电镜需要高分辨率的超薄切片，从取材到染色的任何环节出现问题都会影响到样品制备质量甚至导致样品制备失败。另外，植物的细胞壁厚，结构密集，药物渗透较慢，其制备难度就显得更大一些，往往难以制备出高分辨的透射电镜样品，极大地限制了透射电镜在植物研究中的应用。

扫描电子显微镜（scanning electron microscope，SEM）简称扫描电镜，是一种介于透射电镜和光学显微镜之间的观察手段。在扫描电镜中，电子束与试样的物质发生相互作用，可产生二次电子、特征 X 射线、背散射电子等多种信号，通过采集二次电子、背散射电子得到有关物质表面微观形貌的信息，利用背散射电子衍射花样得到晶体结构信息，利用特征 X 射线得到物质化学成分的信息，这些都是样品表明的信息。扫描电镜（SEM）可以用来检测纳米颗粒在植物组织中的尺寸、形状和元素组成。相比透射电镜，扫描电镜不需要大量的样品制备，并且对样品的尺寸没有很大的限制。然而无论是透射电镜还是扫描电镜，都不能对纳米材料进行定量分析。

扫描透射电子显微镜（STEM）是一种结合了透射电镜和扫描电镜特点，在表征物质微观结构方面不可或缺的仪器。在扫描电镜上配置透射附件，应用透射模式可得到物质的内部结构信息，使其既有扫描电镜的功能又具备透射电镜的功能。与透射电镜相比，由于其加速电压低，可显著减少电子束对样品的损伤，而且可大大提高图像的衬度，特别适合于有机高分子、生物等软材料样品的透射分析。利用扫描透射电子显微镜可以获得植物亚细胞水平上元素的纳米级分布，但灵敏度较低。

激光扫描共聚焦显微镜（CLSM）或荧光显微镜（fluorescence microscope，FM）用来追踪植物组织中荧光标记的纳米颗粒和量子点（QD）的分布。激光扫描共聚焦显微镜在传统荧光显微镜成像的基础上加装了激光扫描装置，利用紫外或可见激光激发荧光探针，对生物样品进行断层扫描，结合计算机对荧光图像进行加工处理，观察细胞和组织内部各个层面或不同侧面的形态变化。CLSM 的一个优点是可以直接观察活细胞或植物组织，为植物细胞原位检测纳米颗粒内化提供了可能，但其缺点是横向分辨率低，需要对大多数纳米颗粒使用荧光染料进行标记。

电镜技术可以与其他技术结合，为元素周期表中的大多数元素提供全面的化学信息。例如，微束 X 射线荧光光谱（μ-XRF）和微 X 射线吸收近边结构（μ-XANES）就是非常强大的耦合技术。μ-XRF 能够在微米级分辨率解析多种元素，而 μ-XANES 提供元素形态分析，该技术已被广泛应用于研究植物对 Ag、Au、ZnO、TiO_2、CeO_2 等纳米颗粒的吸收转化。在纳米颗粒–植物相互作用中使用这些技术的最大缺点是分辨率不高，目前世界上大多数 μ-XRF 或 μ-XANES 束线的横向分辨率在 1μm 或几百纳米以上。

其他技术如同步傅里叶变换红外光谱（synchrotron radiation-based Fourier transform infrared spectrometer，SR-FTIR）显微光谱、共焦显微拉曼光谱（confocal Raman microspectroscopy，CRM）和高光谱成像（HSI）显微镜可作为研究纳米颗粒–植物相互作用的重要补充技术。傅里叶变换红外光谱（Fourier transform infrared spectrometer，FTIR）是一种常用的光谱技术，用于识别纳米颗粒的化学键和分子官能团。通过定性和定量分析，可以直接测量基于红外辐射的振动跃迁。纳米颗粒与特定聚合物表面结合的显著结果可能取决于对官能团配体的吸附。此外，FTIR 以特定的信噪比证实了官能团的共价相互作用。衰减全反射（attenuated total reflection，ATR）FTIR 特别关注金属、碳纳米颗粒和量子点的毒性效应。ATR-FTIR 是一种附加在显微镜上用于复制冲压的光谱技术。不同波段的吸光强度随透射率的变化而变化，ATR-FTIR 与纳米颗粒的厚度和体积有关。FTIR 的主要优点是精度高、稳定性好、信噪比高、纳米颗粒的能量吞吐量大。拉曼光谱成像技术是一种纳米颗粒化学形态和空间分布解析的新方法。拉曼光谱得到的是物质的分子振动和转动光谱，是物质的指纹信息，因此拉曼光谱可以作为识别物质和分析物质成分的一种有力工具。拉曼光谱成像技术具有很多优点：光谱的信息量大，谱图易辨认，特征峰明显；对样品无接触，无损伤；样品无须制备；能够快速分析、鉴别各种材料的特性与结构；激光拉曼光谱仪的显微共聚焦功能可用于微区微量及分层材料的分析（1μm 左右光斑）；适用于黑色、含水样品的测量，并能够适应高温、低温和高压等测量环境。激光拉曼光谱是激光光谱学中的一个重要分支，用途十分广泛，可应用于有机化学、无机化学、生物化学、石油化工、高分子化学、催化和环境科学、分子鉴定、分子结构等研究。

5.5.2 定量分析

迄今为止，关于金属或稀土纳米颗粒的精确定量信息仍然依赖于电感耦合等离子体质谱（ICP-MS）等方法对金属元素浓度的分析。ICP-MS 是一种将 ICP 技术和质谱结合在一起的分析仪器，被测元素通过一定形式进入高频等离子体中，在高温下电离成离子，产生的离子经过离子光学透镜聚焦后进入质谱分析器按照荷质比分离，既可以按照荷质比进行半定量分析，也可以按照特定荷质比的离子数目进行定量分析。ICP-MS 能够分析纳米材料的元素组成与浓度、尺寸及尺寸分布，但不能进行原位分析。

在酶的帮助下，单粒子 ICP-MS（SP-ICP-MS）可以提供植物组织中不同大小和浓度的纳米颗粒信息，但值得注意的是，酶的消化过程可以诱导纳米颗粒的溶解和形态变化。迄今为止，SP-ICP-MS 的绝大多数应用都局限于非活性纳米颗粒中，如纳米 Au、纳米 Ag、纳米 CeO_2、纳米 CuO 和纳米 TiO_2。此外，还需要进一步研究建立适用于更多类型纳米颗粒、非生物降解植物中纳米颗粒的消化程序。结合特殊分离技术如毛细管电泳（capilary electrophoresis，CE）、尺寸排除色谱法（size-exclusion chromatography，SEC）、水动力色谱法（hydrodynamic chromatography，HDC）和场流分馏（field flow fractionation，FFF），不同粒径和不同离子的纳米颗粒可以被区分和量化。然而，目前上述大多数技术只在单一介质下使用，只有 FFF-ICP-MS 被用于分析和表征废水及土壤孔隙水等复杂环境介质中的天然胶体与纳米颗粒。我们期望将来上述技术可以用于检测根际和根分泌物中的纳米颗粒。然而，采用类似于 SP-ICP-MS 联用技术检测生物样品中的纳米颗粒时需要对生物组织进行消化或酶解预处理，或者从生物组织中提取纳米颗粒，这是其应用中需要克服的关键问题。

激光烧蚀电感耦合等离子体质谱（LA-ICP-MS）又称激光取样等离子体质谱（LS-ICP-MS）、激光探针等离子体质谱（LP-ICP-MS），是将电感耦合等离子体质谱法（ICP-MS）与激光取样相结合而形成的一种高灵敏度的多元素快速分析新技术。虽然 LA-ICP-MS 的横向分辨率低于电子或 X 射线微分析，但它可以在原位准确测定生物材料中的金属分布。例如，Picó 等（2017）利用 LA-ICP-MS 研究了纳米 Au 暴露下水稻 Au 的组织分布，但是观察到的 Au 是以离子还是纳米颗粒的形式存在仍需要通过其他技术来进一步确定。

5.5.3 稳定同位素分析技术

同位素分离现象已经在许多金属元素的物理和化学转变中发现。因此，不同来源的纳米颗粒可能具有不同的同位素比值，可用作表征示踪剂来探测纳米颗粒的来源和归宿。多集电极（MC）ICP-MS 技术的快速发展证实了非传统稳定同位素分析具有良好的准确性和精密度，为跟踪与区分环境介质或生物体中的天然和人造纳米颗粒提供了机会。如何鉴别离子和纳米颗粒对生物利用度的贡献一直是环境和分析科学家面临的一大难题，近年来以 MC-ICP-MS 为主的同位素标记特别是多同位素标记与高精度质谱联用的新方法为解决这一问题提供了新的契机（表 5-1）。

表 5-1 可用于植物组织中纳米颗粒检测的技术

类别	技术	缩写	尺寸检出限	浓度检出限	分析信息
电镜	透射电子显微镜	TEM	< 1nm		尺寸（平均和分布）、形状、元素组成（耦合色散谱）、化学结构（耦合电子能量损失能谱）、晶体结构（耦合选区电子衍射/会聚束电子衍射）

续表

类别	技术	缩写	尺寸检出限	浓度检出限	分析信息
电镜	场发射扫描电子显微镜	FESEM	1nm		尺寸（平均和分布）、形状、元素组成（耦合色散谱）
	环境扫描电子显微镜	ESEM	30nm	10^{-12}/L	尺寸（平均和分布）、形状
光谱	傅里叶变换红外光谱	FTIR			表面电荷、对称性和官能团
	激光共焦显微拉曼光谱	CLM-RS			化学组成、浓度、晶体取向、不同成分的空间分布
原子光谱	电感耦合等离子体质谱	ICP-MS		ng/L	总成分、总浓度
	单粒子电感耦合等离子体质谱	SP-ICP-MS	10～20nm	ng/L	溶出成分/纳米颗粒的检测、颗粒单元质量（平均和分布）、尺寸（平均和分布）、颗粒数浓度、质量浓度
X 射线	X 射线光电子能谱	XPS		原子百分比（%）	固体样品表面成分、化学状态分析、表面成分深度分析、样品表面元素相对含量的测定、表面化学状态成像分析
	X 射线衍射谱	XRD			晶体结构、大小、物相的定性、定量分析
	X 射线吸收谱	XAS		mg/kg	化学成分、化学种类的鉴定和质量分布

5.6 植物纳米毒理学研究展望

植物与纳米颗粒之间的相互作用是高度复杂的，一方面取决于纳米材料的形状、大小、表面特征、晶体化学、剂量等，另一方面取决于植物基因型、生长发育阶段、土壤或支持植物生长的介质、光照强度及暴露途径（自下而上或自上而下）等。虽然大量的纳米材料会产生毒性效应，但许多纳米材料也作为生长调节剂，给植物带来生物量的显著增加，这也带来了纳米肥料在农业中的应用。另外，随着对纳米污染物的日益重视，研究人员开始关注这些纳米颗粒是如何进入植物细胞并分布到不同部位的，以及它们如何影响生长或产量，但目前对相关作用模式的认识还远未清晰。例如，许多研究表明纳米颗粒可以通过木质部（向上运动）和韧皮部（向下运动）转运，但这些纳米颗粒如何穿过植物细胞膜？它们是否使用某些转运体/通道？当它们通过共质体途径移动时又如何穿过内皮层凯氏带？这些问题都还没有答案。大量的研究报道了纳米材料暴露后植物体内抗氧化酶的激活，但对纳米颗粒和活性氧之间信号通路的了解还很少。一些转录组学、代谢组学研究揭示了基因和代谢产物对纳米颗粒的响应，这既有可能是植物受到胁迫的表征，也可能是植物对纳米颗粒的抗性特征即解毒机制之一，但两者之间的平衡点尚不明确。在未来的研究中，植物纳米毒理学和抗性生物学是密不可分的。

参考文献

Abu-Hamdah R, Cho W J, Cho S J, et al. 2004. Regulation of the water channel aquaporin-1: isolation and reconstitution of the regulatory complex. Cell Biology International, 28(1): 7-17.

Amooaghaie R, Tabatabaei F, Ahadi A M. 2015. Role of hematin and sodium nitroprusside in regulating *Brassica nigra* seed germination under nanosilver and silver nitrate stresses. Ecotoxicology and Environmental Safety, 113(mar.): 259-270.

Asli S, Neumann P M. 2010. Colloidal suspensions of clay or titanium dioxide nanoparticles can inhibit leaf growth and transpiration via physical effects on root water transport. Plant, Cell & Environment, 32(5): 577-584.

Atha D H, Wang H, Petersen E J, et al. 2012. Copper oxide nanoparticle mediated DNA damage in terrestrial plant models. Environmental Science & Technology, 46: 1819-1827.

Avellan A, Schwab F, Masion A, et al. 2017. Nanoparticle uptake in plants: gold nanomaterial localized in roots of arabidopsis thaliana by X-ray computed nanotomography and hyperspectral imaging. Environmental Science & Technology, 51(15): 8682-8691.

Avellan A, Yun J, Zhang Y, et al. 2019. Nanoparticle size and coating chemistry control foliar uptake pathways, translocation and leaf-to-rhizosphere transport in wheat. ACS Nano, 13(5): 5291-5305.

Cañas J E, Long M, Nations S, et al. 2008. Effects of functionalized and nonfunctionalized single-walled carbon nanotubes on root elongation of select crop species. Environmental Toxicology and Chemistry, 27(9): 1922-1931.

Castiglione M R, Giorgetti L, Geri C, et al. 2010. The effects of nano-TiO_2 on seed germination, development and mitosis of root tip cells of *Vicia narbonensis* L. and *Zea mays* L. Journal of Nanoparticle Research, 13(6): 2443-2449.

Chen J, Liu X, Wang C, et al. 2015. Nitric oxide ameliorates zinc oxide nanoparticles-induced phytotoxicity in rice seedlings. Journal of Hazardous Materials, 297(30): 173-182.

Chen R, Ratnikova T A, Stone M B, et al. 2010. Differential uptake of carbon nanoparticles by plant and Mammalian cells. Small, 6(5): 612-617.

Cui D, Zhang P, Ma Y, et al. 2014. Effect of cerium oxide nanoparticles on asparagus lettuce cultured in an agar medium. Environmental Science: Nano, 1(5): 459-465.

De La Torre-Roche R, Hawthorne J, Deng Y, et al. 2013. Multiwalled carbon nanotubes and C60 fullerenes differentially impact the accumulation of weathered pesticides in four agricultural plants. Environmental Science & Technology, 47(21): 12539-12547.

Dimkpa C O, Latta D E, Mclean J E, et al. 2013. Fate of CuO and ZnO nano- and microparticles in the plant environment. Environmental Science & Technology, 47(9): 4734-4742.

Du C, Zhang B, He Y, et al. 2017. Biological effect of aqueous C60 aggregates on *Scenedesmus obliquus* revealed by transcriptomics and non-targeted metabolomics. Journal of Hazardous Materials, 324(Part B): 221-229.

Eichert T, Goldbach H E. 2010. Equivalent pore radii of hydrophilic foliar uptake routes in stomatous and astomatous leaf surfaces: further evidence for a stomatal pathway. Physiologia Plantarum, 132(4): 491-502.

Eichert T, Kurtz A, Steiner U, et al. 2008. Size exclusion limits and lateral heterogeneity of the stomatal foliar uptake pathway for aqueous solutes and water-suspended nanoparticles. Physiologia Plantarum, 134(1): 151-160.

Etxeberria E, Gonzalez P, Baroja-Fernandez E, et al. 2006. Fluid phase endocytic uptake of artificial nano-spheres and fluorescent quantum dots by sycamore cultured cells: evidence for the distribution of solutes to different intracellular compartments. Plant Signaling & Behavior, 1(4): 196-200.

Etxeberria E, Gonzalez P, Pozueta J. 2009. Evidence for two endocytic transport pathways in plant cells. Plant Science, 177(4): 341-348.

Faisal M, Saquib Q, Alatar A A, et al. 2013. Phytotoxic hazards of NiO-nanoparticles in tomato: a study on mechanism of cell death. Journal of Hazardous Materials, 250-251(Apr.15): 318-332.

Fan R, Huang Y C, Grusak M A, et al. 2014. Effects of nano-TiO_2 on the agronomically-relevant *Rhizobium*-legume symbiosis. Science of the Total Environment, 466-467(Jan.1): 503-512.

Foltete A S, Masfaraud J F, Bigorgne E, et al. 2011. Environmental impact of sunscreen nanomaterials: ecotoxicity and genotoxicity of altered TiO_2 nanocomposites on *Vicia faba*. Environment Pollution, 159(10): 2515-2522.

Gao X, Avellan A, Laughton S, et al. 2018. CuO nanoparticle dissolution and toxicity to wheat (*Triticum aestivum*) in rhizosphere soil. Environmental Science & Technology, 52(5): 2888-2897.

Geisler-Lee J, Wang Q, Yao Y, et al. 2013. Phytotoxicity, accumulation and transport of silver nanoparticles by *Arabidopsis thaliana*. Nanotoxicology, 7(3): 323-337.

Ghosh M, Bandyopadhyay M, Mukherjee A. 2010. Genotoxicity of titanium dioxide (TiO_2) nanoparticles at two trophic levels: plant and human lymphocytes. Chemosphere, 81(10): 1253-1262.

Glenn J B, White S A, Klaine S J. 2011. Interactions of gold nanoparticles with freshwater aquatic macrophytes are size and species dependent. Environmental Toxicology and Chemistry, 31(1): 194-201.

Hawthorne J, Musante C, Sinha S K, et al. 2012. Accumulation and phytotoxicity of engineered nanoparticles to *Cucurbita pepo*. International Journal of Phytoremediation, 14(4): 429-442.

Hernandez-Viezcas J A, Castillo-Michel H, Andrews J C, et al. 2013. *In situ* synchrotron X-ray fluorescence mapping and speciation of CeO_2 and ZnO nanoparticles in soil cultivated soybean (*Glycine max*). ACS Nano, 7(2): 1415-1423.

Hildebrandt T M, Nesi A N, Araújo W L, et al. 2015. Amino acid catabolism in plants. Molecular Plant, 8(11):1563-1579.

Hoekstra F A, Golovina E A, Buitink J. 2001. Mechanisms of plant desiccation tolerance. Trends in Plant Science, 6(9): 431-438.

Hong J, Peralta-Videa J R, Rico C, et al. 2014. Evidence of translocation and physiological impacts of foliar applied CeO_2 nanoparticles on cucumber (*Cucumis sativus*) plants. Environmental Science & Technology, 48(8): 4376-4385.

Hossain Z, Mustafa G, Sakata K, et al. 2016. Insights into the proteomic response of soybean towards Al_2O_3, ZnO, and Ag nanoparticles stress. Journal of Hazardous Materials, 304(MAR.5): 291-305.

Hu P, An J, Faulkner M M, et al. 2020. Nanoparticle charge and size control foliar delivery efficiency to plant cells and organelles. ACS Nano, 14(7): 7970-7986.

Hu X, Zhou Q. 2014. Novel hydrated graphene ribbon unexpectedly promotes aged seed germination and root differentiation. Scientific Reports, 4: 3782.

Huang Y, Zhao L, Keller A A. 2017. Interactions, transformations, and bioavailability of nano-copper exposed to root exudates. Environmental Science & Technology, 51(17): 9774-9783.

Iversen T G, Skotland T, Sandvig K. 2011. Endocytosis and intracellular transport of nanoparticles: present knowledge and need for future studies. Nano Today, 6(2): 176-185.

Jacob D L, Borchardt J D, Navaratnam L, et al. 2013. Uptake and translocation of Ti from nanoparticles in crops and wetland plants. International Journal of Phytoremediation, 15(2): 142-153.

Judy J D, Unrine J M, Rao W, et al. 2012. Bioavailability of gold nanomaterials to plants: importance of particle size and surface coating. Environmental Science & Technology, 46(15): 8467-8474.

Kaveh R, Li Y S, Ranjbar S, et al. 2013. Changes in *Arabidopsis thaliana* gene expression in response to silver nanoparticles and silver ions. Environmental Science & Technology, 47(18): 10637-10644.

Ke M, Qu Q, Peijnenburg W, et al. 2018. Phytotoxic effects of silver nanoparticles and silver ions to *Arabidopsis thaliana* as revealed by analysis of molecular responses and of metabolic pathways. Science of the Total Environment, 644(dec.10): 1070-1079.

Khodakovskaya M V, Dervishi E, Mahmood M, et al. 2012a. Carbon nanotubes are able to penetrate plant seed coat and dramatically affect seed germination and plant growth. ACS Nano, 6(8): 3221-3227.

Khodakovskaya M V, De Silva K, Biris A S, et al. 2012b. Carbon nanotubes induce growth enhancement of tobacco cells. ACS Nano, 6(3): 2128-2135.

Khodakovskaya M V, De Silva K, Nedosekin D A, et al. 2011. Complex genetic, photothermal, and photoacoustic analysis of nanoparticle-plant interactions. Proceedings of the National Academy of Sciences, 108(3): 1028-1033.

Kim J H, Oh Y, Yoon H, et al. 2015. Iron nanoparticle-induced activation of plasma membrane H^+-ATPase promotes stomatal opening in *Arabidopsis thaliana*. Environmental Science & Technology, 49(2): 1113-1119.

Koelmel J, Leland T, Wang H, et al. 2013. Investigation of gold nanoparticles uptake and their tissue level distribution in rice plants by laser ablation-inductively coupled-mass spectrometry. Environment Pollution, 174(1): 222-228.

Kumari M, Mukherjee A, Chandrasekaran N. 2009. Genotoxicity of silver nanoparticles in *Allium cepa*. Science of the Total Environment, 407(19): 5243-5246.

Lahiani M H, Dervishi E, Chen J, et al. 2013. Impact of carbon nanotube exposure to seeds of valuable crops. ACS Applied Materials & Interfaces, 5(16): 7965-7973.

Landa P, Prerostova S, Petrova S, et al. 2015. The transcriptomic response of *Arabidopsis thaliana* to zinc oxide: a comparison of the impact of nanoparticle, bulk, and ionic zinc. Environmental Science & Technology, 49(24): 14537-14545.

Larue C, Laurette J, Herlin-Boime N, et al. 2012. Accumulation, translocation and impact of TiO_2 nanoparticles in wheat (*Triticum aestivum* spp.): influence of diameter and crystal phase. Science of the Total Environment, 431: 197-208.

Lee W M, An Y J, Yoon H, et al. 2010. Toxicity and bioavailability of copper nanoparticles to the terrestrial plants mung bean (*Phaseolus radiatus*) and wheat (*Triticum aestivum*): plant agar test for water-insoluble nanoparticles. Environmental Toxicology & Chemistry, 27(9):1915-1921.

Lin C, Fugetsu B, Su Y, et al. 2009b. Studies on toxicity of multi-walled carbon nanotubes on *Arabidopsis* T87 suspension cells. Journal of Hazardous Materials, 170(2-3): 578-583.

Lin D, Xing B. 2007. Phytotoxicity of nanoparticles: inhibition of seed germination and root growth. Environment Pollution, 150(2): 243-250.

Lin S, Reppert J, Hu Q, et al. 2009a. Uptake, translocation, and transmission of carbon nanomaterials in rice plants. Small, 5(10): 1128-1132.

Liu Q, Zhao Y, Wan Y, et al. 2010. Study of the inhibitory effect of water-soluble fullerenes on plant growth at the cellular level. ACS Nano, 4(10): 5743-5748.

Lloyd-Hughes J, Jeon T I. 2012. A review of the terahertz conductivity of bulk and nano-materials. Journal of Infrared, Millimeter, and Terahertz Waves, 33(9): 871-925.

López-Moreno M L, De La Rosa G, Hernández-Viezcas J Á, et al. 2010. Evidence of the differential biotransformation and genotoxicity of ZnO and CeO_2 nanoparticles on soybean (*Glycine max*) plants. Environmental Science & Technology, 44(19): 7315-7320.

Lv J, Christie P, Zhang S. 2019. Uptake, translocation, and transformation of metal-based nanoparticles in plants: recent advances and methodological challenges. Environmental Science: Nano, 6(1): 41-59.

Lv J, Zhang S, Luo L, et al. 2015. Accumulation, speciation and uptake pathway of ZnO nanoparticles in maize. Environmental Science: Nano, 2(1): 68-77.

Ma C, Chhikara S, Xing B, et al. 2013. Physiological and molecular response of *Arabidopsis thaliana* (L.) to nanoparticle cerium and indium oxide exposure. ACS Sustainable Chemistry & Engineering, 1(1): 768-778.

Ma J F, Yamaji N. 2015. A cooperative system of silicon transport in plants. Trends in Plant Science, 20(7): 435-442.

Ma X, Geisler-Lee J, Deng Y, et al. 2010. Interactions between engineered nanoparticles (ENPs) and plants: phytotoxicity, uptake and accumulation. Science of the Total Environment, 408(16): 3053-3061.

Ma Y, He X, Zhang P, et al. 2017. Xylem and phloem based transport of CeO_2 nanoparticles in hydroponic cucumber plants. Environmental Science & Technology, 51(9): 5215-5221.

Ma Y, Zhang P, Zhang Z, et al. 2015. Where does the transformation of precipitated ceria nanoparticles in hydroponic plants take place? Environmental Science & Technology, 49(17): 10667-10674.

Majumdar S, Peralta-Videa J R, Bandyopadhyay S, et al. 2014. Exposure of cerium oxide nanoparticles to kidney bean shows disturbance in the plant defense mechanisms. Journal of Hazardous Materials, 278(aug.15): 279-287.

Moreno-Olivas F, Gant V U, Johnson K L, et al. 2014. Random amplified polymorphic DNA reveals that TiO_2 nanoparticles are genotoxic to *Cucurbita pepo*. Journal of Zhejiang University Science A, 15(8): 618-623.

Mukherjee A, Peralta-Videa J R, Bandyopadhyay S, et al. 2013. Physiological effects of nanoparticulate ZnO in green peas (*Pisum sativum* L.) cultivated in soil. Metallomics, 6(1): 132-138.

Mukherjee A, Pokhrel S, Bandyopadhyay S, et al. 2014. A soil mediated phyto-toxicological study of iron doped zinc oxide nanoparticles (Fe@ZnO) in green peas (*Pisum sativum* L.). Chemical Engineering Journal, 258: 394-401.

Musante C, White J C. 2012. Toxicity of silver and copper to *Cucurbita pepo*: differential effects of nano and bulk-size particles. Environmental Toxicology, 27(9-10): 510-517.

Nair P M, Chung I M. 2014. Physiological and molecular level effects of silver nanoparticles exposure in rice (*Oryza sativa* L.) seedlings. Chemosphere, 112(oct.): 105-113.

Nair R, Varghese S H, Nair B G, et al. 2010. Nanoparticulate material delivery to plants. Plant Science, 179(3): 154-163.

Navarro D A, Bisson M A, Aga D S. 2012. Investigating uptake of water-dispersible CdSe/ZnS quantum dot nanoparticles by *Arabidopsis thaliana* plants. Journal of Hazardous Materials, 211-212(Apr.15): 427-435.

Onelli E, Prescianotto-Baschong C, Caccianiga M, et al. 2008. Clathrin-dependent and independent endocytic pathways in tobacco protoplasts revealed by labelling with charged nanogold. Journal of Experimental Botany, 59(11): 3051-3068.

Peng C, Duan D, Xu C, et al. 2015. Translocation and biotransformation of CuO nanoparticles in rice (*Oryza sativa* L.) plants. Environment Pollution, 197: 99-107.

Picó Y, Alfarham A, Barceló D. 2017. Analysis of emerging contaminants and nanomaterials in plant materials following uptake from soils. Trends in Analytical Chemistry, 94: 173-189.

Poborilova Z, Opatrilova R, Babula P. 2013. Toxicity of aluminium oxide nanoparticles demonstrated using a BY-2 plant cell suspension culture model. Environmental and Experimental Botany, 91: 1-11.

Pokhrel L R, Dubey B. 2013. Evaluation of developmental responses of two crop plants exposed to silver and zinc oxide nanoparticles. Science of the Total Environment, 452-453(3): 321-332.

Priester J H, Ge Y, Mielke R E, et al. 2012. Soybean susceptibility to manufactured nanomaterials with evidence for food quality and soil fertility interruption. Proceedings of the National Academy of Sciences, 109(37): 14734-14735.

Raliya R, Nair R, Chavalmane S, et al. 2015. Mechanistic evaluation of translocation and physiological impact of titanium dioxide and zinc oxide nanoparticles on the tomato (*Solanum lycopersicum* L.) plant. Metallomics, 7(12): 1584-1594.

Rico C M, Hong J, Morales M I, et al. 2013a. Effect of cerium oxide nanoparticles on rice: a study involving the antioxidant defense system and *in vivo* fluorescence imaging. Environmental Science & Technology, 47(11): 5635-5642.

Rico C M, Johnson M G, Marcus M A. 2018. Cerium oxide nanoparticles transformation at the root soil interface of barley (*Hordeum vulgare* L.). Environmental Science: Nano, 5: 1807-1812.

Rico C M, Morales M I, Mccreary R, et al. 2013b. Cerium oxide nanoparticles modify the antioxidative stress enzyme activities and macromolecule composition in rice seedlings. Environmental Science & Technology, 47(24): 14110-14118.

Rico C M, Peralta-Videa J R, Gardea-Torresdey J L. 2015. Chemistry, biochemistry of nanoparticles, and their role in antioxidant defense system in plants // Siddiqui M, Al-Whaibi M, Mohammad F. Nanotechnology and Plant Sciences. Cham: Springer.

Sabo-Attwood T, Unrine J M, Stone J W, et al. 2012. Uptake, distribution and toxicity of gold nanoparticles in tobacco (*Nicotiana xanthi*) seedlings. Nanotoxicology, 6(4): 353-360.

Siddiqui M H, Al-Whaibi M H. 2014. Role of nano-SiO_2 in germination of tomato (*Lycopersicum esculentum* seeds Mill.). Saudi Journal of Biological Sciences, 21(1): 13-17.

Slomberg D L, Schoenfisch M H. 2012. Silica nanoparticle phytotoxicity to *Arabidopsis thaliana*. Environmental Science & Technology, 46(18): 10247-10254.

Spielman-Sun E, Lombi E, Donner E, et al. 2018. Temporal evolution of copper distribution and speciation in roots of *Triticum aestivum* exposed to CuO, $Cu(OH)_2$, and CuS nanoparticles. Environmental Science & Technology, 52(17): 9777-9784.

Stampoulis D, Sinha S K, White J C. 2009. Assay-dependent phytotoxicity of nanoparticles to plants. Environmental Science & Technology, 43(24): 9473-9479.

Stegemeier J P, Schwab F, Colman B P, et al. 2015. Speciation matters: bioavailability of silver and silver sulfide nanoparticles to alfalfa (*Medicago sativa*). Environmental Science & Technology, 49(14): 8451-8460.

Suriyaprabha R, Karunakaran G, Yuvakkumar R, et al. 2014. Foliar application of silica nanoparticles on the phytochemical responses of maize (*Zea mays* L.) and its toxicological behavior. Synthesis and Reactivity in Inorganic Metal-Organic and Nano-Metal Chemistry, 44(8): 1128-1131.

Tan X M, Lin C, Fugetsu B. 2009. Studies on toxicity of multi-walled carbon nanotubes on suspension rice cells. Carbon, 47(15): 3479-3487.

Taylor A F, Rylott E L, Anderson C W, et al. 2014. Investigating the toxicity, uptake, nanoparticle formation and genetic response of plants to gold. PLOS ONE, 9(4): e93793.

Taylor N L, Heazlewood J L, Day D A, et al. 2004. Lipoic acid-dependent oxidative catabolism of α-keto acids in mitochondria provides evidence for branched-chain amino acid catabolism in *Arabidopsis*. Plant Physiology, 134(2): 838-848.

Torney F, Trewyn B G, Lin V S, et al. 2007. Mesoporous silica nanoparticles deliver DNA and chemicals into plants. Nature Nanotechnology, 2(5): 295-300.

Trujillo-Reyes J, Majumdar S, Botez C E, et al. 2014. Exposure studies of core-shell Fe/Fe_3O_4 and Cu/CuO NPs to lettuce (*Lactuca sativa*) plants: are they a potential physiological and nutritional hazard? Journal of Hazardous Materials, 267: 255-263.

Van Aken B. 2015. Gene expression changes in plants and microorganisms exposed to nanomaterials. Current Opinion in Biotechnology, 33: 206-219.

Van Lehn R C, Atukorale P U, Carney R P, et al. 2013. Effect of particle diameter and surface composition on the spontaneous fusion of monolayer-protected gold nanoparticles with lipid bilayers. Nano Letters, 13(9): 4060-4067.

Vecerova K, Vecera Z, Docekal B, et al. 2016. Changes of primary and secondary metabolites in barley plants exposed to CdO nanoparticles. Environment Pollution, 218(nov.): 207-218.

Wang P, Lombi E, Sun S, et al. 2017. Characterizing the uptake, accumulation and toxicity of silver sulfide nanoparticles in plants. Environmental Science: Nano, 4(2): 448-460.

Wang S, Kurepa J, Smalle J A. 2011. Ultra-small TiO_2 nanoparticles disrupt microtubular networks in *Arabidopsis thaliana*. Plant, Cell & Environment, 34(5): 811-820.

Wang S, Lv J, Ma J, et al. 2016. Cellular internalization and intracellular biotransformation of silver nanoparticles in *Chlamydomonas reinhardtii*. Nanotoxicology, 10(8): 1129-1135.

Wang W N, Tarafdar J C, Biswas P. 2013. Nanoparticle synthesis and delivery by an aerosol route for watermelon plant foliar uptake. Journal of Nanoparticle Research, 15(1): 1417.

Wang Z, Xie X, Zhao J, et al. 2012. Xylem- and phloem-based transport of CuO nanoparticles in maize (*Zea mays* L.). Environmental Science & Technology, 46(8): 4434-4441.

Wei H, Wang E. 2013. Nanomaterials with enzyme-like characteristics (nanozymes): next-generation artificial enzymes. Chemical Society Reviews, 42(14): 6060-6093.

Wu H, Tito N, Giraldo J P. 2017. Anionic cerium oxide nanoparticles protect plant photosynthesis from abiotic stress by scavenging reactive oxygen species. ACS Nano, 11(11): 11283-11297.

Yan W, Lien H L, Koel B E, et al. 2013. Iron nanoparticles for environmental clean-up: recent developments and future outlook. Environmental Sciences: Processes and Impacts, 15(1): 63-77.

Yin L, Cheng Y, Espinasse B, et al. 2011. More than the ions: the effects of silver nanoparticles on *Lolium multiflorum*. Environmental Science & Technology, 45(6): 2360-2367.

Yin L, Colman B P, Mcgill B M, et al. 2012. Effects of silver nanoparticle exposure on germination and early growth of eleven wetland plants. PLOS ONE, 7(10): e47674.

Yoo H, Widhalm J R, Qian Y, et al. 2013. An alternative pathway contributes to phenylalanine biosynthesis in plants via a cytosolic tyrosine: phenylpyruvate aminotransferase. Nature Communications, 4(1): 1-11.

Zhai G, Walters K S, Peate D W, et al. 2014. Transport of gold nanoparticles through plasmodesmata and precipitation of gold ions in woody poplar. Environmental Science & Technology Letters, 1(2): 146-151.

Zhang L, Lei C, Yang K, et al. 2018. Cellular response of *Chlorella pyrenoidosa* to oxidized multi-walled carbon nanotubes. Environmental Science: Nano, 5(10): 2415-2425.

Zhang P, Ma Y, Zhang Z, et al. 2012. Biotransformation of ceria nanoparticles in cucumber plants. ACS Nano, 6(11): 9943-9950.

Zhao L, Huang Y, Hu J, et al. 2016c. 1H NMR and GC-MS based metabolomics reveal defense and detoxification mechanism of cucumber plant under nano-Cu stress. Environmental Science & Technology, 50(4): 2000-2010.

Zhao L, Huang Y, Keller A A. 2017. Comparative metabolic response between cucumber (*Cucumis sativus*) and corn (*Zea mays*) to a $Cu(OH)_2$ nanopesticide. Journal of Agricultural and Food Chemistry, 66(26): 6628-6636.

Zhao L, Huang Y, Zhou H, et al. 2016b. GC-TOF-MS based metabolomics and ICP-MS based metallomics of cucumber (*Cucumis sativus*) fruits reveal alteration of metabolites profile and biological pathway disruption induced by nano copper. Environmental Science: Nano, 3: 1114-1123.

Zhao L, Ortiz C, Adeleye A S, et al. 2016a. Metabolomics to detect response of lettuce (*Lactuca sativa*) to $Cu(OH)_2$

nanopesticides: oxidative stress response and detoxification mechanisms. Environmental Science & Technology, 50(17): 9697-9707.

Zhao L, Sun Y, Hernandez-Viezcas J A, et al. 2013. Influence of CeO_2 and ZnO nanoparticles on cucumber physiological markers and bioaccumulation of Ce and Zn: a life cycle study. Journal of Agricultural and Food Chemistry, 61(49): 11945-11951.

Zhao L, Zhang H, Wang J, et al. 2019. C60 fullerols enhance copper toxicity and alter the leaf metabolite and protein profile in cucumber. Environmental Science & Technology, 53(4): 2171-2180.

Zheng L, Su M Y, Wu X, et al. 2008. Antioxidant stress is promoted by nano-anatase in spinach chloroplasts under UV-B radiation. Biological Trace Element Research, 121(1): 69-79.

第 6 章
植物采后质量安全生物学

根据植物食用器官形态的不同，可将农业植物划分为根茎类、叶菜类、花器官类、果实类和种子类等类别。其中根茎类和叶菜类植物主要食用部位为营养器官；花器官类、果实类和种子类植物主要食用部位为繁殖器官。植物产品器官的形成是经过一系列发育（development）过程实现的，发育主要由生长（growth）和分化（differentiation）两部分组成。生长是细胞、器官，甚至整个植株在大小和重量上不可逆地连续增长，分化则是细胞间、组织间或器官间出现的质的差异变化。植物在采摘之后出现的一系列生理生化变化可导致植物萎蔫、黄化和腐烂等，造成植物采后品质劣变，产生质量安全问题。本章主要介绍植物营养器官和繁殖器官的采后质量安全性状及其调控机制，为维持植物采后品质、保障植物采后质量安全提供理论指导。

6.1 营养器官采后质量安全性状

营养器官是指植物的根、茎和叶等器官。营养器官的基本功能是维持植物生命。植物采收后，体内营养物质不断消耗，不适宜的贮藏条件可能造成病原菌的侵染或自身的生理失调，从而导致采后植物产品品质下降，失去商品价值，造成经济损失。因此，深入了解营养器官采后质量安全性状及其调控机制，对于延长植物采后保鲜期和保障植物采后质量安全具有重要意义。

6.1.1 根茎类产品采后质量安全性状

根茎类产品主要是指以肥大的地下变态根和变态茎为食用器官和营养储存器官的植物，其中根茎类产品又分为根类产品和茎类产品。根类产品的根包括肉质直根和块根，其中肉质直根由主根膨大形成，块根由侧根或不定根膨大而成。常见的肉质根类植物有萝卜、胡萝卜、大头菜、芜菁甘蓝和根用甜菜等；块根类植物有豆薯和葛等。茎类产品分为地上茎类和地下茎类，常见的地上茎类植物有茭白、石刁柏、竹笋、莴苣笋和球茎甘蓝等；地下茎类植物又分为块茎、鳞茎、球茎和根状茎，常见的地下茎类植物有马铃薯、洋葱和荸荠等。根茎类产品因含有丰富的类胡萝卜素、维生素、膳食纤维、糖类、钙、磷、铁和无机盐等而广泛受到消费者的喜爱。

6.1.1.1 根茎类产品采后的生理失调

植物采摘之后仍然是活的有机体，延续着采前的生命活动。因此，采后不适宜的贮藏环境条件可能造成植物代谢失调，加速成熟衰老和变质，造成采后的严重损耗。这些由于不适宜的环境条件引起的植物产品代谢异常、组织衰老及腐烂变质现象，称为生理失调（physiological disorder）或生理病害（physiological disease）。常见的生理失调症状主要包括冷害、冻害、褐变和生理病害。

冷害（chilling injury）是指冻结点以上不适合的低温对植物组织所造成的伤害。根据植物对冷害反应速度的不同，可将冷害分为直接性伤害和间接性伤害两种。直接性伤害使植物在受到低温后的几小时内就出现明显的伤斑，间接性伤害是冷害导致植物生理代谢失调，而代谢失调在数天后才表现在外观上。

植物产品的性质、最适温度与冷藏温度的差异、冷藏温度下贮藏的时间是决定冷害严重程度的关键因素。储存的植物产品受到低于最佳贮藏温度的胁迫时，正常的生理过程发生紊乱，代谢速率改变，在储存中出现应激症状，导致植物产品品质发生变化。不同植物产品冷敏性的不同又导致其冷害发生时的严重程度不同。例如，根类产品中，‘BRS Rubissol’和‘BRS Cuia’为冷敏型甘薯品种，在 6℃和 13℃条件下贮藏 60d 后，其发生冷害的程度较耐冷型品种‘Beauregard’更为严重（图 6-1）。

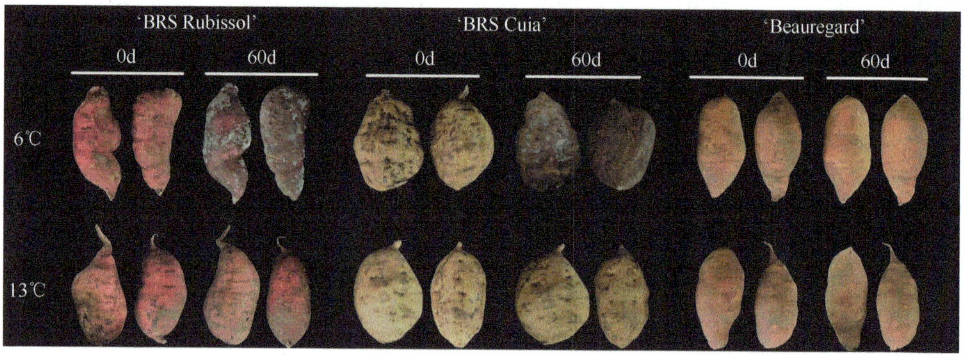

图 6-1　甘薯不同品种在相同温度下的冷害症状（De Araújo et al.，2019）

大部分的根茎类产品采后最适合的贮藏温度为 3 ～ 5℃，相对湿度为 80% ～ 95%。根茎类产品的根和茎部分主要由薄壁细胞组织构成，缺乏角质、蜡质层等表面的保护层，保水能力差，在不适合的低温下贮藏会影响产品的呼吸作用和蒸腾作用。由于水解酶活性增强，淀粉容易降解，从而导致淀粉含量下降和糖含量增加，促进根茎类产品内部褐变、组织变色、凹陷、似水渍状软化，并且逐渐腐烂，食用品质劣变，产品的贮藏性和抗病性降低（图 6-2）。研究发现，长时间在 0℃低温下贮藏的甘薯，易发生严重冷害。发生冷害后薯块色泽暗淡，甘薯组织变成褐色，木质化明显，细胞损伤严重，导致品质劣变（李惠等，2018）。

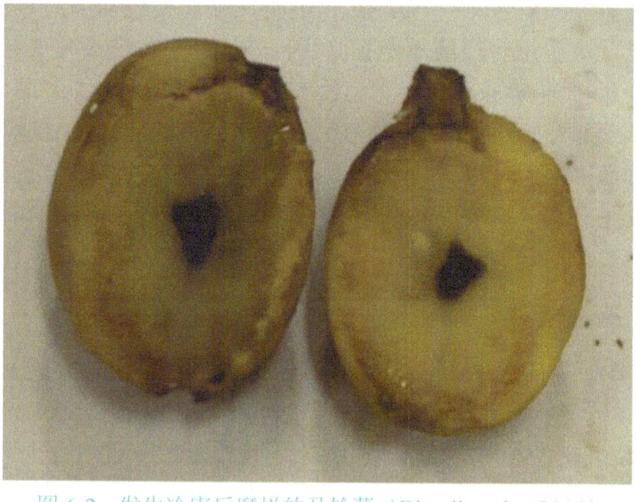

图 6-2　发生冷害后腐烂的马铃薯（Biondi et al.，2014）

冻害（freezing injury）是指在冰点以下的低温对植物产品所造成的伤害。植物冻害对植物的影响除冷害产生的生理生化影响之外，还有细胞外结冰伤害和细胞内结冰伤害。细胞外结冰伤害是指在细胞壁附近及细胞间隙中的结冰现象对植物所造成的伤害；细胞内结冰伤害是指原生质及液泡中结冰对植物产生的伤害。冻害造成细胞原生质脱水，严重时会导致细胞死亡，当组织冻害不严重，细胞结构未受到破坏时，解冻后有可能恢复生命机能。根茎类产品遭受冻害的程度取决于受冻害的温度、时间的长短和自身对冻害的敏感性。

低温冻害对植物产品的影响因低温的程度、持续时间的长短、植物生育期的不同而异，不同种类植物在相似低温环境下遭受冻害的程度也不相同。例如，胡萝卜经受轻度冻结后可以恢复原状；牛蒡冻结多次也不会对产品造成很大的伤害；生姜在 0℃以下便易发生冻害，受冻害的姜在温度回升时极易腐烂；受冻害的马铃薯解冻后其组织逐渐由白色（或其本底色）变成桃红色，直至变为灰色、褐色或黑色。需要指出的是胡萝卜的适宜贮藏温度为 0 ～ 5℃，相对湿度为 95% 左右，低于 0℃时胡萝卜易受冻害，受冻害的胡萝卜在天气转暖后即使能够复原，食之也已有异味，品质变劣，失去食用价值，严重时可导致腐烂（李永辉，2014）。

植物产品采后在受到机械损伤或低温等逆境胁迫时，有机体受损，细胞发生破裂，细胞分室被打破，酚类物质在酶的催化作用下形成醌及其多聚化而产生黑色或褐色的色素沉淀，导致植物产品组织褐变而影响其外观。参与植物产品采后褐变的主要酶类是多酚氧化酶（polyphenol oxidase，PPO）、过氧化物酶（peroxidase，POD）和苯丙氨酸解氨酶（phenylalanin ammonia-lyase，PAL）等（王彬等，2016）。马铃薯和莲藕是典型的易发生酶促褐变的根茎类植物产品。王丽等（2019）测试了 50 个马铃薯品种（系）的酶促褐变相关生理指标，发现易发生酶促褐变的性状与马铃薯品种中 PPO 或 POD 的高活性相关，而与总酚含量不相关。权美平（2017）在对鲜切莲藕的褐变研究中也发现，鲜切莲藕的保鲜应通过有效抑制 PPO 活性和维持鲜切莲藕的酚类物质含量来实现。PAL 的存在影响着褐变底物的酚类物质含量，因此 PAL 活性也常作为褐变反应的指标。研究表明，热激处理能抑制牛蒡的 PAL 活性，有效减轻其褐变程度（冯岩岩和王庆国，2012）。

6.1.1.2　根茎类产品采后的病理变化

植物产品的采后病害包括侵染性病害和生理紊乱，其中以侵染性病害为主。侵染性病害是指由病原微生物侵染植物产品而引起的采收后病害，导致植物产品的严重腐烂，最终造成采后损失。在高温高湿的热带地区，病原微生物迅速生长和繁殖，植物产品采后由病原物侵染造成的腐烂更加严重。因此，掌握侵染性病害的发生原因和发病规律，对于采取有效措施减弱或控制病害发生具有重要意义。

造成植物产品采后腐烂的有多种细菌和真菌。其中，由真菌引起的真菌性病害常根据病部症状的典型特征来命名，如黑心病（黑腐病）、白腐病（菌核病）、褐斑病、霜霉病和灰霉病等。真菌性病原物主要分属半知菌亚门，少数分属鞭毛菌、接合菌和子囊菌亚门。根茎类产品在采后不适宜的运输过程中或受到机械损伤后呼吸作用加强，不仅消耗产品自身大量的营养和水分，也易遭受病原菌的侵染而引起糠心和腐烂。马铃薯黑心病是在块茎中心部出现由黑色至蓝色的不规则花纹，缺氧严重时整个块茎都可能变黑，通常病变组织与健康组织边界较明显，主要是由于块茎内部组织供氧不足引致呼吸窒息。胡萝卜发生白腐病时肉质根表面在发病初期产生污垢状斑点，随着病程延长斑点扩展成不规则形、水浸状、褐色病斑，病斑多在肉质根的上半部出现，向上扩展至叶柄基部，使叶柄基部呈褐色枯萎状。空气湿度较大时，病斑上出现白色蛛丝状菌丝，病斑也软化腐烂。甘薯在采后贮藏期容易发生黑斑病，病斑常出现在薯块裂口或害虫咬伤处，呈黑褐色，椭圆形，分界明显，中间部分有凹陷，切开病薯，在病斑部位的组织呈青褐色或深绿色，有明显苦味。采后洋葱易发生霜霉病和灰霉病，霜霉病病斑呈苍白绿色，长椭圆形，严重时波及上半叶，鳞茎染病后变软；灰霉病发生初期，叶上着生白色椭圆形或近圆形斑点，多由叶尖向下发展，逐渐连成片，使葱叶卷曲枯死，湿度大时，在枯叶上生出大量灰霉。黑斑病是根茎类产品发生率和发病严重程度较高的一类病害，在根茎类植物产品的贮藏期发病，对块根造成危害。甘薯黑斑病是长喙壳菌侵染甘薯而导致的，病菌从薯块的缺口侵入，还能经地下虫咬伤口、根眼、自然裂口、皮孔等侵入。引起根茎类产品黑痣病的病原是接合菌亚门真菌，该菌菌丝初期没有颜色，之后会慢慢变成黑褐色，由于孢囊梗在结节位置簇生，会污染大部分组织，最终出现大片霉菌，严重影响根茎类产品的可食性和加工性。

植物常见的细菌性病害是由欧氏杆菌属或假单胞菌属引起的软腐病。欧氏杆菌属中的胡萝卜欧氏杆菌和菊欧氏杆菌是造成绝大多数根茎类产品发生软腐病的病菌。例如，马铃薯块茎染菌后，组织开始出现水浸状斑点，在适宜的条件下迅速扩大，引起组织全部软化腐烂，并产生脓臭味（图 6-3）。假单胞菌引起的软腐症状和欧氏杆菌相似，但气味较弱。

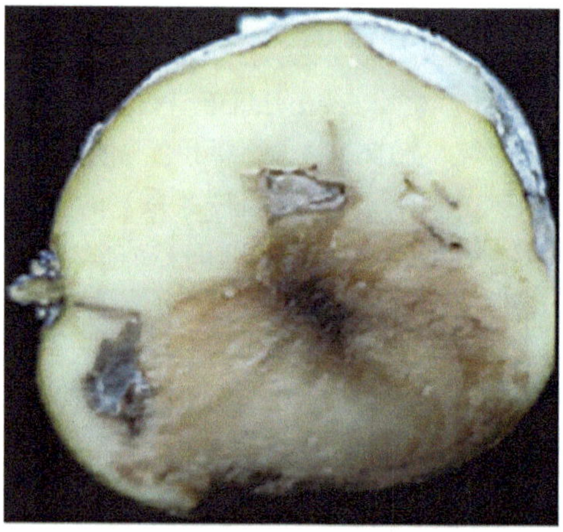

图 6-3　马铃薯软腐病（佘小漫等，2019）

6.1.1.3　根茎类产品采后的品质劣变

不适宜的采后贮藏环境导致根茎类产品出现生根发芽、水分散失、糠心、腐烂等品质劣变现象，降低其食用价值，缩短贮藏期，对根茎类产品的质量产生严重的不良影响。

例如，马铃薯块茎在发芽过程中消耗大量的养分，块茎内所含的马铃薯淀粉和蛋白质会在相对应的酶的作用下转化为单糖和氨基酸，产生对人畜有毒害作用的龙葵碱毒素。同时，块茎中的营养物质大量损耗，发芽块茎失水萎蔫，变得柔软、皱缩，品质劣变，导致马铃薯的商品性急剧下降。大蒜鳞茎具有自然休眠特性，休眠期结束后鳞茎易变色、失水、营养物质消耗增多并开始萌芽，继而出现干枯、霉烂和变质现象，同时大蒜辣素含量也迅速减少，采后的损失率可达 30% 以上，制约着商品在市场上的周年供应，由此所造成的浪费给蒜农和加工商带来了巨大的经济损失。

根茎类产品在贮藏期间的水分散失与产品采后蒸腾作用有关，是产品生命活动的体现。随着根茎类产品贮藏时间的延长，其自身的蒸腾作用不断加强，含水量逐渐下降，导致产品表面因失水而起皱，影响产品外观品质，进而失去商品价值。根茎类产品的糠心现象是指根茎类产品在贮藏中遇到合适的条件便萌芽抽薹，使薄壁组织中的水分和养分向生长点转移，由于薄壁细胞没有或缺乏可利用物质，输导组织缺乏可供给的营养物质，常使薄壁细胞处于“饥饿”状态，使薄壁细胞出现气泡，之后产生细胞间隙，最后形成空心，造成产品的内部组织结构和风味劣变等现象（图 6-4）。糠心不仅使肉质根重减轻，且淀粉、可溶性糖和还原糖作为根茎类产品的呼吸底物，在贮藏期间含量逐渐减少，严重影响了产品的耐贮性。糠心后的根茎类产品内部组织结构、风味都发生了很大的变化，由原来的肉质致密、清脆多汁变成疏松粗糙、平淡无味，商品品质下降，甚至完全失去食用价值。

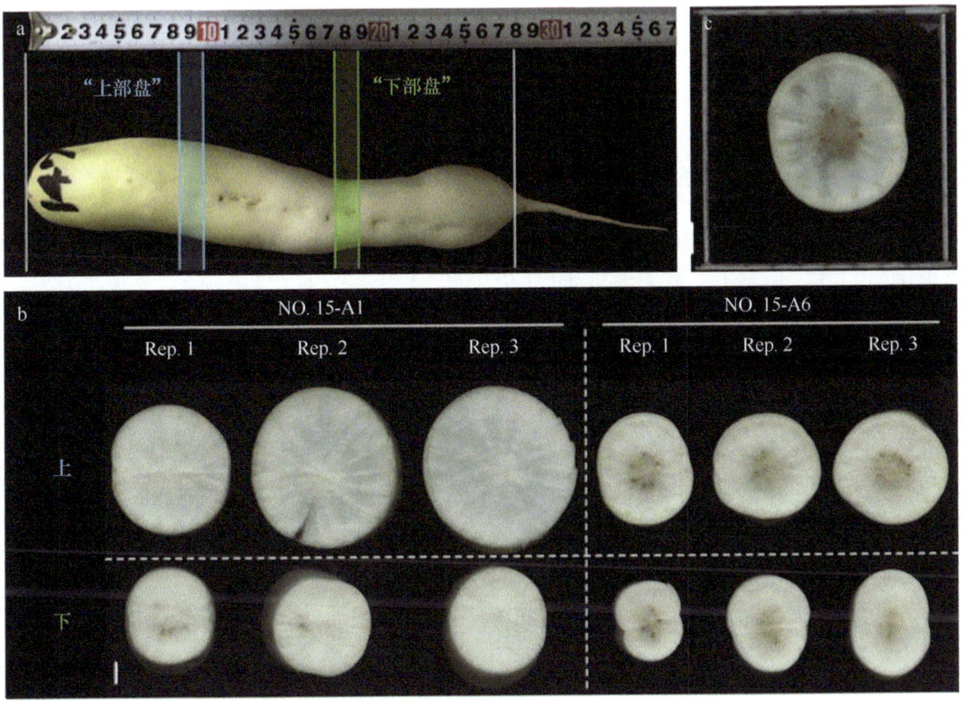

图 6-4 萝卜不同部位糠心的示意图（Sotta et al.，2019）

Rep. 1、Rep. 2、Rep. 3 代表 3 次重复

根茎类产品在不适宜的贮藏环境中易出现腐烂现象，腐烂的发生使产品品质劣变。从目前的研究进展来看，适当的热处理、高氧处理和水杨酸处理等采后保鲜技术对根茎类产品都具有一定的保鲜作用。深入了解根茎类产品的品质劣变机制，对于改进采后贮藏保鲜方法、提升根茎类产品的商品价值、减少经济损失具有重要意义。

6.1.1.4 根茎类产品采后的衰老生理

植物产品的采后衰老标志着其组织开始解体，细胞趋向死亡。植物产品的采后衰老伴随着细胞呼吸作用、相关酶及蛋白质、核酸、磷脂和脂肪酸等的代谢。有研究表明，萝卜和胡萝卜等根茎类产品收获后，在开始抽薹时，组织损失了营养成分而造成糠心，组织逐渐衰老（Pan et al.，2017）；竹笋和芦笋等茎类产品在贮藏过程中逐渐木质化，促进产品的衰老进程，同时降低了茎类产品的食用价值。此外，芦笋还会出现“羽化”现象，即嫩茎尖端的苞叶不再紧密包住嫩茎而呈松散状态，这也是衰老的一种表现。

6.1.2 叶类产品采后质量安全性状

叶类产品是指以鲜嫩的叶片、叶球、叶柄或者叶丛作为食用器官的产品。叶类产品又分为普通叶菜类、结球叶菜类和辛番叶菜类等。其中普通叶菜类包括小白菜、芥菜、菠菜、芹菜和苋菜等；结球叶菜类包括结球甘蓝、大白菜、结球莴苣和包心芥菜等；辛番叶菜类包括葱、韭菜、芫荽和茴香等。

叶类产品富含维生素 C、胡萝卜素、蛋白质和矿物质，含氮物质丰富，是营养价值比较高的产品。叶类产品按地域可划分为两类，一类原产于温带或寒带，喜冷凉环境；另一类原产于热带或亚热带，喜温暖环境，易发生冷害和冷冻。近年来，随着农村经济体制改革和植物生产的不断发展，叶类产品的栽培面积不断扩大，产量不断升高，然而叶类产品采收后，由于叶片表面积大、呼吸作用和蒸腾作用旺盛等特点，极易发生腐烂、萎蔫和脱绿黄化，导致叶类产品的品质下降，失去了食用价值和经济价值。因此，研究叶类产品采后质量安全性状对于维持叶类产品品质、减少经济损失具有重要的意义。

6.1.2.1 叶类产品采后的生理失调

叶类产品生理失调的发生与采后贮藏温度、湿度和贮藏时的气体成分等都有关系，其发生的生理性状基本与根茎类产品相似，生理失调症状主要包括冷害、冻害、褐变和生理病害等。

低温贮藏能保持叶类产品的采后品质，降低腐烂率和病害发生率，达到延长叶类产品贮藏期的目的。不适宜的低温（低于最低耐受温度）会导致植物黄化、坏死、膜损伤、细胞质黏度变化和酶活性变化，活性氧含量增加，破坏细胞内细胞器的完整性，导致区域化丧失，从而引起膜脂过氧化，最终导致植物死亡（Aghdam and Bodbodak，2013）（图 6-5）。因此，有些叶类产品对低温比较敏感，在贮藏过程中易发生冷害，不适当的低温引起叶类产品的代谢失调和细胞损伤。冷害造成叶类产品细胞结构受损、生理代谢失调、营养物质流失、抗病能力减弱、品质下降，最终导致叶类产品细胞凋亡、组织溃烂，失去食用价值。

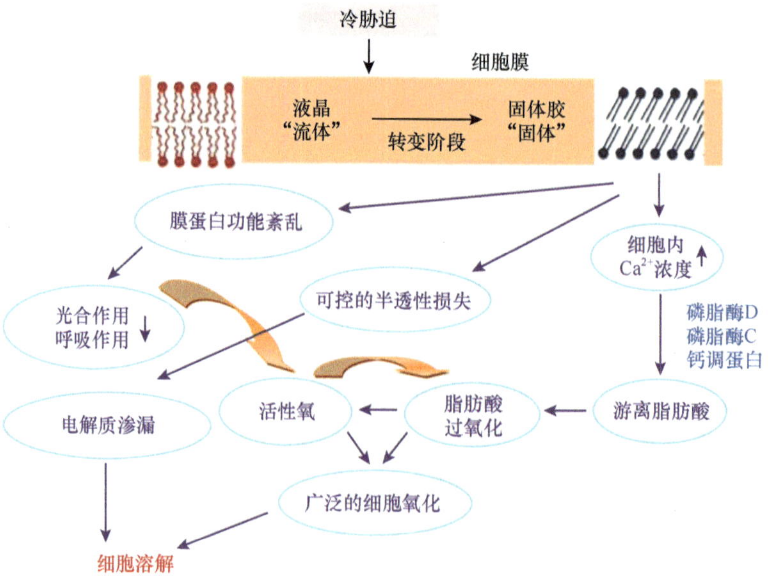

图 6-5 冷害引起的生理变化简化图（Aghdam and Bodbodak，2013）

不同种类和品种的产品对低温的敏感性具有明显差异。如图 6-6 所示，不同温度下抗冷性和冷敏性植物的相对储藏期变化不一（Watkins，2017）。大多数叶菜适宜的贮藏温度为 0℃左右，相对湿度以 80% ～ 95% 为宜，喜冷凉气候的叶类产品发生低温伤害的概率低（罗云波，

2001)；不适宜的低温对于原产热带或亚热带、喜暖怕冷的叶类产品易造成低温伤害，它们对低于一定阈值的低温贮藏非常敏感，容易出现水渍状、生理代谢紊乱、品质劣变。

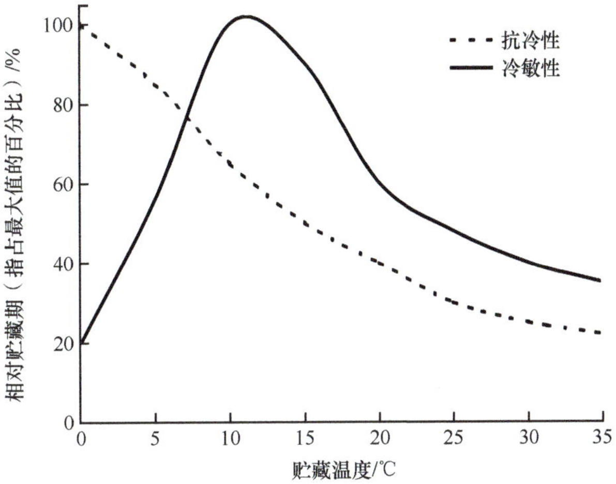

图 6-6　不同贮藏温度下抗冷性和冷敏性作物相对贮藏期变化图（Watkins，2017）

叶类产品的组织遭受到冻害时，最初组织出现水渍状，继而变成半透明状或透明状。受冻后由于组织内结冰，产品呈玻璃状透明，解冻后，组织像水煮过一样，并伴有异味的产生。有些叶类产品受冻后，叶片冻成暗绿色，色素降解，叶绿素破坏，呈褐色或灰白色，解冻后难以恢复新鲜状态（图 6-7）。

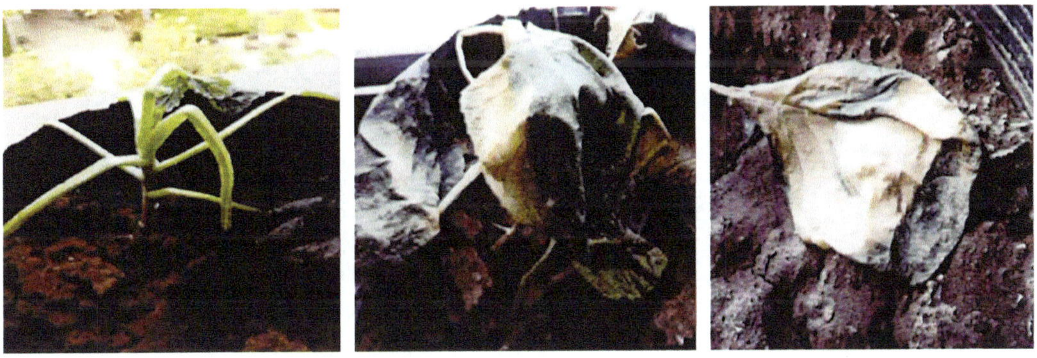

图 6-7　油菜受冻后的症状（魏传文，2018）

大多数叶类产品在冻害出现之前，能忍受冻结点以下 1℃或几摄氏度的超低温度。例如，大白菜可耐短期–3℃的低温，甘蓝能耐较长时间–2 ～ –1℃及短期–8 ～ –5℃的低温。此时细胞中的水分尚未扩散出去，但如果受到外界刺激，则会立即结冰，因此，新鲜的叶类产品遭受冻害后，在温度升高以前暂时不要移动。另外，应注意的是大多数叶类产品长时间在冻结点以下（过度冷却），应缓慢回温，否则会使冻害加剧。

6.1.2.2　叶类产品采后的病理变化

叶类产品采后病理变化的主要因素有细菌和真菌。叶类产品遭到病原菌侵染后，色泽、香味、质地和营养等品质发生改变，叶绿素降解，侵染部位积累大量的植物次生代谢产物，包括多酚类物质、木质素和类黄酮等，这些次生代谢产物的积累又导致叶类产品的品质变化。采后不适宜的贮藏环境降低叶类产品的抗性，极易引起病原菌的侵染。叶类产品中的主要真菌病害有由镰刀菌属引起的干腐病、软腐病或白霉病，刺盘孢属引起的炭疽病，以及核盘菌属引起的菌核病等。植物产品贮藏期感病，出现浅褐色凹陷病斑，后转为白色，病部表面长出白色棉絮状菌丝体和黑色菌核（图 6-8）。叶类产品中主要细菌性病害是软腐病或斑点病，软腐病由欧氏杆菌属细菌引起，从叶柄基部向上发展蔓延，引起全株腐烂；或者从外叶边缘或心叶顶端开始向下发展；或者从叶片伤处向四周蔓延，最后造成腐烂（图 6-9）（郭和林和王迪轩，2020）。斑点病初期发病时，在叶片上出现黄绿色水渍状病斑，后扩展为圆形或不规则形，边缘黄褐色，中央病斑灰褐色，内部病变组织多呈薄纸状，边缘颜色稍深，外围有黄色晕圈，严重时病斑扩大汇合成斑块，导致叶片坏死（图 6-10）（宋利玲，2015）。

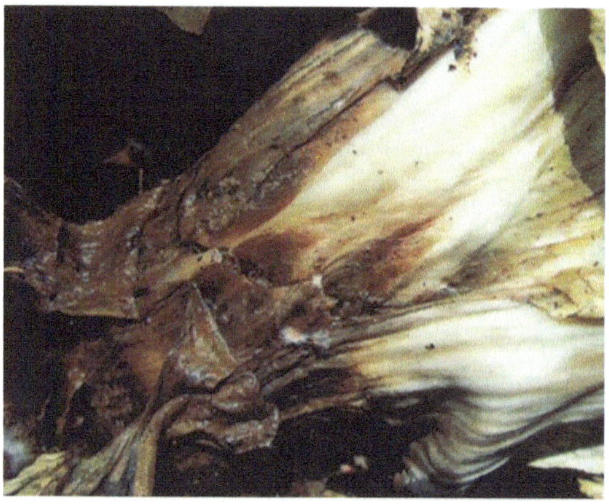

图 6-8　白菜菌核病症状（中国农业网）

图 6-9　小白菜软腐病症状（郭和林和王迪轩，2020）

图 6-10　芹菜早疫病症状（宋利玲，2015）

6.1.2.3　叶类产品采后的品质劣变

叶类产品是人们生活中不可缺少的食品，有着诱人的色、香、味和质地，增进食欲，有助于食物的消化吸收，且叶类产品因其独特的口感，以及含有各种维生素、矿物质、有机酸和维生素等，受到消费者的喜爱。然而，叶类产品具有叶表面积大、含水量高等特点，采后水分蒸发快，易受机械损伤，呼吸作用旺盛，因此在贮藏期间易发生叶片萎蔫、黄化和腐烂等，是生鲜农产品中较难保鲜的一类（图 6-11）。

植物采收后仍然是活着的有机体，呼吸作用是植物采后最主要的生命活动之一。叶类产品采后在一系列酶的作用下，将自身组织中储存的营养物质分解成比较简单的物质和水分，并释放出大量的能量，随着呼吸作用的消耗，储存的营养物质、水分减少，从而使产品的品

图 6-11　叶片枯萎、变黄、叶柄切割边缘褐变、腐烂（从左往右）（Gil and Beaudry，2020）

质逐渐下降，衰老加速，贮藏寿命缩短。因此，在贮藏保鲜中，要尽可能地降低植物的呼吸作用。叶类产品采后在常温下呼吸作用旺盛，小白菜（7 或 8 片真叶）采后在常温 25℃条件下呼吸速率呈峰型变化，在采后第 4 天出现呼吸高峰（侯建设等，2002）；对芥菜的研究表明其采后呼吸速率也呈峰型变化（郭红艳，2003）。叶类产品采后碳水化合物逐渐减少，导致叶片组织老化，糖分作为呼吸基质可提供给叶类产品，维持新陈代谢的能量，在叶菜贮藏过程中，糖分被消耗而逐渐减少。纤维素存在于幼嫩叶菜组织的细胞壁内，食用时口感细嫩，贮藏中因失水及乙烯作用，组织逐渐老化，纤维素发生木质化和角质化，叶类产品逐渐衰老，品质下降。另外，机械损伤也是造成叶类产品品质下降的重要原因，叶菜组织遭受机械损伤或衰老后，易被微生物侵染而腐烂，导致叶类产品品质下降。总体来说，叶菜类蔬菜保鲜难度大，保鲜要求技术复杂，贮藏期和货架期短，成本投入较高，能较长时间贮藏的叶类产品很少。

6.1.2.4　叶类产品采后的衰老生理

叶类产品主要由叶片组成，叶片是植物进行光合作用、制造有机物质的重要器官。叶片衰老是植物细胞程序性死亡的一种，是叶片生长发育的最后阶段，涉及植物细胞、组织和器官的共同协调。在叶片衰老过程中，叶绿体的细胞结构最先发生变化，类囊体蛋白成分及基质酶类被破坏，而这样的程序性降解会持续到衰老的后期阶段，为整个细胞提供重要的氮元素。

叶类产品衰老的明显标志是叶色由绿变黄。在采后叶片衰老过程中，叶绿体的间质破坏，类囊体膨胀、裂解，叶绿素含量迅速下降，类胡萝卜素也逐渐降解，色素的降解也导致了光合速率下降，营养物质的积累被抑制。叶片衰老时，蛋白质合成能力减弱，分解加快，蛋白质含量显著下降。蛋白质、膜脂、RNA 等降解形成的其他营养物质被转运至幼嫩的叶片，加以重新利用和储存。菜薹采后叶片在贮藏期间，黄化指数、失重率和相对电导率逐渐升高；总叶绿素、维生素 C 和可溶性蛋白含量逐渐降低（吴亚，2016）。此外，叶片衰老时，呼吸过程中氧化磷酸化逐步解偶联，产生的 ATP 数量减少，细胞合成过程所需的能量不足，更促进了衰老的发生。同时，植物内源激素也随着叶片衰老而逐渐变化，通常吲哚乙酸（IAA）、赤霉素（GA）和细胞分裂素（CTK）等表现为抑制衰老，而脱落酸（ABA）、乙烯（ETH）、茉莉酸（JA）和水杨酸（SA）等表现为促进衰老（Jibran et al.，2013）。

6.2　繁殖器官采后质量安全性状

植物繁殖器官包括花、果实、种子，其中果实是被子植物有性生殖的产物和特有结构。一般，传粉、受精和种子发育等过程对果实的发育有着显著影响。受精后，花的各部分发生显著的变化，花萼枯萎或宿存，花瓣和雄蕊凋谢，雌蕊的柱头、花柱枯萎，子房或子房外其他与之相连的部分一同生长发育，膨大为果实。不同植物的果实具有不同的发育方式、形态、色泽、结构和化学成分，人类对果实的利用方式也不同。果实的特征差异可作为物种分类的形态学依据。在被子植物中，果实包裹种子，不仅起到保护作用，还有助于传播种子。

6.2.1 花器官产品采后质量安全性状

通常认为花是适应于繁殖功能的变态短枝。一朵典型的花，由花柄、花托、花萼、花瓣、雄蕊群和雌蕊群等部分组成。花器官产品主要有鲜切花和食用花器官。前者指从活体植株上切取的具有观赏价值，用于制作花篮、花束、花环、花圈、瓶插花，以及胸饰花等花卉装饰的茎、叶、花、果等植物材料。后者指以花器官或肥嫩的花枝为食用产品。

鲜切花又称切花，作为具有高观赏价值的植物产品，通过其花、叶、茎、瓶插寿命及观赏时间等方面体现其观赏性，并与经济价值密切联系。常见的切花有牡丹、芍药、唐菖蒲、月季、康乃馨、菊花、百合、红掌、郁金香等，市场前景广阔，发展潜力巨大。然而由于切花采后瓶插寿命短、花朵无法完全开放、可选品种少等问题，限制了切花产业的发展。因此，研究切花的贮藏技术，以及延长切花瓶插寿命、维持高品质的观赏价值是其产业化生产中迫切需要解决的问题。

食用花器官又称花菜类产品，常见的有花椰菜（*Brassica oleracea* var. *botrytis*）、西蓝花（*Brassica oleracea* var. *italica*）、黄花菜（*Hemerocallis citrina*）等。花椰菜别名菜花，起源于地中海东部的克里特岛；其茎顶端有 1 个由总花梗、花梗和未发育的花芽密集成的乳白色肉质头状体；总状花序顶生及腋生；花淡黄色，后变成白色；花球是花椰菜体现主要经济价值的产品，含有大量营养物质，是食用部分。西蓝花别名青花菜，原产于欧洲地中海沿岸的意大利一带；其主茎顶端形成肥大的花球，绿色或紫绿色，表面的小花蕾不密集在一起，侧枝的顶端长有小花球；人们采集长有花蕾的嫩茎供食用，营养丰富。黄花菜别名金针菜，花葶长短不一，花梗较短，花多朵，花被淡黄色、橘红色、黑紫色，具有丰富的营养价值。花菜类产品具有丰富的营养和保健价值，但采后代谢旺盛，常温极易开花或腐烂变质，因此研究花菜类产品的采后质量安全性状及其调控措施非常必要。

6.2.1.1 鲜切花的采后质量安全性状

鲜切花衰老一般意义上是从花瓣的充分盛开、萎蔫、褐变、脱落，以及到完全失去观赏价值的一系列过程。切花采收后一般经历两个阶段：一个阶段是花枝从蕾期发育至完全开放，另一个阶段是花枝从成熟到萎蔫衰败。切花采摘后，可能由于操作不当或管理措施不到位而造成花瓣不能正常开放，或者花瓣颜色呈现蓝变或褐变等情况也被认为是切花衰老。当切花从母体脱离后，原有的平衡状态被打破，水分和营养物质等供应受到破坏并处于胁迫状态，虽然其新陈代谢仍在进行，但内部因素和外部环境的影响造成切花衰老。

（1）水分代谢

植物细胞正常代谢活动的关键是维持水分平衡，导致切花水分失衡主要有两方面原因：一是切花离开母株后，水分供应中断，叶面蒸腾作用失水量大于吸水量，表现出萎蔫；二是木质部导管部分或者全部堵塞，减少了水分的运行，从而引起水分失调，导管堵塞有微生物造成的堵塞和生理的堵塞两种。水分代谢是影响切花采后品质和寿命的重要活动，影响切花水分代谢的环境因素包括温度、瓶插液成分、暴露空气时间等（Takanori and Maho，2019；Suong et al.，2021）。研究发现花枝瓶插寿命取决于吸水和失水的平衡关系而非吸水量的大小，水分平衡在花枝衰老进程中发挥着重要作用；花枝内部吸水与失水的平衡关系贯穿了从开放到最终衰败的全过程，水分平衡值是吸水量和失水量的差值，水分平衡值为正值时花枝可保持较好的开放状态，而水分平衡值为负值表明内部水分平衡失调，此时花瓣开始萎蔫，正常代谢受到影响并最终导致衰败（Deng et al.，2019；Suong et al.，2021）。

（2）细胞膜的变化

细胞膜是由脂类物质构成的具有选择性的半透膜，某些大分子可以通过，膜的流动性与生物膜中的磷脂含量密切相关。植物组织的衰老伴随着生物膜的降解，细胞膜完整性的丧失是切花衰老的早期生理信号，可导致细胞内部物质代谢平衡受到破坏，反过来加速膜完整性的破坏，从而促进了衰老过程。细胞膜的完全降解则是切花细胞死亡及花瓣衰老的最终阶段和特征。鲜切花离开母体之后，随着营养供应的中断，代谢活动消耗大量能量，细胞膜中大分子物质降解，酶的活性降低，膜结构受到损害，造成膜的通透性增大，蛋白质、固醇等细胞外渗物质增加，导致细胞死亡，花瓣凋谢。花瓣的相对电导率可以间接用来衡量细胞膜的相对透性大小，电导率值越大，表示细胞质膜受损害程度越严重、电解质的渗漏量越多（Zheng and Guo，2018）。

（3）呼吸代谢

切花采摘后还是鲜活体，呼吸作用是切花采后的主要代谢活动，为切花提供能量以维持正常生命活动，但呼吸作用会消耗切花自身贮藏的营养物质，当切花无法进行营养物质补充时，就意味着切花逐渐衰老和死亡，从而失去观赏价值。呼吸作用是评价切花贮藏保鲜时间长短的重要指标之一。研究表明，不同植物的切花采后呼吸速度变化有两种类型，即跃变型和非跃变型，前者有明显的呼吸高峰，后者无明显高峰。同时，跃变型切花植物大多有两个呼吸高峰，一般在第二个呼吸高峰出现时可认为切花已经衰老。影响呼吸代谢的因素有很多，不同植物种类、品种间存在差异；切花所处环境的气体成分、温度、湿度、采摘时的物理损伤及切花本身的病虫害等都会对呼吸代谢造成影响。

（4）营养物质代谢

糖类是为切花采后呼吸作用提供能量的重要营养物质，它的含量直接影响到切花的品质和瓶插寿命（Norikoshi et al.，2016；Xue et al.，2018）。例如，在瓶插期间外部供应充足的糖，则能增加切花细胞的渗透浓度，维持细胞的半透性，改善细胞吸水能力，使花瓣维持合适的紧张度，推迟水和营养物质的渗透，有利于延长寿命，保持花瓣色泽。研究表明，在月季中蔗糖处理有效促进了花瓣表皮细胞的膨胀，花瓣体内蔗糖、葡萄糖及果糖等浓度均有显著提高，这些物质不仅是有效碳源，而且作为一类渗透调节物质，也增加了切花的吸水能力，进而延长了切花瓶插寿命（Norikoshi et al.，2016）。外源蔗糖处理延缓芍药花瓣鲜重和蔗糖浓度的下降，提高了葡萄糖和果糖的浓度，增强蔗糖代谢相关基因的表达（Xue et al.，2018）。

（5）植物激素的变化

植物激素作为植物正常代谢的产物，调控植物生长发育的进程。生长素（IAA）、细胞分裂素（CTK）、赤霉素（GA）、脱落酸（ABA）和乙烯（ETH）五大激素含量与切花衰老有着密切的联系，单个激素的含量变化及多种激素间的动态平衡都有可能影响切花的衰老。在切花衰老的过程中，研究认为激素的作用不是单一的，而是多种激素的协同作用。研究发现，在切花保鲜中，适宜浓度的 GA_3 处理可延长唐菖蒲和百合等切花的瓶插寿命（Saeed et al.，2014；Rabiza-wider et al.，2015；Simöesa et al.，2018）。适宜浓度的 ABA 显著延长了切花月季的瓶插寿命，增加了花径（方华等，2019），外源ABA可缓解早期采收的切花百合叶片萎黄症状（Geng et al.，2015），ABA也有利于切花非洲菊的保鲜（Huang et al.，2018）。当切花的ETH生成量达到高峰或者受到外源ETH处理时，花瓣会出现卷缩、褪色或凋落等衰老症状，称为乙烯伤害作用，研究发现不同基因型的切花芍药对ETH的反应不同，ETH促进'班克海尔'的花朵开放和加快衰老进程，而抑制'杨妃出浴'的花朵开放进程，并加速花瓣衰老；从切花对ETH的反应来看，推测'杨妃出浴'的乙烯代谢类型可能为跃变型，在采后、贮藏和运输的过程中需要使用乙烯抑制剂来延长其保鲜时间（杨若雯等，2018）。

（6）抗氧化系统的变化

在植物机体正常代谢中，自由基在氧化代谢过程中不断产生，同时也被抗氧化系统所清除。在切花衰老过程中，细胞内产生过量的自由基（主要指活性氧），引发或加剧脂膜过氧化作用，使膜的完整性被破坏，电解质大量渗透，造成细胞膜系统损伤，严重时导致植物细胞死亡。研究发现，鲜切花瓶插期间过氧化氢和超氧阴离子含量均持续上升（黄帅，2018；Hou et al.，2018），花瓣组织中的过氧化氢可与3,3-二氨基联苯胺（DAB）反应生成深棕色聚合物，超氧阴离子可与氮蓝四唑（NBT）反应生成蓝色聚合物，如图6-12所示。

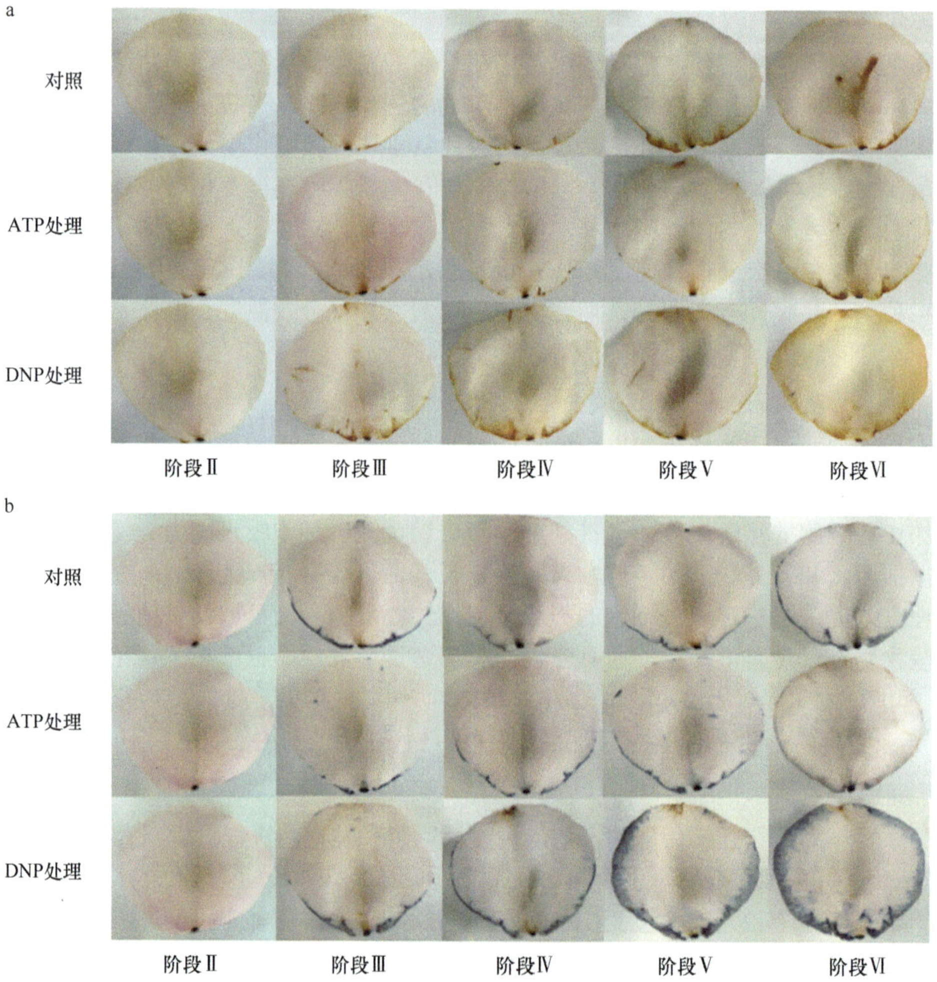

图6-12 切花月季'卡罗拉'瓶插期间过氧化氢（a）和超氧阴离子（b）组织定位示意图（黄帅，2018）

ATP：三磷酸腺苷；DNP：2,4-二硝基苯酚。阶段Ⅱ至阶段Ⅵ为切花生长阶段，分别对应露红期、初开期、盛花期、盛末期、枯萎期

鲜切花体内伴随着活性氧的产生，切花机体内启动相应的活性氧清除系统，活性氧清除系统分为酶清除系统和非酶清除系统。在植物细胞中，过氧化物酶（POD）、超氧化物歧化酶（SOD）和过氧化氢酶（CAT）、抗坏血酸过氧化物酶（APX）和谷胱甘肽过氧化物酶（GSH-Px）等通过酶的启动和提高酶活性来清除活性氧，保护细胞尤其是膜系统免遭自由基的伤害（Liu et al.，2017；Zheng and Guo，2018）；非酶清除系统中的抗氧化物主要包括抗坏血酸、谷胱甘肽及类黄酮等，清除多余的活性氧。谢利娟等（2010）以月季花为实验材料，研究发现 SOD 等抗氧化酶活性高峰和内肽酶活性显著升高与切花衰老有一定关联，抗氧化酶活性高峰的出现和内肽酶活性的显著增强能够有效延长切花的瓶插寿命。玫瑰鲜切花花瓣膜脂过氧化程度会随着干旱胁迫的加重而加剧，但也能通过提高抗氧化酶活性来增强抗旱能力，增加切花的抗旱性（陈浩维等，2018）。

6.2.1.2　食用花器官的采后质量安全性状

目前，食用花器官产品生产的规范化水平较低，总体上缺乏标准化和系统性。因此，食用花器官的采后质量安全存在较多问题。

1. 食用花器官的采后生理变化

西蓝花采收时，花球色泽浓绿、花蕾均匀紧实。西蓝花是一类耐低温的娇嫩产品，采收以后花球代谢旺盛，在不适宜的条件下，花球会失水萎蔫，花蕾褪绿转黄、膨大开花，并伴有营养成分的大量损失，严重时花球出现霉烂，产生异味，严重影响西蓝花的品质和商品价值（Luo et al.，2019）。目前，市场上的西蓝花大多经过鲜切处理后销售，既节约贮藏空间，缩短消费者处理时间，又可以将废料进行统一回收、处理，但鲜切西蓝花由于切割对其造成了一定的机械损伤，会加速其呼吸作用及营养成分降解速率。研究显示，西蓝花贮藏过程中花蕾黄化是影响其品质的重要因素之一，也是判断其贮藏寿命的直观因素。鲜切西蓝花贮藏至第 6 天时，出现了明显黄化（图 6-13），叶绿素 a、叶绿素 b 及总叶绿素含量均随贮藏时间的延长而不断下降；维生素 C 含量在贮藏过程中呈下降趋势，总硫代葡萄糖苷整体呈先上升后下降的趋势；鲜切西蓝花贮藏过程中丙二醛含量不断上升，总呼吸速率整体呈上升趋势，超氧阴离子自由基、羟自由基清除率随贮藏时间的延长而不断上升，SOD、CAT 及 POD 活性均呈波动上升趋势，乙烯释放量整体呈上升趋势（朱玲玲，2018）。

图 6-13　鲜切西蓝花贮藏过程中表型的变化（朱玲玲，2018）

花椰菜属于较耐低温类型的产品，在贮藏过程中往往因不恰当的贮藏条件而引起松球、花球褐变（变黄、变暗、出现褐色斑点）及腐烂等现象，使花菜品质降低，严重时花球表面还能出现灰黑色的污点，失去食用价值；花椰菜的“松球”现象是其衰老的表现，花椰菜衰老时花球松散，发育不完全的小花不再密集在一起而分开生长，“松球”在采收前和采收后都会出现，为了维持花椰菜的商品价值，可以通过及时采收花球及贮藏在合适条件下防止“松球”现象的发生。鲜切花椰菜以其方便、快捷、新鲜等优点深受消费者的喜爱，但鲜切花椰菜由于受到机械损伤而在贮藏和销售过程中极易发生氧化褐变和微生物侵染等现象，不但造成品质劣变，同时还会缩短货架期（王佳宇等，2020）。

黄花菜属药食同源的物种，花蕾为黄花菜食用部位，具有丰富的营养价值，是一种高蛋白、低热量、富含维生素及矿物质的保健植物。目前市场上多见的黄花菜主要是干制产品，黄花菜干制易导致其营养成分损失，口感变差，因而鲜嫩可口、清香味美、营养全面的鲜食黄花菜越来越受到消费者的青睐。新鲜黄花菜含水量高，组织幼嫩，在常温条件下耐贮性极差，采后代谢活动依然旺盛，在较短时间内就会失水萎蔫，维生素 C 含量随贮藏时间的延长呈现下降趋势，导致其在贮藏期间发生花苞开放、黄化褐变、变软腐烂等品质劣变，失去商品价值（王娟等，2020）。

2. 食用花器官的采后病理变化

食用花器官采后代谢旺盛、易衰老，有利于微生物的生长繁殖；花器官产品受到切割后，大量营养成分随汁液流失，同时与空气接触面积增加，提高了微生物侵染概率，使鲜切花器官的营养价值和商品价值大大降低。

西蓝花在贮藏期间主要存在黑斑病、头腐病等病害，不同病害的表现不同，但自然发病的西蓝花都会出现切面褐变，最后腐烂，花球黄化枯萎伴随霉菌生长的现象；主要涉及 3 种病原菌，包括荧光假单胞菌（*Pseudomonas fluorescents*）、边缘假单胞菌（*Pseudomonas marginalis*）和芸薹生链格孢菌（*Alternaria brassicicola*）（黄文部，2018）。研究发现，头腐病病变部位分离出荧光假单胞菌，黑斑病病变部位分离出芸薹生链格孢菌，病害发生时西蓝花花球开始黄化，叶绿素迅速降解，乙烯释放量和呼吸速率显著升高，病害对西蓝花的贮藏品质具有重要的影响（王国良等，2010）。因此，通过一定的保鲜技术抑制西蓝花病原菌的生长繁殖，能有效保证鲜切西蓝花货架期间的贮藏品质。

6.2.2 果实采后质量安全性状

果实成熟（maturation）是果实充分成长以后到衰老（senescence）之间的一个发育阶段，而果实的完熟（ripening）则指成熟的果实经过一系列的质变，达到最佳食用阶段，通常所说的成熟也往往包含了完熟过程。衰老是指在正常的环境条件下，生物机体代谢活动减弱，生理机能衰退的过程；衰老通常被看作导致生物体自然死亡的最后发育阶段，是成熟的细胞、组织、器官或整个植株自然地终止生命活动的一系列衰败过程。

果实采摘以后，虽然离开了原来的栽培环境和母体，但它仍是一个活着的有机体，继续进行一系列的生理活动；果实从外观到内部发生了一系列变化，如呼吸速率的变化、乙烯的生成、贮藏物质的转化、色泽和风味的变化等，这些变化影响果实品质、采后贮藏性及其商品质量和市场价值。

6.2.2.1 果实采后呼吸特性

1. 呼吸作用概述

（1）呼吸作用类型

呼吸作用（respiration）是指活细胞内的有机物在一系列酶的催化下，逐步氧化分解，最终产生 CO_2 和水，并释放能量的过程。植物通过呼吸作用为植物的生命活动提供所需要的能量，它是果实采后具有生理活动的重要标志，影响采后其他生理生化过程。根据呼吸过程中是否有氧气的参与，可将呼吸作用分为有氧呼吸（aerobic respiration）和无氧呼吸（anaerobic respiration）两大类型。

有氧呼吸是指生活细胞在氧的参与下，将有机物彻底氧化分解，形成 CO_2 和水，同时释放能量的过程。这些有机物称为呼吸底物（respiratory substrate），碳水化合物、有机酸、蛋白质、脂肪等均可以作为呼吸底物。

无氧呼吸是指活细胞在无氧条件下，将有机物分解成为不彻底的氧化产物（乙醇、乳酸等），同时释放能量的过程。微生物的无氧呼吸统称为发酵（fermentation）。例如，酵母菌的无氧呼吸，将葡萄糖分解产生乙醇，称为乙醇发酵。高等植物无氧呼吸也会产生乙醇发酵和乳酸发酵，如香蕉、苹果、甘薯等贮藏久了会产生酒味，就是乙醇发酵的结果；马铃薯块茎、甜菜块根、胡萝卜叶子和玉米胚等在无氧条件下产生的乳酸，就是乳酸发酵的结果。

果实采后贮藏中，某些内层组织气体交换比较困难，经常处于缺氧的条件，进行部分的无氧呼吸，无氧呼吸的终产物为乙醛和乙醇等，对细胞有毒害作用。因此，不论由何种原因引起的无氧呼吸作用加强，都被看作正常代谢被干扰和破坏，对贮藏都是有害的。某些果实由于贮藏时间过长、包装过严、涂果蜡过厚或涂果蜡后存放时间过久等，长期处于无氧或氧气不足的条件下，通常会产生酒味，这是果实在缺氧情况下乙醇发酵的结果。

（2）呼吸作用度量指标

1）呼吸速率

呼吸速率（respiratory rate）是最常用的代表呼吸强弱的生理指标，它可以用单位时间、单位重量（干重或鲜重）的植物组织或细胞所吸收的 O_2 的量（Q_{O_2}）或释放 CO_2 的量（Q_{CO_2}）来表示。常用的单位有 μmol/(g·h)，μL/(g·h) 等。呼吸速率是评价果实新陈代谢快慢的重要指标之一，根据呼吸速率可估计果实的贮藏潜力。

2）呼吸商

呼吸商（respiratory quotient，RQ）是指植物组织在一定时间内放出的 CO_2 的量与吸收 O_2 的比值，又称呼吸系数（respiratory coefficient）。呼吸底物种类不同，呼吸商也不同；呼吸商的大小与呼吸底物的性质关系密切，故可根据呼吸商的大小大致判断呼吸底物及其性质的改变。例如，以葡萄糖作为呼吸底物且完全氧化时，呼吸商是 1；一些富含氢的物质如脂肪、蛋白质作为呼吸底物时，则呼吸商小于 1；以含氧比糖类多的有机酸为底物时，则呼吸商大于 1。氧气供应状况也影响呼吸商的变化。例如，在无氧条件下的乙醇发酵，只有 CO_2 释放，无氧的吸收，RQ 大于 1，且异常高；在呼吸进程中，呼吸底物不能被完全氧化，其结果使 RQ 增大；如有羧化作用发生，则 RQ 减少。

3）呼吸温度系数

温度对呼吸作用的影响主要在于温度对呼吸酶的影响。在一定范围内，呼吸速率随温度的增高而增高，达到最高值后，呼吸速率则会随着温度的增高而下降。由温度每升高 10℃而引起的反应速度增加的倍数，称为温度系数（Q10）。果实的呼吸作用受多种酶的控制，在一定的温度范围内，酶促反应的速率随温度的升高而增大。

4）呼吸热

呼吸热是指果实在呼吸过程中释放的热能。果实的种类不同释放的热能有明显差异，呼吸热一般不能被果实所利用。果实贮藏时，贮藏库内和运输车厢内均会导致温度升高，为了降低库温或车温需要计算出这种呼吸热的量，以便采用适当的制冷设备恒定果实所要求的温度。

2. 果实采后呼吸作用及乙烯特性

（1）呼吸作用与果实贮藏

果实贮藏不能干燥，因为干燥会造成皱缩，失去新鲜状态，呼吸速率反而增高。某些果实（苹果、梨、香蕉、番茄等）成熟到一定程度，呼吸速率会突然增高而后又迅速降低，称为呼吸跃变（respiratory climacteric）。果实采后具有不同的呼吸模式，按照其在成熟过程中是否出现呼吸高峰分为跃变型（climacteric）和非跃变型（non-climacteric）。

跃变型果实：在成熟过程中存在明显的呼吸跃变。属于这一类的果实有苹果、梨、香蕉、桃、李、杏、柿、无花果、猕猴桃、番茄、西瓜、甜瓜、哈密瓜等。非跃变型果实：在成熟过程中不存在呼吸跃变。属于这一类的果实有柑橘、橙子、葡萄、樱桃、草莓、柠檬、荔枝、可可、菠萝、橄榄、腰果、黄瓜等。

跃变型果实的呼吸速率随成熟而上升。不同果实的呼吸跃变差异也很大。苹果呼吸高峰值是初始速率的 2 倍，香蕉几乎是 10 倍。多数果实的跃变可发生在母体植株上，而鳄梨和杧果的一些品种连体时不能完全成熟，离体后才出现呼吸跃变和成熟变化。非跃变型果实在成熟期呼吸速率逐渐下降，不出现高峰。

（2）果实采后乙烯特性

呼吸跃变同果实的成熟、品质变化、贮藏流通寿命有密切的关系。实验证明，乙烯（ethylene）是一种植物激素，果实在发育、成熟过程中会持续不断地合成并释放乙烯，即便是在采后的贮藏、运输过程中也是如此。果实的呼吸跃变与乙烯形成有关。跃变型和非跃变型这两类果实更重要的区别在于它们乙烯生成的特性和对乙烯的反应不同。

跃变型果实中乙烯生成有两个调节系统。系统Ⅰ负责呼吸跃变前果实中低速率的基础乙烯生成；系统Ⅱ负责呼吸跃变时成熟过程中乙烯自我催化大量生成，有些品种系统Ⅱ在短时间内产生的乙烯可比系统Ⅰ多几个数量级。非跃变型果实的乙烯生成速率相对较低，变化平稳，整个成熟过程中只有系统Ⅰ产生乙烯。

虽然非跃变型果实成熟时没有出现呼吸高峰，但是外源乙烯处理也能促进诸如叶绿素破坏、组织软化、多糖水解等变化。不过这两类果实对乙烯反应的不同之处是：对于跃变型果实，外源乙烯只在跃变前起作用，它能诱导呼吸速率上升，同时促进内源乙烯的大量增加，即启动系统Ⅱ，形成了乙烯自我催化作用，且与所用的乙烯浓度关系不大，是不可逆作用。而非跃变型果实成熟过程中，内部乙烯浓度和乙烯释放量都无明显增加，外源乙烯在整个成熟过程中都能起作用，提高呼吸速率，其反应大小与所用乙烯浓度有关，而且其效应是可逆的，当去掉外源乙烯后，呼吸速率下降到原来的水平。同时外源乙烯不能促进内源乙烯的增加。由此可见，跃变型与非跃变型果实的主要差别在于对乙烯作用的反应不同，跃变型果实中外源乙烯诱导内源乙烯的大量产生，从而促进成熟。

6.2.2.2 果实采后品质劣变

果实类农作物是世界粮食安全的重要保障，据不完全统计，每年因不良贮藏而损失的果实可高达 10 亿 t，果实成熟衰老一直是科学家关注的课题。果实在采后贮藏中涉及众多生化、生理和组织结构等品质劣变，具体表现为质地（木质化或软化）、色泽、香气、风味等变化。

1. 果实采后质地变化

质地是影响果实品质的重要指标，尤其会影响果实类产品的贮运性、抗病性和货架期。质地变化主要是细胞壁（膜）解体导致的组织软化或细胞壁发生次生木质化引起组织硬度增加等。例如，组织软化现象普遍发生在番茄、猕猴桃等各种果实贮藏过程中，而枇杷果实在低温贮藏时易发生冷害而引起果实硬度增加。

（1）质地结构变化

质构分析（texture profile analysis，TPA）可在一定程度上客观反映果实的质地特性和组织结构变化。在果实采后成熟衰老进程中，通过 TPA 相关参数变化，研究果实采后木质化或软化等质地变化规律。当杨梅、苹果、桑椹等采后组织软化时，TPA 显示果实的硬度、弹性和咀嚼性等质构参数下降（姜建中等，2018；Yang et al.，2007）。

（2）细胞壁物质变化

细胞壁大多由果胶、纤维素、半纤维素及蛋白质等物质构成，这些细胞壁物质降解或溶解是造成细胞壁结构破坏的主要原因。然而不同物种间的细胞壁物质变化规律存在较大的不同，甚至同物种、不同品种间的差异也很大（匡盛，2017）。

研究表明，细胞壁组分大量分解会造成细胞壁果胶-纤维素-半纤维素总体结构的破坏，表现为果实软化、腐烂等症状（Orfila et al.，2002）。桑椹采后发生果肉自溶时，自溶指数增加，细胞壁物质含量减少，果实硬度下降（姜建中等，2018）；龙眼采后果肉自溶与细胞壁组分降解及其降解酶的作用有关（林河通等，2007）。

2. 果实采后色泽变化

随着果实的成熟，由绿色渐变为黄、橙、红、紫或褐色，可作为果实成熟度的直观标准。与果实色泽有关的色素有叶绿素、类胡萝卜素、花青素和类黄酮素等。叶绿素一般存在于果皮中，有些果实如苹果果肉中也有。叶绿素的消失可以在果实成熟之前、之后或与成熟同时进行。在香蕉和梨等果实中叶绿素的消失与叶绿体的解体相联系，而在番茄和柑橘等果实中则主要由于叶绿体转变成有色体。青椒颜色的变化主要是由于叶绿素的降解，1-甲基环丙烯（1-MCP）、ClO_2 和 1-MCP+ClO_2 可以通过抑制叶绿素降解相关基因的表达来有效延迟叶绿素的降解，且 1-MCP 和 ClO_2 在叶绿素降解途径中起着不同的调节作用，可能由于它们对叶绿素酶（CLH）基因表达具有不同的抑制作用（Du et al.，2021）。

果实中的类胡萝卜素种类很多，一般存在于叶绿体中，褪绿时便显现出来。番茄中以番红素和 β-胡萝卜素为主。香蕉在成熟过程中果皮所含有的叶绿素几乎全部消失，但叶黄素和胡萝卜素则维持不变。桃、番茄、红辣椒和柑橘等则经叶绿体转变为有色体而合成新的类胡萝卜素。类胡萝卜素的形成受环境的影响，如黑暗能阻遏柑橘中类胡萝卜素的生成。

花色素苷是花青素和糖形成的 β-糖苷。已知结构的花色素苷约有 250 种，花青素能溶于水，一般存在于液泡中，到成熟期大量积累。花色素苷的生物合成与碳水化合物的积累密切相关，如玫瑰露葡萄的含糖量要达到 14% 时才能上色，有利于糖分积累的因素也促进着色。高温往往不利于着色，苹果一般在日平均气温为 12 ～ 13℃时着色良好，而在 27℃时着色不良或根本不着色。花色素苷的形成需要光，黑色和红色的葡萄只有在阳光照射下果粒才能显色。有些苹果要在直射光下才能着色，所以树冠外围果色泽鲜红，而内膛果是绿色的。光质也与着色有关，在树冠内膛用荧光灯照射较白炽灯可以更有效地促进苹果花青素的形成，这是由于荧光灯含有更多的蓝紫光辐射。

3. 果实采后香气变化

成熟果实发出特有的香气，这是由于果实内部存在着微量的挥发性物质。它们的化学成分相当复杂，有 200 多种，主要是酯、醇、酸、醛、萜烯类等一些低分子化合物。苹果中含有乙酸丁酯、乙酸己酯、辛醇等挥发性物质；香蕉的特色香味来自乙酸戊酯；橘子的香味主要来自柠檬醛。成熟度与挥发性物质的产生有关，未熟果中没有或很少有这些挥发性物质，因此收获过早，香味就差。低温影响挥发性物质的形成，如香蕉采收后长期放在10℃的气温下，会显著抑制挥发性物质的产生。果实的香味来源于挥发性化合物，影响消费者喜好。酯类芳香物质是许多成熟果实果香型香气的主要来源，包括桃、苹果和番茄等。虽然已经明确了酯类芳香物质对于果实风味品质和消费者喜好的重要作用，然而有关该类化合物在果实成熟过程中积累的调控机制并不清楚。研究发现，基于基因表达与物质含量相关性，以及结合体外和体内的功能验证，鉴别出参与桃果实酯类芳香物质合成的结构基因 *PpAAT1*，编码的乙醇酰基转移酶（AAT）是催化酯类物质合成的末端酶；鉴别出转录因子 *PpNAC1* 通过结合 *PpAAT1* 启动子激活基因表达，利用转基因方法验证了 *PpNAC1* 对酯类芳香物质合成的调控效应；进一步研究显示果实成熟过程中酯类芳香物质积累相关的转录因子 *NAC* 和结构基因 *AAT* 的表达受到组蛋白甲基化修饰 H3K27me3 的表观遗传因子调控（Cao et al.，2021）。

4. 果实采后风味变化

（1）糖变化

果实在成熟期甜度增加，甜味来自淀粉等贮藏物质的水解产物如蔗糖、葡萄糖和果糖等。各种果实的糖转化速度和程度不尽相同。香蕉的淀粉水解很快，几乎是突发性的，香蕉由青变黄时，淀粉从占鲜重的 20% ～ 30% 下降到 1% 以下，同时可溶性糖的含量则从 1% 上升到 15% ～ 20%；柑橘中糖的转化很慢，有时需要几个月；苹果则介于这两者之间。葡萄是果实中糖分积累最高的，可达到鲜重的 25% 或干重的 80% 左右，但如果在成熟前就采摘下来，则果实不能变甜。杏、桃、李、无花果、樱桃、猕猴桃等也是如此。

甜度与糖的种类有关。如以蔗糖甜度为 1，则果糖为 1.03 ～ 1.50，葡萄糖为 0.49，其中以果糖最甜，但葡萄糖口感较好。不同果实所含可溶性糖的种类不同，如苹果、梨含果糖多，桃含蔗糖多，葡萄含葡萄糖和果糖多，但不含蔗糖。通常，成熟期日照充足、昼夜温差大、降雨量少，果实中含糖量高。氮素过多时，需要较多的糖参与氮素代谢，这就会使果实的含糖量减少。通过疏花疏果，减少果实数量，常可增加果实的含糖量。给果实套袋，可显著改善综合品质，但在一定程度上会降低成熟果实中还原糖的含量。

（2）有机酸变化

果实的酸味来自有机酸的积累。一般苹果含酸 0.2% ～ 0.6%，杏 1% ～ 2%，柠檬 7%，这些有机酸主要储存在液泡中。柑橘、菠萝含柠檬酸多，仁果类（苹果、梨）和核果类（如桃、李、杏和梅）含苹果酸多，葡萄中含有大量酒石酸，番茄中含柠檬酸、苹果酸较多。有机酸可来自碳代谢途径、三羧酸循环、氨基酸的脱氨等。生果中含酸量高，随着果实的成熟，含酸量下降。有机酸减少的原因主要有：合成被抑制；部分酸转变成糖；部分被用于呼吸消耗；等等。

糖酸比是决定果实品质的一个重要因素。糖酸比越高，果实越甜，但一定的酸味往往体现了一种果实的特色。

（3）涩味变化

有些果实未成熟时有涩味，如柿、香蕉和李等，这是由于细胞液中含有单宁等物质。单宁是一种酚类物质，能保护果实免于脱水及病虫侵染。单宁与人口腔黏膜上的蛋白质作用，使人产生强烈的麻木感和苦涩感。通常随果实的成熟，单宁可被过氧化物酶氧化成无涩味的过氧化物或凝结成不溶性的单宁物质，还有一部分可以水解转化成葡萄糖，因而涩味消失。涩柿经自然脱涩或用传统方法脱涩需要 1 个月，但若放在 300 ～ 1000μL/L 乙烯利溶液中浸泡几秒钟，经 3 ～ 5d，便可食用。

6.2.2.3　果实采后逆境胁迫

1. 果实采后温度胁迫

（1）低温胁迫

低温可以降低植物细胞的代谢速率，抑制果实的成熟，延缓衰老和保持果实采后品质，被广泛应用于园艺产品采后的贮藏保鲜。对于一些生长在热带、亚热带及某些温带的冷敏植物，不适当的低温会引起冷害，从而影响其食用品质。冷害是果实在不适宜的低温胁迫下出现的生理失调，产生冷害的温度因果实不同而变化，亚热带果实的冷敏温度为 5 ～ 8℃，而热带果实可能在 12℃以下。冷害可以在果实生长发育的任何一个阶段产生，其危害程度取决于低温胁迫的时间和温度。

果实的冷害症状因种类和品种不同而异，并与其生长环境（土壤、气候和水分等）有关。在微观水平上，植物器官冷害症状具有比较类似的表现，如叶绿体和线粒体肿胀，解体；基粒内囊体膨胀，松散；淀粉粒的数目和大小减少；叶绿体中脂肪滴累积，以及核染色质聚集等。对于果实，冷害症状的宏观表现为果实发育或代谢失调，如不能完全成熟或成熟受阻，果实风味和香气丧失。另外，内在的生理失调以不同的外在形态表现，如果皮凹陷、果皮颜色异常变黄、果皮出现水渍状斑点、果实内部或表皮褐变、果肉木质化等。产生冷害的果实对机械伤害、细菌和真菌病害的抵抗力下降，容易感染病害。

（2）高温胁迫

当温度高于果实器官和组织对温度逆境的最大承受力时，即会对果实造成高温胁迫。在 38 ～ 50℃的高温下，果实的呼吸强度随温度的升高而逐渐增大，当外界温度高于某一临界温度时，呼吸强度不再上升，反而下降。因此果实在经过短暂的热处理后再置于常温下贮藏，能够使其呼吸速率降低，使呼吸高峰延迟出现。除呼吸速率改变外，果实在 35℃以上的高温下，乙烯合成关键酶——1-氨基环丙烷-1-羧酸（1-aminocyclopropane-1-carboxylic acid，ACC）合酶（1-aminocyclopropane-1-carboxylate synthase，ACS）和 ACC 氧化酶（1-aminocyclopropane-1-carboxylate oxidase，ACO）活性受到抑制，因此乙烯的产生也受抑制。高温胁迫破坏细胞内活性氧产生与清除的动态平衡，使细胞内活性氧大量积累，引发膜脂过氧化作用（图 6-14），膜系统受到损伤，膜透性增大，电解质外渗，对果蔬造成高温伤害。高温胁迫还使热激蛋白和一些病程相关蛋白的合成增加，提高了果实的抗冷性和抗病能力。

近年来，适当的高温处理，即热处理，成为贮藏保鲜的一种新方法。热处理一般是指用 35 ～ 60℃的热空气、热蒸汽或热水对采后果实进行处理，采后热处理以其无化学残留、安

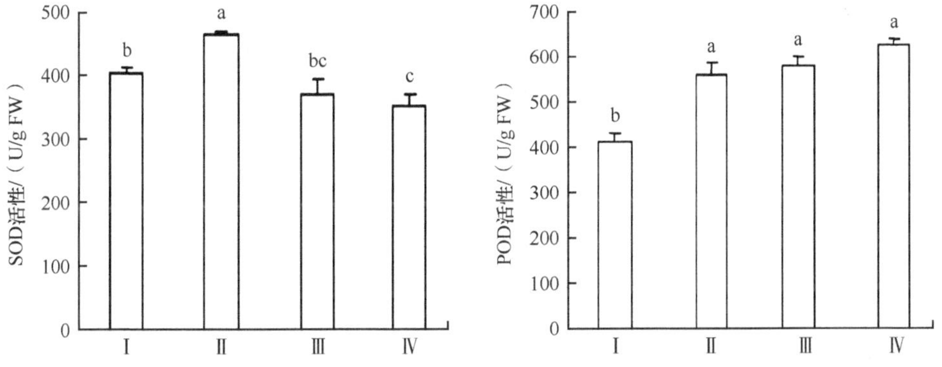

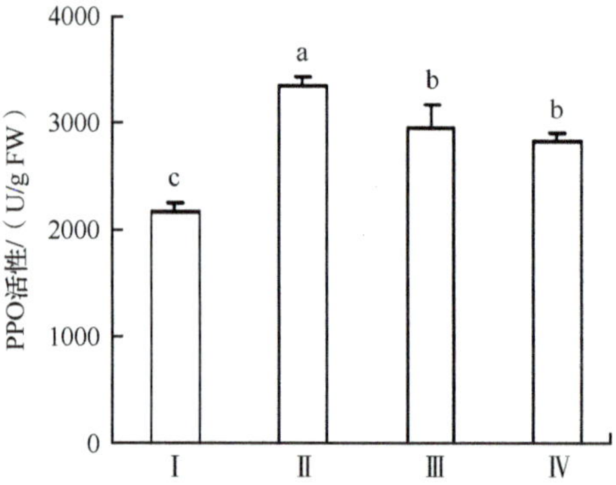

图 6-14　诱导柑橘果实灼伤病程中果实抗氧化酶变化（万继锋等，2019）

I. 正常果；II. 斑点果；III. 轻度褐变果；IV. 重度褐变果。图中不同小写字母表示差异显著（$P < 0.05$）

全和简便易行等优点，在果实保鲜中显示了较好的应用前景。热处理能够有效抑制果实的呼吸作用和乙烯的产生，延缓果实的衰老过程，延长货架期。热处理还能够保持抗氧化酶活性，抑制膜脂过氧化作用，延缓细胞膜透性和 MDA 含量的增加，促进热激蛋白基因的表达，诱导果实的抗冷性。

2. 果实采后气体胁迫

果实正常的呼吸作用需要消耗 O_2 及释放 CO_2，采后环境中适度的低 O_2 和高 CO_2 能够有效抑制果实的呼吸作用和乙烯的产生，以达到延缓果实成熟的目的，延长果实货架期。然而，过度的气体胁迫对果实产生气体伤害，包括低 O_2 胁迫、高 CO_2 胁迫和高 SO_2 胁迫等，造成果实品质劣变，影响贮藏性。

（1）氧气胁迫

空气中的 O_2 含量为 21%，适当降低果实贮藏环境中的 O_2 含量能够有效抑制呼吸作用和好氧微生物的生长，达到延长贮藏期的效果。然而 O_2 浓度过低会引发果实发生无氧呼吸，导致乙醇和乙醛等代谢物的产生和积累，果实表皮褐变、软化、出现异味，果实品质劣变。

除低氧胁迫外，果实对高氧胁迫的反应已成为植物逆境生物学研究领域的一个重要课题，人们对高氧处理的作用机制、果实对高氧胁迫的应答模式有了更广泛和深入的了解。高 O_2 含量会影响果实挥发性物质生物合成途径中的氧化反应，有效增强呼吸速率，刺激乙烯的产生，加速鲜切果实的酶促褐变，引起膜脂过氧化作用，影响植物挥发性物质的产生。高 O_2 技术运用在采后果实上，能够影响色素物质的合成与降解，使果实的色泽发生变化。例如，促进非跃变型果实柑橘外果皮叶绿素的降解，以 50% O_2 处理甜橙果实可起到脱绿效果。在 15℃条件下，用 40% ～ 80% O_2 处理血橙 4 周，除促进其外果皮脱绿外，还可以促进内果皮中花青素的合成，使果肉的红色加深，果汁的色泽和果汁质量都得到改善，这在生产实践中有一定的应用价值。

（2）CO_2 胁迫

空气中的 CO_2 含量为 0.03%，在果实贮藏期间，适当升高 CO_2 浓度能够有效抑制果实的呼吸作用及乙烯的产生，延缓果实衰老，抑制有害病菌，延长贮藏期。然而过高的 CO_2 浓度可能导致 CO_2 胁迫，造成采后果实生理失调，出现褐变、凹陷或脱水等症状，影响果实品质。

（3）SO_2 胁迫

SO_2 是一种国内外通用的杀菌剂和保鲜剂，广泛用于采后果蔬保鲜消毒和防腐。然而如

果超过 SO_2 的安全用量，对果实会造成 SO_2 伤害，如对葡萄造成漂白作用，伤害严重时，可能表现为果肉坏死，产生异味，丧失食用价值。SO_2 胁迫还包括破坏果实正常的活性氧稳态，造成膜脂过氧化作用，影响内源激素含量（如增强乙烯和脱落酸的产生），加速果实衰老，缩短货架期。

3. 果实采后机械损伤

果实对机械胁迫极为敏感，采摘、运输、包装和销售等环节会对果实造成包括振动、冲击、摩擦等多种机械伤害。机械损伤通过外力胁迫果实致使其内部环境发生改变，进而导致果实腐烂变质，机械损伤也是造成果实品质败坏的直接影响因素。机械损伤可分为外部损伤和内部损伤，外部损伤以果实外皮破裂为特征，包括挤压、冲击和破损碰撞；内部损伤是指不可见损伤，包括擦伤和挤压等。

振动是果实在运输过程中常遇到的机械胁迫，引起果实的碰撞损伤。研究表明，在桃子、杨梅、草莓等果实的运输过程中，易发生振动胁迫，引起果实的生理代谢失常，导致果实腐烂变质。切割是果实在加工过程中所产生的机械损伤，果实切割后，细胞壁结构被破坏，细胞质流出，极易失水而使组织萎蔫，因此，维持鲜切果实的品质和延长果实货架期也是鲜切水果产品所面临的重要问题。碰撞和摩擦也是发生在果实采收和贮运过程中的机械损伤，碰撞过程中不同果实对冲击能的响应不同，相关研究也开展了果实冲击力学的特性分析，旨在建立统一的、具有实用性和可靠性的果实质量评估和机械损伤预测模型。

4. 果实采后病害

新鲜果实从生长、采收、贮藏、运输到市场销售的整个过程中的病原微生物侵染会造成大量的腐烂损失。病害的发生与发展主要受 3 个因素的影响，即病原菌、寄主和环境条件。当病原菌致病力强，寄主抵抗力弱，而环境条件有利于病菌生长、繁殖和致病时，则病害严重；反之，病害受到抑制。采后病害包括侵染性病害和生理紊乱两类，以侵染性病害为重点，这类病害由其他生物在生长期间或采收以后侵染果实引起。能造成侵染的其他生物常被称为病原物，主要为真菌和细菌，而被病原物侵染的产品则被定义为寄主，主要包括各类水果和蔬菜。只有病原物、寄主和适宜环境共同存在的情况下侵染性病害才会发生。生理紊乱也即采后胁迫，由采前和采后的不良环境条件引起。果实采后均可发生不同程度的采后病害，严重者几乎全军覆没。由于我国的果实冷链还处于起步阶段，大多数产品的采后贮藏及物流仍在常温条件下进行，加之粗放的包装和采后处理，采后病害造成的损失往往更大。因此，掌握侵染性病害的发生原因及发展规律，通过安全有效的措施对其加以减轻或控制是采后生物学所要研究的主要科学问题。

果实采后病害种类如下。

（1）真菌性病害

大多数水果的 pH 较低，易受真菌的侵染。因此，果实采后病原物以真菌为主。常见的采后真菌性病害主要有软腐病、干腐病、青霉病和灰霉病等。真菌性病原物分属青霉属、链格孢属、葡萄孢属等。例如，由扩展青霉引起的青霉病是苹果和梨的主要采后病害；指状青霉引起的绿霉病是柑橘果实的主要病害（图 6-15）；灰霉葡萄孢是造成葡萄腐烂的主要病原物。每种果实可被多种病原真菌侵染，但只有少数几种最为主要，有些病原物选择的寄主范围较广，而有些病原物对寄主有较强的特异性。

图 6-15　柑橘青霉病（王永崇，2017）

a. 意大利青霉菌；b. 柑橘青霉病发病中后期果实症状

（2）细菌性病害

采后果实细菌性病害仅由少数几种细菌病原物引起，主要症状为软腐（图 6-16）。病原细菌主要有欧氏杆菌属和假单胞菌属，引起果实的软腐病或斑点病。与真菌性病害不同，细菌性病害果实表面无霉状物，在病害发生的后期，有茶褐色液体溢出，并伴有异味。

图 6-16　桃软腐病果实症状（中国农业网）

6.2.3　种子采后质量安全性状

在植物学上种子是指由胚珠受精后发育而成的结构，一般来说，种子由种皮、胚和胚乳等部分组成，其中胚包括胚芽、胚根、胚轴和子叶，是种子最重要的部分（高荣岐和张春庆，2010）。种子是遗传信息的携带者，是从事农林生产的最为基本的生产资料。种子采收后仍是有生命的有机体，随着贮藏时间的延长体内仍然在进行着一系列的生理代谢活动，导致其生活力、活力逐渐下降，加快了组织劣变，促进了种子的衰老进程。人们把这种伴随着种子储藏时间的增加而发生和发展的自然的不可逆的过程称为种子劣变（deterioration）或衰老（aging）（胡晋，2014）。衰老过程中种子内部往往发生一系列的生理生化变化，包括膜结构和功能、呼吸作用、酶活性、有毒有害物质积累、贮藏物质、内源激素及细胞膜的通透性增强等形态结构及生理生化方面的变化。种子老化可分为生化劣变和生理劣变两个阶段，通常是先发生生化变化，后产生生理变化，最后反映在细胞形态结构上的变化（图 6-17）（陶嘉龄和郑光华，1991）。

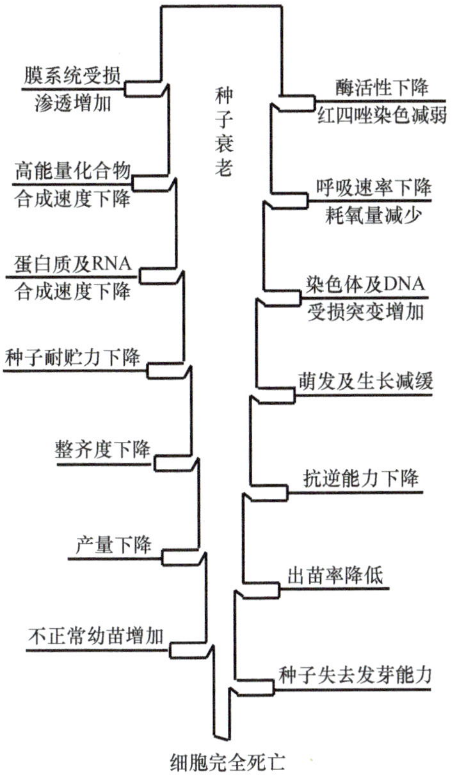

图 6-17　种子衰老生化生理变化顺序图（陶嘉龄和郑光华，1991）

6.2.3.1　种子采后生理生化变化

（1）细胞膜的变化

当种子发生劣变时，细胞膜的卵磷脂和磷脂酰乙醇胺分解解体，使其失去了亲水基团，因而也就失去了水合和修复功能，发生膜渗漏现象，造成膜系统永久性损伤。膜的永久性损伤造成大量可溶性营养物质及生理活性物质渗漏，不仅严重影响种子的新陈代谢，而且为微生物的大量繁殖提供营养，严重时导致种子发霉、腐烂（李雪峰，2004）。老化的大豆种子内部相对电导率上升，破坏了细胞膜结构（许海锦，2017）。随着人工老化和自然老化时间的延长，大葱种子的脱氢酶、SOD、POD 活性和 GSH 含量显著下降，说明大葱种子老化过程中膜脂过氧化加剧，膜结构和功能遭到破坏，由自由基引起的膜脂过氧化作用应该是大葱种子老化的重要原因（李颜，2007）。

（2）生理活性物质的破坏与失衡

在种子老化过程中，许多酶的活性都不同程度下降，导致酶的活性丧失和代谢失调。在种子劣变过程中易丧失活性的酶主要有DNA 聚合酶、RNA 聚合酶、脱氢酶、细胞色素氧化酶、ATP 酶及超氧化物歧化酶等（郭永清，2004）。例如，芥蓝种子中过氧化物酶（POD）活性均随着人工老化处理时间的增加而下降（屈煜莹等，2020）。在桔梗种子老化进程中，超氧化物歧化酶、过氧化物酶和过氧化氢酶活性变化趋势相同，均随着老化时间的延长而不断下降，且下降幅度较大（姚侠妹等，2015）。然而并非所有酶类的活性都随种子衰老而降低，某些水解酶类的活性反而增高，如核酸酶和酸性磷酸酶。胚中维生素 C 的氧化常使胚失去发育成为幼苗的功能，而当种子活力下降时，维生素 B_1、维生素 B_2、维生素 B_6 及烟酸、泛酸、生物素的含量明显降低（张小玲和胡伟民，2004）。种子老化也会导致种子内的激素含量发生一定的变化。老化的柔枝松种子在萌发过程中，胚乳中吲哚乙酸（IAA）、玉米素核苷（ZR）、赤霉素（GA）、脱落酸（ABA）整体变化趋势为先增加后减少，而这 4 种激素含量均高于未经过老化处理的种子（马书燕等，2010）。

（3）有毒物质积累

当种子老化时，种子营养物质可能被氧化产生有毒物质，如无氧呼吸产生的乙醇和 CO_2，脂肪氧化产生的醛、酮、酸类物质，蛋白质分解产生的多胺，脂质过氧化产生的丙二醛，以及微生物分泌的毒素（如黄曲霉素）等（高荣岐和张春庆，2010）。例如，芥蓝种子随着人工老化处理时间的增加，丙二醛（MDA）含量出现上升的变化趋势（屈煜莹等，2020），这些物质的大量积累均会对种子活细胞有毒害作用，使正常代谢活动受到抑制，导致种子活性丧失。

（4）营养物质的变化

在种子贮藏过程中，由于长期的呼吸消耗会导致种子中大量营养物质丧失，主要是可溶性糖、蛋白质、核酸等体内贮藏物质，这些有机物质的含量呈现不同变化趋势，并且有机物种类也有所改变（薄丽萍，2011）。例如，桔梗种子中的可溶性糖含量随着人工老化时间的延长先增加后下降，老化 0 ～ 6d 可溶性糖含量呈上升趋势，老化 6d 时达到最高值，之后呈下降趋势；可溶性蛋白含量随人工老化时间的延长整体呈下降趋势（姚侠妹等，2015）。同时在外界物理或化学物质的刺激下，其空间结构会变得疏松、紊乱甚至变性，严重时会失去原有的生理功能。对小麦种子进行高温高湿老化处理后发现，糯和非糯小麦种子的可溶性蛋白含量在老化处理初期呈现增加趋势，随着老化时间的延长缓慢降低；糯小麦种子的可溶性糖含量在老化过程中逐渐升高，非糯小麦种子中的含量在老化初期增加，而后略有降低或升高（孔治有等，2010）。芥蓝种子中可溶性糖含量均随着人工老化处理时间的增加而下降，可溶性蛋白含量则出现上升的变化趋势（屈煜莹等，2020）。

老化过程中水稻种子的蛋白质含量没有变化，而且淀粉和脂肪酶的含量均有所增加。老化处理对大豆胚轴脂质总量的影响很小，而对不同类别脂质的相对含量影响较为明显。主要体现在甘油酯类含量显著增加，相对于未老化的种子胚轴，随着发芽率的降低（发芽率为 85%、46%、20%），其含量分别增加了 1.8%、3.3%、5.1%。而甘油磷脂的含量却显著降低，相对于未老化的种子，发芽率为 85%、46%、20% 的种子分别降低了 5.8%、24.7%、36%。老化导致脂肪酸含量显著降低。此外，老化导致不饱和指数显著降低（许海锦，2017）。

6.2.3.2 种子采后遗传物质变异

种子老化不仅损坏种子品质，而且会改变种质的遗传结构，对种质的遗传完整性产生不利影响。种子在劣变过程中，染色体的畸变大多出现在分生组织特别是幼根的分生组织中，畸变包括残断、联桥等，染色体畸形导致有丝分裂延迟，影响细胞的伸长、种子的萌发，严重时影响种子萌发过程中 DNA 的合成、染色体畸变、RNA 降解，种质的遗传完整性降低（周国栋，2012）。黄瓜种子经老化处理后，其分子量随老化程度增加显著下降，DNA 的含量无显著变化，表明老化过程中 DNA 受到了某种程度的损伤。研究对豌豆种子老化过程中种子活力与基因表达及谷胱甘肽氧化还原状态之间的关系进行了检测分析发现，当老化过程开始启动，虽然萌发率仍然维持在 100% 的水平，但部分 DNA 和 RNA 已经开始降解（Chen et al.，2018）。种子贮藏时间越长、劣变越严重，畸变率就越高，当畸变达到一定程度时，种子就会死亡。在多倍体中，隐性基因突变所引起的细胞学变异可被其显性等位基因掩盖，但在单倍体中，隐性基因突变可能是致死的。从良种繁育角度讲，由于突变不断传递和积累，会引起品种退化、混杂（张小玲和胡伟民，2004）。

6.2.3.3 种子采后形态特征变化

种子采后在贮藏期间，许多植物种子的种被颜色会逐渐变化，光泽度会降低，种子外表变得灰暗，如蚕豆、花生和大豆种子的颜色变深；棉花种子的胚乳可能变成绿色；谷类种子在高湿环境中胚轴变褐色；三叶草种子变褐、变红、变黄或者变成紫红色（宋松泉等，2008）。解剖种子后会发现，衰老种子的种胚失水，变得干涩，有的胚乳角质程度降低。具有挥发性物质的种子衰老后，种堆内的异味变浓，如葱韭类，可通过取样嗅辨的方法鉴别（詹明兴，2017）。

6.3 植物采后质量安全调控机制

6.3.1 植物采后质量安全调控机制诠释

6.3.1.1 生理失调机制

1. 冷害机制

早在1973年，莱昂斯（Lyons）等的"膜脂相变"理论说明，细胞膜结构和细胞功能的紊乱是导致冷害发生的首要原因（Lyons，1973）。低温胁迫下，生物膜由液晶相转为凝胶相，膜脂上的脂肪酸链由无序排列变为有序排列，膜结构的完整性遭到破坏，细胞膜渗透性升高，细胞内可溶性物质和电解质向膜外大量外渗，破坏了细胞的正常代谢，组织出现各种紊乱症状（Bradley et al.，2013；Guan et al.，2013）。膜脂脂肪酸的不饱和度与相变温度密切相关，相对于热带、亚热带的冷敏性植物产品，抗冷性植物产品更适应低温是因为其构成膜的不饱和脂肪酸含量较高，细胞膜的流动性更大，结构更稳定。

低温加剧氧化胁迫。在正常情况下，植物细胞中活性氧的产生和清除处于一种动态平衡状态，使植物免受活性氧伤害。当冷敏植物遭受0℃以上低温时，抗氧化物质和抗氧化酶的活性受到抑制，活性氧的代谢平衡被打破，导致活性氧物质大量积累。大量积累的活性氧破坏细胞的重要成分，如DNA、RNA、蛋白质、脂类物质等，引发或加剧膜脂过氧化作用、膜的完整性受到破坏，最终引起一系列生理生化变化，组织代谢发生紊乱，细胞受损，直至死亡（Zhang et al.，2011）。

（1）冷害的初级反应

低温引起的生物膜物理相变是植物遭受冷害的起始反应。在正常温度下，生物膜呈现液晶相；当温度下降到植物能够承受的最低温度以下时，生物膜由液晶相转变为凝胶相，导致了一系列的次级反应，如膜透性增加、刺激乙烯产生、呼吸强度增加等。短时间内植物所遭受的冷害反应能够在温度恢复后消失，但如果长时间处于冷害温度下，植物产品会发生不可逆的变化而最终破坏膜的完整性和分室结构，使组织遭受损害，出现冷害症状。

（2）冷害的次级反应

冷害的次级反应主要包括膜透性变化，呼吸代谢失调，刺激乙烯产生、内源多胺变化，以及活性氧代谢和膜脂过氧化作用等。植物产品在采后遭受低温伤害后细胞膜的透性显著提高，植物产品所受到的冷害程度越严重，膜的透性越大。例如，根茎类产品甘薯在遭受冷害后，其线粒体膜和液泡膜结构发生改变，胞内电解质漏出，线粒体膜蛋白的脂质结合能力下降，因此通过测定甘薯块根组织切片外围溶液的相对电导率，可以推测出甘薯是否发生冷害（解则义等，2017）。在呼吸代谢失调方面，适宜低温有助于抑制采后植物产品的呼吸作用，但在冷害温度下，植物产品呼吸速率表现为异常上升，呼吸强度也常伴随着冷害症状的出现而加强。甘薯在低温贮藏时，呼吸速率逐渐减弱，随后为了维持自身正常代谢，则依靠呼吸作用的增强不断产生能量来维持生命代谢，因此呼吸作用会不断增强，直至呼吸稳定在一定范围（连喜军等，2008）。此外，冷害还能刺激大多数植物产品产生乙烯，乙烯的上升是因为植物体内 ACC 合酶的产生。乙烯的释放程度取决于植物产品所受到的低温程度和时间，同时内源多胺含量的变化，与冷害程度也有密切关系。在活性氧代谢与膜脂过氧化方面，植物体内在正常情况下存在着对生物大分子有着破坏作用的自由基和活性氧，但同时也存在着一部分能够清除自由基和活性氧的抗过氧化保护体系。抗氧化酶系统包括超氧化物歧化酶（SOD）、过氧化物酶（POD）、多酚氧化酶（PPO）、过氧化氢酶（CAT）、苯丙氨酸解氨酶（PAL）等抗氧化酶，以及抗坏血酸（AsA）等抗氧化物质（Dyshlyuk et al.，2020）。当这些酶保持正常活性时，能够使体内的活性氧与自由基维持在一个产生和消除的动态平衡中。当温度降低到一定程度或者低温持续时间过长时，植物细胞内活性氧与自由基产生量明显增多，破坏核酸和蛋白质结构，引起脂质过氧化，导致膜结构破坏，进而影响膜系统的稳定性，同时保护酶体系活性降低，清除量减少，导致活性氧及自由基大量积累，发生膜脂过氧化，过氧化产物丙二醛（MDA）积聚，进一步使得生物膜透性增强，对植物造成更严重的伤害。

研究表明，根类产品甘薯在贮藏期间极易发生冷害症状，甘薯发生冷害后，块根表皮由青绿色变为暗褐色，之后块根头尾腐烂，薯块腐烂，冷害对甘薯细胞膜透性、呼吸强度、褐变程度、淀粉和可溶性糖、能量和酚类代谢等都造成了一定的影响（申燕飞等，2017）。马铃薯在不适宜的低温环境中贮藏也会导致冷害的发生，褐变度、失重率、还原糖、相对电导率、丙二醛、呼吸强度和酶活性发生变化，严重影响其食用品质（姚桂枝，2019）。如图 6-18 所示，Rakshit 等（2020）系统阐述了植物产品冷害的发生机制，冷害发生后，细胞膜被破坏，电解质渗漏，产品品质恶化。

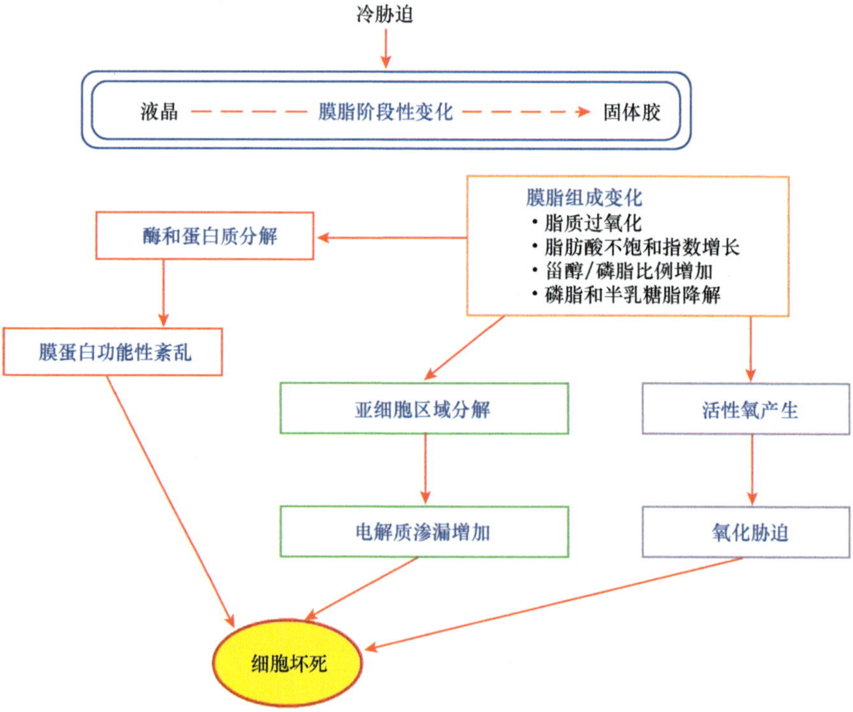

图 6-18　园艺作物贮藏期间对低温胁迫响应的简化图（Rakshit et al.，2020）

2. 冻害机制

采后植物产品冻害的产生主要是由于贮藏温度低于冻结点以下时的组织或细胞水分结冰而引起的，结冰形式包括胞间结冰和胞内结冰两种。胞间结冰通常发生在温度缓慢下降时，随着温度的持续下降和持续时间的延长，细胞内可能脱水过度，蛋白质结构遭到破坏，冰晶体对细胞产生机械压力，使其变形甚至受到伤害，胞间失水并不一定会引起组织损伤，取决于结冰后的温度回升速度。胞内结冰发生在温度骤降时，胞内冰晶体的形成或融化会对整个细胞产生破坏作用，因此，胞内结冰常给植物组织带来致命损伤。关于冻害损伤机制，目前有膜损伤假说和巯基假说两种解释，膜损伤假说认为结冰改变了膜脂和膜蛋白之间的关系，细胞膜失去选择透过性，胞内大量物质外泄，与膜结合的膜蛋白酶解离而失去活性，组织代谢紊乱，最终导致细胞损伤或死亡。巯基（—SH）假说认为低温破坏了蛋白质的空间结构，相邻蛋白质的巯基通过相互作用形成二硫键。二硫键在细胞解冻后吸水膨胀，使得蛋白质的空间构象发生了不可逆转的改变，细胞严重损伤甚至死亡。

冻害产生的机制是温度低于冻结点以下时使组织或细胞水分结冰。冻结造成细胞原生质体脱水，使蛋白质发生不可逆的凝固变性；脱水后有害物质对植物产生毒害作用。此外，水结冰时体积变大，使细胞受到挤压而产生损伤，冻害严重时导致细胞的死亡。有些植物产品较耐寒，当温度环境不太低或组织冻害不严重时，细胞结构未受破坏，解冻后冰晶缓慢融化，水分重新被原生质体吸收，植物产品仍有可能恢复生命机能。例如，菠菜冷冻至–9℃，大白菜在–2℃时仍可恢复新鲜，但如果解冻太快，原生质体来不及吸收冰融化产生的水分，引起汁液外流，导致细胞脱水死亡，叶类产品也就完全失去了食用价值和商品性。

3. 酶促褐变机制

植物产品的褐变包括非酶促褐变和酶促褐变，植物产品在采后贮藏期间，以酶促褐变为主。非酶促褐变不涉及酚类物质的产生，主要指细胞自然死亡或因外界因素造成的程序化死亡等而产生的褐变现象。酶促褐变与植物产品体内的酚类物质含量和多酚氧化酶（PPO）活性密切相关，在正常条件下，植物组织因细胞膜的分隔作用或多酚氧化酶未被激活，不易发生褐变。当植物组织受伤后，细胞结构遭到破坏，细胞分室受损，使酚类物质在有氧条件下被迅速氧化成褐色的醌类物质，最终导致褐变，褐变机制如图 6-19 所示（Moon et al.，2020）。

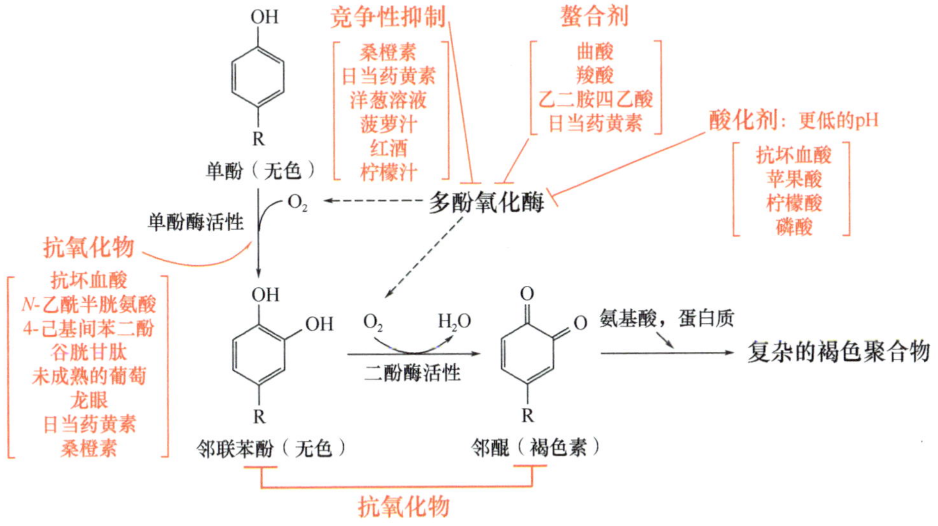

图 6-19　植物产品褐变机制（Moon et al.，2020）

酶促褐变的发生主要与酚类化合物、多酚氧化酶（PPO）和活性氧（ROS）活性相关。质膜是活细胞与环境之间的界面和屏障，能保证膜内外物质交换有效进行。图 6-20 展示了龙眼果实果皮发生褐变的机制，在正常发育的植物组织中，由于多酚类物质分布在细胞液泡内，而多酚氧化酶分布在各种质体或细胞质内，因此即使它们与氧同时存在也不发生褐变现象。然而，当细胞壁和细胞膜的完整性被破坏，酚类物质与 PPO 接触时，在氧的参与下酚类物质便氧化形成醌的多聚物及其他物质，产生色素沉淀，从而引起褐变（Lin et al.，2014；Sun et al.，2018）。褐变发生时，外界活性氧自由基会攻击生物大分子和膜脂，导致膜脂过氧化加剧、膜系统结构和功能破坏，进而导致代谢障碍及膜系统的破坏和解体。在正常情况下，植物组织中有较高的还原势，氧化还原代谢平衡能使氧化形成的醌类物质通过氧化、还原或转化而不聚合。其中的保护系统包括抗氧化酶系统和抗氧化物质，抗氧化酶有超氧化物歧化酶（SOD）、过氧化物酶（POD）、过氧化氢酶（CAT）和谷胱甘肽过氧化物酶（GSH-Px）等，它们可以清除自由基和活性氧，防止膜脂过氧化；此外，抗氧化物质主要有谷胱甘肽还原酶（GSH）、抗坏血酸（AsA）、维生素 E（V_E）、类胡萝卜素、细胞色素和含硒化合物等，它们也能清除细胞中的自由基和活性氧，对酚类物质的氧化起抑制作用，抑制褐变的发生。

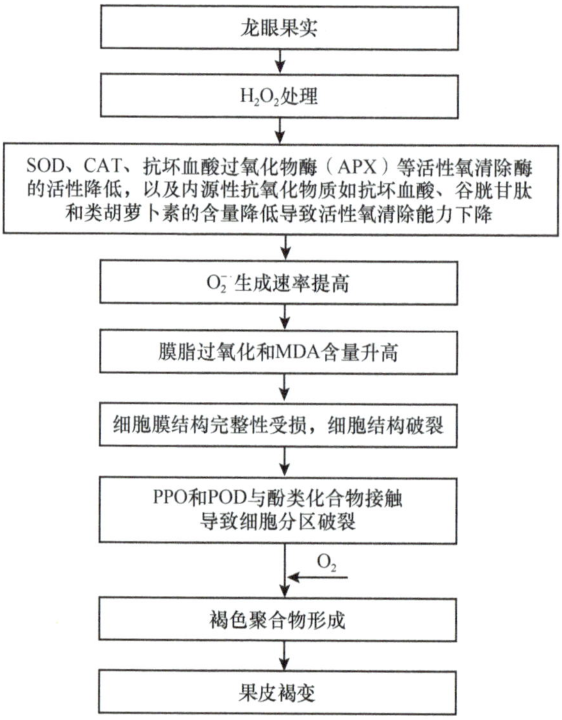

图 6-20　龙眼果实果皮褐变机制（Lin et al.，2014）

6.3.1.2　病理变化机制

引起植物产品采后腐烂的病原微生物主要是真菌与细菌。植物产品采后随成熟和衰老的发生，体内的抗病性逐渐降低，对病原菌的侵染越敏感，病害的发生率和严重程度越高。病原物通过接触、侵入寄主、在寄主内扩展，使寄主表现出症状的过程称为病程。病程分为侵入期、潜育期和发病期 3 个时期（蒲彪和秦文，2011）。

1. 侵入期

病原物侵入寄主的时期可能分为采前侵染和采后侵染两个时期。真菌大多以孢子萌发形成的芽管通过自然孔口或伤口侵入，有的还具有通过角质层直接侵入的能力。细菌则主要通过自然孔口或伤口侵入。采前侵染，侵入在采前发生并处于潜伏状态，直到采后才产生症状。采后侵染可能发生在采收、分级、包装、运输、贮藏和销售等过程的任何一个时期。入侵途径有表皮直接侵入、自然孔道、伤口入侵、生理损伤组织侵入等。侵入过程与贮藏环境中的湿度和温度密切相关。根茎类产品在采收时造成的伤口，采后处理、加工包装及贮运装卸过程中造成的擦伤、碰伤、压伤或刺伤等机械伤都容易使产品具有机械伤口，机械伤口都有可能成为病原物入侵的途径。例如，过度挤压马铃薯块茎会造成表皮压伤，刺激皮孔和损伤部位潜伏病原物的生长。

2. 潜育期

病原菌侵入根茎类产品后，在体内与寄主建立了寄生关系，经过一段时间才出现明显的病害症状，这个时期称为潜育期，也是病原菌和寄主竞争最激烈的时期。由于病原物的致病力和寄主抗病性的个体差异，病害潜育期的时间存在差异。病原菌侵染初期，植物产品对侵染的病原菌进行抵抗，如果温度、湿度和气体成分等环境条件有利于病原菌生长发育，将会加快病原菌侵染的速度，腐烂速度加快。如果植物产品抗病性强，即使有病原物侵染，也可能不发生腐烂。潜伏期的长短受到病菌致病力、寄主抗性与环境条件等方面的影响，病原物与寄主的互作关系也较为复杂。潜育期的长短也受到温度和湿度的影响。

3. 发病期

从寄主开始出现症状到真菌性病害表面出现孢子，细菌性病害表面有脓状物溢出的时期称为发病期。进入发病期的果实抗病能力逐渐下降，且有可能由自身病部产生的新病菌而导致“二次侵染”。发病期与环境条件也密切相关，高温高湿环境易加深病害的严重程度，造成更大的损失。

病原菌侵入根茎类植物产品后，破坏植物产品的细胞和组织结构，并通过其获得营养物质。然而病原菌的入侵也会激发根茎类植物产品的潜在防御系统，使其生理代谢发生改变以抵抗病原菌的侵染，如呼吸作用增强、乙烯释放量提高、次生代谢产物增加等，寄主体内产生一定的防御性反应。寄主和病原菌在共同进化、相互作用的过程中形成了复杂的关系。一方面，病原菌从寄主处获取营养，影响寄主的细胞结构和代谢功能；另一方面，病原菌侵染寄主的同时又激发了寄主的抗病能力，如细胞结构的改变、抗性化学物质的产生及酶活性的改变，诱发了病程相关蛋白（pathogenesis-related protein，PR 蛋白），启动了自身的系统抗性。

6.3.1.3 品质劣变机制

1. 根茎类产品品质劣变机制

根茎类产品的主要品质变劣现象包括糠心、褐变和木质化等，不同根茎类产品的品质劣变现象不同。根茎类产品发生气室或空腔，严重时组织呈海绵状，被认为是产品糠心最明显的特征，也是判断糠心与否最直观的依据。例如，糠心萝卜细胞彼此分离，形成许多气室及白色组织（李喜宏等，2003）；胡萝卜贮藏末期发生严重糠心时，髓部出现较大空洞（王清等，2011）；糠心茭白横切面有空心的小孔。糠心形成的机制与水分散失、营养消耗及木质部薄壁细胞有关。萝卜和胡萝卜在适宜的条件下萌芽抽薹，使薄壁组织中的水分和养分向生长点转移，会引起糠心（李延云等，2011）。此外，糠心的形成与木质部薄壁细胞有关。例如，生长期萝卜的糠心是由于根生长过旺，致使薄壁细胞不能随之同时充实饱满。

根茎类产品的品质衰老、劣变的机制就是木质化的形成机制。木质素填充于纤维素构架中，赋予了细胞壁坚硬的结构特征，增加了植物体的刚性，其疏水性使植物细胞壁具有不透水性，保证植物体内的长距离运输（Boudet，2000），加强植物对生物与非生物逆境的防御能力。机械损伤等外界环境胁迫因子能诱导根茎类植物产品在伤害部位细胞的细胞壁中的木质素木质化，从而大量产生和沉积木栓质，木质化也是导致竹笋、绿芦笋及胡萝卜等植物产品品质劣变的直接原因（Lo et al.，2008；Villalobos-Carvajal et al.，2009）。

2. 叶类产品品质劣变机制

（1）萎蔫失水

叶类产品的含水量是决定其采后品质的重要原因，与叶菜的新鲜度和口感有着密切关系。叶类产品叶片比表面积较大，在不适宜的贮藏条件下，呼吸作用和蒸腾作用旺盛，营养物质和水分被消耗，极易发生失水萎蔫现象，造成品质劣变。因此在贮藏保鲜中，也要尽可能地降低叶类产品的呼吸作用和蒸腾作用，保持低温高湿的贮藏环境，延长货架期。

（2）色泽变化

色泽是叶类产品的重要品质特征，由不同的色素所引起，能反映叶类产品的成熟度和新鲜度，色泽也是消费者评价叶类产品质量的重要因素。叶类产品中的色素种类以绿色为主，同时存在类胡萝卜素和花青素等其他色素，各类色素随着成熟期的不同及环境条件的改变也各有变化。叶类产品的绿色是由叶绿素造成的，在采收之后，叶绿素的合成作用逐渐停止，并随着果实的成熟，叶绿素逐渐被叶绿素酶降解，叶类产品发生褪绿，且褪绿程度不一（图 6-21）。

图 6-21 菠菜褪绿程度图（Gil and Beaudry，2020）

图中数字 1 至 5 表示菠菜黄化程度逐渐加深

目前叶绿素主要有两条降解途径，分别是酶降解和光氧化途径。叶绿素是叶绿体中的复杂分子，它们在光合作用中执行光吸收、能量转移和电子传递等功能，合成和降解途径中的每一步都由相关酶来催化完成。叶绿素的降解过程主要包括去除叶醇“尾巴”，去除镁离子，最后开环形成一个开链四吡咯结构。叶绿素降解相关酶主要有脱镁叶绿酸 a 氧化酶（PAO）、红色叶绿素降解产物还原酶（RCCR）、脱镁叶绿酸水解酶（PPH）和叶绿素 b 还原酶等，在叶片采后衰老过程中，这些酶活性逐渐升高，加速叶绿素的降解，叶绿素的酶降解途径如图 6-22 所示。光对叶绿素的漂白作用普遍存在于绿色植物中，并且逆境条件下光氧化作用更加强烈。光降解机理主要集中在活性氧和自由基上。过多的光能使叶绿素变为三线态，经电子传递，生成单线态氧、羟自由基及超氧自由基等活性氧，导致 DNA、蛋白质、碳水化合物及膜脂等生物分子的结构遭到破坏，从而导致叶绿素分子发生降解，游离的叶绿素因光敏氧化作用而裂解为无色产物（Yamauchi et al.，2004；田风霞等，2010）。

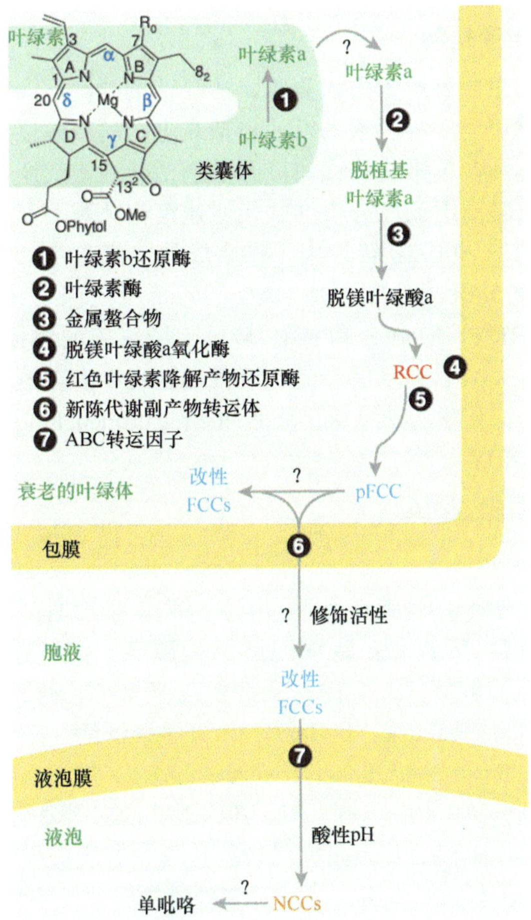

图 6-22 叶绿素的酶降解途径（Hörtensteiner，2006）

RCC：红色叶绿素降解产物；FCCs：荧光中介物质；pFCC：荧光中介物质前体；NCCs：非荧光叶绿素分解代谢物

（3）营养物质变化

叶类产品是人体所需维生素、矿物质和膳食纤维的重要来源，部分叶类产品中还含有淀粉、糖和蛋白质等维持人体正常生命活动所必需的营养物质。

叶类产品中含有丰富的维生素 C、胡萝卜素和少量的 B 族维生素。例如，莴苣富含维生素 E；甘蓝和花椰菜等富含维生素 K；油菜、菠菜、空心菜、韭菜、芥菜等都富含胡萝卜素，胡萝卜素是维生素 A 原，与叶绿素和叶黄素等共存于植物细胞的叶绿体中。然而维生素往往由于氧化而在植物产品贮藏和加工过程中不断损失，其中维生素 C 含量降低最为明显，因此可以采取一些延缓维生素氧化的措施，减少维生素 C 的损失。

植物产品中的矿物质和有机酸结合成盐类或称为有机质的组成部分，如蛋白质中的硫、磷，叶绿素的镁等，易被人体吸收。叶类产品中丰富的钙、磷和铁等矿物质也是人体所需矿物质的重要来源。叶类产品的矿物质含量通常为 0.5% ～ 2.3%，蔬菜中以油菜、茴香菜、苋菜、芹菜、香菜等中含量较高。

叶类产品中的含氮化合物主要有蛋白质、氨基酸、酰胺和硝酸盐等，叶类蔬菜的含氮物质一般含量为 1.0% ～ 2.4%。植物产品中的蛋白质是催化各类代谢反应的酶类。莴苣的含氮物质占干重的 20% ～ 30%，其中主要是蛋白质。色素物质中的叶绿素和甜菜素等也都是含氮化合物。在叶类产品采后贮藏期间，随着贮藏时间的延长，叶类产品营养物质降解，品质逐渐下降。

3. 花器官产品品质劣变机制

花器官产品品质劣变主要表现为失水萎蔫、褪绿转黄等，不同花器官产品的品质劣变现象不同。花器官采后黄化可受多种因素诱发，包括衰老、病原菌侵染、自由基、能量和金属离子等。西蓝花转黄过程涉及色素物质代谢，主要包括叶绿素代谢、类胡萝卜素生物合成和类黄酮生物合成等，通过转录组测序分析这些代谢通路相关基因及参与变黄的转录因子，研究显示，多种 MYB、bHLH 和 bZIP 转录因子家族成员富集在叶绿素代谢通路上；富集在类胡萝卜素生物合成通路的转录因子家族是 NAC 和乙烯反应因子（ERF）；类黄酮生物合成途径受 MYB、NAC、WRKY、MADS 和 bZIP 转录因子家族的调控。Bob HLH66、BoPIF4、BoLOB13、BoNAC92 和 BoAPL 转录因子是色素代谢途径中潜在的调节因子。在黄化的过程中，叶绿素含量下降，非光化学猝灭（non-photochemical quenching，NPQ）水平和类胡萝卜素含量增加（Luo et al.，2019）。

4. 果实产品采后品质劣变机制

（1）细胞壁代谢发生机制

果实采后质地变化主要由细胞壁代谢引起，细胞壁代谢酶活性在采后贮藏过程中发生变化，催化细胞壁物质降解，导致细胞壁结构破坏。细胞壁代谢酶主要有果胶酯酶（pectinesterase，PE）、果胶裂解酶（pectate lyase，PL）、多聚半乳糖醛酸酶（polygalacturonase，PG）、β-半乳糖苷酶（β-galactosidase，β-Gal）、内切葡聚糖酶（endo-glucanase，EG）、木葡聚糖内糖基转移酶（xyloglucan endotransglycosylase，XET）等；目前多种果实细胞壁代谢编码的结构基因已部分得到分离，*PE*、*PG*、*PL*、*β-Gal* 和 *XET* 等基因被报道与果实质地相关。然而，多数果实的细胞壁代谢相关基因研究仍较碎片化，细胞壁代谢酶在果实的细胞壁结构破坏和组分降解过程中存在不同的作用，且涉及多种酶的连锁反应和协同作用。

（2）乙烯信号转导

乙烯作为调控植物生长发育、成熟衰老及抗逆性的重要植物激素，它的调控效应及作用机制是植物学/园艺学的重要研究主题之一。乙烯在果实成熟衰老中有非常重要的调控作用，包括跃变型果实（番茄、猕猴桃、香蕉等）和非跃变型果实（草莓、柑橘、葡萄等）（徐倩等，2014）。研究发现，乙烯可以诱导与番茄果实软化相关的 *PG*、*PE* 等基因的表达（Brummell and Harpster，2001）；乙烯处理猕猴桃果实后 *PG*、*PL* 表达均有所增加（Atkinson et al.，2011）；乙烯抑制剂 1-甲基环丙烯（1-MCP）处理鳄梨后 *PG* 活性下降（Zhang et al.，2013）；乙烯对甜瓜 *CmPG1*、*CmPG2* 和 *CmPG3* 的调控效应不完全相同，基因表达完全依赖于乙烯和/或乙烯独立因素的调控（Pech et al.，2012）。

乙烯的调控效应主要通过生物合成和信号转导两个方面来实现。ACC 合酶（ACS）和 ACC 氧化酶（ACO）被认为是乙烯生物合成中起关键作用的酶。番茄果实中通过转基因技术证实 *LeACS2* 和 *LeACO1* 参与乙烯合成，抑制其表达可延缓果实成熟（Picton et al.，1993；Wilkinson et al.，1995）；猕猴桃中敲除 *ACO1* 会导致乙烯释放量降低、果实软化障碍、品质变差（Atkinson et al.，2011）。

乙烯信号转导包含多个级别元件，分别为乙烯受体（ETR，ethylene receptor/ERS，ethylene response sensor）、CTR1（constitutive triple response 1）、EIN2（ethylene insensitive 2）、EIN3/EIL 和 AP2/ERF（ethylene response factor）等（徐倩等，2014）。EIN3/EIL 和 AP2/ERF 对果实质地的转录调控效应正引起广泛关注，其研究主要集中于其对果实质地的调控。研究

显示，猕猴桃的 AdEIL2 和 AdEIL3 可通过识别 *AdACO1* 启动子，反馈调控内源乙烯合成，AdERF9 可显著抑制 *AdXET5* 启动子活性，促进果实软化（Yin et al.，2010）；苹果的 MdEIL2 可以激活 *MdPG1* 启动子活性，促进果实软化（Tacken et al.，2010）；在 *Pti4*（番茄 ERF 基因）过量表达的植株中，果实软化相关的 *EXP*（*expansion protein*）基因上调的倍数约为 5 倍（Chakravarthy et al.，2003）。

ERF 是乙烯信号转导途径中一类重要的转录因子，属于 AP2/ERF 家族中的一个亚家族。ERF 转录因子作为乙烯信号通路中的最终目的基因，可通过调控各种下游靶基因的表达来参与植物整个生命周期的生长发育和各种逆境胁迫，可以调节植物激素的生物合成；ERF 的多重调控作用逐渐被挖掘，深入探索和研究 ERF，为果实品质生物学理论提供支撑。ERF 调控果实品质的研究，对提高果实采后货架期品质具有深刻的指导意义，然而由于 ERF 转录因子家族成员众多且成员之间存在功能交织和功能冗余的问题，给 ERF 功能的进一步研究带来诸多挑战。目前，对果实特异的品质性状转录调控机制研究、功能解析还不够深入和准确，ERF 对果实品质影响的共同规律有待继续探讨，筛选到符合实际需求的 ERF，对提高果实商品品质具有实际意义，对品种进行改良具有重要价值。

（3）转录调控机制

果实成熟衰老是受多种因素共同调控的复杂过程，这些调控可发生在转录过程中、转录后及蛋白质水平等多个方面（Giovannoni，2001），在转录水平上，果实成熟受多种相关的转录因子调控。转录因子通过与相关基因启动子中含有的能被其识别的顺式作用元件结合，从而对这些基因进行转录水平调控。近年来，转录因子对果实成熟衰老调控的报道持续增加，多种果实成熟的调控因子已被鉴别，如 *bHLH*、*Dof*、*MYB*、*NAC*、*TCP*、*WRKY* 等，但该类研究仍处于起步阶段。转录因子调控果实成熟衰老的报道仍然较少、具体机制不明晰。

5. 种子采后品质劣变机制

种子的衰老是一个复杂的从量变到质变的连续过程，是各种理化反应和生理生化反应的综合结果。目前关于种子劣变的生理机制尚不明确，在种子衰老机制的研究中，被广泛接受的是衰老的自由基学说。该模式认为，自由基是引起种子劣变的重要因素之一，种子劣变过程中自由基或活性氧破坏细胞分子及组织，对细胞成分造成伤害。在种子贮藏过程中，自由基引起脂质的过氧化作用和膜脂的过氧化作用，并且这些反应会随级联反应持续产生过氧化物、氢过氧化物、活性羰基和许多其他副产物，并进一步转变为羰基化合物。羰基与蛋白质或者核酸结合后使酶钝化，蛋白质变性，或者使染色体发生突变，羰基化合物既是毒物又是诱变物，直接或间接地对种子产生一定的危害。同时氧化引起的结构改变降低了膜的流动性，蛋白质失去弹力，可折叠的 DNA 发生变化并且增加了细胞基质的脆弱性（刘娟等，2016）。

Miquel 等于 1980 年提出了衰老的线粒体学说，衰老的线粒体学说认为，线粒体与衰老的发生密切相关。线粒体中的呼吸链是种子内源性活性氧（reactive oxygen species，ROS）的最主要来源，种子在老化过程中线粒体 ROS 的生成量增加，ROS 的积累导致线粒体脂类、蛋白质和核酸等大分子的氧化损伤，引起细胞、组织、器官的功能异常，最终加速衰老的进程。同时线粒体又是调控细胞生长、分化、凋亡的众多分子、信号途径的联系枢纽（田茜，2011；刘娟等，2016）。

关于种子活力下降及丧失的理论假设如图 6-23 所示（郑光华，2004）。从图中可见种子活力的降低及生命力丧失的机制可概括为外因的直接作用或间接影响和内在的演变过程。内部因素有种子的组成成分和生理状态、硬实度、完整程度和吸湿性及种皮结构等。影响种子劣变的外部因素有电离辐射、温度、湿度、氧气、微生物、害虫等。在一般情况下，低温会抑制种子呼吸，减轻劣变，高温会加速其劣变进程；高湿会加速种子劣变，但含水量不能过低；紫外线较强会使种子代谢失常；通常高氧环境会促使种子呼吸作用和营养物质的氧化分解，提高种子劣变速度；种子内部与外部微生物的异常活动会分泌毒素，加速其代谢过程，影响其生活力；仓库内的害虫会破坏种子的完整性，同时自身呼吸会产热，促使种子发热，导致种子劣变。外因是内部变化的诱发因子和条件，两者有密切的联系（宋松泉等，2008）。

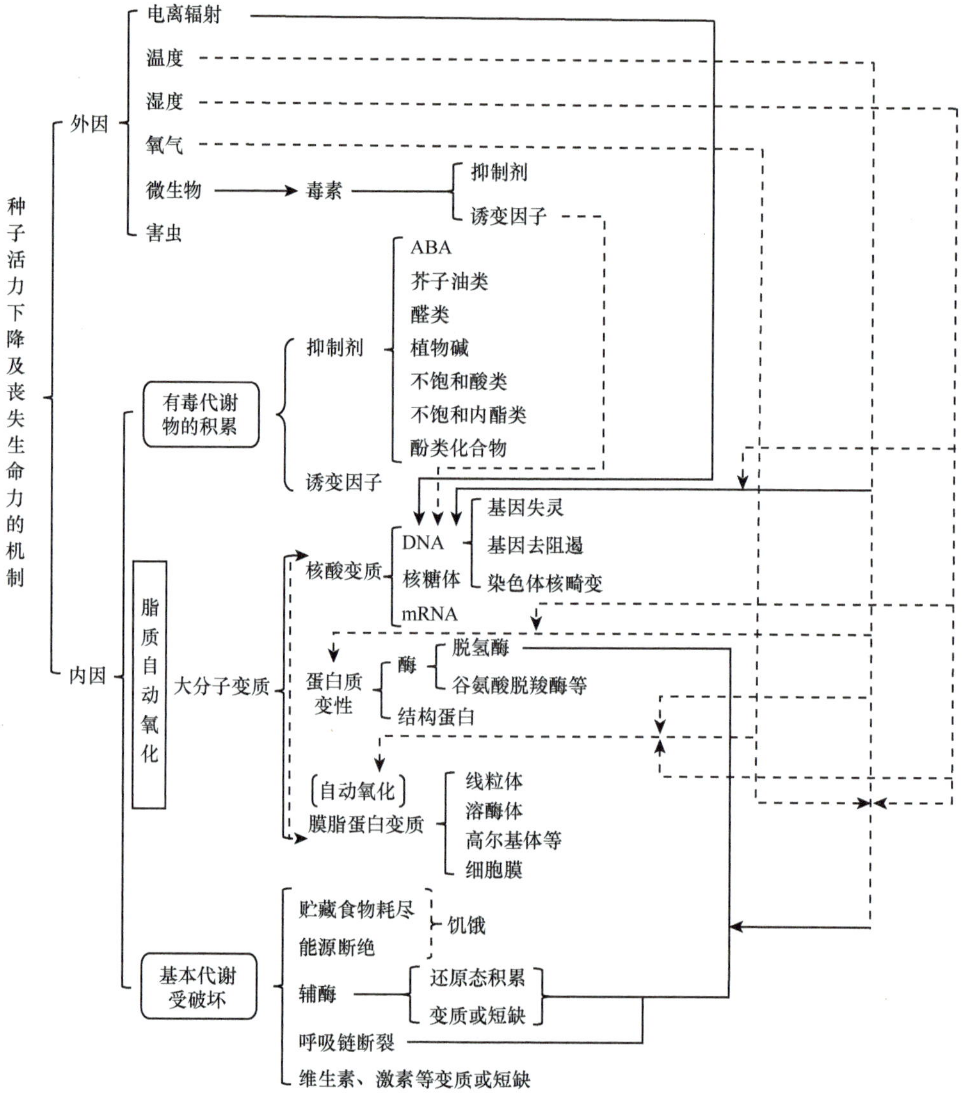

图 6-23 种子丧失生活力机制图（郑光华，2004）

6.3.2 植物采后质量安全调控措施

6.3.2.1 生理失调的调控措施

1. 冷害的调控措施

（1）化学方法

植物生长调节物质等化学诱导剂的使用能够有效地提高植物对低温环境的抵抗力。常见的化学诱导剂是植物抗寒信号通路中的重要激素及其衍生物，如水杨酸（SA）、茉莉酸甲酯（MeJA）、一氧化氮（NO）、乙烯、多胺、钙离子（Ca^{2+}）、1-甲基环丙烯（1-MCP）、自由基清除剂和抗氧化剂等（González-Aguilar et al.，2000；Jin et al.，2011；Luo et al.，2012；Liu et al.，2016a，2018；Ma et al.，2019；Yu et al.，2019），它们能够提高脯氨酸、多胺、γ-氨基丁酸（GABA）、酚类物质、热休克蛋白的含量，诱导抗氧化酶活性的增加、保护膜的完整性。这些植物生长调节物质通过改变植物产品细胞膜脂类的结构成分、减缓水分流失、增强组织抗氧化活性等方式来增加产品对冷害的耐受力。Luo 等（2012）报道了外源水杨酸（SA）处理能有效减轻竹笋的冷害程度和褐变症状。SA 结合热处理能够抑制甘薯组织相对电导率和丙二醛的积累，延缓膜脂过氧化，从而有效减缓甘薯贮运过程中低温冷害现象的发生（Ishiguro et al.，2007）。

1-MCP、多胺、植物激素茉莉酸甲酯（MeJA）、水杨酸、6-苄基腺嘌呤（6-BA）、一氧化氮（NO）等化学试剂和方法都已经被报道能有效提高抗冷性，减轻黄瓜、茄子和番茄等蔬菜的冷害症状，但在叶类蔬菜上的研究较少（图 6-24）。有报道发现 MeJA 和 ABA 能加速菜薹叶片衰老，赤霉素 GA_3 和褪黑素延缓菜薹叶片衰老（Fan et al.，2018；Tan et al.，2019），但这些植物激素是否减轻菜薹叶片冷害仍有待进一步研究。外源甜菜碱（GB）可延缓低温胁迫对细胞膜脂过氧化水平和膜透性的增加幅度，降低低温胁迫对 SOD、POD、CAT 活性起到的抑制作用，从而提高植物产品的抗冷性。外源喷施甜菜碱也能有效地缓解辣椒在 3℃贮藏期间冷害的发生，延缓辣椒果实中叶绿素的降解和维生素 C 含量的下降，抑制细胞膜透性增加和 MDA 含量的增加，并使 POD 和 CAT 活性保持在较高水平。

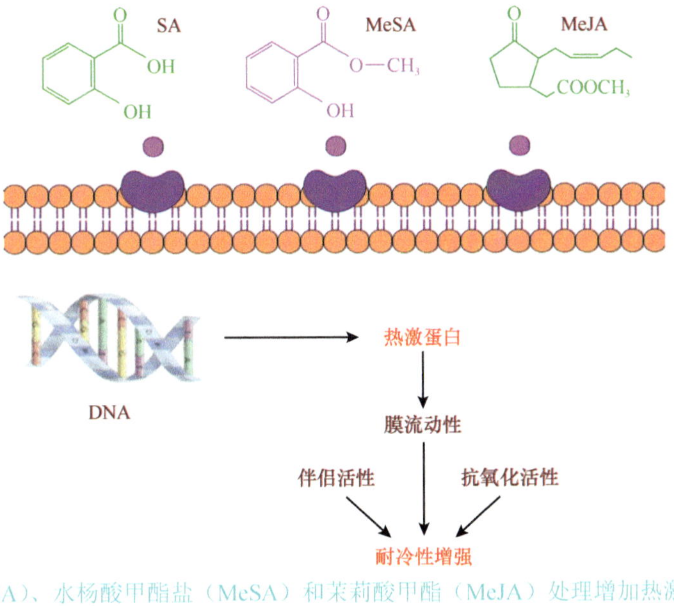

图 6-24 水杨酸（SA）、水杨酸甲酯盐（MeSA）和茉莉酸甲酯（MeJA）处理增加热激蛋白的表达和积累从而缓解冷害示意图（Aghdam and Bodbodak，2013）

（2）物理方法

物理性措施包括温度调节、气体调节、压力调节、辐照处理、紫外线处理、涂膜和打蜡等（Pranoto et al.，2005；Rojas-Graue et al.，2007；马丽丽等，2020）。常见的温度调节方式有适温贮藏、冷热激化处理、低温预贮、梯度降温、间歇升温等，温度调节也具有和化学诱导剂缓解贮藏期冷害相同的效果，缓解冷害胁迫机制如图 6-25 所示。

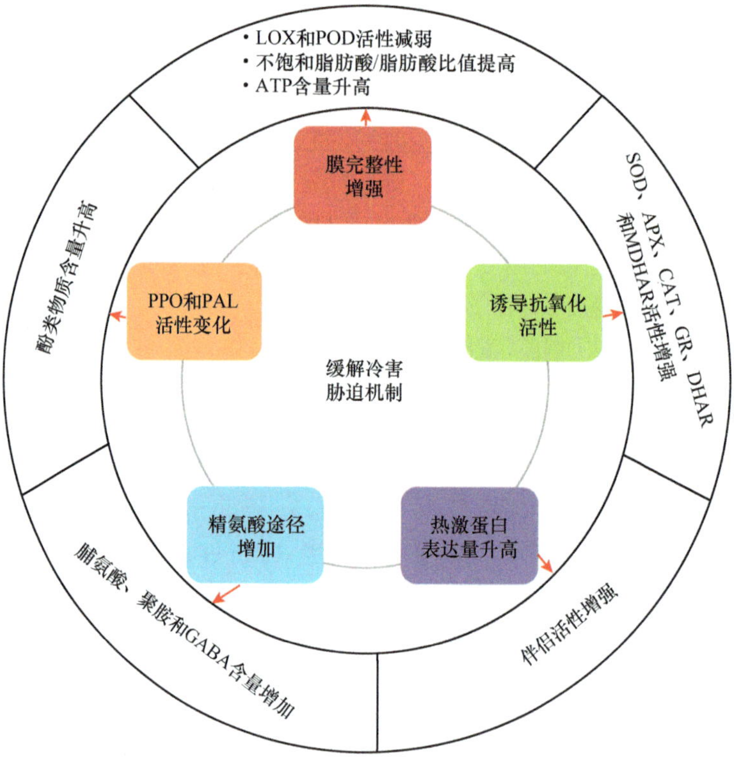

图 6-25　缓解冷害胁迫机制的简化图（Rakshit et al., 2020）

热处理：在贮藏前，采用热处理可以降低植物产品的冷敏感性，延缓植物产品在低温贮藏条件下冷害的发生。热处理技术包括热空气、热蒸汽或热水等处理方法。一方面，热处理能够通过诱导热激蛋白、多胺、可溶性糖等物质从而达到抑制冷害的效果；另一方面，热处理能有效提高活性氧清除酶 SOD、CAT 和 POD 的活性，增强清除活性氧的能力，降低活性氧的积累，抑制膜脂过氧化，从而减轻冷害。Trischuk 等（2014）研究发现，在贮藏前对油菜进行热处理，结果显示在贮藏过程中多胺水平不断上升，有效地推迟了冷害症状过早地出现，增强了油菜的抗逆性。

间歇升温：间歇升温是通过对叶类产品低温贮藏期间的一次或多次升温处理，使受冷害损伤的植物细胞超微结构在升温时得以恢复，有研究表明不同时间变温处理可提高植物产品自由基清除酶类（如 SOD、CAT、POD 等）的活性，使膜脂过氧化程度减轻，膜透性减少，从而延缓植物产品冷害的产生。

低温预贮：低温预贮是指冷藏前以略高于冷害发生的温度预贮藏一段时间，通过启动植物体自身的抗冷机能，从而达到提高植物产品对低温的耐受性和减轻冷害损伤的目的。

气调贮藏包括人工气调贮藏和自发气调贮藏两种，适当的低 O_2 和高 CO_2 气调贮藏可减轻果实的冷害发生。气体组成的变化能够改变某些植物产品对低温冷害的耐受能力。目前应用较广的是薄膜封闭包装，薄膜封闭包装能通过呼吸作用和蒸散作用在包装内植物产品周围形成气调条件和高湿度条件，显著减轻多种冷敏性植物产品的冷害。塑料薄膜封闭或打孔包装使蔬菜保持较高的多胺水平，而多胺能稳定细胞膜、清除活性氧，维持植物产品的抗冷性。

（3）基因工程技术

随着对抗寒机制研究的深入，越来越多的抗寒基因被发现，科学家开始应用转基因技术将抗寒基因转移到一些植物中，获得了明显的效果。研究结果表明，外源转冷诱导基因、转脂肪酸去饱和酶基因、转外源抗氧化酶基因等被发现能有效增强转基因植物产品的抗冷性。利用 RNA-seq 技术获得了块根在低温胁迫下的表达数据谱，并对筛选出的甘薯 *DREB*（*SwDREB*）家族基因进行了克隆、表达及与抗氧化酶活性间的相关性研究。研究结果表明，转录因子 *SwDREB1B* 在低温下的表达与多种抗氧化酶的活性呈正相关，表明 *SwDREB1B* 可能在甘薯的抗冷调节中起到重要作用（赵晓飞，2015）；另外可以利用醛脱氢酶（*SoBADH*）基因参与甜菜碱的生物合成，在转基因甘薯中过表达 *SoBADH* 基因，*SoBADH* 能够通过维持细胞膜完整性、增强光合活性、减少 ROS 产生和促进 ROS 清除机制来保护细胞免受伤害，从而提高了甘薯的耐冷性。

2. 冻害的调控措施

冻害的发生一般是不适宜的贮藏温度造成的，因此合理控制贮藏温度是防止冻害发生的关键。为了防止冻害的发生，应将植物产品放在适温下贮藏，并且严格控制环境温度，避免果蔬长时间处于冰点以下温度。当发生轻微冻伤时，应避免移动产品，就地缓慢升温，使细胞间隙中的冰逐渐融化为水，重新回到细胞中。

3. 酶促褐变的调控措施

调控褐变措施可以从酶促褐变的形成机制考虑。一是培育抗褐变的新品种，减少 PAL 等酚类物质合成酶活性，减少采收、贮藏和加工等过程中的机械损伤。二是控制 PPO 和 POD 等氧化酶活性，对褐变加以控制。三是降低氧气浓度，可利用气调贮藏等方法降低贮藏环境中的氧气浓度。控制褐变主要从减少酚类物质含量，控制氧化酶活性，降低氧气浓度等方面采取措施。

（1）化学方法

化学方法控制酶促褐变的机制主要是通过直接抑制褐变相关酶活性或通过改变酶促反应底物和反应产物来达到控制酶促褐变的目的。目前使用较多的褐变抑制剂有柠檬酸（citric acid，CA）、抗坏血酸、异抗坏血酸钠、焦亚硫酸钠、乙二胺四乙酸（EDTA）、氯化钙（$CaCl_2$）、4-己基间苯二酚（4-HR），以及含—SH 的氨基酸如 L-半胱氨酸、谷胱甘肽等（Zhou et al.，2018），褐变抑制剂多为两种或两种以上复合使用且符合食用级标准，单独使用效果不理想。用真空浸渍技术辅助 0.7g/L 的 L-半胱氨酸（L-Cys）溶液处理鲜切马铃薯，发现马铃薯褐变指数、多酚氧化酶活性、过氧化物酶活性、苯丙氨酸解氨酶活性显著低于对照组，因此真空浸渍技术和 L-半胱氨酸复合处理可以延缓鲜切马铃薯贮藏期间的褐变；真空包装结合 1.5% 柠檬酸+0.5% 抗坏血酸+0.5% 氯化钙处理能有效抑制切割牛蒡贮藏期间的褐变（徐莉，2008）；0.5% 抗坏血酸+0.5% 柠檬酸能较好地抑制莴苣的褐变（Rojas-Grau et al.，2007）；在 5℃下贮藏，3-巯基-2-丁醇抗褐变剂能通过抑制 PPO 活性来减少酪氨酸的消耗，延缓鲜切马铃薯的褐变（Ru et al.，2020）。

4-己基间苯二酚（4-HR）作为新型抗褐变剂，是获得专利的芳香族抗氧化剂，已证实无毒性。4-HR 是卷心菜和莴苣切片的良好酶促褐变抑制剂，可抑制微生物生长与叶类产品发生褐变，延长贮藏期。研究发现 4-HR 处理莲藕能有效延缓莲藕褐变。抗坏血酸及其衍生物异抗坏血酸可作为还原剂，将氧化的醌还原为酚类物质，也能阻止醌类物质进一步自发聚合形成色素物质（苏新国等，2003）。此外，含—SH的氨基酸、还原型谷胱甘肽、二乙基二硫氨基甲酸酯等对PPO都有抑制作用。分别用0.01% $NaHSO_3$、0.01% NaClO处理大白菜，通过在低温下贮藏，可以抑制切割蔬菜的呼吸及与褐变有关的酶活性，延长大白菜的货架期（张鲁刚等，2006）；用24-表油菜素内酯（24-epibrassinolide，EBR）处理鲜切生菜，在4℃低温下贮藏，显著降低了生菜的褐变指数，因此抑制了褐变的发生，与对照组相比延长了3d的货架期（乔永祥等，2018）。

（2）物理方法

热处理可在短时间钝化酶的活性，抑制褐变。例如，莴笋45℃热处理90s，能很好地控制莴笋褐变。通过临界低温高湿保鲜的方法抑制褐变，采用低温可以有效地控制植物产品在保鲜期内的呼吸强度，使某些易腐烂的植物产品达到休眠状态；低温也可以抑制PPO和POD等酶促褐变相关酶的活性，有效延缓褐变，延长货架期。对鲜切生菜的保鲜研究结果表明，贮藏温度越低，越有利于保持切割生菜的品质。压力为253～404MPa的高压技术可以阻止果蔬水分和营养物质向外扩散，减缓呼吸速度和成熟速度，故能有效地延长果实的贮藏期，抑制褐变。叶类产品发生褐变比较少，褐变主要以根茎类含淀粉量高的莲藕、马铃薯、荸荠和慈姑等为主。

采用物理方法控制酶促褐变的机制主要是通过改变贮藏环境中的温度和气体成分来达到控制酶促褐变的目的。低温贮藏由于能够抑制PPO及其他酶的活性，可以延缓褐变，延长货架期。适宜的低温可以间接抑制与褐变有关酶的合成或释放，保持膜的稳定性和酶与底物的区域化分布，从而减缓褐变的发生。研究表明，45℃热空气处理较好地延缓了莲藕表皮CAT活性的降低，抑制了莲藕表皮PPO和POD活性的上升，降低了表皮褐变指数（项丽霞，2006）。同时，蒸气热烫处理也可以抑制马铃薯、藕和白萝卜等根茎类产品的褐变发生，有效地保持蔬菜的品质（毕秀芳等，2019）。合适的包装对抑制产品的褐变有较好的作用。采用60% O_2+20% CO_2+20% N_2和100% O_2气调保鲜技术（MAP）包装鲜切莴苣，能够显著抑制鲜切莴苣的呼吸作用，且100% O_2气调包装的抑制效果优于60% O_2+20% CO_2+20% N_2气调包装；此外，两种处理都可以促进SOD活性的上升，抑制PPO和PAL活性上升和超氧阴离子含量的增加（陈学红等，2011）。竹笋用0.04mm厚的聚乙烯袋包装冰贮藏在10℃气体组合为2% O_2+5% CO_2+93% N_2的贮藏条件下，能有效阻止MDA、木质素和纤维素的合成，从而降低竹笋的褐变率（Shen et al.，2006）。高氧包装结合加工前轻微热处理能够有效抑制根茎类产品的褐变（梁小玲，2008）。

（3）生物方法

使用植物次生代谢产物提取液的生物方法能有效抑制植物产品发生酶促褐变。例如，蛋白酶对植物类产品来说是有效的褐变抑制剂，无花果蛋白酶（ficin）、木瓜蛋白酶（papain）和菠萝蛋白酶（bromelain）已被证实对抑制酶促褐变有效。乳酸菌产生许多小分子代谢物质，包括酸、乙醇、丁二酮、H_2O_2和其他代谢产物，具有较强的络合金属离子能力和较高的抗氧化性，也能有效抑制酶促褐变。另外，利用基因工程方法，如通过抑制PPO基因的表达可以培育出抗褐变品种（陈明俊，2018）。乙醇处理也能够抑制PPO和POD的活性，增强植物产品的抗氧化活性，从而减少褐变的发生和品质的下降。

6.3.2.2 病理变化的调控措施

对采后病害，可以从采前、采收时和采后3个方面进行控制。

（1）采前控制

许多病原物来源于田间已感病的产品或枝叶，因此田间栽培管理及杀菌剂的使用对控制采后病害的发生也非常重要。此外，通过选用抗病品种也能对采后病害产生有效控制。

（2）采收时侵染控制

选择适宜采收期，避免雨天采收，尽量减少机械损伤，避免从伤口入侵的病原微生物引起植物产品腐烂。

（3）采后控制

1）低温贮藏

低温可以减缓植物产品的成熟和衰老，保持其抗性，也可以抑制病原菌的生长，然而植物产品要控制适宜温度并避免温度剧烈波动，以避免造成冷害或冻害。朱惠文等（2019）研究了不同温度贮藏条件下对鲜切胡萝卜品质的影响，发现在4℃下可以减少鲜切胡萝卜的菌落总数，减缓发病时间，延长鲜切胡萝卜的保鲜期。

2）气调贮藏

在冷藏保鲜的基础上，增加气体成分调节，通过对贮藏环境中温度、湿度、CO_2浓度、O_2浓度、乙烯浓度等条件的控制，抑制果实呼吸作用，延缓其新陈代谢过程，更好地保持果实新鲜度和商品性，延长果实贮藏期和销售货架期。由于植物产品采后的呼吸作用要消耗果实采摘后自身的营养物质，因此延长植物产品采后贮藏期的关键是降低呼吸速率。正常大气中O_2浓度为20.19%、CO_2浓度为0.03%，而气调贮藏则是改变贮藏环境的气体成分。研究表明，O_2浓度控制在2%时，对灰霉病、褐腐病和青霉病等的生长有明显的抑制作用；高浓度（10%～20%）CO_2可抑制许多采后病菌，浓度大于25%时病菌的生长几乎完全停止，但长时间在CO_2高浓度下可能产生CO_2毒害。因此，要根据不同品种的特性，控制适宜的O_2和CO_2浓度。

3）杀菌剂防治

杀菌剂又分为保护剂和治疗剂，保护剂能在病原菌侵入之前对植物产品起到保护作用，治疗剂能够用在已被侵染的植物产品上，用来消灭病原菌。例如，杀菌剂中的噻菌灵烟剂常被用来防治蒜薹、马铃薯的贮藏病害，起到防护保鲜的作用。

4）热处理

热处理能有效杀死或钝化侵入植物产品表皮的病原菌。相同温度下的热处理，湿热又比干热的效果好。西蓝花在46℃的水中浸泡10min，能显著延长其保鲜期。播种前对马铃薯进行温度38℃、时间24d、相对湿度75%～85%的热处理可有效防治马铃薯卷叶病毒（PLRV）的发生。紫外线辐射是利用辐射来干扰植物产品的基础代谢，以控制其病害发生，延长植物产品保鲜期的技术。

5）紫外线照射

紫外线（UV-C）也被用于控制植物产品的采后腐烂，研究表明，低剂量UV-C辐射能够减轻甘薯和胡萝卜等植物产品的采后病害，延长货架期，但UV-C的处理也受到果蔬种类、品种和辐射剂量等因素的影响（陈曦等，2019）。UV-C能够抑制或杀灭寄生在植物产品表面的微生物，也能够诱导寄主的抗性；采用7% CO_2+1.5% O_2处理绿芦笋，延缓了其菌落总数，维持了较好的采后芦笋品质（刘红艳等，2017）。

6）减压贮藏

减压贮藏，也称为低压贮藏（low pressure storage，LP），是指将产品置于密闭环境中，通过真空泵使此环境中的气压降低到一定的程度，从而延缓产品的新陈代谢，控制微生物的侵染，延长保鲜期。目前，多家公司对减压贮藏设备进行了研究、开发，最初应用于苹果，取得了较好的保鲜效果。国家农产品保鲜工程技术研究中心（天津）采用非金属管和塑料膜，研制出一种小型减压贮藏设备，明显降低了减压设备的制造成本。然而目前其应用还远未达到低温、气调的普及程度，还有许多理论和应用问题需要研究，如减压库的成本偏高，限制了果实保鲜的经济效益；果实在减压条件下容易失水，给品质带来不利影响。未来人们将对减压贮藏在保鲜中存在的问题不断进行研究，改进相关技术，在果实保鲜领域发挥减压贮藏应有的潜力。

7）电离辐射

电离辐射（ionizing radiation）是利用γ、β、X 射线及电子束对产品进行照射，以达到杀菌保鲜目的的一种物理方法。目前以 Co 作为辐射源的γ射线照射应用最广，其原因在于 Co 获得相对容易，γ射线释放能量大，穿透力强，半衰期较适中，在果蔬防腐保鲜中得到了广泛的研究和应用，其不仅能够有效控制采后病害，而且可杀灭检疫性虫害、延缓成熟及衰老、抑制发芽。电离辐射属于冷处理技术，具有安全、节能、杀菌效果好等特点（田世平等，2011）。然而电离辐照的效果受处理剂量、贮藏温度、产品种类、辐照介质组成、产品新鲜度、含水量等多种因素的影响，因此还需要根据各种果实对辐射的敏感性差异、产品用途、生理特性等方面进行系统深入的研究，考虑与热处理、化学药物、低温等采后处理技术的结合，以减少辐照剂量，维持处理产品的品质和安全性，同时开发便于进行采后处理的辐照设备，以促进电离辐照在采后防腐中的规模化应用。

8）生物防治技术

生物防治技术是利用微生物之间的拮抗作用，选择对寄主不造成危害，但对病原菌致病力有明显抑制作用的微生物来防治寄主病害的一种有效方法。生物防治是一项具有很大潜力的新兴技术，可以有效地减少化学农药的使用量和由此带来的环境污染，减轻农药残毒，有利于农产品的食用安全。大量的研究表明，生物防治将成为取代化学杀菌剂的有效方法之一。

果实采后病害生物防治研究起始于 20 世纪 70 年代，研究初期主要是分离筛选出一些有效的生物拮抗菌株，并且研究这些生物拮抗菌对不同果实采后主要病原菌的抑制效果、拮抗菌对环境条件的适应力、拮抗菌的抑病机理，以及提高拮抗菌生防效力的综合配套技术。

9）化学诱导抗性

能够有效诱导植物产品产生抗性反应的化合物统称为诱抗剂，目前在采后诱导抗病性研究中，得到有效应用的有水杨酸（SA）、苯并噻重氮（BTH）、壳聚糖（chitosan）、硅处理和钙处理等。此外，一些天然化合物，如乙酸、乙醇和乙醛等也能起到防腐保鲜的目的。3% 乙醛处理 4h 就可有效减少马铃薯块茎细菌性软腐病的发生；山药经乙醇熏蒸 3h 后能有效控制微生物生长，抑制菌落总数的增加，使其保鲜期延长（孟一等，2020）。硫化氢（H_2S）熏蒸可以有效减少甘薯致病菌，减轻甘薯软腐病症状。如果病原菌已经传播蔓延，在不十分严重的情况下，可使用化学杀菌剂进行熏蒸、喷洒或浸泡叶类产品等方法直接杀死病原菌（王倩，2012）。常用的化学杀菌剂有仲丁胺、多菌灵、甲基硫菌灵、噻菌灵、扑海因等。

Ca^{2+} 处理也能减少采后植物产品的生理病害，而且能减少由病原菌引起的采后产品腐烂。Ca^{2+} 不直接杀灭病菌，其防腐作用主要是作为植物细胞的第二信使，参与了植物抗病反应中的信号转导，由此提高植物产品的抗病性。

O_3 作为一种强氧化剂，能有效抑制蔬菜中的各种微生物。Olmez 和 Akbas（2009）采用臭氧水处理鲜切生菜，并与氯水和有机酸处理相比，结果表明臭氧水处理组的生菜比其他两种处理显现出更好的感官品质。适宜的臭氧水浓度，臭氧水清洗时间，使之既能保持营养和感官品质，又能达到抑菌效果。鲜切蔬菜清洗用水经臭氧结合紫外线处理，比单独使用臭氧或紫外线处理可使微生物菌数减少，处理效果更佳（Selma et al.，2008）。

6.3.2.3　品质劣变的调控措施

1. 物理方法

（1）低温贮藏

在具有良好隔热性能的库房中借助机械冷凝系统的作用，将库内的热传递到库外，使库内的温度降低并保持在有利于植物产品长期贮藏的范围内保鲜贮藏。低温贮藏的优点是可以使库内温度终年维持在贮藏产品所需要的温度而不受外界环境条件的影响。低温贮藏能够降低植物产品呼吸强度、蒸腾失水、增大相对湿度、延缓衰老、减少营养物质的消耗，有效延缓植物产品在贮藏期的品质劣变和组织衰老。

大多数叶菜适宜的贮藏低温为 0 ～ 1℃，因此适宜的温度是维持叶类产品品质的最佳方法。例如，鲜切西蓝花在 0℃下贮藏，延缓了叶绿素含量、维生素 C 含量的下降，可显著延长其保鲜期，维持其品质。根茎类产品在低温下能改善其品质劣变的糠心现象。例如，在 20℃贮藏萝卜 30d，其糠心指数达到 0.76，而 10℃贮藏萝卜 60d，其糠心指数为 0.52，1℃贮藏的萝卜在相同贮藏时间内，无糠心现象发生（王晓梅，2008）。在 0℃贮藏野生白夹竹笋，低温能抑制 POD 和 PAL 活性，降低 MDA 的含量和相对电导率，膜透性较常温处理组更好，低温有效地延缓了竹笋的纤维化，推迟了其衰老进程（刘维，2008）；另外，低温贮藏芦笋，发现其叶绿素、可溶性糖和可溶性蛋白降解缓慢，抑制木质素含量升高（谢冰等，2010）；采用硅窗气调包装低温贮藏白芦笋，显著抑制了抗坏血酸含量的下降和膜脂过氧化水平的提高，延缓了芦笋的木质化（部建雯等，2017）。对于种子类产品，在水分得到控制的情况下，贮藏温度越低，正常型种子的寿命就越长，在低温下，其呼吸可控制在极低的水平上，能量和物质消耗很少，种子内部在细胞、遗传等方面的变化也将处于较低的程度，因而能较长期保持活力，即使进行–196℃的液氮处理，种子也不会丧失生命活力。

（2）气调贮藏

植物产品在贮藏期间，环境中的气体成分及各种气体的比例、浓度等对产品品质有很大的影响。植物产品在贮藏过程中，应适当降低环境中的 O_2 浓度和提高 CO_2 浓度，从而抑制呼吸等生理活动，降低植物产品代谢强度，减少有机物质的消耗，有利于保持植物产品的新鲜度和品质，延长产品的货架期。不同植物对低 O_2 和高 CO_2 的耐受力有差异，因而适宜的气体条件对不同产品也存在差异。对于种子产品，低氧有利于种子活力的保持。把玉米种子放入封闭容器中，分别放入 30℃、3℃和–25℃中，并分别给予 O_2、CO_2、空气和 N_2 进行贮藏。研究发现，在 30℃条件下供 N_2 或 O_2 贮藏 5 年，种子活性丧失显著，供 CO_2 或空气，则劣变较轻。通常认为，O_2 能促进种子呼吸，加速种子内部物质消耗及有害物质积累，引起种子衰老与死亡；CO_2 能抑制呼吸，对种子活力保持有利。N_2 对玉米种子的有害作用可能与缺氧有关。Bass（1973）指出，在高含水量与温度条件下，氧的存在可加速种子活力的丧失，贮藏期愈长，作用愈明显。花生种子（含水量为 6.21%）在 38 ～ 40℃下进行人工老化贮藏，在空气中贮藏，发芽率几乎丧失；N_2 和 CO_2 有延缓种子老化的效果；种子在 N_2 或 CO 气体下贮藏 26 周，发芽率不受影响。因此，对大多数作物种子适当施行密闭储存，将有利于活力保持，但必须注意，密闭贮藏要在种子充分干燥且温度较低的情况下进行，否则会使种子因缺氧窒息而死亡。

薄膜封闭包装常用于果蔬的贮运保鲜中，用厚度0.03～0.04mm的低密度聚乙烯（LDPE）薄膜袋包装根茎类产品，减少失重、抑制呼吸、减少微生物的生长繁殖，减缓木质纤维化。气调贮藏法可以分为自发气调贮藏法和机械气调贮藏，其中机械气调贮藏方法简便，控制性强，可快速调节到所需的贮藏气体环境，但自发气调贮藏法的应用较为广泛。根茎类产品牛蒡糠心进程的自发贮藏温度控制在1℃左右，湿度控制在75%左右，CO_2和O_2为空气中浓度值，贮藏期在90d之前，糠心率均在5%以下；抑制樱桃萝卜糠心率的壳聚糖结合气调处理也可明显降低樱桃萝卜的失重率。

（3）光照贮藏

光照对采后植物产品，尤其叶类产品的贮藏保鲜具有显著影响。例如，将鲜切生菜分别使用白光、蓝光、绿光、红光LED光源处理和避光处理5d，发现红光处理减缓鲜切生菜叶片中叶绿素的降解，并且减缓鲜切蔬菜的失水萎蔫和黄化，维持原有的品质和风味；另外在0℃贮藏条件下，采用不同剂量UV-C照射处理西蓝花后，发现4kJ/m^2 UV-C照射能很好地保持西蓝花的感官品质，减慢黄化过程（张怡等，2014）；UV-C复合热处理对控制西蓝花的腐烂效果比UV-C单独处理效果更好，能有效维持西蓝花货架期的品质（张娜等，2013）。

2. 化学方法

涂膜保鲜具有抑制呼吸、减少失水的作用，能够有效延缓植物产品品质劣变的发生。例如，对萝卜进行涂膜处理可以抑制腐烂的发生，延缓萝卜呼吸强度的上升和水分的散失，从而降低萝卜糠心的发生率；用1.5%壳聚糖结合气调包装处理樱桃萝卜的效果较好，也能显著降低产品的糠心率；用1.5%脱乙酰壳聚糖、1.0%乙酸涂膜30s处理水萝卜，延缓水萝卜失水率的下降和呼吸强度的上升，由此延长水萝卜的保鲜效果。

保鲜剂、杀菌剂及植物生长调节剂的应用有利于维持植物产品的品质。例如，二氧化氯（ClO_2）作为强氧化剂，具有良好的防霉保鲜作用。二氧化氯可以提高植物产品外观品质，减缓叶绿素损失，抑制叶类产品的酶促褐变反应，保持营养成分，维持品质，延长货架期。赤霉素GA_3或褪黑素能有效维持采后菜薹叶片品质，抑制营养物质的降解，延缓叶片褪绿（Fan et al.，2018；Tan et al.，2019）。1-MCP处理胡萝卜能够抑制贮藏期间胡萝卜的呼吸作用，减缓胡萝卜糠心指数和木质化过程；用0.5μL/L 1-MCP处理也可以减轻茭白木纤化过程；1-MCP熏蒸处理能够延缓绿芦笋叶绿素含量的下降、使其木质素含量上升而保持绿芦笋鲜嫩的品质，延长绿芦笋的常温贮藏寿命。赤霉素与苯甲酸钠混合液、茭白专用剂能很好地延缓茭白的糠心化速度（张美玲等，2008）；赤霉素、2,3-二甲氧基苯乙酸及青鲜素也有效延缓了茭白组织的纤维化进程（陈文煊等，2003）。绿芦笋经过1.5mL/kg乙醇处理可降低活性氧和木质素含量，明显抑制采后绿芦笋的木质化进程，保持绿芦笋鲜嫩品质（刘尊英和姜微波，2005）。采用6-苄氨基嘌呤处理采后的绿芦笋，发现其较好地控制了绿芦笋的木质化和纤维化进程，从而有效延缓了芦笋的衰老（周任佳等，2012）。另外，NO处理可延缓采后绿芦笋木质素含量和膜透性的增加，增强抗氧化能力而延缓采后绿芦笋的木质化进程，为NO在绿芦笋保鲜中的应用提供理论依据和技术方法（李鹏霞等，2012）。

臭氧（O_3）是强氧化剂和杀菌剂，有很高的活性和穿透性，低浓度臭氧水能够高效、快速地广谱杀菌，且无有害物质残留。臭氧也可以氧化采后植物产品代谢过程中产生的乙烯、乙酸、乙醇等有害物质，降解采后植物产品中的农药残留，但臭氧处理后根茎类产品的呼吸强度、失水率和乙烯释放量降低，也延缓了木质化的纤维进程。

草酸是生物体的一种代谢产物，外源草酸能够诱导植物的系统抗病、胁迫抗性、减少活性氧（ROS）的积累，延缓植物产品采后成熟衰老进程，减少病害、褐变和腐烂的发生，同时减少纤维素的合成。研究将马蹄笋浸泡在 5mmol/L 草酸溶液中，发现草酸抑制了 PPO 和 POD 的活性，减轻了马蹄笋切面的褐变，减少了木质素和纤维素的合成，有助于维持笋的品质，延长其货架期。

3. 植物激素

植物衰老与植物体的其他生长发育过程相似，同时受到内在因素及外在因素的影响（Lim et al.，2010）。植物内源激素含量、植物本身所处的发育进程和年龄等都是重要的体内信号物质，植物所受到的生物（营养胁迫和病原菌侵染等）和非生物（光、温度、水分等）胁迫等环境影响都是外在因素（Schippers et al.，2007；Zhang et al.，2013；张艳军等，2014）。研究表明，植物内源激素在调控植物产品衰老过程中起着至关重要的作用。目前的研究表明，脱落酸（ABA）、乙烯（ETH）和茉莉酸（JA）促进衰老，而生长素（IAA）、赤霉素（GA）和细胞分裂素（CTK）延缓衰老（Jibran et al.，2013；Qi et al.，2015；Qiu et al.，2015；Zhang et al.，2017；Fan et al.，2018）。在衰老启动和进行时，与这些激素代谢和信号转导相关基因的表达发生明显变化（Graaff et al.，2006；Li et al.，2020）。例如，ABA 就是启动和加速植物产品衰老最有效的植物激素之一（Song et al.，2016），ABA 的含量随着衰老的进程而增加（Graaff et al.，2006；Breeze et al.，2011；Tan et al.，2019），且 ABA 这种受衰老诱导的效应在各种生物和非生物胁迫下的表现更明显（Zhang et al.，2017）。在叶类产品中，外源 ABA 处理能够加速采后菜薹叶片的衰老进程，促进叶绿素降解和活性氧的积累（范中奇，2019）。乙烯也是植物衰老的正调控因子，许多植物衰老症状可分别通过外源乙烯或其拮抗剂诱导或延缓（Reyes-Arribas et al.，2001；Ella et al.，2003）。Cefola等（2010）用1μL/L 1-MCP处理甘蓝，并在 5℃下贮藏 2 周，结果表明，处理组与对照组相比，明显延长了甘蓝货架期，有效减少采后黄化、腐烂，延缓叶绿素降解，保持了较好的感官品质；芹菜经 1-MCP 处理后，延缓了菜叶变黄和叶绿素降解，衰老进程也显著被抑制（Massolo et al.，2019）。此外，茉莉酸（JA）参与调控多种植物防御反应和各种发育进程，对采后菜薹叶片外源施加茉莉酸甲酯（MeJA）能加快叶片衰老进程，并诱导内源 JA 的产生；1μmol/L 茉莉酸甲酯处理鲜切芹菜，可延缓叶绿素含量的下降，有效保持鲜切芹菜的贮藏品质（张馨跃等，2013）。

与 ABA、乙烯和 JA 等促进植物衰老相反，一些植物激素，如细胞分裂素（CTK）、赤霉素（GA）和生长素（IAA）具有明显抑制植物衰老的效果（Kasahara，2016；Liu et al.，2016b；Fan et al.，2018）。对采后菜薹叶片外源施加 GA_3 或褪黑素能有效延缓其衰老进程，延长菜薹的贮藏时间（Fan et al.，2018；Tan et al.，2019）。采后西蓝花的呼吸强度在贮藏后期快速增加，而褪黑素处理显著降低了其在整个贮藏期间的呼吸强度和各种呼吸代谢途径的活性，延缓了采后西蓝花的衰老（朱玲玲，2018）。1mmol/L 褪黑素处理可以显著降低竹笋中 PAL 和 POD 的活性，抑制木质素的合成，保持较高的 SOD、APX 和 CAT 活性，维持较高的木质素和纤维素含量，减轻木质化，保持竹笋品质（楼君等，2019）。

参 考 文 献

毕秀芳, 谢玲, 刘晓翠, 等. 2019. 热烫处理对鲜切根茎菜品质的影响. 西华大学学报（自然科学版）, 38(4): 45-49.
部建雯, 魏雯雯, 迟晓君, 等. 2017. 硅窗气调包装对白芦笋贮藏品质的影响. 中国果菜, 37(2): 1-5.
薄丽萍. 2011. 不结球白菜种子老化衰变生理基础的研究. 南京: 南京农业大学硕士学位论文.
陈浩维, 邓明华, 黄尧瑶, 等. 2018. 干旱胁迫对玫瑰花瓣膜脂过氧化及抗氧化酶活性的影响. 西北植物学报,

38(5): 107-115.
陈明俊. 2018. 应用基因编辑技术抑制马铃薯多酚氧化酶的研究. 贵阳: 贵州大学硕士学位论文.
陈文煊, 郜海燕, 周拥军, 等. 2003. 植物生长调节剂对保鲜茭白生理品质的影响. 浙江农业学报, 15(3): 185-188.
陈曦, 邓吉良, 陈日东, 等. 2019. UV-C 处理对甘薯贮藏品质的影响. 热带作物学报, 40(2): 373-379.
陈学红, 秦卫东, 马利华, 等. 2011. 高氧气调包装对鲜切莴苣呼吸和酶活性的影响. 食品与发酵工业, 37(12): 208-212.
范中奇. 2019. 4 个菜心 NAC 转录因子调控 ABA 诱导的采后叶片衰老的机制分析. 广州: 华南农业大学博士学位论文.
方华, 王春蕾, 廖伟彪, 等. 2019. 一氧化氮通过调控水分和抗氧化酶活性参与脱落酸延缓切花月季衰老. 园艺学报, 46(5): 901-909.
冯岩岩, 王庆国. 2012. 热激处理抑制牛蒡鲜切片褐变的研究. 园艺学报, 39(11): 2258-2264.
高荣岐, 张春庆. 2010. 作物种子学. 北京: 中国农业出版社.
郭和林, 王迪轩. 2020. 有机小白菜病虫害综合防治技术. 长江蔬菜, 505(11): 62-66.
郭红艳. 2003. 不同贮藏条件对荠菜衰老指标的影响. 食品研究与开发, 24(3): 109-110.
郭永清. 2004. 北美鹅掌楸种子休眠机理及老化特性研究. 南京: 南京林业大学硕士学位论文.
胡晋. 2014. 种子学. 北京: 中国农业出版社.
侯建设, 席玙芳, 余挺, 等. 2002. 温度、机械伤和采收期对小白菜的采后生理的影响. 食品与发酵工业, 18(10): 40-44.
黄帅. 2018. 采前 1-MCP 处理对月季切花保鲜效应及其作用机理研究. 杨凌: 西北农林科技大学博士学位论文.
黄文部. 2018. 微波结合植物精油处理对鲜切西兰花保鲜效果的研究. 雅安: 四川农业大学博士学位论文.
姜建中, 蔡冲, 崔旭红, 等. 2018. 桑椹采后自溶过程中的质地与细胞壁结构变化. 蚕业科学, 44(4): 580-587.
孔治有, 刘叶菊, 覃鹏. 2010. 人工老化处理对小麦种子生理生化特性的影响. 亚热带植物科学, 39(1): 17-20.
匡盛. 2017. 果胶降解相关 PG/GAL 与猕猴桃果实后熟软化. 杭州: 浙江大学硕士学位论文.
李惠, 熊忠飞, 徐梦君, 等. 2018. 龙薯九号甘薯冷害胁迫与适温贮藏品质调控. 食品科技, 43(12): 37-42.
李鹏霞, 胡花丽, 王毓宁. 2012. 外源 NO 对采后绿芦笋木质化和抗氧化能力的影响. 农业工程学报, 28(9): 264-269.
李喜宏, 陈丽, 关文强, 等. 2003. 果蔬薄膜保鲜技术. 天津: 天津科学技术出版社: 174-180.
李雪峰. 2004. 辣椒种子老化过程中生理生化变化及其活力恢复研究. 长沙: 湖南农业大学硕士学位论文.
李延云, 沈瑾, 聂宇燕, 等. 2011. 果蔬贮藏实用技术. 北京: 中国轻工业出版社: 45-48.
李颜. 2007. 大葱种子老化机理及活力提高方法的研究. 北京: 中国农业大学硕士学位论文.
李永辉. 2014. 灾害性天气对胡萝卜生产的影响及其防御. 长江蔬菜, (7): 51-53.
连喜军, 王吰, 李洁. 2008. 不同因素对甘薯呼吸强度的影响. 粮食流通技术, (1): 37-39.
梁小玲. 2008. 高氧气调包装对鲜切果蔬品质的影响：鲜切梨和土豆的研究. 无锡: 江南大学硕士学位论文.
林河通, 赵云峰, 席玙芳. 2007. 龙眼果实采后果肉自溶过程中细胞壁组分及其降解酶活性的变化. 植物生理与分子生物学学报, 33(2): 137-145.
刘红艳, 张雷刚, 胡花丽, 等. 2017. 气调处理对绿芦笋抗氧化及抗病酶活性的影响. 核农学报, 31(6): 1119-1127.
刘娟, 归静, 高伟, 等. 2016. 种子老化的生理生化与分子机理研究进展. 生态学报, 36(16): 4997-5006.
刘维. 2008. 白夹竹笋采后生理及臭氧低温保鲜技术的研究. 雅安: 四川农业大学硕士学位论文.
刘尊英, 姜微波. 2005. 乙醇处理对采后绿芦笋木质化的影响. 食品与发酵工业, 31(1): 89-91.
楼君, 索金伟, 张慧, 等. 2019. 褪黑素处理对高节竹笋低温贮藏过程中木质化的影响. 林业科学, 55(12): 41-49.
罗云波, 2001. 园艺产品贮藏加工学（贮藏篇）. 北京: 中国农业大学出版社.
马丽丽, 左进华, 王清, 等. 2020. UV-C 处理对青椒色泽和生理品质的影响. 食品科学, (3): 281-288.
马书燕, 李吉跃, 彭祚登. 2010. 人工老化过程中柔枝松种子内源激素含量变化的研究. 种子, 29(2): 4-8.
孟一, 王甜甜, 张帆, 等. 2020. 不同处理对鲜切山药品质的影响. 安徽农业科学, 48(7): 198-201.
蒲彪, 秦文. 2011. 农产品贮藏与物流学. 北京: 科学出版社: 128-137.
乔永祥, 谢晶, 雷昊. 2018. 24-油菜素内酯溶液浸泡处理对鲜切生菜褐变的影响. 食品与发酵工业, 44(9): 177-181.
屈煜莹, 黄鑫, 徐强辉, 等. 2020. 人工老化处理对芥蓝种子生理生化特性的影响. 种子, 39(8): 24-29.
权美平. 2017. 鲜切莲藕中褐变因素分析的研究进展. 保鲜与加工, 17(4): 139-142.
佘小漫, 汤亚飞, 蓝国兵, 等. 2019. 广东省马铃薯块茎软腐病病原菌鉴定. 植物保护学报, 46(3): 618-625.

申燕飞, 吴玲艳, 郑剑英, 等. 2017. 甘薯贮藏冷害研究现状. 保鲜与加工, 17(6): 132-135.
宋利玲. 2015. 芹菜早疫怎么办. 农家之友, (11): 48.
宋松泉, 程红焱, 姜孝成, 等. 2008. 种子生物学. 北京: 高等教育出版社.
苏新国, 蒋跃明, 李月标, 等. 2003. 4-HR 对鲜切莲藕褐变以及贮藏品质的影响. 食品科学, 24(12): 142-145.
陶嘉龄, 郑光华. 1991. 种子活力. 北京: 科学出版社.
田风霞, 惠振, 王国坤, 等. 2010. 植物体内的叶绿素降解与滞绿突变体. 植物生理学通讯, 46(5): 505-511.
田茜. 2011. 人工老化对大豆种子线粒体结构功能和抗氧化系统的影响. 北京: 中国农业科学院硕士学位论文.
田世平, 罗云波, 王贵禧. 2011. 园艺产品采后生物学基础. 北京: 科学出版社.
万继锋, 李娟, 杨为海, 等. 2019. 柑橘果实响应高温、强光胁迫的活性氧代谢研究. 福建农业学报, 34(8): 920-924.
王彬, 陈敏氡, 朱海生, 等. 2016. 果蔬酶促褐变研究进展. 中国农学通报, 32(28): 189-194.
王国良, 李斌, 唐乔梅, 等. 2010. 浙江西兰花花球头腐病的病原鉴定. 植物保护学报, 37(2): 123-127.
王佳宇, 胡文忠, 管玉格, 等. 2020. 鲜切花椰菜保鲜技术研究进展. 食品工业科技, 41(21): 327-332.
王娟, 马晓艳, 王通, 等. 2020. 预冷方式对黄花菜贮藏品质的影响. 食品与发酵工业, 46(10): 215-221.
王丽, 王万兴, 索海翠, 等. 2019. 马铃薯块茎酶促褐变及与相关生理指标的关系. 园艺学报, 46(8): 1519-1530.
王倩. 2012. H_2S 延长梨果实及甘薯块根采后贮藏期的抗氧化机制研究. 合肥: 合肥工业大学硕士学位论文.
王清, 杨娜, 郭李维, 等. 2011. 1-甲基环丙烯处理对胡萝卜贮藏期间品质的影响. 食品科学, 32(S1): 6-10.
王晓梅. 2008. 涂膜处理对紫心萝卜保鲜效果的研究. 南京: 南京农业大学硕士学位论文.
王永崇. 2017. 作物病虫害分类介绍及其防治图谱：柑橘青霉病及其防治图谱. 农药市场信息, (3): 69.
魏传文. 2018. 基于多源数据的油菜冻害遥感机理与方法研究. 杭州: 浙江大学博士学位论文.
吴亚. 2016. 基于 RNA-Seq 技术分析菜心叶片衰老相关基因. 广州: 华南农业大学硕士学位论文.
项丽霞. 2006. 热处理、半胱氨酸、赤霉素、真空处理对莲藕品质及表皮褐变的影响. 武汉: 华中农业大学硕士学位论文.
谢冰, 寇晓虹, 李磊, 等. 2010. 芦笋采后木质化和品质变化的调控. 食品科技, 35(7): 44-47.
谢利娟, 张华, 崔士超. 2010. 月季切花品种间失水胁迫耐性与抗氧化酶和内肽酶之间的关联. 林业科学, 46(7): 86-93.
解则义, 李洪民, 马代夫, 等. 2017. 低温胁迫影响甘薯贮藏的研究进展. 植物生理学报, 53(5): 758-767.
许海锦. 2017. 人工老化对大豆种子脂质及抗氧化系统的影响研究. 福州: 福建农林大学硕士学位论文.
徐莉. 2008. 鲜切根、茎类蔬菜褐变控制技术的研究. 泰安: 山东农业大学硕士学位论文.
徐倩, 殷学仁, 陈昆松. 2014. 基于乙烯受体下游转录因子的果实品质调控机制研究进展. 园艺学报, 41(9): 1913-1923.
杨若雯, 张萍, 薛玉前, 等. 2018. 乙烯对‘班克海尔’和‘杨妃出浴’芍药切花开放和衰老的影响. 园艺学报, 45(8): 1575-1586.
姚侠妹, 张瑞娥, 偶春, 等. 2015. 人工老化处理对桔梗种子生理生化特性的影响. 西北农林科技大学学报（自然科学版）, 43(2): 203-209.
姚桂枝. 2019. 不同处理方式对马铃薯冷害发生影响的研究. 太原: 山西农业大学硕士学位论文.
詹明兴. 2017. 种子老化及活力修复研究进展分析. 种子科技, 25(6): 112-113.
张鲁刚, 李娟, 张明科, 等. 2006. 不同化学试剂对切割白菜保鲜的影响. 保鲜与加工, 6(2): 21-23.
张美玲, 朱世东, 王建. 2008. 不同保鲜剂处理对岳西高山茭白贮藏效果的影响. 中国农学通报, 24(2): 110-114.
张娜, 农绍庄, 李春媛, 等. 2013. UV-C 复合热处理或 1-MCP 处理对西兰花保鲜效果的研究. 保鲜与加工, 13(2): 9-12.
张小玲, 胡伟民. 2004. 种子学基础. 北京: 中国农业大学出版社.
张馨跃, 王艳颖, 李天, 等. 2013. 茉莉酸甲酯处理对鲜切芹菜贮藏品质的影响. 保鲜与加工, 13(5): 24-28.
张艳军, 赵江哲, 张可伟. 2014. 植物激素在叶片衰老中的作用机制研究进展. 植物生理学报, 50(9): 1305-1309.
张怡, 关文强, 张娜, 等. 2014. UV-C 对西兰花抗氧化活性及相关品质的影响. 食品研究与开发, 25(12): 80-84.
赵晓飞. 2015. 甘薯冷诱导转录组测序及转录因子 *SwDREB1B* 在抗冷调节中的作用. 杭州: 浙江农林大学硕士学位论文.
郑光华. 2004. 种子生理研究. 北京: 科学出版社.
周国栋. 2012. 种子老化对老芒麦种质生理特性及遗传完整性变化的影响. 北京: 中国农业科学院硕士学位论文.

周任佳, 乔勇进, 王海宏, 等. 2012. 6-苄氨基嘌呤对绿芦笋采后木质化衰老的影响. 上海农业学报, 28(2): 63-68.
朱惠文, 汤静, 金鹏, 等. 2019. 贮藏温度对鲜切胡萝卜品质及总酚和γ-氨基丁酸含量的影响. 食品科学, 40(9): 213-219.
朱玲玲. 2018. 褪黑素处理对鲜切青花菜采后衰老的调控机理研究. 沈阳: 沈阳农业大学硕士学位论文.
Aghdam M S, Bodbodak S. 2013. Physiological and biochemical mechanisms regulating chilling tolerance in fruits and vegetables under postharvest salicylates and jasmonates treatments. Scientia Horticulturae, 156: 73-85.
Atkinson R G, Gunaseelan K, Wang M Y, et al. 2011. Dissecting the role of climacteric ethylene in kiwifruit (*Actinidia chinensis*) ripening using a 1-aminocyclopropane-1-carboxylic acid oxidase knockdown line. Journal of Experimental Botany, 62(11): 3821-3835.
Bass L N. 1973. Controlled atmosphere and seed storage. Seed Science and Technology, 1(1-2): 463-492.
Biondi E, Blasioli S, Galeone A, et al. 2014. Detection of potato brown rot and ring rot by electronic nose: from laboratory to real scale. Talanta, 129: 422-430.
Boudet A M. 2000. Lignins and lignification: selected issues. Plant Physiology and Biochemistry, 38(1): 81-96.
Bradley M J, Colville M, Crumley M J, et al. 2013. Differential effects of liquid ordered and liquid disordered phases on membrane permeability. Biophysical Journal, 104(2): 588.
Breeze E, Harrison E, Mchattie S, et al. 2011. High-resolution temporal profiling of transcripts during *Arabidopsis* leaf senescence reveals a distinct chronology of processes and regulation. The Plant Cell, 23(3): 873-894.
Brummell D A, Harpster M H. 2001. Cell wall metabolism in fruit softening and quality and its manipulation in transgenic plant. Plant Molecular Biology, 47(1): 311-339.
Cao X M, Wei C Y, Duan W Y, et al. 2021. Transcriptional and epigenetic analysis reveals that NAC transcription factors regulate fruit flavor ester biosynthesis. Plant Journal, 106(3): 785-800.
Cefola M, Amodio M L, Rinaldi R, et al. 2010. Exposure to 1-methylcyclopropene (1-MCP) delays the effects of ethylene on fresh-cut broccoli raab (*Brassica rapa* L.). Postharvest Biology and Technology, 58(1): 29-35.
Chakravarthy S, Tuori R P, D'Ascenzo M D, et al. 2003. The tomato transcription factor Pti4 regulates defense-related gene expression via GCC box and non-GCC box cis elements. The Plant Cell, 15(12): 3033-3050.
Chen H, Osuna D, Colville L, et al. 2018. Transcriptome-wide mapping of pea seed ageing reveals a pivotal role for genes related to oxidative stress and programmed cell death. PLOS ONE, 8(10): e78471.
de Araújo N O, Véras M L M, de Sousa Santos M N, et al. 2019. Sucrose degradation pathways in cold-induced sweetening and its impact on the non-enzymatic darkening in sweet potato root. Food Chemistry, 312(2): 125904.
Deng Y Z, Wang C L, Huo J Q, et al. 2019. The involvement of NO in ABA-delayed the senescence of cut roses by maintaining water content and antioxidant enzymes activity. Scientia Horticulturae, 247: 35-41.
Du Y M, Jin T, Zhao H D, et al. 2021. Synergistic inhibitory effect of 1-methylcyclopropene (1-MCP) and chlorine dioxide (ClO_2) treatment on chlorophyll degradation of green pepper fruit during storage. Postharvest Biology and Technology, 171(14): 111363.
Dyshlyuk L, Babich O, Prosekov A, et al. 2020. The effect of postharvest ultraviolet irradiation on the content of antioxidant compounds and the activity of antioxidant enzymes in tomato. Heliyon, 6(1): e03288.
Ella L, Zion A, Nehemia A, et al. 2003. Effect of the ethylene action inhibitor 1-methylcyclopropene on parsley leaf senescence and ethylene biosynthesis. Postharvest Biology and Technology, 30(1): 67-74.
Fan Z Q, Tan X L, Shan W, et al. 2018. Characterization of a transcriptional regulator, *BrWRKY6*, associated with gibberellin-suppressed leaf senescence of Chinese Flowering Cabbage. Journal of Agricultural and Food Chemistry, 66(8): 1791-1799.
Geng X M, Li M, Lu L, et al. 2015. ABA improves postharvest quality of cut *Lilium* 'Sorbonne' harvested in late period. Journal of the Faculty of Agriculture, Kyushu University, 60 (1): 81-86.
Gil M I, Beaudry R. 2020. Controlled and Modified Atmospheres for Fresh and Fresh-cut Produce. London: Academic Press: 521-525.
Giovannoni J J. 2001. Molecular biology of fruit maturation and ripening. Annual Review of Plant Biology, 52(1): 725-749.
González-Aguilar G, Gayosso L, Cruz R, et al. 2000. Polyamines induced by hot water treatments reduce chilling injury and decay in pepper fruit. Postharvest Biology and Technology, 18(1): 19-26.

Graaff E V D, Schwacke R, Schneider A, et al. 2006. Transcription analysis of *Arabidopsis* membrane transporters and hormone pathways during developmental and induced leaf senescence. Plant Physiology, 141(2): 776-792.

Guan N, Blomsma S A, Fahy G M, et al. 2013. Analysis of gene expression changes to elucidate the mechanism of chilling injury in precision-cut liver slices. Toxicology in Vitro, 27(2): 890-899.

Hörtensteiner S. 2006. Chlorophyll degradation during senescence. Annual Review of Plant Biology, 57(1): 55-77.

Hou K, Bao D, Shan C J. 2018. Cerium improves the vase life of *Lilium longiflorum* cut flowers through ascorbate-glutathione cycle and osmoregulation in the petals. Scientia Horticulturae, 227: 142-145.

Huang X M, Lin S Q, He S G, et al. 2018. Characterization of stomata on floral organs and scapes of cut 'Real' gerberas and their involvement in postharvest water loss. Postharvest Biology and Technology, 142: 39-45.

Ishiguro K, Yahara S, Yoshimoto M. 2007. Changes in polyphenolic content and radical-scavenging activity of sweet potato (*Ipomoea batatas* L.) during storage at optimal and low temperatures. Journal of Agricultural and Food Chemistry, 55(26): 10773-10778.

Jibran R, Hunter D, Dijkwel P. 2013. Hormonal regulation of leaf senescence through integration of developmental and stress signals. Plant Molecular Biology, 82(6): 547-561.

Jin P, Shang H, Chen J, et al. 2011. Effect of 1-Methylcyclopropene on chilling injury and quality of peach fruit during cold storage. Journal of Food Science, 76(8): S485-S491.

Kasahara H. 2016. Current aspects of auxin biosynthesis in plants. Bioscience Biotechnology and Biochemistry, 80(1): 34-42.

Li Z, Zhang Y, Zou D, et al. 2020. LSD 3.0: a comprehensive resource for the leaf senescence research community. Nucleic Acids Research, 48(D1): D1069-D1075.

Lim P O, Lee I C, Kim J, et al. 2010. Auxin response factor 2 (ARF2) plays a major role in regulating auxin-mediated leaf longevity. Journal of Experimental Botany, 61(5): 1419-1430.

Lin Y, Lin H, Zhang S, et al. 2014. The role of active oxygen metabolism in hydrogen peroxide-induced pericarp browning of harvested longan fruit. Postharvest Biology and Technology, 96: 42-48.

Liu D, Xu S, Hu H, et al. 2017. Endogenous hydrogen sulfide homeostasis is responsible for the alleviation of senescence of postharvest daylily flower via increasing antioxidant capacity and maintained energy status. Journal of Agricultural and Food Chemistry, 65(4): 718-726.

Liu H, Jiang W, Cao J, et al. 2018. A combination of 1-methylcyclopropene treatment and intermittent warming alleviates chilling injury and affects phenolics and antioxidant activity of peach fruit during storage. Scientia Horticulturae, 229: 175-181.

Liu L, Li H, Zeng H, et al. 2016a. Exogenous jasmonic acid and cytokinin antagonistically regulate rice flag leaf senescence by mediating chlorophyll degradation, membrane deterioration, and senescence-associated genes expression. Journal of Plant Growth Regulation, 35(2): 366-376.

Liu Y, Yang X, Zhu S, et al. 2016b. Postharvest application of MeJA and NO reduced chilling injury in cucumber (*Cucumis sativus*) through inhibition of H_2O_2 accumulation. Postharvest Biology and Technology, 119: 77-83.

Lo T Y, Cui H Z, Tang P W C, et al. 2008. Strength analysis of bamboo by microscopic investigation of bamboo fibre. Elsevier, 22(7): 1532-1535.

Luo F, Cai J H, Kong X M, et al. 2019. Transcriptome profiling reveals the roles of pigment mechanisms in postharvest broccoli yellowing. Horticulture Research, 6(1): 74.

Luo Z, Wu X, Xie Y, et al. 2012. Alleviation of chilling injury and browning of postharvest bamboo shoot by salicylic acid treatment. Food Chemistry, 131(2): 456-461.

Lyons, J M. 1973. Chilling Injury in Plants. Annual Review of Plant Physiology, 24(1): 445-466.

Ma M, Zhu Z, Cheng S, et al. 2019. Methyl jasmonate alleviates chilling injury by regulating membrane lipid composition in green bell pepper. Scientia Horticulturae, 266: 109308.

Massolo J F, Forte L G, Concellón A, et al. 2019. Effects of ethylene and 1-MCP on quality maintenance of fresh cut celery. Postharvest Biology and Technology, 148: 176-183.

Moon K M, Kwon E B, Lee B, et al. 2020. Recent trends in controlling the enzymatic browning of fruit and vegetable products. Molecules, 25(12): 2754.

Norikoshi R, Shibata T, Niki T, et al. 2016. Sucrose treatment enlarges petal cell size and increases vacuolar sugar concentrations in cut rose flowers. Postharvest Biology and Technology, 116: 59-65.

Olmez H, Akbas M Y. 2009. Optimization of ozone treatment of fresh-cut green leaf lettuce. Journal of food Engineering, 90(4): 487-494.

Orfila C, Huisman M M, Willats W G, et al. 2002. Altered cell wall disassembly during ripening of Cnr tomato fruit: implications for cell adhesion and fruit softening. Planta, 215(3): 440-447.

Pan L, Sun Y, Xiao H, et al. 2017. Hyperspectral imaging with different illumination patterns for the hollowness patterns for the hollowness classification of white radish. Postharvest Biology and Technology, 126: 40-49.

Pech J C, Purgatto E, Bouzayen M, et al. 2012. Ethylene and fruit ripening // McManus M T. Annual Plant Reviews vol 44: The Plant Hormone Ethylene. Oxford: Wiley-Blackwell: 275-304.

Picton S, Barton S l, Bouzayen M, et al. 1993. Altered fruit ripening and leaf senescence in tomatoes expressing and antisense ethylene-forming enzyme transgene. Plant Journal, 3(3): 469-481.

Pranoto Y, Salokhe V M, Rakshit S K. 2005. Physical and antibacterial properties of alginate-based edible film incorporated with garlic oil. Food Research International, 38(3): 267-272.

Qi T, Wang J, Huang H, et al. 2015. Regulation of jasmonate-induced leaf senescence by antagonism between bHLH subgroup Ⅲe and Ⅲd factors in *Arabidopsis*. The Plant Cell, 27(6): 1634-1649.

Qiu K, Li Z, Yang Z, et al. 2015. EIN3 and ORE1 accelerate degreening during ethylene-mediated leaf senescence by directly activating chlorophyll catabolic genes in *Arabidopsis*. PLOS Genetics, 11(7): e1005399.

Rabiza-wider J, Skutnik E, Jedrzejuk A, et al. 2015. The effect of GA_3 and the standard preservative on keeping qualities of cut la hybrid lily ‘Richmond’ . Acta Science Polonic, 14(4): 51-64.

Rakshit A, Singh H B, Singh A K, et al. 2020. New Frontiers in Stress Management for Durable Agriculture. Singapore: Springer.

Reyes-Arribas T, Barrett J E, Huber D J, et al. 2001. Leaf senescence in a non-yellowing cultivar of chrysanthemum (*Dendranthema grandiflora*). Physiologia Plantarum, 111(4): 540-544.

Rojas-Graue M A, Tapia M S, Rodriguez F J, et al. 2007. Alginate and gellan-based edible coatings as carriers of antibrowning agents applied on fresh-cut Fuji apples. Food Hydrocolloid, 21(1): 118-127.

Ru X, Tao N, Feng Y, et al. 2020. A novel anti-browning agent 3-mercapto-2-butanol for inhibition of fresh-cut potato browning. Postharvest Biology and Technology, 170: 111324.

Saeed T, Hassan I, Abbasi N A, et al. 2014. Effect of gibberellic acid on the vase life and oxidative activities in senescing cut gladiolus flowers. Plant Growth Regulation, 72: 89-95.

Schippers J H M, Jing H C, Hille J, et al. 2007. Developmental and hormonal control of leaf senescence // Gan S S. Senescence Processes in Plants. Oxford: Blackwell Publishing Ltd.: 145-170.

Selma M V, Allende A, Lopez-Galvez F, et al. 2008. Disinfection potential of ozone, ultraviolet-C and their combination in wash water for the fresh-cut vegetable industry. Food Microbiology, 25(6): 809-814.

Shen Q, Kong F, Wang Q. 2006. Effect of modified atmosphere packaging on the browning and lignification of bamboo shoots. Journal of Food Engineering, 77(2): 348-354.

Simöesa A N, Diniza N B, Vieirab M R S, et al. 2018. Impact of GA_3 and spermine on postharvest quality of anthurium cut flowers (*Anthurium andrae anum*) cv. Arizona. Scientia Horticultuae, 241: 178-186.

Song Y W, Xiang F Y, Zhang G Z, et al. 2016. Abscisic acid as an internal integrator of multiple physiological processes modulates leaf senescence onset in *Arabidopsis thaliana*. Frontiers in Plant Science, 7: 181.

Sotta N, Bian B, Peng D H, et al. 2019. Local boron concentrations in tuberous roots of Japanese radish (*Raphanus sativus* L.) negatively correlate with distribution of brown heart. Plant Physiology and Biochemistry, 136: 58-66.

Sun J, Lin H, Zhang S, et al. 2018. The roles of ROS production-scavenging system in *Lasiodiplodia theobromae* (Pat.) Griff. & Maubl-induced pericarp browning and disease development of harvested longan fruit. Food Chemistry, 247: 16-22.

Suong T T H, Toan K N, Jin H L. 2021. Effects of air-exposure time on water relations, longevity, and aquaporin-related gene expression of cut roses. Horticulture, Environment and Biotechnology, 62(1): 63-75.

Tacken E, Ireland H, Gunaseelan K, et al. 2010. The role of ethylene and cold temperature in the regulation of the apple *POLYGALACTURONASE1* gene and fruit softening. Plant Physiology, 153(1): 294-305.

Takanori H, Maho M. 2019. Methyl jasmonate treatment delays flower opening and petal wilting of three cut rose cultivars. Journal of Horticultural Research, 27(2): 1-10.

Tan X, Fan Z, Kuang J, et al. 2019. Melatonin delays leaf senescence of Chinese flowering cabbage by suppressing ABFs-mediated abscisic acid biosynthesis and chlorophyll degradation. Journal of Pineal Research, 67(1): e12570.

Trischuk R G, Schilling B S, Low N H, et al. 2014. Cold acclimation, de-acclimation and re-acclimation of spring canola, winter canola and winter wheat: the role of carbohydrates, cold-induced stress proteins and vernalization. Environmental and Experimental Botany, 106(1): 156-163.

Villalobos-Carvajal R, Hernandez-Munoz P, Albors A, et al. 2009. Barrier and optical properties of edible hydroxypropyl methylcellulose coatings containing surfactants applied to fresh cut carrot slices. Food Hydrocolloids, 23(2): 526-535.

Watkins C B. 2017. Postharvest physiological disorders of fresh crops // Brian T, Brian G M, Denis J M. Encyclopedia of Applied Plant Sciences. London: Academic Press: 315-322.

Wilkinson J Q, Lanahan M B, Yen H C, et al. 1995. An ethylene-inducible component of signal transduction encoded by never-ripe. Science, 270: 1807-1809.

Xue J Q, Tang Y, Wang S L, et al. 2018. Assessment of vase quality and transcriptional regulation of sucrose transporter and invertase genes in cut peony (*Paeonia lactiflora* 'Yang Fei Chu Yu') treated by exogenous sucrose. Postharvest Biology and Technology, 143: 92-101.

Yamauchi N, Funamoto Y, Shigyo M. 2004. Peroxidase-mediated chlorophyll degradation in horticultural crops. Phytochemistry Reviews, 3(1): 221-228.

Yang Q, Maimati A, Wang Z, et al. 2012. Effects of DA-6 on chlorophyll biosythesis pathway in peach leaves. Acta Horticulturae Sinica, 39(4): 621-628.

Yang Z F, Zheng Y H, Cao S F, et al. 2007. Effects of storage temperature on textural properties of Chinese bayberry fruit. Journal of Texture Studies, 38: 166-177.

Yin X R, Allan A C, Chen K S, et al. 2010. Kiwifruit *EIL* and *ERF* genes involved in regulating fruit ripening. Plant Physiology, 153(3): 1280-1292.

Yu W, Sheng J, Zhao R, et al. 2019. Ethylene biosynthesis is involved in regulating chilling tolerance and *SlCBF1* gene expression in tomato fruit. Postharvest Biology and Technology, 149: 139-147.

Zhang J, Shi Y, Zhang X, et al. 2017. Melatonin suppression of heat-induced leaf senescence involves changes in abscisic acid and cytokinin biosynthesis and signaling pathways in perennial ryegrass (*Lolium perenne* L.). Environmental and Experimental Botany, 138: 36-45.

Zhang Z, Huber D J, Rao J. 2013. Antioxidant systems of ripening avocado (*Persea americana* Mill.) fruit following treatment at the preclimacteric stage with aqueous 1-methylcyclopropene. Postharvest Biology and Technology, 76: 58-64.

Zhang X, Zhang Z, Li J, et al. 2011. Correlation of leaf senescence and gene expression/activities of chlorophyll degradation enzymes in harvested Chinese flowering cabbage (*Brassica rapa* var. *parachinensis*). Journal of Plant Physiology, 168(17): 2081-2087.

Zheng M, Guo Y. 2018. Cerium improves the vase life of *Dianthus caryophyllus* cut flower by regulating the ascorbate and glutathione metabolism. Scientia Horticulturae, 240: 492-495.

Zhou L, Liu W, Stockmann R, et al. 2018. Effect of citric acid and high pressure thermal processing on enzyme activity and related quality attributes of pear puree. Innovative Food Science and Emerging Technologies, 45: 196-207.

第 7 章
植物质量安全性状改良

植物质量安全事关国计民生。随着世界工业化和现代农业发展进程的加快，植物质量安全面临着各种风险因素的挑战。食用农产品中农药残留属于农业生产中人为因素产生，生物毒素污染为天然生物产生，而重金属污染既有天然环境因素也有人为因素，性质各异与来源多样的毒害因子极大地危害植物质量安全。然而，目前普遍采用的农艺学方法和化学调节剂等方法均存在一定的局限性，为了应对植物质量安全所面临的挑战，保障我国绿色农业和未来农业的可持续发展，急需经济、安全、可持续地解决植物质量安全问题的新途径。植物能够通过调控其自身的一系列生理过程以应对复杂多变的环境或生长胁迫因子，这是生物对环境的一种适应性机制。丰富的遗传变异是这种适应性的具体表现，也是我们针对特定性状进行遗传改良的物质基础。大量研究已发现，植物在内外源毒素积累、重金属耐受性等许多与质量安全相关的性状上存在丰富的遗传变异，开展针对植物质量安全性状的遗传改良、培育优质安全的作物新品种是解决植物源农产品质量安全问题，同时满足农产品生产效益要求和环境友好要求的关键。

7.1 植物质量安全性状改良的技术基础

7.1.1 植物质量安全性状改良的意义

7.1.1.1 产量品质与质量安全的矛盾

一直以来，提及食物生产安全常常侧重于如下几个方面：一是确保生产足够的数量；二是最大限度地稳定供应；三是确保所有需要的人都能获得。这也是联合国粮食及农业组织对食物“安全”的定义。因此，涉及植物安全性状的遗传改良长期以来也都是围绕农艺性状，以增加植物产量为主要目标的。虽然近年在全球气候变化如极端气温、极端降水、干旱、大气 CO_2 浓度增加、日照时数锐减等背景因素下，涉及食品安全的研究有所转变，但也依然侧重于如何应对这些重大自然灾害所造成的食品缺口上。一些产量相关因子，如养分的利用效率、光合作用效率、抗生物及非生物胁迫的研究近年来方兴未艾，植物的遗传改良也转而侧重于通过改良产量相关性状以最终增加产量上（Gong et al.，2020）。然而，作为关乎人类生存与发展的物质基础，农产品安全不仅仅只是保证足够的供给，即“量”上的需求，更与人类健康关系重大，保证农产品“质”的需求，为目前食物安全注入了新的内涵，即农产品质量安全。

近年来，由美国著名心脏病专家史蒂文·冈德里（Steven Gundry）论著的《植物悖论》就明确地指出农产品质量与安全的关系，颠覆我们对植物、饮食和健康的固有观念，引发了新一轮植物安全与食品营养的革命。史蒂文·冈德里博士指出：植物悖论即“健康”食物中引起疾病和体重增加的隐患。其中特别强调了一些植物本身具有的活性成分对人体健康的潜在威胁，如毒蘑菇中的各种毒素、扁豆（四季豆）中的皂素和植物血凝素，其中后者能破坏或阻碍营养物质的消化利用，并对人体健康和生长产生不良影响。这类物质又称为抗营养因子（anti-nutritional factor，ANF），它们通常是植物代谢产生的一些物质，对营养物质在人体的消化、吸收和利用产生不利影响，并最终使人体产生不良生理反应。事实上，抗营养因子存在于所有的植物性食物中，也就是说，所有的植物都含有抗营养因子，这也是植物在适应环境的过程中形成的自我保护机制。抗营养因子的类型有很多，已知的主要有蛋白酶抑制剂、植酸、凝集素、芥子酸、棉酚、单宁酸、硫苷等。一些抗营养因子在低浓度下对人体健康具有特殊的功能性作用，如大豆异黄酮、大豆皂苷等，但是这类物质在食用过多的情况下也会对人体的营养素吸收产生影响，甚至会造成中毒。一些观点认为，要想获得真正的健康，则要避开食物中的有害物质。然而，真正要避免却是不可能的。以植物凝集素为例，首先对植物而言，凝集素是其长期进化而来的一种防卫机制，凝集素能够识别并结合昆虫肠胃及真菌、细菌等微生物表面的糖缀合物，进而杀死昆虫或阻断病原物侵染；其次，近年来研究表明，凝集素对豆科植物根瘤菌具有识别作用，在根瘤菌与宿主豆科植物之间建立的特有的共生关系中起重要作用。此外，凝集素往往作为储藏蛋白被保存于大豆的种子中，在大豆中，凝集素含量最高，可达到蛋白质总含量的10%左右，而豆科作物却是人类食品中淀粉、蛋白质、油和蔬菜的重要来源之一。显而易见，这类问题极大地威胁着植物质量安全（图7-1）。

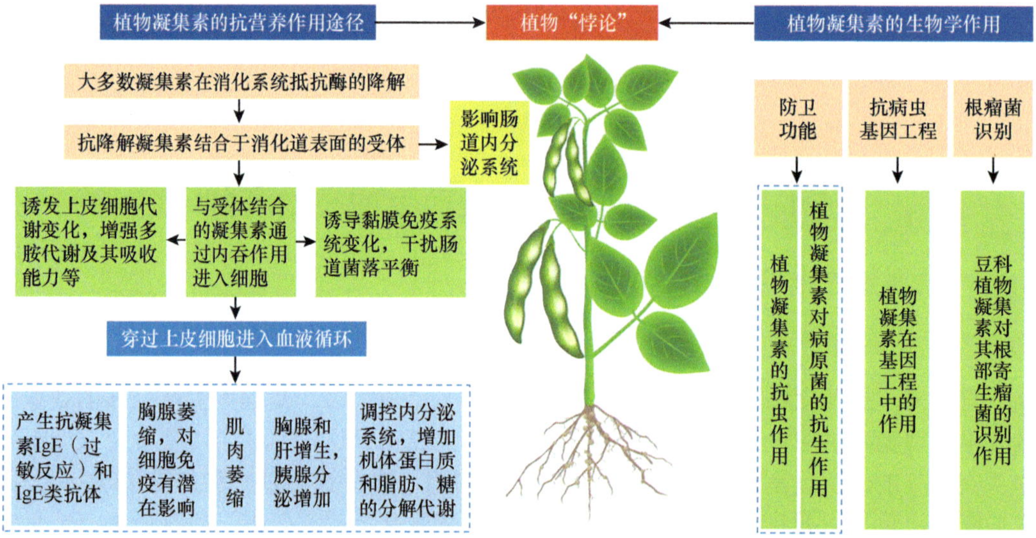

图7-1 抗营养因子所体现的植物悖论

左图展示以凝集素为例引发的植物质量安全问题；右图展示凝集素存在的生物学意义

农产品质量安全涉及农产品在生产、加工中的诸多环节和因素。除了植物自身所含有的有害因子，许多来自外部环境或人为的原因同样是威胁农产品质量安全的重大因素。以美国农业经济学家金西（Kinsey）为代表的许多学者都曾指出影响食品安全的主要因素有如下5个方面：①水、空气、土壤等农业环境资源的污染；②农产品生产过程中使用化肥、农药、激素致使有害化学物质在农产品中残留；③在农产品加工和贮藏过程中违规或超量使用食品添加剂（防腐剂）；④微生物污染所引起的食源性疾病；⑤新原料、新工艺带来的食品安全风险，如转基因等。尽管人们对此认识已久，但是农产品质量安全问题却仍然越演越烈，概括起来，有如下3个特征：一是涉及面越来越广，不仅是水稻、小麦、豆类等大宗农作物，蔬菜、瓜果类也已成为质量安全问题的重灾区；二是危害程度越来越深，已从原来的外部卫生危害如微生物污染等深入到内部危害，如重金属、化肥和激素残留危害等；三是危害后果越来越严重，以黄曲霉毒素（AF，是由黄曲霉和寄生曲霉等某些菌株产生的双呋喃环类毒素）为例，近年的质检结果表明，谷物和油料作物的种子及加工产品均能检出黄曲霉素，其中以花生和玉米最容易污染。调查数据显示美国每年因黄曲霉素污染而给农业产业造成的直接或间接损失就高达2000万到16.8亿美元（Rushing and Selim，2019）。又如，在重金属污染上，据报道我国每年因此减产的粮食达1000多万t，被污染的粮食也多达1200万t，合计损失至少200亿元人民币（路子显，2016）。由农药、重金属残留引发的市场危机也尤为严重，自20世纪90年代以来，我国出口的农产品因为农药、重金属等含量超过国际通行的要求标准而被拒收、退货、终止合同的现象时有发生。例如，2010年初海南省被查出出售有国家禁用剧毒农药（水胺硫磷、甲胺磷等高毒农药）残留的豇豆，同年青岛又发生"毒韭菜"事件，这一系列的事件严重阻碍了农产品的销售，造成了巨大的经济损失和恶劣的国际影响。更为严峻的是，在工业化进程不断加快的大背景下，重金属等有害物质的排放、污染及农药、抗生物的大量使用仍然不可避免，农产品的质量安全问题不容忽视。农产品质量安全问题引发相关的环境成本也很高，仅就农业生产上农药的使用而言，有学者根据我国近10年来每年平均农药用量初步推算出我国使用农药防控农作物病虫害所产生的环境成本为39.4～118.7元/kg（杨普云等，2019）。

7.1.1.2　植物质量安全问题治理的外部途径

近年来，人们就如何保障农产品质量安全开展了大量的研究，取得了重要进展，但也依然存在着各种各样的局限和不足。以治理土壤重金属对农产品质量安全的危害为例，在生产上将农田土壤划分为禁产、限产和宜产类别，对于重度污染的农田土壤，禁止从事粮食作物生产，并制定相应的污染土壤修复计划与实施方案；对于轻中度污染的农田土壤，合理布局粮食作物，避免粮食可食部分重金属超标，实现污染农田的安全利用；对于清洁的农田土壤，维持其正常粮食生产功能，并加强监控。另外，在农艺管理上采用一些措施调控作物对重金属的吸收，主要包括调节土壤理化性状、科学管理水分和施用功能性肥料等。有研究报道，对于轻度重金属污染的农田土壤，淹水处理是一种较好的降低稻米中Cd含量的农艺措施。与常规水分处理相比，淹水条件下稻米的Cd含量下降3.6%～26.3%。对于轻中度污染稻田，结合水分管理与增施钙镁肥等措施可显著降低土壤中有效态Cd的含量和稻米中Cd的积累。在重度污染区，选择种植油菜、花生和甘蔗等Cd积累作物替代水稻，可达到安全利用的目的，也可改种棉花、红麻、苎麻和剑麻等纤维植物，阻断土壤Cd进入食物链（王凯荣等，2000）。然而，土壤污染类型的复杂性与重金属污染的不可控性决定了这些方法在实际运用中都具有一定的局限性。在技术上，重金属钝化阻隔技术是目前的研究热点之一。钝化阻隔技术是指向重金属污染土壤中添加一种或多种钝化材料，通过改变土壤中重金属的形态和降低重金属活性来减少作物对重金属的吸收，以达到污染土壤安全利用的目的。常用的无机钝化剂主要包括含磷材料、钙硅材料、黏土矿物及金属氧化物等，这类钝化剂在重金属污染土壤中的应用最为广泛，主要通过吸附、固定等反应降低重金属的有效性。有机钝化剂主要有秸秆、畜禽粪便、堆肥和城市污泥等，有机物料通过对重金属的络合降低其有效性。微生物钝化剂是一些能改变土壤重金属价态和吸附固定重金属的微生物，目前报道的有硫酸盐还原菌和革兰氏阴性菌等，但这方面的工作大多集中于机理研究，涉及应用的研究还较少。由于不同钝化剂对不同类型重金属的钝化效果存在一定的差异，并且土壤重金属污染常常是复合污染，单靠一种钝化修复产品难以达到预期效果，因此复合钝化剂的研发和应用是农田污染土壤安全利用的重要发展方向。此外，新型钝化剂如生物质炭和纳米材料的研究备受关注，如生物质炭可通过离子交换、表面络合吸附沉淀等作用来降低重金属的生物有效性；纳米羟基磷灰石通过吸附固定作用可显著降低土壤中的重金属含量（陈杰华等，2009；刘维涛和周启星，2010；钱翌和褚兴飞，2011；Cao and Harris，2010；Meng et al.，2014）。然而这些钝化材料生产成本较高，也存在一定的环境风险，如破坏土壤自然属性、产生二次污染等（Alkorta et al.，2004）。

针对农药残留问题，世界各地也开展了众多的研究。治理方法总体上可分为物理方法（洗涤、加工、储藏、日光照射等）、化学方法（臭氧法、过氧化氢法、次氯酸盐法等）和生物方法（Rani et al.，2017）。物理方法如洗涤和去皮日常应用最为普遍，且被认为是降低果蔬农药残留最有效实用的处理方法。然而，农药本身的性质会影响其去除效果，有时反而会加剧农药的残留。一些悬浮乳（油）剂农药，如敌敌畏在水中的溶解性较差，而大部分果蔬表面都会有蜡质层，浸泡时间的延长反而会加剧它们在果蔬表面的吸附。另外，部分农药经内吸传导极易转移到植物组织内部而增加了其去除难度，即使去皮也很难将其消除，且去皮在一定程度上会影响果蔬品质，造成营养价值的损失（Vinha et al.，2014）。化学方法主要是利用强氧化剂或自由基的强氧化性破坏农药分子结构，生成相应可溶性或低残留的无害物质。最新研究发现，次氯酸盐、臭氧和过氧化氢（Han et al.，2017；Mustafa and Mohammed，2017）在去除农药残留上均有一定效果，然而其利用效果会受到浓度、pH 等因素影响，且容易分解有毒物，极易造成二次污染。一直以来，农药污染的微生物修复和基于微生物酶制剂的植物农药降解是一个研究热点。大量研究证明，自然界中存在多种微生物。可把农药作为碳源和能源，将其降解为低毒或无毒物质（Jaiswal et al.，2017）。早在 1971 年就有研究首次称微生物可降解有机磷农药，对褐飞虱的防控效率因杀虫剂二嗪农的生物降解而有所下降（Sethunathan，1971）。近年研究通过富集培养、分离和筛选等技术获得了很多能够降解农药的微生物，包括细菌、真菌、放线菌、藻类等微生物菌株（Jaiswal et al.，2017）。例如，Tian 等（2016）分离出以有机磷敌百虫为唯一碳源和磷源的真菌（新型曲霉 PA2）。Mori 等（2017）发现白腐真菌对新烟碱类杀虫剂噻虫胺具有生物修复作用。随着分子生物学的发展，研究已从不同微生物中分离出多种农药降解基因，如有机磷农药降解基因 *OPD*、甲基对硫磷水解酶基因 *MPD* 等（Li et al.，2007；Haque et al.，2018），并且已在降解农药污染方面表现出很大的潜力（Hussain et al.，2018）。例如，转基因表达细菌有机磷水解酶基因 *OPHC2* 的植株能够显著提高有机磷农药的降解率（Wang et al.，2008）。表达微生物 *atzA* 的转基因烟草植株表现出对农药莠去津的抗性和较强的降解能力（Wang et al.，2010）。然而研究认为，微生物方法对农药的降解范围有一定的局限性，生物制剂直接应用于蔬菜作物以去除农药残留依然存在一些问题，如其稳定性差，特别是对进入植物组织内的农药残留和生物污染作用有限（Yin et al.，2016）。综上所述，如何经济、高效、环保地降低甚至消除农产品生产安全隐患，保证农产品质量安全依然面临着重大挑战。

7.1.1.3 植物质量安全问题治理的内在途径

植物是农产品生产的根本来源，环境会通过影响植物的生长与发育来影响产量、品质、安全性等诸多性状。在遗传学上，生物个体所表现出的性状特征既受到其所处的特定环境条件的作用，又取决于基因型的作用，基因型是控制植物性状的决定性因素，其与环境的相互作用使得植物性状呈现多样性。植物性状的遗传改良就是基于此原理，利用不同种质在目标性状上的差异，通过一定的育种程序和途径，按既定目标选育性状符合需求的新品种。

在过去的几十年中，面对来自全球人口增长的压力、环境多变的不稳定因素及对粮食需求的巨大缺口，植物的遗传改良一直集中在增加植物产量的目标上，并且取得了突飞猛进的进步。例如，在以穗长、穗粒数和千粒重等为例的作物高产品种选育上，从初始筛选优质的种质资源到系统解析这些性状的遗传与分子机制，一系列高产品种得以发掘，大量的QTL被定位，重要的基因被克隆，育种家通过人工选择等技术改良获得了许多高产品种如水稻‘9311’‘特青’等；基于影响产量的胁迫性状，如土壤盐渍化胁迫，自20世纪70年代我国便开始建立水稻耐盐性的鉴定方法，筛选耐盐性的品种资源。利用常规杂交育种方法，研究培育了诸如‘盐丰47’‘盐稻10号’等耐盐性品种，已在生产上推广应用（孙明法等，2017）；2014年，我国广东沿海滩涂地发现了可自然生长结实的高耐盐资源，如‘海稻86’，已应用于我国的水稻耐盐机制研究与耐盐品种改良；基于光对调控植物生长发育的普遍认识，我国育种家石明松在1973年进一步发现了光周期可以调控水稻雄性不育的现象，即在长日照条件下不育，而在短日照条件下可育，由此揭开了我国水稻“两系法”杂交育种的序幕；而利用具有高光合速率的小麦品种‘8602’和兼具品质优良、抗逆能力强的‘小偃54’作为亲本，培育成了‘小偃41’和‘小偃81’这些能超越双亲光合速率的品种（Yang et al.，2006，2007）。为了克服高温、干旱、低温等气候因子对产量的影响，相关理论研究与品种选育也全面开展，均取得了不少突破。例如，通过种质鉴定和对抗旱性的遗传机制解析，培育了包括籼型、粳型、杂交和常规4个系列的节水抗旱稻，以‘旱优73’等耐旱品种的大面积推广为粮食安全提供了重要保障。在耐热性遗传改良方面，*TOGR1*、*OsHATS*等重要基因的克隆为解析水稻耐高温机理提供了新的理论依据（Zhao et al.，2014；Wang et al.，2016）。在小麦中，一些耐热性品种如‘农大5181’得以培育成功，其具有的产量要素协调、灌浆快、耐干热等特点弥补了小麦的生产需求（孙其信等，2016）。在以作物耐冷性为目标的作物改良中，基于对品种的筛选、基因定位及育种技术的辅助，以‘龙粳31’等为代表的耐冷水稻品种在生产上得到大面积推广应用（刘传雪等，2014）。

如前所述，植物质量安全性状已成为当前世界关注的焦点之一。从植物自身的遗传潜力和丰富的变异出发，以植物质量安全为靶标性状的育种改良无疑具有巨大潜力。相比产量育种上的巨大突破，植物质量安全育种虽然处于起步阶段，在有的方面甚至处于空白，但通过利用产量、品质、抗性等性状研究上的深厚积累和技术储备可为植物质量安全育种提供理论及实践上的重要启示与经验。

7.1.2 植物质量安全性状改良的技术关键

7.1.2.1 种质资源基础

种质资源常称为遗传资源，由于遗传物质是DNA，且遗传育种研究主要利用的是生物体中的部分或个别基因，因此种质资源又称为基因资源。在遗传育种学上，凡是用于作物育种的生物体都可归入种质资源的范畴，包括古老的地方品种、新培育的推广品种、引进品种、野生种、近缘植物及人工创制的各种生物类型等。丰富的遗传资源是现代育种，包括开展植物质量安全性状，如低积累和/或分解有毒内外源物质、低残留农药、低积累重金属等改良的物质基础。以与重金属胁迫有关的植物质量安全性状为例，已有大量研究指出不同作物和同一作物的不同品种或基因型在对重金属的吸收、转移和积累上存在很大差异（Florijn and Van Beusichem，1993；Gárate et al.，1993；Mclaughlin et al.，1994；Kurz et al.，1999；Zhang et al.，2000；Wu and Zhang，2002；Arao and Ae，2003；Liu et al.，2010，2003a，2003b，2005；Yu et al.，2006；Zeng et al.，2008；Uraguchi and Fujiwara，2013；Zhao et al.，2018a；Zhang et al.，

2020）。例如，李永华等（2008）对铅锌矿区栽培的水稻、玉米、大豆等作物中重金属的积累研究发现，铅在这些作物中的含量分别为1.23mg/kg、1.02mg/kg和2.51mg/kg。相对而言，玉米对多种重金属如铅、锌、铜和镉都具有较高的富集作用（李永华等，2008）。对239份源于不同地区的不同水稻基因型品种进行同地繁殖，测定其精米的铅、镉、砷等微量元素含量和氨基酸含量，发现不同的水稻基因型稻米中含量差异极为显著。稻米中镉含量与锰、铁元素的含量呈显著负相关，三者的含量与铬、镍、钼、钴的含量极显著相关，与氨基酸的相关性极小，表明通过遴选低铅、低镉、低砷的水稻基因型品种，在改善环境污染带来的危害的同时维持良好的品质性状是可行的（蒋彬和张慧萍，2002）。

同一种元素在植物中的积累除了在不同物种、品种间具有差异外，在植物体内不同部位的积累也存在差异，这与作物的富集系数和转运系数有关。研究发现小麦不同部位对镉的富集能力存在显著差异，各部位镉的富集系数大小顺序为根＞茎＞籽粒（秦越华等，2019；符云聪等，2020）。选育和种植食用部位镉低积累的作物品种是充分保证农产品安全生产，有效降低镉进入食物链，合理利用镉污染土壤的一条经济、有效的途径。类似的，鉴于内源毒素对植物产品质量安全的危害，以黄曲霉毒素为例，培育和选用具有抗黄曲霉菌侵染或抗产毒遗传特性的作物品种，是利用作物自身抗性来控制黄曲霉毒素污染的有效措施（Brown et al.，1999；Moreno and Kang，1999）。早期研究已利用穗部感染粒的百分比或籽粒黄曲霉毒素水平作为性状表型，鉴定得到了许多差异性耐药品系，如威廉斯（Williams）等从1970年开始对玉米抗黄曲霉的种质进行筛选，1988年首次选育并发布了抗黄曲霉自交系‘Mp313E’，之后分别于1991年和1999年发布了‘Mp420’‘Mp715’等抗性种质（Williams et al.，2003；Williams，2006）。McMillian等（1993）通过种质筛选创制了一个抗黄曲霉种质群体‘GT-MAS: gk’，也已在美国作为抗源种质而发放利用。迄今，包括‘Mp313E’‘SC54’‘Mp420’‘Tex6’等早期抗性材料及较新的在不同环境下具有高度可重复抗性的育种品系（如‘Mp717’‘CML176’‘CML269’‘CML322’‘Tx114’）和群体已被陆续鉴定。

丰富的遗传变异同样存在于一些植物对外源毒素胁迫响应的相关性状上。以除草剂为例，研究发现，不同的作物品种或同种作物不同品系之间对除草剂的抗性程度具有很大的差异（陶波等，2010）。在草甘膦处理下，对野生大豆进行抗草甘膦基因筛选，发现不同材料对草甘膦的抗性具有明显差异（高越等，2013）。在植物的农药残留研究中，对扁豆中乙酰甲胺磷残留的研究发现，不同扁豆品种不仅在农药残留量上存在差异性，而且相同荚龄的嫩荚在自然条件下农药残留量随时间下降的速率也有显著的差异（姚陆铭等，2012）。陈振德等（2010）研究发现不同叶类蔬菜（菠菜和不结球白菜）中毒死蜱和氰戊菊酯的残留量均存在基因型差异。在黄瓜中研究发现溴氰菊酯、霜霉威、腈菌唑和毒死蜱的残留丰度存在基因型间的变异（刘芳芳等，2010；杨静等，2013）。采用酶抑制率法对马铃薯中有机磷和氨基甲酸酯类农药残留规律的研究也发现，在相同施药条件下，不同品种农药残留量不同（朱建军，2018）。

近年来，作物野生近缘种质资源受到越来越多的关注。在作物遗传史上，作物驯化常常导致遗传瓶颈，即一个大的多样性群体在某种条件的限制下，只有少部分个体可以通过某一个时空到达新的繁殖地，并由这些个体进一步繁殖成一个多态性的小群体。由于这些少部分的个体只代表了原有群体遗传多样性的一小部分，故称为遗传瓶颈。遗传瓶颈意味着目前的育种项目只能利用物种很少的一部分遗传变异。作物野生近缘种（crop wild relatives，CWR）被认为是潜在的自然遗传变异的来源，对未来育种至关重要（McCouch et al.，2013；Wang et al.，2020）。迄今，围绕野生种对生物和非生物的胁迫抗性研究方兴未艾，越来越多的基因得以挖掘，许多优异资源得以利用。据统计，就作物产量性状而言，每年全世界因野生资源的利用而受益达 115 亿美元（Pimentel et al.，1997）。迄今，利用野生资源改良植物质量安全性状的研究还很少，但已有研究已展示了其潜在的利用价值。例如，类钙调磷酸酶 B 亚基蛋白（CBL）是最近几年中备受关注的 Ca^{2+} 感受器，能够与其互作蛋白激酶 CIPK 互作构成 CBL-CIPK 信号系统，在植物逆境响应、营养物质吸收中起着重要调控作用。Pan 等（2018）采用反向遗传学研究策略，利用分子克隆、转基因等现代分子生物学技术和生理生化等分析手段从青藏高原一年生野生大麦中分离和克隆了 *HsCIPK* 基因，并在水稻‘日本晴’中进行抗逆性功能验证，发现 *HsCIPK* 的过表达增强了水稻对重金属及其他非生物胁迫的耐受性。在对草甘膦胁迫下野生大豆的种质筛选基础上，Gao 等（2014）研究了野生大豆种质抗草甘膦的生理机制及 5-烯醇丙酮莽草酸-3-磷酸合酶（5-enolpyruvylshikimate-3-phosphate synthase，*EPSPS*）相关基因的表达，发现 *EPSPS* 基因在野生大豆对草甘膦抗性中的作用。

7.1.2.2　育种技术基础

遗传变异是作物遗传改良的基础，而植物育种的目的则是创造和利用这些遗传变异。在植物育种的悠久历史中，已使用了 4 种主要技术，即杂交育种、诱变育种、转基因育种和基因组编辑育种（图 7-2）。传统的植物育种（杂交）涉及有针对性的配置杂交，以同源重组的方式对理想的性状进行转移或者聚合，在提高农业生产力方面发挥了重要作用。从 20 世纪 50 年代末开始的第一次绿色革命就是这种策略的驱动结果，其中将“矮化”基因通过杂交转移到主要的农作物，如小麦（*Triticum aestivum*）和水稻（*Oryza sativa*）中，以获得高产品种。然而由于杂交育种只能用来引入亲本基因组中已经存在的性状，因此优良种质的低遗传变异性往往会限制该技术的使用。在诱变育种中，由化学或辐射方法所介导的诱变技术被用于诱导全基因组范围内的随机突变，从而大大扩展了目标作物的遗传变异。作物品种的某些

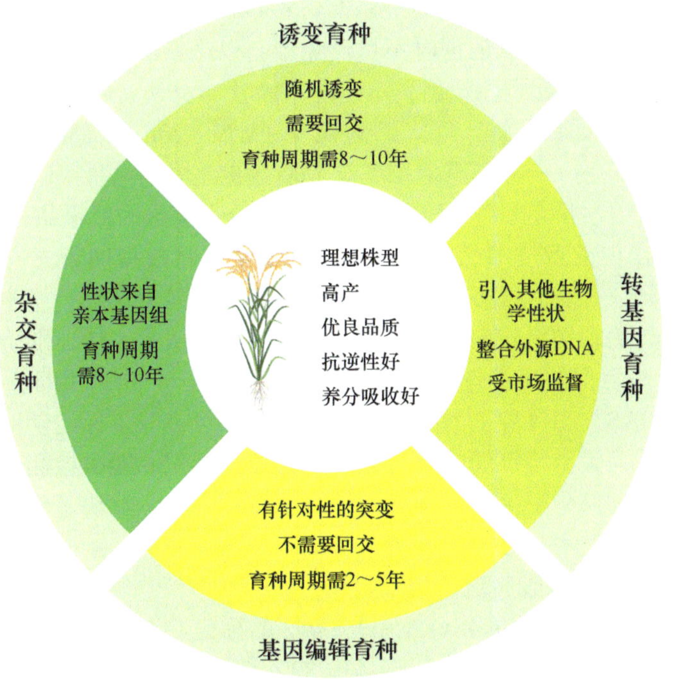

图 7-2　几种主要的育种技术及其特点

优良性状和某些不良性状往往联系在一起，常规育种方法不易将它们分开，而利用诱变因素处理可使染色体结构发生变异，打破基因连锁，为有益基因的重组带来可能。随着人们对性状的理解向分子水平和基因层面的深入，转基因育种已成为植物育种的关键突破。作物转基因育种是指利用现代植物基因工程技术将某些与作物优良性状相关的基因导入受体作物中以培育出特定性状优良的新品种。例如，将来自其他生物与作物产量、抗逆等性状相关的优异基因引入农作物，从而提高了产量，并改善了作物抗逆性。基因编辑技术是近年新兴的比较精确地对生物体基因组特定目标基因进行修饰的一种基因工程技术或过程。该技术可以将精确的和可预测的基因组修饰引入植物中以获得所需的性状，在作物改良中已展现出广阔的应用前景。例如，γ-氨基丁酸（GABA）作为人体中的抑制性神经递质，能调节人体免疫、血糖、血压，具有促进睡眠等功效。已有许多研究通过将 CRISPR/Cas9［规律性重复短回文序列簇（CRISPR 基因座）及其相关蛋白 Cas9］多靶点编辑体系应用于番茄植株 GABA 的代谢调控，并成功对 GABA 代谢通路中的多个基因实现了基因组编辑，提高了番茄果实红熟期 GABA 含量，对促进人体健康有重要意义（Nonaka et al.，2017；Li et al.，2018a）。据报道，利用基因编辑技术生产的含有更多 GABA 的番茄预计最早将于 2022 年率先在日本上市销售。

植物不同基因型间的质量安全相关性状存在显著差异，因此，以丰富的种质资源及其遗传变异为基础的常规育种是质量安全育种的实用策略之一。所谓常规育种是指育种工作中常用的传统育种技术方法，一般指自然变异选择育种法和杂交育种法。在一个或若干个品种或群体中，选择优良的自然变异，从而培育成新品种。目前，常规育种方法在一些植物质量安全性状育种，如低镉谷物品种选育方面取得了部分成功。Hinesly 等（1978）首次报道了玉米自交系叶片和籽粒中 Cd 浓度的遗传变异较大，并发现当在污染修复土壤上生长时，杂交玉米‘B73’×‘R805’的谷物中 Cd 积累最低（Hinesly et al.，1982）。通过对 Cd 浓度的评估（Zhang et al.，2008；Yang et al.，2014b；Fahad et al.，2015；Retamal-Salgado et al.，2017），研究鉴定获得了低 Cd 玉米品种‘Chunyou30’（Zhang et al.，2008）。从种质资源中选出优良的基因型后可以直接使用，也可以通过杂交转移该性状（Yu et al.，2006）。然而采用这些育种方法，在优先选择目标性状的同时不可避免地会以产量和质量损失为代价。例如，一些选定的低镉谷物品种通常表现出产量下降和较差的营养品质（Chen et al.，2007a，2007b），或者出现必需矿质元素如铁、锌、锰、钙的减少（White and Broadley，2005；Murgia et al.，2013）。少量研究也筛选到了一些低镉且必需矿物质含量正常的品种（Luo et al.，2018），但是，当较多不良性状与低镉性状连锁时，可能难以培育出令人满意的低镉品种。

包括基因编辑在内的新技术已成为植物质量安全性状改良的新方向。传统的以植物性状为直接靶向的选择往往受到很多主客观因素的影响，而随着现代分子生物学技术的迅速发展，对植物性状差异的识别已转向分子层面，可以从分子水平上快速准确地分析个体的遗传组成，从而实现对基因型的直接选择，实行分子育种。分子标记辅助选择（molecular mark assisted breeding，MAS）在育种上的潜力已得到广泛认可。分子标记辅助育种是利用分子标记与决定目标性状基因紧密连锁的特点，通过检测分子标记，即可检测到目的基因，从而达到选择目标性状的目的。分子标记辅助育种缩短了育种年限，加快了育种进程，提高了育种效率，克服了很多常规育种方法中的困难（Jiang，2013）。伴随着一些新分子标记技术的开发，MAS 已运用于包括抗毒素胁迫、抗重金属积累等许多植物质量安全方面。一个典型的例子是与硬粒小麦 Cd 积累相关的单个 QTL——*Cdu1* 的标记，包括一个 RAPD 标记（*OPC-20*）、一个可鉴定‘Strongfield’×‘Alkabo’群体中 89% 低 Cd 品系的 SNP 标记、两个籽粒 Cd 含量相关 KASP（竞争性等位基因特异性 PCR，competitive allele specific PCR）标记，它们的平均预测准确率高达 84% ～ 88%。这些标记有助于低镉硬粒小麦的成功选择（Knox et al.，2009；Wiebe et al.，2010；Abuhammad et al.，2016；Salsman et al.，2018）。

随着下一代测序技术的发展，更多的分子标记得以开发，从而使得利用丰富的种质资源从全基因组范围解析植物质量安全性状的遗传基础成为可能（Ueda et al.，2015；Nicod et al.，2016；Zhang et al.，2016），并有望鉴定更多新的 QTL 和开发更多育种可用的、与之紧密连锁的分子标记。特别是近年来得益于基因组学理论和技术的飞速发展，一些复杂性状（数量性状）“分子模块”的解析已成为可能，“分子设计育种”的概念应运而生。分子设计育种是指通过各种技术的整合与集成，在充分了解目标作物各种性状的 QTL 组成，掌握各个基因座的等位变异对表型的效应及基因座之间连锁的基础上，对作物从基因（分子）到整体（系统）不同层次进行设计和操作，在实验室对育种程序中的各种因素进行模拟、筛选和优化，提出最佳的亲本选配和后代选择策略，实现从传统的“经验育种”到定向、高效的“精确育种”的转化。分子设计育种可以大幅度提高育种效率，全面提升育种水平，培育具有优异性状的突破性新品种，从而克服传统育种技术的预见性差、育种周期长、育种方法效率偏低等缺陷。通过分子提取、克隆等手段还可以打破物种界限，实现优良基因重组和聚合，从而对农作物品种进行定向改良选育。2017 年中国科学院遗传与发育生物学研究所李家洋等主持的“水稻高产优质性状形成的分子机理及品种设计”获得国家自然科学奖一等奖，就是这一新技术在育种改良上的代表性成果。在该时代和科技背景下，植物质量安全育种的努力方向也应是在对目标性状进行遗传基础解析、功能基因克隆与调控机制研究的基础上，以高产、优质和安全性的平衡为目标，开展分子标记辅助育种和分子设计育种（Shan et al.，2014；Li et al.，2018b）。Tang 等（2017）和 Liu 等（2019a）证明了以‘Huazhan’和‘Xidao 1’为野生型亲本，通过 CRISPR/cas9 介导的 *OsNramp5* 的诱变培育具有产量竞争力的低镉水稻品种是可行的。综上所述，传统育种仍然是筛选质量安全性状优异的作物品种的有力方法，分子标记辅助育种和分子设计育种则是靶标性状选择的有力技术。分子育种技术与常规育种相结合将在安全、优质植物新品种开发上发挥更大的作用。

7.2　植物质量安全性状的遗传基础

7.2.1　植物内外源毒素抵抗的遗传控制

植物内外源毒素是威胁植物质量安全的一个重要方面。然而，在现实生活或生产中，这些毒素的危害往往无法规避。例如，对植物内源毒素而言，它是植物长期进化而来的一种防卫机制，不仅能够杀死昆虫或阻断病原物侵染，还在豆科植物根瘤菌与宿主之间建立特有的共生关系中起到重要作用。另外，植物内源毒素作为贮藏蛋白被保存于种子中，是人类食品中淀粉、蛋白质的重要来源之一。又如，粮食、蔬菜、水果等农药毒素残留长期累积在人体内，可以诱发基因突变，致使癌变、畸形的比例和可能性提高，对人体内的酶和生殖系统构成严重威胁，但在农业生产中，有机合成农药却成为农业增产和病虫害控制的一把利器。因此，解决各种内外源毒素对农产品的毒害、保障植物产品质量安全与人类健康的问题刻不容缓。

迄今，食用农产品内外源毒素污染控制研究涉及最多的是毒素消减或脱毒技术。以食用豆类中的凝集素为例，目前普遍采用发酵、膨化、蒸煮等加工方法使其生物活性丧失或显著降低，以减少对人体的危害。然而，过度的加工处理必然造成其他营养成分的破坏和损失，并且增加生产成本和能源消耗。

对生物毒素污染超标的农产品，通常采用物理法（剔除霉粒法、去皮法、物理吸附法、淘洗法、辐照法、高温高压法）、化学法（碱解法、氧化法、氨解法、次氯酸钠法）或生物学（微生物吸附、微生物降解等）的方法进行处理。然而，这些方法或效果不佳，或投入成本过高，或带来新的污染，极大地限制了其应用。随着研究的深入，研究人员发现尽管凝集素在不同植物类型、植物不同品种间分布广泛，但在含量和生物活性上差异较大，在不同组织器官、不同发育时期均有不同表现。所以，在保证植物正常生长发育的基础上尽量降低可食部位（如大豆的种子、四季豆的豆荚等）中的凝集素含量已成为解决这一矛盾的最直接、有效的手段。此外，研究还发现，植物本身具有对毒害物质的耐受/抵抗能力及降解能力，这被认为是植物应对毒害因子的一种适应性机制（Abhilash et al.，2009；Rascio and Navari-Izzo，2011）。早在 20 世纪 70 年代人们就出于对玉米收获前被黄曲霉毒素污染的严重后果的认识，建立了数个项目以期解决这个问题。其中之一由美国农业部发起，研究目的是鉴定、开发能够抵抗黄曲霉菌感染、降低黄曲霉毒素积累的品种。迄今，借助分子生物学、遗传学及生物技术的发展，已在植物对毒素响应、代谢或消解等研究中取得了重要进展，定位了大量与抑制/对抗毒素相关的 QTL，鉴定了许多导致毒素抗性差异的基因或蛋白质，揭示了植物对毒素消解、代谢的调控路径和相关基因，这些都为最终探明植物对毒素的对抗和调控机制、培育出更多质量安全型作物新品种奠定了基础。

7.2.1.1 植物内外源毒素抵抗及代谢相关基因

迄今，已有许多针对植物内外源毒素抗性或消解相关的基因得到鉴定。以毒素风险评估及相关研究最深入的微生物毒素黄曲霉毒素为例，依据基因差异表达水平或者在抵抗黄曲霉毒素产生、分布等生物学过程中的重要性分析获得了一系列的候选基因。Luo 等（2011）的研究中比较了一个黄曲霉毒素抗性玉米品系和一个黄曲霉毒素易感品系在接种黄曲霉菌 72h 后籽粒中的基因表达差异，结果表明，无论是抗性材料还是易感材料，黄曲霉菌侵染均启动了玉米籽粒中复杂的防御体系。易感品系中被诱导的基因明显要多于抗性品系，在比较鉴定的 163 个差异表达基因中，75 个防御相关基因均对黄曲霉菌产生应答，其余 88 个基因因基因型不同而存在差异。在上述防御相关基因中，易感品系病程相关蛋白的基因表达上调较多，其他一些基因如几丁质酶、β-1,3-葡聚糖酶、过氧化氢酶 3、类生长素调控蛋白、过氧化物酶、胰蛋白酶抑制剂基因也得到鉴定。值得注意的是，一些上调表达的基因同时参与抗性、感性材料对干旱胁迫的响应，表现出它们在功能上的多效性（Luo et al.，2010）。此外，据研究报道，一些 *WRKY* 基因在抗/感黄曲霉菌侵染或黄曲霉毒素污染的不同玉米品系之间也是差异表达的（Fountain et al.，2013）。总体来说，易感品系受黄曲霉菌侵染或黄曲霉毒素污染所诱导表达的基因在抗性品系中同样存在，但在抗性品系中的表达量更高或表达得更为迅速。因此，表达时间或表达水平的不同是抗病材料和易感材料之间基因表达的主要差异。Kelley 等（2012）在田间接种条件下研究了两个抗病自交系和两个感病自交系在未成熟籽粒中的基因表达谱差异。相比易感品种'Va35'，有 16 个基因在抗病品种'Mp313E'中高表达，包括一个编码在核膜中将大分子从细胞核转运到细胞质的类 *NUP85* 蛋白基因、编码能与重金属离子结合和解毒有关的类金属硫蛋白基因、热激蛋白 *HSP101* 基因、卵磷脂胆固醇酰基转移酶基因、乙烯响应蛋白基因、*HSP26*、编码调节囊泡运输的蛋白受体 *PRA1* 基因等。另外，一些基因也在易感品种中显著高表达，包括编码富含甘氨酸的 RNA 结合蛋白基因、核糖体蛋白基因、光敏素 A 基因等。

近年的研究发现，植物诱导肽与植物非生物和生物胁迫的耐受性有关。过表达玉米诱导肽基因 *ZmPep1* 能够刺激茉莉酸和乙烯的生物合成，诱导内皮几丁质酶 A、*PR-4*、*PRms*

等防御相关基因的表达（Huffaker et al.，2011）。*ZmPep1* 预处理玉米植株还可以增强其对由玉米小斑病菌（*Cochliobolus heterostrophus*）引发的小斑病和由炭疽病菌（*Colletotrichum graminicola*）引起的炭疽茎腐病的抗性。研究发现，拟南芥内源性肽信号可以激活植物的先天免疫反应，在其相关基因过表达时，可以增强其对畸雌腐霉菌和丁香假单胞菌的抗性（Huffaker et al.，2006）。另外，有研究发现黄曲霉菌易感染含油量高的种子或种胚（如花生、玉米、大豆、水稻），且脂肪酸的不饱和度越高，越易感染黄曲霉菌，因此有学者从植物对黄曲霉菌的抗性强弱与脂肪酸代谢途径的关系着手，认为不饱和度越高，脂肪酸越易被氧化，产生过氧脂质，而过氧脂质可能与黄曲霉菌的侵染有关（Christensen and Kolomiets，2011）。迄今，一系列脂氧合酶基因如玉米 *ZmLOX3*、*ZmLOX4*、*ZmLOX5*、*ZmLOX6* 等相继被克隆，它们均与黄曲霉菌抗性有关，但表现各有差异，其中 *ZmLOX3* 失活表现为感病（Gao et al.，2007，2008，2009；Park et al.，2010）。可见，植物能够通过启动一系列的防御机制抵抗内源毒素毒害。

同动物和微生物一样，植物在受到异生物质（xenobiotics）胁迫时也有一套完整而精准的解毒机制。以使用范围最广、危害程度高的一类外源性毒素——农药的解毒及抗性应答为例，近年来在植物受农药的毒害效应和对农药的代谢研究上已取得了一系列进展。研究认为，农药代谢过程主要包括氧化、还原、水解、生物转化及轭合等反应类型（图 7-3）。植物的解毒过程可分为 3 或 4 个阶段：首先，由细胞色素 P450 单加氧酶催化使异生物质氧化。除草剂、杀虫剂和杀菌剂多为极性较小的化合物，在这个过程中常被氧化成极性较大的水溶性代谢物。氧化过程是农药在生物体内最重要的代谢途径，还原和水解次之。此过程称为Ⅰ相解毒。氧化后的代谢产物进入Ⅱ相解毒过程，在谷胱甘肽-*S*-转移酶（GST）、糖基转移酶等的催化下，代谢产物进一步与谷胱甘肽、葡萄糖等发生轭合反应，形成极性和水溶性增强的化合物。这些代谢产物进而进入Ⅲ相解毒过程，在此被进一步转化为次生缀合物，然后被运送至液泡和细胞壁中储存或进行下一步降解（Ⅳ相解毒过程），使异生物质的毒性完全丧失（Sharma et al.，2019）。近年的研究发现，植物对农药的内源降解涉及诸多基因的参与。以百菌清为例，Zhou 等（2015）通过基因芯片分析显示转录因子 *MYB*、*WRKY*、*NAC*，以及细胞色素 P450 基因、谷胱甘肽-*S*-转移酶基因及乙烯响应因子等可能与百菌清的降解有关。Yin 等（2016）和 Hou 等（2018）发现番茄丝裂原活化蛋白激酶基因 *MPK* 和谷氧还蛋白基因 *GRXS16* 与百菌清的降解有关。最近还有研究报道谷氧还蛋白基因 *GRXS25* 与 TGACG 基序结合因子 *TGA2* 的互作促进了番茄对百菌清的降解（Hou et al.，2019）。对另一种农药霜霉威（氨基甲酸酯类杀菌剂）的研究发现黄瓜中至少有 4 类涉及霜霉威降解的基因：转录因子，如 *WRKY* 和 *DREB*；酶或转运蛋白基因，如 ABC 转运蛋白基因、细胞色素 P450 基因和 GST 基因；氨基转移与电子传递相关基因，如氨基转移酶基因（*AMT*）、琥珀酸脱氢酶基因（*SUD*）；与胁迫和刺激相关的基因，如过氧化物酶基因（*POD*）、半胱氨酸合酶基因（*CYS*）等（Wu et al.，2013）。转基因研究表明，上述 4 类中的部分基因如 *CsABC19*（Meng et al.，2016）、*CsDIR16*（Liu et al.，2018）、*CsMAPEG* 和 *CsMCF*（Zhang et al.，2019a，2019b）的过表达能够提高转基因拟南芥或黄瓜对霜霉威的代谢能力。利用 RNA 测序（RNA-seq）技术，Lu 等（2016）研究了水稻在除草剂异丙隆胁迫下的转录本变化，并对涉及异丙隆降解的基因进行了鉴定。基因本体（gene ontology，GO）功能注释和京都基因和基因组数据库（Kyoto Encyclopedia of Genes and Genomes，KEGG）分析发现多数差异表达基因与“对环境压力的抗性”“外源物的降解和代谢”等一些代谢通路和生物过程有关。深入剖析植物对内外源毒素胁迫的抗性基因及作用机制对最终解决有毒物质危害意义重大。

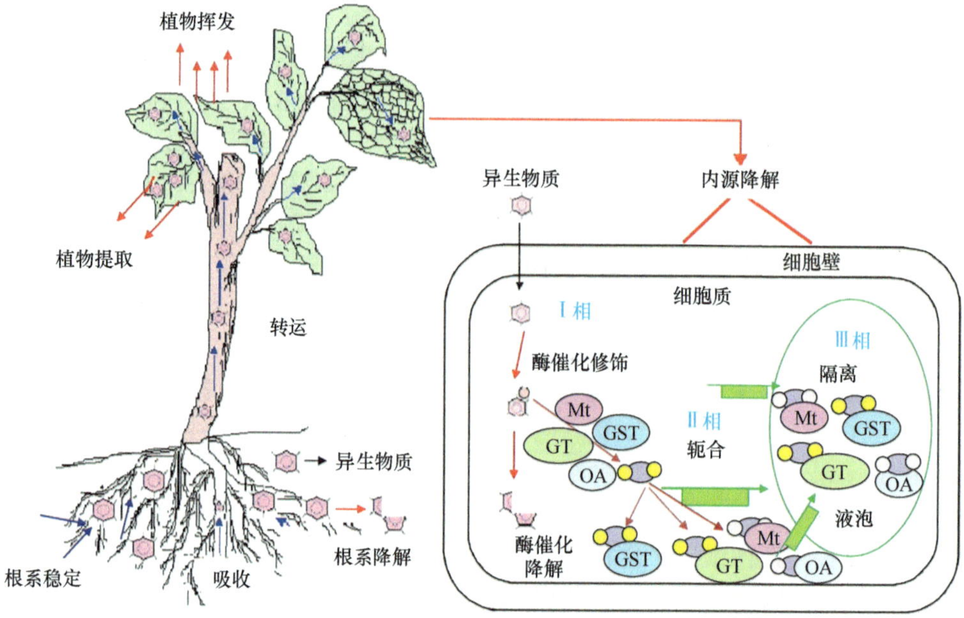

图 7-3 植物对外源有毒物质的内源降解

参考 Abhilash 等（2009），并略做修改。外源物质可以在氧化还原酶或水解酶的作用下暴露其活性功能基团（Ⅰ相），官能化后的中间产物在与糖、氨基酸/有机酸或多肽结合后（Ⅱ相），被转运到液泡或者通过主动运输把代谢结合物排出到细胞间隙中（Ⅲ相），最终经进一步代谢作用使其对植物的毒性完全丧失（绿框代表活性转运蛋白；GST：谷胱甘肽-*S*-转移酶；GT：葡糖基转移酶；Mt：丙二酰基转移酶；OA：有机酸）

7.2.1.2 植物内外源毒素抗性及代谢相关 QTL 定位研究

植物内外源毒素抗性及代谢相关数量性状基因座（QTL）的鉴定和相关分子标记的开发有助于通过分子标记辅助选择（MAS）实现有益等位基因向优良品系中的转移，以促进作物的质量安全性状改良。例如，在植物的内源毒素研究中，近年来利用 $F_{2:3}$、回交（back cross，BC）、重组自交系（recombinant inbred lines，RIL）等群体的 QTL 分析和基于自然群体的关联作图分析已在植物抗黄曲霉毒素积累的 QTL 研究中取得重要进展，并鉴定了大量用于 MAS 的分子标记。Paul 等（2003）利用由黄曲霉毒素含量相对较低的玉米自交系‘Tex6’与历史上重要的自交系‘B73’所衍生的 BC_1S_1 群体和 $F_{2:3}$ 群体进行了遗传研究，发现黄曲霉毒素积累水平受双亲的共同作用，不同年份环境对低黄曲霉毒素相关 QTL 的检测有较大影响。以‘Mp313E’和‘B73’为亲本，Brooks 等（2005）利用简单序列重复（simple sequence repeat，SSR）标记对一个 $F_{2:3}$ 家系进行了基因分型，鉴定了至少在 3 个不同环境下都显著存在的 2 个 QTL（*aft3* 和 *aft5*），分别位于 2 号染色体和 4 号染色体上，可以分别解释表型变异的 7% ～ 18% 和 8% ～ 18%。该研究同时发现玉米对黄曲霉菌的抗性在自然条件下主要表现为加性效应。使用不同分子标记或定位群体可能检测到同一抗性位点的不同等位基因或 QTL（Wang et al.，2020）。Willcox 等（2013）利用‘Mp313E’的 $F_{2:3}$ 群体对不同环境下黄曲霉毒素的抗性 QTL 进行了鉴定，发现一些 QTL 与之前研究报道的相同，一些 QTL 表现出环境差异，也有一些 QTL 在不同环境下是稳定存在的，这些能够稳定遗传的 QTL 在育种工作中也因此更有应用价值。Alwala 等（2008）利用‘Mp313E’和‘SC212m’自交系杂交得到的 F_2 定位群体鉴定了与玉米籽粒和花粉粒对黄曲霉毒素抗性相关的潜在候选标记。该研究分别采用了判别分析（discriminant analysis，DA）和 QTL 定位两种策略，所鉴定的标记均指向相同的基因组区域。研究共鉴定到了 3 个与籽粒抗性有关的 QTL，在与花粉粒抗性关联的5个QTL中，有3个与籽粒抗性QTL不同，因此意味着花粉和籽粒对黄曲霉毒素的抗性似乎受到不同遗传体系/机制的控制。为了鉴定抗黄曲霉毒素积累的QTL和开发用于标记辅助回交（marker-assisted backcrossing，MAB）的连锁标记，Warburton等（2009）构建了由抗黄曲霉毒素积累的玉米自交系‘Mp717’与低抗且农艺性状好的自交系品种‘NC300’衍生的$F_{2:3}$群体，发现QTL分布在除4号、6号和9号外的所有染色体上，单个QTL对籽粒黄曲霉毒素积累表型变异的解释从小于1%到11%，整体QTL效应因环境条件不同而异。Smith等（2019）利用1200个SNP标记和SSR标记研究了4个不同环境下由‘Mp715’×‘Va35’衍生的$F_{2:3}$群体中黄曲霉毒素的积累，发现双亲都有抗性等位基因。除含有两个主效QTL外，‘Mp715’还是几个微效QTL的抗性等位基因来源。基于重组自交系（RIL）群体，Yin等（2014）利用916个SSR标记和SNP标记分别对不同环境下玉米的抗性QTL进行分析，发现了显著的上位性效应和上位性–环境互作效应，并指出所检测到的可解释最大表型变异且稳定遗传的QTL可作为黄曲霉毒素抗性育种的主要QTL来源。因此，与黄曲霉毒素抗性相关的QTL的鉴定和利用是减少甚至消除黄曲霉菌危害的重要途径。

研究黄曲霉毒素抗性的分子调控网络有助于促进对植物防御机制更深入的理解。Warburton等（2015）通过大规模全基因组关联分析（genome wide association study，GWAS）中SNP之间的连锁不平衡，探究了黄曲霉毒素抗性的代谢途径和通路基因，发现最重要的代谢途径是茉莉酸（JA）生物合成。具体地说，在JA生物合成途径的每一步中至少有一个等位基因变异使得GWAS群体中黄曲霉毒素含量下降。通过对形态性状的选择也有助于减少植物中黄曲霉毒素的积累（Betrán and Isakeit，2004）。一些研究报道了黄曲霉毒素的积累与各种形态特征的联系，如外壳紧密度（Betrán and Isakeit，2004）、果皮的理化性质（Guo et al.，2002）、内核的完整性（Odvody et al.，1997）、胚乳质地（Betrán et al.，2002，2006）等。Bello（2007）报道了黄曲霉毒素积累与籽粒质地、开花时间和成熟度等性状之间具有相关性。Dhakal等（2016）利用由抗性材料‘Mp715’与感性材料‘B73’所衍生的$F_{2:3}$群体研究了抗黄曲霉毒素积累性状与形态学性状外壳覆盖度间的关系，发现与黄曲霉毒素含量相关的QTL有6或7个，单个QTL对表型变异的贡献率为1%～10%；与果皮覆盖度相关的QTL较多，单个QTL解释的表型变异为1%～16%；果皮覆盖度与黄曲霉毒素水平在两年内均呈显著相关。作者认为紧密的外壳覆盖可以限制真菌孢子的进入，创造不利于真菌生长的环境，从而有助于减少黄曲霉毒素的产生。因此，不仅与目标性状直接相关的QTL的鉴定和利用是提高黄曲霉毒素抗性的重要途径，而且相关农艺性状QTL的研究和聚合也是实现植物质量安全育种的重要方面。

在植物对外源毒素胁迫响应的研究中，以植物对外源毒素的耐受性研究较多。以除草剂为例，Zhang等（2002）从经射线诱导的水稻突变群体中筛选了一个对苯达松和磺酰脲类除草剂敏感的突变体‘M8077’，利用该突变体和其他正常品种衍生的F_1、F_2和F_3群体进行遗传分析，发现苯达松致死率/敏感性由一个单隐性基因*bel*控制。用两个F_2群体对*bel*位点进行了定位，图位克隆最终揭示了*bel*位点的候选基因，即细胞色素P450基因*CYP81A6*（Zhang et al.，2007）。与该基因紧密连锁的分子标记则有望用于杂交水稻育种中*bel*等位基因的选择。Kato等（2020）利用耐除草剂大豆品种与高敏感品种所构建的重组自交系群体，将一个与除草剂苯达松高敏感性相关的位点定位在了16号染色体上，并通过精细定位和突变体鉴定证实了对苯达松高敏感性的缺陷基因。该研究也展示了基于作物对除草剂耐受性的变异来发掘候选基因的可行性。

农药在植物体内的残留是近年来危害植物质量安全的重大外源毒素因子。相较于植物对外源毒素的耐受性/敏感性研究，毒素在植物体内的消解研究与植物质量安全的相关性更为密切，但围绕这个方向的遗传学研究报道迄今仍然较少。Zhang 等（2014）综述了农药在植物体中的代谢、对植物生理生化的影响及水稻中农药残留水平的变异，并从分子育种的角度讨论了利用 QTL 分析研究水稻农药残留遗传基础的前景。Xin 等（2016）以两个不同霜霉威残留水平的黄瓜为亲本构建 F_2 群体，根据农药残留水平的分布和遗传模式认为黄瓜中霜霉威残留丰度是受多基因控制的数量性状，其基因加性效应比显性效应更为重要。该研究通过构建连锁群体检测到了一个可能涉及黄瓜低农药残留的遗传位点 *QCp1*。然而，该研究仅用 4 个 SSR 标记构建连锁群，分子标记数目少，定位区间较粗，距鉴定和解析候选基因还有一定距离。然而随着基因组学技术的长足进步，可以预计在不久的将来就会有更多关于农药在植物体内消解相关的 QTL 被报道，从而加深人们对植物体降解外源毒素的遗传基础的认识，并促进在生产上将该性状作为一种有利性状加以育种利用。

7.2.2 植物重金属响应的遗传控制

重金属污染在世界范围内广泛存在，且随着近代工业化进程加快、工业废弃物排放及污水灌溉等，重金属的污染状况日益严重。以我国为例，2014 年环境保护部与国土资源部联合发布的《全国土壤污染状况调查公报》数据显示：全国土壤总污染率高达 16.1%，以无机污染为主，其中镉污染物点位超标率达 7%，居无机污染物之首（曾超珍等，2019）。大量的研究已证实，重金属不仅对植物生长有严重的危害，且容易蓄积在农产品中，最终通过食物链进入人体，对人类健康构成严重威胁（Hunter，2015）。可见，如何最大可能地增强植物对重金属的胁迫抗性，减少甚至消除重金属在植物体内的积累对保证农产品质量安全、保证人类健康具有重要意义。目前，人们已在包括土壤–作物体系间重金属转化迁移的调控机制，植物体内重金属运输、分配、代谢及多元素相互作用的调控机制方面进行了诸多研究，鉴定了诸多控制植物重金属积累的 QTL 与基因，为扩展对重金属积累机制的认识和为消除重金属威胁的植物质量安全育种奠定了基础。

7.2.2.1 植物积累重金属的代谢相关基因

理想的作物品种能够抑制重金属的吸收，加速重金属的代谢和外排，从而降低甚至消除重金属对植物质量安全的危害，从源头上保障植物质量安全。为实现该目标，有必要鉴定与重金属积累有关的基因。前面章节已对重金属在植物体内的吸收、转运和积累机制进行了详细阐述，在此，我们以造成土壤污染面积最大、危害最严重的重金属镉（Cd）为例，从调控植物对重金属的积累和代谢角度出发说明实现上述理想作物品种培育的潜力。

研究表明，植物根系对重金属的吸收一般是通过转运蛋白来实现的，而这些转运蛋白是为吸收铁、锌、锰等化学性质与 Cd 相似的必需元素进化而来的（Clemens et al.，2013）。*OsNramp5* 是位于根细胞质膜上的 Mn 转运蛋白，是水稻根中 Cd 吸收的主要转运蛋白。研究发现敲除或下调 *OsNramp5* 的表达将会导致 Cd 的吸收量减少达 90% 以上（Sasaki et al.，2012；Yang et al.，2014a），从而大大降低了 Cd 在地上部分的积累（Ishimaru et al.，2012）。同样，通过敲除大麦外根细胞层和根尖中表达的 *HvNramp5* 同源基因，能够显著降低 Cd 在根和茎中的积累（Wu et al.，2016）。*OsCd1* 是 Cd 吸收中的另一种转运子，属于主要促进因子超家族（Yan et al.，2019）。发生 *Oscd1* 突变的水稻茎和根中 Cd 的含量要显著低于野生型。此外，*OsCd1* 在籼稻和粳稻亚种中存在差异，Cd 在等位基因为 *OsCd1V449* 的籼稻籽粒中的含量比在等位基因为 *OsCd1D449* 的粳稻中的含量约低 50%，这为利用种间变异，结合分子标记辅助选择或现代育种技术进行低 Cd 水稻的质量安全育种提供了宝贵的基因资源（Yan et al.，2019）。P1B-ATPase 也称为重金属 ATP 酶（heavy metal transporting ATPase，HMA），是 Cd 在进入根细胞后向木质部卸载并长途运输到茎等部位的重要元件。在拟南芥中，AtHMA2 和 AtHMA4 介导了 Cd 从根向木质部的运输（Hussain et al.，2004），这两个蛋白的功能缺失会导致 Cd 从根部向茎部的转运减少 98%（Wong and Cobbett，2009）。在植物体中，间隔化是植物限制重金属生理毒性的另一种策略。*HMA3* 是一种液泡质转运体，它在将 Cd 隔离到液泡和限制其从根到芽中的转移中发挥了关键作用。研究证实，过表达 *OsHMA3* 能够显著降低 Cd 在水稻籽粒中的积累（Sasaki et al.，2014）。在许多植物品种中，*HMA3* 的自然变异导致 Cd 在植物茎部的浓度差异。在拟南芥中所发现的 10 个主要的 *AtHMA3* 单倍型中，其中 5 种单倍型导致 Cd 在叶片中的积累较低（Chao et al.，2012）。在水稻中，*OsHMA3* 启动子的变异驱动了籼稻和粳稻中谷物 Cd 积累水平的差异（Liu et al.，2020）。植物螯合素（PC）在重金属转运和体内平衡中也起到重要作用（Ovečka and Takáč，2014；Das et al.，2017）。Uraguchi 等（2017）鉴定了两个 *OsPCS1* 水稻突变体（分别为 T-DNA 和 Tos17 插入），Cd 在 *OsPCS1* 突变体籽粒中含量均低于野生型。最近的研究发现，一种防御素类似蛋白 CAL1 也会参与水稻叶片中 Cd 的积累（Luo et al.，2018）。CAL1 是一个分子量不大的植物蛋白，它在细胞内合成后能与 Cd 进行特异性螯合，并随后将 Cd 排出至细胞外，从而有效降低细胞内 Cd 的积累。另外，螯合物可以通过木质部装载并经长距离运输，使得大多数 Cd 沉积在叶片而不是籽粒中。这为开发双功能型水稻品种提供了一种新颖而理想的策略，以此为靶向的遗传改良不仅可以避免重金属在可食用部位的积累，保障农产品质量安全，也可以利用植物在非食用部位超积累的特点来修复重金属污染土壤（图 7-4）。

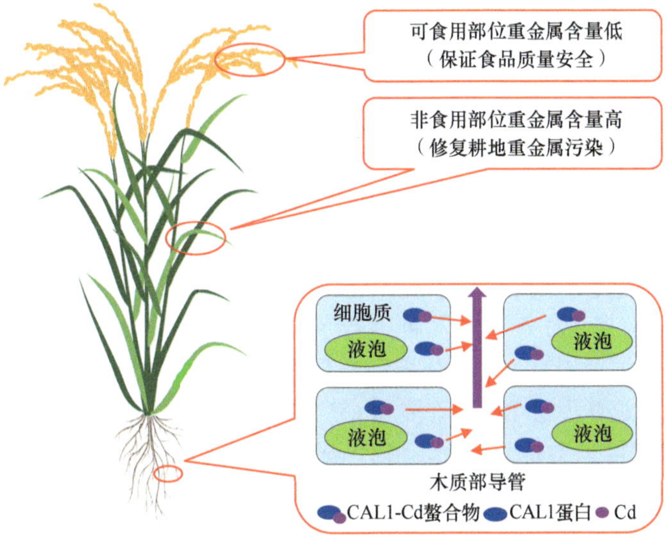

图 7-4 防御素类似蛋白驱动的水稻镉外排和分配机制示意图

CAL1 蛋白负责特异性螯合根部细胞中的 Cd，随后以 CAL1-Cd 螯合物的形式“带出”细胞，通过木质部导管向叶片运输，而不增加籽粒中 Cd 的含量

7.2.2.2 植物积累重金属和代谢相关 QTL 定位研究

植物对重金属的吸收、转运和积累是一个复杂的过程，受许多基因控制，并受到环境因素影响。目前在包括小麦、玉米、大麦、水稻在内的多种作物中已经报道了一系列与植物体内重金属浓度相关的 QTL。例如，在水稻中，Ishikawa 等（2005）鉴定到了 3 个分别位于 3

号、6号、8号染色体上与糙米中Cd积累相关的QTL。Kashiwagi等（2009）发现位于4号染色体上两个QTL的相互作用可能导致糙米中Cd浓度的增加。Xue等（2009）鉴定了6个与Cd耐受性相关的QTL以及3个与Cd在水稻幼苗根和茎中积累相关的QTL。Ueno等（2009a）在水稻苗期鉴定了一个位于11号染色体上控制Cd从根部向茎秆转移的QTL，该QTL可解释16.1%的表型变异。利用F_2群体，Ueno等（2009b）再次鉴定到一个新的、影响水稻根和茎中Cd分布的主效QTL，其位于7号染色体上，解释了85.6%的表型变异。高分辨率遗传定位和互补分析结果认定*OsHMA3*可能是该QTL的候选基因（Ueno et al.，2010）。Ishikawa等（2010）对种植在重金属污染土壤水稻籽粒中Cd的积累进行了研究，发现了一个位于7号染色体短臂上、可解释35.5%表型变异的主效QTL *qGCd7*。Abe等（2011）在水稻第7号染色体上检测到一个主效QTL *qCdp7*（可解释31%～54%的表型变异），该QTL显著增加了水稻籽粒和秸秆中Cd的积累。Zhang等（2011）鉴定了3个与Cd在糙米中积累相关的QTL。Sato等（2011）报道了糙米中与Cd积累增加相关的两个QTL，其中*qLCdG11*可解释9.4%～12.9%的表型变异，*qLCdG3*可解释8.3%～13.9%的表型变异。通过构建重组自交系（RIL）群体（F_7），Yan等（2013）对控制Cd积累和分布的QTL进行了鉴定，一共检测到5个主效QTL，其中*scc10*与Cd在茎部中的积累有关，*gcc3*、*gcc9*和*gcc11*与Cd在籽粒中的积累密切相关，*sgr5*则控制Cd从根部向茎部的转运。利用46个染色体片段替换系（chromosome segment substitution line，CSSL），Abe等（2013）检测到一个位于3号染色体长臂上的主效QTL *qlGCd3*，该QTL的存在导致了水稻籽粒中Cd浓度的降低。利用包含204个单株的重组自交系群体，Hu等（2018）鉴定了22个与糙米Cd、Cu、Fe、Mn、Zn积累相关的QTL，其中*qCd5*是一个调控Cd低积累的新QTL。利用双单倍体（doubled haploid，DH）群体，Luo等（2018）鉴定到了一个位于2号染色体上与Cd在籽粒和叶片中含量相关的QTL，并利用图位克隆获得了其候选基因*CAL1*。Liu等（2019b）鉴定了水稻籽粒Cd积累的两个QTL（*qCd-2*和*qCd-7*）。采用GWAS方法，Zhao等（2018a）从由312个不同种质组成的自然群体中鉴定了14个与Cd在籽粒中低积累相关的QTL，它们均匀分布于粳稻和籼稻亚群中。研究进一步分析并发现了包括*OsHMA3*、*OsNRAMP1*、*OsNRAMP5*和*OsLCD*等在内的诸多候选基因，其中一个新的QTL *qCd3-2*可能编码了水稻*NRAMP*家族基因（*OsNRAMP2*）。利用276份种质材料和416 000个SNP标记数据，Liu等（2019c）对多重污染地区水稻的籽粒Cd浓度进行了GWAS，共发现17个与籽粒Cd积累有关的QTL。类似的，Yan等（2019）对127个水稻品种进行了GWAS，鉴定到一个位于3号染色体上可解释20.7%表型变异的主效QTL，GO分析和酵母双杂交分析发现了其候选基因可能为主要促进因子超家族基因*OsCd1*。同样地，许多与Cd在营养器官中积累相关的QTL在小麦、玉米、大麦等作物中也相继得到鉴定。例如，在小麦中，利用由Cd吸收/积累差异品系所衍生的RIL群体，Ci等（2012）鉴定到两个与Cd在发芽期和苗期积累相关的QTL。AbuHammad等（2016）鉴定了一个可解释54.3%表型变异、与Cd低吸收相关的QTL。利用随机扩增多态性DNA标记（OPC20），Penner等（1995）首次在连锁群中发现，与多基因控制相比，硬粒小麦的Cd积累受单一显性基因*Cdu1*控制。随后的研究发现该基因的表达具有高度的遗传性（0.84～0.88），且对农艺性状或其他微量元素的吸收无显著影响（Clarke et al.，1997，2002）。*Cdu1*位于染色体5B的长臂上（Knox et al.，2009），在不同定位群体和标记的遗传定位中已得到反复鉴定（Wiebe et al.，2010；AbuHammad et al.，2016；Salsman et al.，2018）。Oladzad-Abbasabadi等（2018）在硬粒小麦5BL染色体上也发现了一个与Cd低吸收相关的新的QTL，其候选基因与铝诱导的蛋白质编码基因同源。在玉米中，Soric等（2009）检测到一个位于2号染色体上可解释49.8%表型变异的Cd吸收相关QTL。采用GWAS，Zhao等（2018b）一共发现了63个与Cd在叶片中积累相关的QTL，并成功地在2号染色体上鉴定出一个可解释超过38%表型变异、包含40个显著相关SNP的主效QTL。在大麦中，Wu等（2015）利用GWAS检测到9个与Cd在根部积累相关的QTL，21个与Cd在茎部积累相关的QTL，15个与Cd在籽粒中积累相关的QTL。利用由两个对Cd敏感性不同的品种构建的DH群体，Wang等（2019）鉴定了一个位于7H染色体上的QTL *qShCd7*，通过基因分析及功能验证发现*qShCd7*候选基因为*HvPAA1*，该基因在大麦对Cd的耐受性中具有重要作用。以上研究不仅为深入解析重金属在作物中的运输、分配、代谢及多元素相互作用的调控基因和作用机制指明了方向，也为通过结合分子标记辅助选择等育种手段培育可食用部位重金属低积累的作物新品种奠定了基础。

7.3 植物质量安全性状遗传改良的典型案例

人们对植物质量安全的认识经历了由浅入深的过程，这与对植物质量安全相关因子的了解程度和基础研究的不断积累有关。因此，针对植物质量安全的遗传改良在不同性状上的开展程度和所取得的成果亦有差异。例如，在20世纪60年代人们就认识到了黄曲霉毒素对农作物的污染及其通过食物链对家畜、动物和人类健康构成的潜在危害，国际上很多单位随即开展了玉米、花生等主要受危害作物抗黄曲霉毒素的遗传研究与品种选育，并已取得了显著成效。例如，早在1970年威廉斯（Williams）等就开始对玉米抗黄曲霉毒素的种质进行筛选，并于1988年首次选育并发布了抗黄曲霉菌自交系‘Mp313E’，之后分别于1991年和1999年先后发布了‘Mp420’‘Mp715’等抗性种质（Williams et al.，2003；Williams，2006）。迄今，包括‘Mp313E’‘SC54’‘Mp420’‘Tex6’‘GT-MAS: gk’等早期抗性种质及在不同环境下具有高度可重复抗性的较新的育种品系（如‘Mp717’‘CML176’‘CML269’‘CML322’‘Tx114’）和群体已被陆续发布。在我国，有关黄曲霉毒素的抗性遗传与育种工作也开展较早。邓德祥等（1999）对89个玉米自交系进行筛选，获得1个高抗品系，并于2002年对145个玉米自交系进行扩大筛选，又得到了8个高抗品系（邓德祥等，2002）。李洪等（2008）利用从国外引进的玉米种质‘GT-MAS: gk’进行配合力效应测定和杂种优势群划分，为我国的玉米抗黄曲霉毒素育种工作提供了有益参考。迄今，抗黄曲霉毒素育种研究在其他作物上同样成果丰硕。例如，在花生中，自1967年拉奥（Rao）等首次报道了花生品种‘US26’（PI246388）对黄曲霉毒素的产生具有抗性之后（Rao and Tulpule，1967），在过去的数十年里国内外研究机构已经陆续鉴定出大量的抗性资源，如‘J11’‘PI337394F’‘PI337409’‘UF71513’‘Ah7223’‘Faizpur1-5’‘Var.27’等种质已经在多个地区被检测并确认具有离体种子的侵染抗性和收获前的毒素污染抗性（Rao et al.，1987）。如今在我国，一批由广东省农业科学院选育的抗黄曲霉菌侵染的花生新品种‘粤油9号’和‘粤油20’、由福建省农业科学院以‘粤油169’与‘ICGV94449A’杂交选育的‘抗黄1号’等抗性品种已在多地进行广泛种植，实现了对黄曲霉菌侵染的有效抵抗。中国农业科学院油料作物研究所对国内外3500份代表性种质进行鉴定和发掘，创制了‘台山珍珠’‘TR594’等18份优良抗产毒种质，进一步根据黄曲霉菌抗性遗传理论，他们选择以‘鄂花3号’‘92系-66’为母本、‘台山珍珠’‘TR594’为父本分别配置杂交组合，充分利用聚合杂交和标记辅助选择等育种手段，选育出抗黄曲霉菌产毒的优质高产花生新品种‘中花6号’和‘天府18号’，为优质抗性育种提供了理论、技术和材料基础。以该成果为主体的“花生抗黄曲霉优质高产品种的培育与应用”获得了

2017 年国家科学技术进步奖二等奖，也是植物质量安全性状育种上的代表性成果。

除了在抗微生物毒素性状上的育种突破，越来越多的植物质量安全性状，如抗重金属积累、抗农药残留等也得到了越来越多的关注，政府对其研究和开发的投入力度正在逐年增大。例如，在我国针对农作物重金属超标问题，通过筛选重金属耐受型且食用器官低积累的农作物品种以缓解重金属毒害、减少作物重金属吸收积累的工作已广泛开展，目的就是保证国家农产品质量安全。2014 年中央财政安排专项资金在湖南省启动重金属污染耕地修复试点工作，其中 Cd 低积累水稻品种筛选项目是其中重要课题之一。湖南省农业委员会连续数年发布了一批“应急性 Cd 低积累水稻品种”，如‘深两优 5814’‘丰源优 272’‘金优 284’‘株两优 211’等优良品种。另外，针对“镉大米”这一迫切需要解决的问题，许多单位和科研人员从各个方向进行了攻关。湖南省农业科学院在国际上率先建立了培育低 Cd 籼型杂交稻亲本及组合的分子技术体系，他们采用最新的基因编辑技术，利用 CRISPR/Cas9 系统对金属转运基因 *OsNramp5* 进行了敲除，结果表明 *osnramp5* 突变体的芽和根中 Cd 浓度显著降低。田间试验表明，*osnramp5* 突变体籽粒中 Cd 浓度在 0.05mg/kg 以下，远远低于野生型（0.33 ～ 2.90mg/kg），且产量不受影响（Tang et al.，2017）。基于此结果研究还建立了快速、精准培育不含任何外源基因的低镉籼型杂交稻亲本品系及组合的技术体系，利用该技术已研创出适于重度镉污染稻田种植的“低镉水稻”杂交组合‘两优低镉 1 号’及其亲本‘低镉 1 号’和‘低镉 1S’，这些品种不含转基因成分、市场接受度高，为从根本上解决“镉大米”问题指明了方向。以上诸多成功案例为植物质量安全性状的遗传改良展示了广阔的前景。

植物质量安全涵盖诸多性状，而每一个性状都涉及复杂的生物学过程。随着细胞学、生物化学和分子生物学等技术的发展，我们相信无论是在植物耐重金属胁迫、内外源毒素积累和降解等当前热点方面，还是其他尚未重点关注的植物质量安全性状因子上，对其认识必然会愈来愈全面，对其遗传和分子生物学机制上的研究势必会不断深入，更多的优异种质资源将被鉴定，重要的遗传位点将被定位，更多的相关基因将被发现。这些信息将为培育安全优质的植物新品种提供更全面的理论指导和知识储备，也将为应对植物质量安全性状改良方面的主要挑战提供工具。

首先，在信号接收方面，植物通常被迫受到各种外界因子的威胁，如何识别这些胁迫信号并做出相应的应对极为重要（Lin et al.，2020）。迄今为止，研究人员对植物如何“感受”和“接收”来自诸如除草剂、重金属等胁迫信号知之甚少。其次，在对胁迫因子的应对方面，植物能否对某一种特定的胁迫因子做出精确和特异的应对而不干扰其他生理过程依然有待挖掘。例如，在水稻中，研究发现，一种重要的锰、铁、锌质膜局部转运体 *OsNRAMP5* 在很大程度上调控了重金属 Cd 向水稻体内的摄入，敲除 *OsNRAMP5* 后能够使籽粒中的 Cd 含量减少量达到 90%，然而，由此也造成一些生长必需元素如 Mn、Fe、Zn 的含量显著降低（Ishikawa et al.，2012；Sasaki et al.，2012）。如何在不减少必需矿物质营养素吸收的情况下限制作物中重金属的积累是需要解决的重要课题。另外，目前涉及植物质量安全的研究工作更多地局限在单一性状或应对单一的胁迫条件，而植物生长面对的自然环境千变万化，且威胁其质量安全的因子性质各异，因此可能需要同时面对不同胁迫因子的作用。关于植物特别是作物如何感受和应答不同胁迫、不同胁迫间是否存在共同节点进而整合不同信号、面对不同胁迫是否有共同的应对机制，目前还不清楚。以重金属胁迫为例，我们面临的问题就包括植物中是否有针对不同重金属的特殊传感器。如果有，它们是什么。因此，进一步深入解析不同植物响应不同胁迫信号转导和分子调控网络，开展耐多种胁迫因子作用下植物的响应过程等基础和应用研究，并借鉴模式生物中的研究成果，在主要农作物中解析重要胁迫信号转导途径和共有响应元件尤为迫切。另外，困扰我们的是，一些植物自身就含有各种各样的威胁食用安全性的物质，一些物质如植物凝集素，它们既可能作为一种氮源，也可以在植物受到危害时作为一种防御蛋白发挥功能，是植物防御系统的重要组成部分，在植物保护上起着重要作用。然而，食用未加工完全、含有植物凝集素的农产品将会导致食物不耐受，造成食物过敏。那么，如何平衡这种内源毒素在植物防御和食用安全上的作用是一个重要问题。关于植物中是否具有协调这类物质在植物体不同部位分布的调控元件，从而可以在不影响其正常防卫的同时保证其在可食用部位的安全目前尚不清楚。

世界上具有适应不同生境与胁迫因子的丰富种质资源，主要农作物和蔬菜作物不同品种间耐受、应对不同危害的能力存在差异。因此，构建广泛自然变异的关联分析群体、特定遗传连锁群体，克隆能够抵御毒害因子侵染或有毒物质残留的关键基因，挖掘主要农作物中相应优良等位变异，为未来作物分子设计育种提供基因资源具有重要意义。另外，由于一些调控基因作用的同时往往影响作物的其他有益性状，因此，克隆相应的响应元件、设计特异性调控开关、创制“安全+优质”的作物新品种，将是作物品种精准设计和创造的未来。

主要农作物对重金属、除草剂、农药等毒害因子的响应涉及极其复杂的生物学过程，受多基因复杂数量性状位点调控。针对作物对这些毒害因子应答的基础生物学研究，尤其是就控制作物抵御毒害胁迫的关键遗传位点的调控网络模块解析，将为主要农作物质量安全性状的遗传改良提供重要的机遇。同时，针对农作物遗传改良的育种方法和技术也在不断涌现。过去几年，在利用少数几个重要基因开发分子标记来辅助育种获得成功的基础上，基于整合的多组学信息（基因组学、表型组学、代谢组学、蛋白质组学、表观组学、互作组学等），利用大数据支撑并结合人工智能算法优化的农作物全基因组选择模型的建立，以及单倍体育种技术、精准高效的基因编辑技术等快速育种技术的应用，人们可以对多个性状同时进行选择，可以对多个效应值低的遗传位点进行叠加，大幅度提高选择准确性和作物育种效率（图 7-5）。

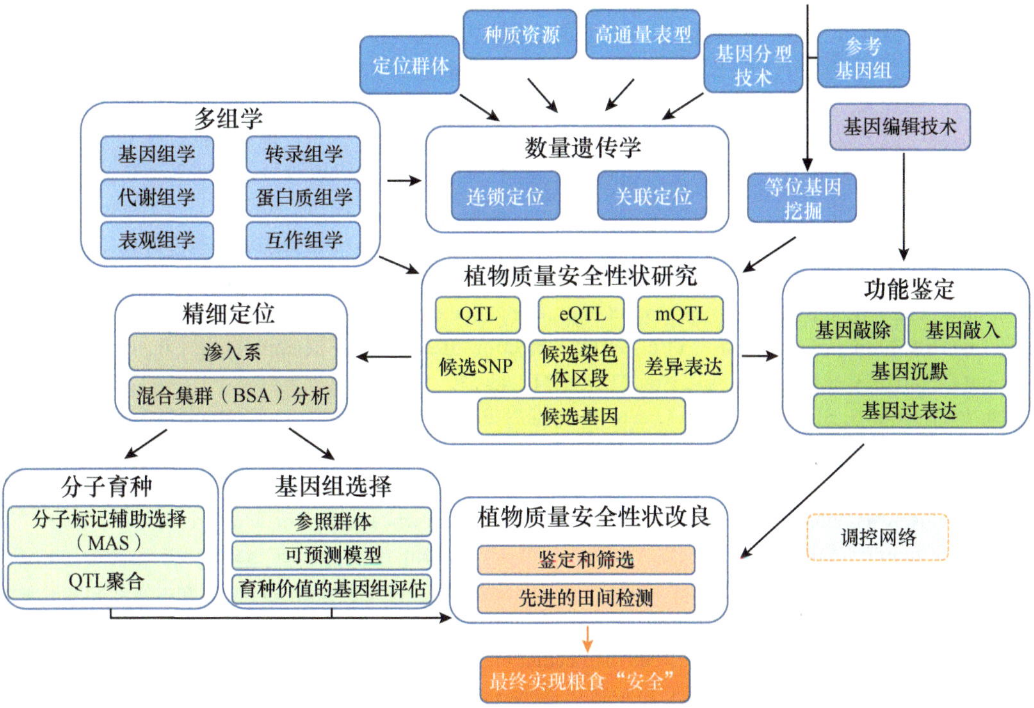

图 7-5　植物质量安全育种改良的遗传学与技术基础示意图

eQTL：表达数量性状基因座；mQTL：代谢数量性状基因座

可以预计，随着科学技术的进步，科学家在平衡植物生长和质量安全性状方面的能力将持续提升，从而创制一批符合绿色生产需求的突破性新种质、新品种，为保障人类健康和农业可持续发展提供重要保障与支撑。

参考文献

陈杰华, 王玉军, 王汉卫, 等. 2009. 基于 TCLP 法研究纳米羟基磷灰石对污染土壤重金属的固定. 农业环境科学学报, 28(4): 645-648.

陈振德, 张清智, 王文娇, 等. 2010. 叶类蔬菜低农药残留基因型筛选研究. 农业环境科学学报, 29(2): 239-245.

邓德祥, 盖钧镒, 卞云龙, 等. 2002. 玉米种质对黄曲霉菌抗性的鉴定. 植物遗传资源科学, 3(1): 23-27.

邓德祥, 蒋思霞, 卞云龙. 1999. 玉米对黄曲霉菌抗性种质资源的筛选. 作物品种资源, 2(1): 30-31.

符云聪, 朱晓龙, 袁毳, 等. 2020. 小麦对镉的吸收、富集及其镉污染预测研究进展. 中国农学通报, 36(6): 37-41.

高越, 刘辉, 陶波. 2013. 抗草甘膦野生大豆筛选及其抗性生理机制研究. 大豆科学, 32(1): 76-79.

蒋彬, 张慧萍. 2002. 水稻精米中铅镉砷含量基因型差异的研究. 云南师范大学学报, 22(3): 37-40.

李洪, 李爱军, 董红芬, 等. 2008. 抗菌素黄曲霉玉米群体 GT-MAS: gk 的配合力效应与杂种优势群划分. 中国农业科学，41(1): 15-22.

李永华, 杨林生, 姬艳芳, 等. 2008. 铅锌矿区土壤–植物系统中植物吸收铅的研究. 环境科学, 29(1): 196-201.

刘传雪, 潘国君, 张献国. 2014. 寒地早熟理想株型超级稻龙粳 31 的创新实践. 北方水稻, 44(3): 1-3.

刘芳芳, 秦智伟, 周秀艳. 2010. 低农药残留量的黄瓜种质资源筛选. 东北农业大学学报, 41(7): 32-36.

刘维涛, 周启星. 2010. 重金属污染预防品种的筛选与培育. 生态环境学报, 19(6): 1452-1458.

路子显. 2016. 中国粮食重金属污染现状及防控对策. 粮食科技与经济, 41(6): 6-11.

钱翌, 褚兴飞. 2011. 纳米羟基磷灰石修复镉铅污染土壤的效果评价. 环境科学与技术, 34(11): 176-179.

秦越华, 强承魁, 张明, 等. 2019. 两个品种小麦对重金属积累、转运及健康风险的差异分析. 分子植物育种, 17(8): 2742-2748.

孙明法, 严国红, 王爱民, 等. 2017. 水稻耐盐育种研究进展. 大麦与谷类科学, 34(4): 1-9.

孙其信, 尤明山, 宋印明, 等. 2016. 国审高产耐热小麦新品种：农大 5181. 麦类作物学报, 36(5): 680-681.

陶波, 张洪岩, 张庆贺, 等. 2010. 非转基因抗除草剂作物研究现状与展望. 植物保护学报, 37(3): 277-282.

王凯荣, 周建林, 龚惠群. 2000. 土壤镉污染对苎麻的生长毒害效应. 应用生态学报, 11(5): 773-776.

杨静, 秦智伟, 周秀艳, 等. 2013. 黄瓜种质资源果实毒死蜱残留性评价. 中国蔬菜, 10(13): 50-55.

杨普云, 李萍, 任彬元, 等. 2019. 我国农作物病虫害化学防控技术的环境成本分析. 中国植保导刊, 39(6): 27-30.

姚陆铭, 刘燕红, 武天龙. 2012. 乙酰甲胺磷在扁豆中残留的研究. 农药科学与管理, 33(11): 29-32.

朱建军. 2018. 甘肃陇东南地区马铃薯中有机磷和氨基甲酸酯类农药残留规律与现状研究. 杨凌: 西北农林科技大学硕士学位论文.

曾超珍, 严明理, 刘志祥. 2019. 重金属超积累植物及其进化：事实与争议. 植物生理学报, 55(8): 1063-1074.

Abe T, Nonoue Y, Ono N, et al. 2013. Detection of QTLs to reduce cadmium content in rice grains using LAC23/Koshihikari chromosome segment substitution lines. Breed Sci, 63(3): 284-291.

Abe T, Taguchi-Shiobara F, Kojima Y, et al. 2011. Detection of a QTL for accumulating Cd in rice that enables efficient Cd phytoextraction from soil. Breed Sci, 61(1): 43-51.

Abhilash P C, Jamil S, Singh N. 2009. Transgenic plants for enhanced biodegradation and phytoremediation of organic xenobiotics. Biotechnol Adv, 27(4): 474-488.

AbuHammad W A, Mamidi S, Kumar A, et al. 2016. Identification and validation of a major cadmium accumulation locus and closely associated SNP markers in North Dakota durum wheat cultivars. Mol Breed, 36(8): 1-15.

Alkorta I, Hernandez-Allica J, Becerril J M, et al. 2004. Recent findings on the phytoremediation of soils contaminated with environmentally toxic heavy metals and metalloids such as zinc, cadmium, lead and arsenic. Rev Environ Sci Biotechnol, 3(1): 71-90.

Alwala S, Kimbeng C, Williams W, et al. 2008. Molecular markers associated with resistance to *Aspergillus flavus* in maize grain: QTL discriminant analyses. Journal of New Seeds, 9(1): 1-18.

Arao T, Ae N. 2003. Genotypic variations in cadmium levels of rice grain. Soil Sci Plant Nutr, 49(4): 473-479.

Bello H T. 2007. Phenotypic and genotypic evaluation of generations and recombinant inbred lines for response to aflatoxin. Ph.D. dissertation. College Station, TX: Texas A&M University.

Betrán F J, Bhatnagar S, Isakeit T, et al. 2006. Aflatoxin accumulation and associated traits in QPM maize inbreds and their testcrosses. Euphytica, 152(2): 247-257.

Betrán F J, Isakeit T. 2004. Aflatoxin accumulation in maize hybrids of different maturities. Agron J, 96(2): 565-570.

Betrán F J, Isakeit T, Odvody G. 2002. Aflatoxin accumulation of white and yellow maize inbreds in diallel crosses. Crop Sci, 42(6): 1894-1901.

Brooks T D, Williams W P, Windham G L, et al. 2005. Quantitative trait loci contributing resistance to aflatoxin accumulation in the maize inbred Mp313E. Crop Sci, 45(1): 171-174.

Brown R L, Chen Z, Cleveland T E, et al. 1999. Advances in the development of host resistance in corn to aflatoxin contamination by *Aspergillus flavus*. Phyto Pathology, 89(2): 113-117.

Cao X D, Harris W. 2010. Properties of dairy-manure-derived biochar pertinent to its potential use in remediation. Bioresource Technology, 101(14): 5222-5228.

Chao D Y, Silva A, Baxter I, et al. 2012. Genome-wide association studies identify heavy metal *ATPase3* as the primary determinant of natural variation in leaf cadmium in *Arabidopsis thaliana*. PLOS Genet, 8(9): e1002923.

Chen F, Dong J, Wang F, et al. 2007b. Identification of barley genotypes with low grain Cd accumulation and its interaction with four microelements. Chemosphere, 67(10): 2082-2088.

Chen F, Wu F B, Dong J, et al. 2007a. Cadmium translocation and accumulation in developing barley grains. Planta, 227(1): 223-232.

Christensen S A, Kolomiets M V. 2011. The lipid language of plant-fungal interaction. Fungal Genetics and Biology, 48(1): 4-14.

Ci D W, Jiang D, Li S S, et al. 2012. Identification of quantitative trait loci for cadmium tolerance and accumulation in wheat. Acta Physiol Plant, 34(1): 191-202.

Clarke J M, Leisle D, Kopytko G L. 1997. Inheritance of cadmium concentration in five durum wheat crosses. Crop Sci, 37(6): 1722-1726.

Clarke M, Norvell A, Clarke R, et al. 2002. Concentration of cadmium and other elements in the grain of near isogenic durum lines. Can J Plant Sci, 82(1): 27-33.

Clemens S, Aarts M, Thomine S, et al. 2013. Plant science: the key to preventing slow cadmium poisoning. Trends Plant Sci, 18(2): 92-99.

Das N, Bhattacharya S, Bhattacharyya S, et al. 2017. Identification of alternatively spliced transcripts of rice phytochelatin synthase 2 gene *OsPCS2* involved in mitigation of cadmium and arsenic stresses. Plant Mol Biol, 94(1): 167-183.

Dhakal R, Windham G, Williams W, et al. 2016. Quantitative trait loci for reducing aflatoxin accumulation in corn. Mol Breed, 36(12): 1-11.

Fahad S, Hussain S, Saud S, et al. 2015. Grain cadmium and zinc concentrations in maize influenced by genotypic variations and zinc fertilization. CLEAN-Soil Air Water, 43(10): 1433-1440.

Florijn P J, Van Beusichem M L. 1993. Uptake and distribution of cadmium in maize inbred lines. Plant Soil, 150(1): 25-32.

Fountain J, Raruang Y, Luo M, et al. 2013. The potential roles of *WRKY* transcription factors in regulating maize defense responses against *Aspergillus flavus* infection. Phytopathology, 103(1): 45-45.

Gao X, Brodhagen M, Isakeit T, et al. 2009. Inactivation of the lipoxygenase *ZmLOX3* increases susceptibility of maize to *Aspergillus* spp. Mol Plant Microbe In, 22(2): 222-231.

Gao X, Shim W B, Gobel C, et al. 2007. Disruption of a maize 9-lipoxygenase results in increased resistance to fungal pathogens and reduced levels of contamination with *Mycotoxin Fumonisin*. Mol Plant Microbe In, 20(8): 922-933.

Gao X, Stumpe M, Feussner I, et al. 2008. A novel plastidial lipoxygenase of maize (*Zea mays*) *ZmLOX6* encodes for a fatty acid hydroperoxide lyase and is uniquely regulated by phytohormones and pathogen infection. Planta, 227(2): 491-503.

Gao Y, Tao B, Qiu L, et al. 2014. Role of physiological mechanisms and *EPSPS* gene expression in glyphosate resistance in wild soybeans (*Glycine soja*). Pestic Biochem Phys, 109(1): 6-11.

Gárate A, Ramos I, Manzanares M, et al. 1993. Cadmium uptake and distribution in 3 cultivars of *Lactuca* sp. Bull

Environ Contam Toxicol, 50(5): 709-716.

Gong Z, Xiong L, Shi H, et al. 2020. Plant abiotic stress response and nutrient use efficiency. Sci China Life Sci, 63(5): 635-674.

Guo B Z, Widstrom N W, Holbrook C C, et al. 2002. Molecular genetic analysis of resistance mechanisms to aflatoxin formation in corn and peanut. Mycopathologia, 155(1): 78.

Han Y, Song L, An Q, et al. 2017. Removal of six pesticide residues in cowpea with alkaline electrolysed water. J Sci Food Agric, 97(8): 2333-2338.

Haque M A, Hong S Y, Hwang C E, et al. 2018. Cloning of an organophosphorus hydrolase (*opdD*) gene of *Lactobacillus sakei* WCP904 isolated from chlorpyrifos-impregnated kimchi and hydrolysis activities of its gene product for organophosphorus pesticides. Appl Biol Chem, 61(6): 643-651.

Hinesly T D, Alexander D E, Redborg K E, et al. 1982. Differential accumulations of cadmium and zinc by corn hybrids grown on soil amended with sewage sludge. Agron J, 74(3): 469-474.

Hinesly T D, Alexander D E, Ziegler E L, et al. 1978. Zinc and Cd accumulation by corn inbreds grown on sludge amended soil. Agron J, 70(3): 425-428.

Hou J, Sun Q, Li J, et al. 2019. Glutaredoxin S25 and its interacting TGACG motif-binding factor TGA2 mediate brassinosteroid-induced chlorothalonil metabolism in tomato plants. Environ Pollut, 255(1): 113256.

Hou J, Zhang Q, Zhou Y, et al. 2018. Glutaredoxin *GRXS16* mediates brassinosteroid-induced apoplastic H_2O_2 production to promote pesticide metabolism in tomato. Environ Pollut, 240(1): 227-234.

Hu D W, Sheng Z H, Li Q L, et al. 2018. Identification of QTLs associated with cadmium concentration in rice grains. J Integr Agric, 17(7): 1563-1573.

Huffaker A, Kaplan F, Vaughan M, et al. 2011. Novel acidic sesquiterpenoids constitute a dominant class of pathogen-induced phytoalexins in maize. Plant Physiol, 156(4): 2082-2097.

Huffaker A, Pearce G, Ryan C. 2006. An endogenous peptide signal in *Arabidopsis* activates components of the innate immune response. PNAS, 103(26): 10098-10103.

Hunter P. 2015. Essentially deadly: living with toxic elements Humans and plants have evolved various mechanisms to deal with and even adopt toxic heavy metals. EMBO Reports, 16(12): 1605-1608.

Hussain D, Haydon M, Wang Y, et al. 2004. P-type ATPase heavy metal transporters with roles in essential zinc homeostasis in *Arabidopsis*. The Plant Cell, 16(5): 1327-1339.

Hussain I, Aleti G, Naidu R, et al. 2018. Microbe and plant assisted-remediation of organic xenobiotics and its enhancement by genetically modified organisms and recombinant technology: a review. Sci Total Environ, 628(1): 1582-1599.

Ishikawa S, Abe T, Kuramata M, et al. 2010. A major quantitative trait locus for increasing cadmium-specific concentration in rice grain is located on the short arm of chromosome 7. J Exp Bot, 61(3): 923-934.

Ishikawa S, Ae N, Yano M. 2005. Chromosomal regions with quantitative trait loci controlling cadmium concentration in brown rice (*Oryza sativa*). New Phytol, 168(2): 345-350.

Ishikawa S, Ishimaru Y, Igura M, et al. 2012. Ion-beam irradiation, gene identification, and marker-assisted breeding in the development of low-cadmium rice. PNAS, 109(47): 19166-19171.

Ishimaru Y, Takahashi R, Bashir K, et al. 2012. Characterizing the role of rice *NRAMP5* in manganese, iron and cadmium transport. Sci Rep, 2(1): 1-8.

Jaiswal D K, Verma J P, Yadav J. 2017. Microbe induced degradation of pesticides in agricultural soils // Singh S N. Microbe-Induced Degradation of Pesticides. Cham: Springer: 167-189.

Jiang G L. 2013. Molecular markers and marker-assisted breeding in plants // Andersen S B. Plant Breeding from Laboratories to Fields. Rijeka: InTech: 45-83.

Kashiwagi T, Shindoh K, Hirotsu N, et al. 2009. Evidence for separate translocation pathways in determining cadmium accumulation in grain and aerial plant parts in rice. BMC Plant Biology, 9(1): 1-10.

Kato S, Yokota Y, Suzuki R, et al. 2020. Identification of a cytochrome P450 hydroxylase, *CYP81E22*, as a causative gene for the high sensitivity of soybean to herbicide bentazon. Theor Appl Genet, 133(7): 2105-2115.

Kelley R, Williams W, Mylroie J, et al. 2012. Identification of maize genes associated with host plant resistance or susceptibility to *Aspergillus flavus* infection and aflatoxin accumulation. PLOS ONE, 7(5): e36892.

Knox R E, Pozniak C J, Clarke F R, et al. 2009. Chromosomal location of the cadmium uptake gene (*Cdu1*) in durum wheat. Genome, 52(9): 741-747.

Kurz H, Schulz R, Römheld V. 1999. Selection of cultivars to reduce the concentration of cadmium and thallium in food and fodder plants. J Plant Nutr Soil Sci, 162(3): 323-328.

Li R, Li R, Li X, et al. 2018a. Multiplexed CRISPR/Cas9-mediated metabolic engineering of γ-aminobutyric acid levels in *Solanum lycopersicum*. Plant Biotechnol J, 16(2): 415-427.

Li S, Liu S M, Fu H W, et al. 2018b. High-resolution melting-based TILLING of γ ray-induced mutations in rice. Journal of Zhejiang University: Science B (Biomedicine & Biotechnology), 19(8): 620-629.

Li X, He J, Li S. 2007. Isolation of a chlorpyrifos-degrading bacterium, *Sphingomonas* sp. strain Dsp-2, and cloning of the *mpd* gene. Res Microbiol, 158(2): 143-149.

Lin Z, Li Y, Zhang Z, et al. 2020. A RAF-SnRK2 kinase cascade mediates early osmotic stress signaling in higher plants. Nat Commun, 11(1): 1-10.

Liu C L, Gao Z Y, Shang L G, et al. 2020. Natural variation in the promoter of *OsHMA3* contributes to differential grain cadmium accumulation between Indica and Japonica rice. J Integr Plant Biol, 62(3): 314-329.

Liu C, Qin Z, Zhou X. 2018. Expression and functional analysis of the propamocarb related gene *CsDIR16* in cucumbers. BMC Plant Biology, 18(1): 1-12.

Liu J G, Li K Q, Xu J K, et al. 2003a. Interaction of Cd and five mineral nutrients for uptake and accumulation in different rice cultivars and genotypes. Field Crops Research, 83(3): 271-281.

Liu J G, Liang J S, Li K Q, et al. 2003b. Correlations between cadmium and mineral nutrients in absorption and accumulation in various genotypes of rice under cadmium stress. Chemosphere, 52(9): 1467-1473.

Liu J G, Zhu Q S, Zhang Z J, et al. 2005. Variatons in cadmium accumulation among rice cultivars and types and the selection of cultivars for reducing cadmium in the diet. J Sci Food Agric, 85(1): 147-153.

Liu S M, Jiang J, Liu Y, et al. 2019a. Characterization and evaluation of *OsLCT1* and *OsNramp5* mutants generated through CRISPR/Cas9-mediated mutagenesis for breeding low Cd rice. Rice Science, 26(2): 88-97.

Liu W, Zhou Q, An J, et al. 2010. Variations in cadmium accumulation among Chinese cabbage cultivars and screening for Cd-safe cultivars. J Hazard Mater, 173(1-3): 737-743.

Liu W Q, Pan X W, Li Y C, et al. 2019b. Identification of QTLs and validation of *qCd-2* associated with grain cadmium concentrations in rice. Rice Science, 26(1): 42-49.

Liu X, Chen S, Chen M, et al. 2019c. Association study reveals genetic loci responsible for arsenic, cadmium and lead accumulation in rice grain in contaminated farmlands. Front Plant Sci, 10(1): 61.

Lu Y C, Zhang J, Luo F, et al. 2016. RNA-sequencing *Oryza sativa* transcriptome in response to herbicide isoprotruon and characterization of genes involved in IPU detoxification. RSC Advances, 6(23): 18852-18867.

Luo J S, Huang J, Zeng D L, et al. 2018. A defensin-like protein drives cadmium efflux and allocation in rice. Nat Commun, 9(1): 645.

Luo M, Brown R, Chen Z, et al. 2011. Transcriptional profiles uncover *Aspergillus flavus*-induced resistance in maize kernels. Toxins, 3(7): 766-786.

Luo M, Liu J, Lee D, et al. 2010. Monitoring the expression of maize genes in developing kernels under drought using oligo-microarray. J Integr Plant Biol, 52(12): 1059-1074.

McCouch S, Baute G, Bradeen J, et al. 2013. Agriculture: feeding the future. Nature, 499(7456): 23-24.

Mclaughlin M J, Williams G M J, Mckay A. 1994. Effect of cultivar on uptake of cadmium by potato tubers. Aust J Agric Res, 45(7): 1483-1495.

McMillian W W, Widstrom N W, Wilson D M. 1993. Registration of GT-MAS: gk maize germplasm. Crop Sci, 33(4): 882.

Meng J, Feng X L, Dai Z M, et al. 2014. Adsorption characteristics of Cu (Ⅱ) from aqueous solution onto biochar derived from swine manure. Environ Sci Pollut Res, 21(11): 7035-7046.

Meng J, Qin Z, Zhou X, et al. 2016. An ATP-binding cassette transporter gene from *Cucumis sativus* L., *Csabc19*, is involved in propamocarb stress in *Arabidopsis thaliana*. Plant Mol Biol Rep, 34(5): 947-960.

Moreno O, Kang M S. 1999. Aflatoxins in maize: the problem and genetic solutions, Plant Breed, 118(1): 1-16.

Mori T, Wang J, Tanaka Y, et al. 2017. Bioremediation of the neonicotinoid insecticide clothianidin by the white-rot

fungus *Phanerochaete sordida*. J Hazard Mater, 321(1): 586-590.
Murgia I, De Gara L, Grusak M A. 2013. Biofortification: how can we exploit plant science and biotechnology to reduce micronutrient deficiencies? Front Plant Sci, 4(1): 429.
Mustafa Y A, Mohammed S J. 2017. Removing of pesticides from water using advanced oxidation processes including: O_3, H_2O_2 and UV in combination. J Assoc Arab Univ Basic Appl Sci, 24(1): 31-46.
Nicod J, Davies R W, Cai N, et al. 2016. Genome-wide association of multiple complex traits in outbred mice by ultra-low-coverage sequencing. Nat Genet, 48(8): 912-918.
Nonaka S, Arai C, Takayama M, et al. 2017. Efficient increase of γ-aminobutyric acid (GABA) content in tomato fruits by targeted mutagenesis. Sci Rep, 7(1): 1-14.
Odvody G N, Spencer N, Remmers J. 1997. A description of silk cut, a stress-related loss of kernel integrity in preharvest maize. Plant Disease, 81(5): 439-444.
Oladzad-Abbasabadi A, Kumar A, Pirseyedi S, et al. 2018. Identification and validation of a new source of low grain cadmium accumulation in durum wheat. G3: Genes Genomes Genetics, 8(3): 923-932.
Ovečka M, Takáč T. 2014. Managing heavy metal toxicity stress in plants: biological and biotechnological tools. Biotechnol Adv, 32(1): 73-86.
Pan W, Shen J, Zheng Z, et al. 2018. Overexpression of the Tibetan Plateau annual wild barley (*Hordeum spontaneum*) *HsCIPKs* enhances rice tolerance to heavy metal toxicities and other abiotic stresses. Rice, 11(1): 1-13.
Park Y S, Kunze S, Ni X, et al. 2010. Comparative molecular and biochemical characterization of segmentally duplicated 9-lipoxygenase genes *ZmLOX4* and *ZmLOX5* of maize. Planta, 231(6): 1425-1437.
Paul C, Naidoo G, Forbes A, et al. 2003. Quantitative trait loci for low aflatoxin production in two related maize populations. Appl Genet, 107(2): 263-270.
Penner G A, Bezte L, Leisle D, et al. 1995. Identification of RAPD markers linked to a gene governing cadmium uptake in durum wheat. Genome, 38(3): 543-547.
Pimentel D, Wilson C, McCullum C, et al. 1997. Economic and environmental benefits of biodiversity. Bio Sci, 47(11): 747-757.
Rani M, Shanker U, Jassal V. 2017. Recent strategies for removal and degradation of persistent & toxic organochlorine pesticides using nanoparticles: a review. J Environ Manage, 190(1): 208-222.
Rao K S, Tulpule P G. 1967. Varietal differences of groundnut in the production of aflatoxin. Nature, 214(5089): 738-739.
Rao M, Nigam S, Mehan V, et al. 1987. *Aspergillus flavus* resistance breeding in groundnut: progress made at ICRISAT Center // McDonald D, Mehan V K. Aflatoxin Contamination of Groundnut. Patancheru: ICRISAT Center: 345-355.
Rascio N, Navari-Izzo F. 2011. Heavy metal hyperaccumulating plants: how and why do they do it? And what makes them so interesting? Plant Sci, 180(2): 169-181.
Retamal-Salgado J, Hirzel J, Walter I, et al. 2017. Bioabsorption and bioaccumulation of cadmium in the straw and grain of maize (*Zea mays* L.) in growing soils contaminated with cadmium in different environment. Int J Environ Res Public Health, 14(11): 1399.
Rushing B R, Selim M I. 2019. Aflatoxin B1: a review on metabolism, toxicity, occurrence in food, occupational exposure, and detoxification methods. Food Chem Toxicol, 124(1): 81-100.
Salsman E, Kumar A, AbuHammad W, et al. 2018. Development and validation of molecular markers for grain cadmium in durum wheat. Mol Breed, 38(3): 1-12.
Sato H, Shirasawa S, Maeda H, et al. 2011. Analysis of QTL for lowering cadmium concentration in rice grains from 'LAC23'. Breed Sci, 61(2): 196-200.
Sasaki A, Yamaji N, Ma J F. 2014. Overexpression of *OsHMA3* enhances Cd tolerance and expression of Zn transporter genes in rice. J Exp Bot, 65(20): 6013-6021.
Sasaki A, Yamaji N, Yokosho K, et al. 2012. *Nramp5* is a major transporter responsible for manganese and cadmium uptake in rice. The Plant Cell, 24(5): 2155-2167.
Sethunathan N. 1971. Biodegradation of diazinon in paddy fields as a cause of its inefficiency for controlling brown planthoppers in rice fields. PANS, 17(1): 18-19.
Shan Q W, Wang Y P, Li J, et al. 2014. Genome editing in rice and wheat using the CRISPR/Cas system. Nat Protoc,

9(10): 2395-2410.

Sharma A, Kumar V, Thukral A K, et al. 2019. Responses of plants to pesticide toxicity: an overview. Planta Daninha, 37(1): e019184291.

Smith J S, Williams W P, Windham G L, et al. 2019. Identification of quantitative trait loci contributing resistance to aflatoxin accumulation in maize inbred Mp715. Mol Breed, 39(6): 1-14.

Soric R, Loncaric Z, Kovacevic V, et al. 2009. A major gene for leaf cadmium accumulation in maize (*Zea mays* L.) // The Proceedings of the International Plant Nutrition Colloquium XVI. Davis: Department of Plant Sciences, University of California.

Tang L, Mao B, Li Y, et al. 2017. Knockout of *OsNramp5* using the CRISPR/Cas9 system produces low Cd-accumulating indica rice without compromising yield. Sci Rep, 7(1): 1-12.

Tian J, Dong Q, Yu C, et al. 2016. Biodegradation of the organophosphate trichlorfon and its major degradation products by a novel *Aspergillus sydowii* PA F-2. J Agric Food Chem, 64(21): 4280-4287.

Ueda Y, Frimpong F, Qi Y T, et al. 2015. Genetic dissection of ozone tolerance in rice (*Oryza sativa* L.) by a genome-wide association study. J Exp Bot, 66(1): 293-306.

Ueno D, Kono I, Yokosho K, et al. 2009a. A major quantitative trait locus controlling cadmium translocation in rice (*Oryza sativa*). New Phytol, 182(3): 644-653.

Ueno D, Koyama E, Kono I, et al. 2009b. Identification of a novel major quantitative trait locus controlling distribution of Cd between roots and shoots in rice. Plant Cell Physiol, 50(12): 2223-2233.

Ueno D, Yamaji N, Kono I, et al. 2010. Gene limiting cadmium accumulation in rice. PNAS, 107(38): 16500-16505.

Uraguchi S, Fujiwara T. 2013. Rice breaks ground for cadmium-free cereals. Curr Opin Plant Biol, 16(3): 328-334.

Uraguchi S, Tanaka N, Hofmann C, et al. 2017. Phytochelatin synthase has contrasting effects on cadmium and arsenic accumulation in rice grains. Plant Cell Physiol, 58(10): 1730-1742.

Vinha A F, Alves R C, Barreira S V, et al. 2014. Effect of peel and seed removal on the nutritional value and antioxidant activity of tomato (*Lycopersicon esculentum* L.) fruits. LWT-Food Sci Technol, 55(1): 197-202.

Wang D, Qin B, Li X, et al. 2016. Nucleolar DEAD-box RNA helicase *TOGR1* regulates thermotolerant growth as a pre-rRNA chaperone in rice. PLOS Genet, 12(2): e1005844.

Wang H, Chen X, Xing X, et al. 2010. Transgenic tobacco plants expressing *atzA* exhibit resistance and strong ability to degrade atrazine. Plant Cell Rep, 29(12): 1391-1399.

Wang X, Wu N, Guo J, et al. 2008. Phytodegradation of organophosphorus compounds by transgenic plants expressing a bacterial organophosphorus hydrolase. Biochem Biophys Res Commun, 365(3): 453-458.

Wang X K, Gong X, Cao F B, et al. 2019. *HvPAA1* encodes a P-Type ATPase, a novel gene for cadmium accumulation and tolerance in barley (*Hordeum vulgare* L.). Int J Mol Sci, 20(7): 1732.

Wang Y, Xu Y, Gupta S, et al. 2020. Fine mapping *QSc.VR4*, an effective and stable scald resistance locus in barley (*Hordeum vulgare* L.), to a 0.38-Mb region enriched with LRR-RLK and GLP genes. Theor Appl Genet, 133(7): 2307-2321.

Warburton M L, Brooks T D, Krakowsky M D, et al. 2009. Identification and mapping of new sources of resistance to aflatoxin accumulation in maize. Crop Sci, 49(4): 1403-1408.

Warburton M L, Tang J D, Windham G L, et al. 2015. Genome-wide association mapping of *Aspergillus flavus* and aflatoxin accumulation resistance in maize. Crop Sci, 55(5): 1-11.

White P J, Broadley M R. 2005. Biofortifying crops with essential mineral elements. Trends Plant Sci, 10(12): 586-593.

Wiebe K, Harris N S, Faris J D, et al. 2010. Targeted mapping of *Cdu1*, a major locus regulating grain cadmium concentration in durum wheat (*Triticum turgidum* L. var. *durum*). Theor Appl Genet, 121(6): 1047-1058.

Willcox M, Davis G, Warburton M, et al. 2013. Confirming quantitative trait loci for aflatoxin resistance from Mp313E in different genetic backgrounds. Mol Breed, 32(1): 15-26.

Williams W P. 2006. Breeding for resistance to aflatoxin accumulation in maize. Mycotoxin Res, 22(1): 27-32.

Williams W P, Windham G L, Buchley P M. 2003. Enhancing maize germplasm with resistance to aflatoxin contamination. J Toxicol Rev, 22(2-3): 175-193.

Wong C K E, Cobbett C S. 2009. *HMA* P-Type ATPases are the major mechanism for root to shoot Cd translocation in *Arabidopsis thaliana*. New Phytol, 181(1): 71-78.

Wu D Z, Sato K, Ma J F. 2015. Genome-wide association mapping of cadmium accumulation in different organs of barley. New Phytol, 208(3): 817-829.

Wu D Z, Yamaji N, Yamane M, et al. 2016. The *HvNramp5* transporter mediates uptake of cadmium and manganese, but not iron. Plant Physiol, 172(3): 1899-1910.

Wu F B, Zhang G. 2002. Genotypic differences in effect of Cd on growth and mineral concentrations in barley seedlings. Bull Environ Contam Toxicol, 69(2): 219-227.

Wu P, Qin Z, Zhao W, et al. 2013. Transcriptome analysis reveals differentially expressed genes associated with propamocarb response in cucumber (*Cucumis sativus* L.) fruit. Acta Physiol Plant, 35(8): 2393-2406.

Xin M, Wang L, Ma B, et al. 2016. Genetic analysis of molecular markers for propamocarb residue in *Cucumis sativus* using quantitative trait locus mapping. GMR, 15(4): gmr15048776.

Xue D W, Chen M C, Zhang G P. 2009. Mapping of QTLs associated with cadmium tolerance and accumulation during seedling stage in rice (*Oryza sativa* L.). Euphytica, 165(3): 587-596.

Yan H L, Xu W X, Xie J Y, et al. 2019. Variation of a major facilitator superfamily gene contributes to differential cadmium accumulation between rice subspecies. Nat Commun, 10(1): 1-12.

Yan Y F, Lestari P, Lee K J, et al. 2013. Identification of quantitative trait loci for cadmium accumulation and distribution in rice (*Oryza sativa*). Genome, 56(4): 227-232.

Yang M, Zhang Y Y, Zhang L J, et al. 2014a. *OsNRAMP5* contributes to manganese translocation and distribution in rice shoots. J Exp Bot, 65(17): 4849-4861.

Yang X, Chen X, Ge Q, et al. 2006. Tolerance of photosynthesis to photoinhibition, high temperature and drought stress in flag leaves of wheat: a comparison between a hybridization line and its parents grown under field conditions. Plant Sci, 171(3): 389-397.

Yang X, Chen X, Ge Q, et al. 2007. Characterization of photosynthesis of flag leaves in a wheat hybrid and its parents grown under field conditions. J Plant Physiol, 164(3): 318-326.

Yang Y M, Nan Z R, Zhao Z J. 2014b. Bioaccumulation and translocation of cadmium in wheat (*Triticum aestivum* L.) and maize (*Zea mays* L.) from the polluted oasis soil of Northwestern China. Chem Spec Bioavailab, 26(1): 43-51.

Yin Y, Zhou Y, Zhou Y, et al. 2016. Interplay between mitogen-activated protein kinase and nitric oxide in brassinosteroid-induced pesticide metabolism in *Solanum lycopersicum*. J Hazard Mater, 316(1): 221-231.

Yin Z, Wang Y, Wu F, et al. 2014. Quantitative trait locus mapping of resistance to *Aspergillus flavus* infection using a recombinant inbred line population in maize. Mol Breed, 33(1): 39-49.

Yu H, Wang J L, Fang W, et al. 2006. Cadmium accumulation in different rice cultivars and screening for pollution-safe cultivars of rice. Sci Total Environ, 370(2-3): 302-309.

Zeng F R, Mao Y, Cheng W D, et al. 2008. Genotypic and environmental variation in chromium, cadmium and lead concentrations in rice. Environ Pollut, 153(2): 309-314.

Zhang F, Qin Z, Zhou X, et al. 2019a. Expression and functional analysis of the propamocarb-related gene *CsMAPEG* in cucumber. BMC Plant Biology, 19(1): 1-18.

Zhang F, Xiao X, Xu K, et al. 2020. Genome-wide association study (GWAS) reveals genetic loci of lead (Pb) tolerance during seedling establishment in rapeseed (*Brassica napus* L.). BMC Genomics, 21(1): 1-12.

Zhang F, Xin M, Yu S, et al. 2019b. Expression and functional analysis of the propamocarb-related gene *CsMCF* in cucumber. Front Plant Sci, 10(1): 871.

Zhang G, Fukami M, Sekimoto H. 2000. Genotypic differences in effects of cadmium on growth and nutrient compositions in wheat. J Plant Nutr, 23(9): 1337-1350.

Zhang J, Xu Y, Wu X, et al. 2002. A bentazon and sulfonylurea sensitive mutant: breeding, genetics and potential application in seed production of hybrid rice. Theor Appl Genet, 105(1): 16-22.

Zhang L, Lu Q, Chen H, et al. 2007. Identification of a cytochrome P450 hydroxylase, *CYP81A6*, as the candidate for the bentazon and sulfonylurea herbicide resistance gene, *Bel*, in rice. Mol Breed, 19(1): 59-68.

Zhang L, Zhang L, Song F B. 2008. Cadmium uptake and distribution by different maize genotypes in maturing stage. Commun Soil Sci Plant Anal, 39(9-10): 1517-1531.

Zhang X H, Warburton M L, Setter T, et al. 2016. Genome-wide association studies of drought-related metabolic changes in maize using an enlarged SNP panel. Theor Appl Genet, 129(8): 1449-1463.

Zhang X Q, Zhang G P, Guo L B, et al. 2011. Identification of quantitative trait loci for Cd and Zn concentrations of brown rice grown in Cd-polluted soils. Euphytica, 180(2): 173-179.

Zhang Y, Nayidu N K, Gruber M Y. 2014. The feasibility of QTL analysis to study the genetic basis of pesticide residues in rice (*Oryza sativa*). Mol Plant Breed, 5(11): 1-7.

Zhao J L, Yang W, Zhang S H, et al. 2018a. Genome-wide association study and candidate gene analysis of rice cadmium accumulation in grain in a diverse rice collection. Rice, 11(1): 1-15.

Zhao X W, Luo L X, Cao Y H, et al. 2018b. Genome-wide association analysis and QTL mapping reveal the genetic control of cadmium accumulation in maize leaf. BMC Genomics, 19(1): 1-13.

Zhao Y, Dong W, Zhang N, et al. 2014. A wheat allene oxide cyclase gene enhances salinity tolerance via jasmonate signaling. Plant Physiol, 164(2): 1068-1076.

Zhou Y, Xia X, Yu G, et al. 2015. Brassinosteroids play a critical role in the regulation of pesticide metabolism in crop plants. Sci Rep, 5(1): 1-7.

第 8 章
植物源农产品质量安全相关法规及思考

8.1 我国植物源农产品质量安全的立法实践

8.1.1 我国植物源农产品质量安全立法概况

植物是生命的主要形态之一，如乔木、灌木、藤类、青草、蕨类及藻类等生物。植物也是人类食物的主要来源之一，我们每天消费的食物，有很大一部分是植物源农产品，直接来源于农业的初级农产品，包括蔬菜、水果及水稻、玉米等粮食。农产品质量安全关系广大人民群众的身体健康、生命安全和新时期农业与农村经济的健康发展。

针对农产品质量安全标准、产地环境管理、生产管理、销售管理、质量安全监督管理等方面，我国已陆续颁布了一系列法律法规。特别是 2006 年 11 月 1 日起《中华人民共和国农产品质量安全法》正式实施，进一步推动了农产品质量安全法制建设。目前，农产品质量安全管理方面的主要法律法规还有《中华人民共和国农业法》《中华人民共和国畜牧法》《中华人民共和国渔业法》《中华人民共和国动物防疫法》，以及《农药管理条例》《兽药管理条例》《饲料和饲料添加剂管理条例》《农业转基因生物安全管理条例》等。围绕《中华人民共和国农产品质量安全法》的实施，农业部（现农业农村部）还组织起草和颁布了《农产品产地安全管理办法》《农产品包装和标识管理办法》《农业标准化管理办法》《农产品质量安全监测管理办法》《农产品质量安全检验检测机构考核管理办法》等，以《中华人民共和国农产品质量安全法》为基本法的农产品质量安全法律体系正在逐步形成。

目前，我国植物源农产品质量安全管理方面的法律法规主要包括 4 个方面：一是产地环境方面，如《中华人民共和国农产品质量安全法》《中华人民共和国环境保护法》《中华人民共和国土壤污染防治法》《基本农田保护条例》《农产品产地安全管理办法》《农用地土壤环境管理办法（试行）》等；二是生产过程控制方面，如《粮食流通管理条例》等；三是农业投入品方面，如《农药管理条例》等；四是终端产品方面，如《中华人民共和国食品安全法》《无公害农产品管理办法》《绿色食品标志管理方法》《有机产品认证管理办法》等。

8.1.2 我国主要植物源农产品质量安全法律简介

8.1.2.1 《中华人民共和国农产品质量安全法》

2006 年 4 月 29 日第十届全国人民代表大会常务委员会第二十一次会议审议通过《中华人民共和国农产品质量安全法》（2018 年 10 月 26 日第十三届全国人民代表大会常务委员会第六次会议修正），这是我国第一次由全国人大专门针对农产品质量安全而制定的法律，也是我国第一部关系广大人民群众身体健康和生命安全的食品安全法律，填补了我国农产品质量监管的法律空白。

《中华人民共和国农产品质量安全法》涉及农产品调整的范围包括 3 个方面。一是产品范围。本法所指农产品是指来源于农业的初级产品，即在农业活动中获得的植物、动物、微生物及其产品。二是行为主体，既包括农产品的生产者和销售者，也包括农产品质量安全管理者及相应的检测技术机构和人员等。三是关于调整的管理环节问题，既包括产地环境、农业投入品的科学合理使用、农产品生产和产后处理的标准化管理，也包括农产品的包装、标识、标志和市场准入管理。

《中华人民共和国农产品质量安全法》共分为 8 章 56 条。第一章是总则，对农产品的定义，农产品质量安全的内涵，法律的实施主体，经费投入，农产品质量安全风险评估、风险管理和风险交流，农产品质量安全信息发布，安全优质农产品生产，公众质量安全教育等方面做出规定；第二章是农产品质量安全标准，对农产品质量安全标准体系的建立，农产品质量安全标准的性质，农产品质量安全标准的制定、发布、实施的程序和要求等进行了规定；第三章是农产品产地，对农产品禁止生产区域的确定，农产品标准化生产基地的建设，农业投入品的合理使用等方面做出规定；第四章是农产品生产，对农产品生产技术规范的制定，农业投入品的生产许可与监督抽查、农产品质量安全技术培训与推广、农产品生产档案记录、农产品生产者自检、农产品行业协会自律等方面进行了规定；第五章是农产品包装和标识，对农产品分类包装、包装标识、包装材质、转基因标识、动植物检疫标识、无公害农产品标志和优质农产品质量标志做出了规定；第六章是监督检查，对农产品质量安全市场准入条件、监测和监督检查制度、检验机构资质、社会监督、现场检查、事故报告、责任追溯、进口农产品质量安全要求等进行了明确规定；第七章是法律责任，对各种违法行为的处理、处罚做出了规定；第八章是附则。

作为我国农产品质量安全的基本法，《中华人民共和国农产品质量安全法》的亮点也非常突出，主要体现在以下几个方面。

（1）确立了 7 项基本制度

《中华人民共和国农产品质量安全法》从我国农业生产的实际出发，遵循农产品质量安全管理的客观规律，针对保障农产品质量安全的主要环节和关键点，主要确立了 7 项基本制度。

1）政府统一领导、农业行政主管部门依法监管、其他有关部门分工负责的农产品质量安全管理体制

县级以上地方人民政府统一领导、协调本行政区域内的农产品质量安全工作，并采取措施，建立健全农产品质量安全服务体系，提高农产品质量安全水平。县级以上人民政府农业行政主管部门负责农产品质量安全的监督管理工作；县级以上人民政府有关部门按照职责分工，负责农产品质量安全的有关工作。

2）农产品质量安全标准的强制实施制度

农产品质量安全标准是强制性的技术规范。政府有关部门应当按照保障农产品质量安全的要求，依法制定和发布农产品质量安全标准并监督实施；禁止销售不符合农产品质量安全标准的农产品。

3）防止因农产品产地污染而危及农产品质量安全的农产品产地管理制度

县级以上人民政府应当采取措施，加强农产品基地建设，改善农产品的生产条件。禁止在有毒有害物质超过规定标准的区域生产、捕捞、采集食用农产品和建立农产品生产基地。

4）农产品的包装和标识管理制度

国务院农业行政主管部门负责全国农产品包装和标识的监督管理工作。获得无公害农产品、绿色食品、有机农产品等认证的农产品必须包装（鲜活畜、禽、水产品除外）。

5）农产品质量安全监督检查制度

国家建立农产品质量安全监测制度。县级以上人民政府农业行政主管部门应当按照保障农产品质量安全的要求，制定并组织实施农产品质量安全监测计划，对生产中或者市场上销售的农产品进行监督抽查。

6）农产品质量安全的风险分析、评估制度和农产品质量安全的信息发布制度

国务院农业行政主管部门设立由有关方面专家组成的农产品质量安全风险评估专家委员会，对可能影响农产品质量安全的潜在危害进行风险分析和评估。各级农业行政主管部门应当按照职责权限，发布有关农产品质量安全状况信息。

7）对农产品质量安全违法行为的责任追究制度

对违反《中华人民共和国农产品质量安全法》有关规定的行为规定了明确的民事、行政、刑事责任。

（2）建立了农产品质量安全标准体系

农产品质量安全标准是农产品质量安全评价的重要依据，也是农产品质量安全管理的重要手段，为此《中华人民共和国农产品质量安全法》规定由国家引导，推广农产品标准化生产，鼓励和支持生产优质农产品，禁止生产、销售不符合国家规定的农产品质量安全标准的农产品。一是建立健全农产品质量安全标准体系，明确农产品质量安全标准是强制性的技术规范。二是要求制定农产品质量安全标准时应当充分考虑农产品质量安全风险评估结果，听取农产品生产者、经营者和消费者的意见，保障消费安全，并根据科学技术发展水平及农产品质量安全的需要及时修订。三是明确农产品质量安全标准由农业行政主管部门商有关部门组织实施。

（3）加强了农产品产地管理

《中华人民共和国农产品质量安全法》第十六条规定县级以上人民政府应当采取措施加强农产品基地建设，改善农产品的生产条件。县级以上人民政府农业行政主管部门应采取措施，推进保障农产品质量安全的标准化生产综合示范区、示范农场、养殖小区和无规定动植物疫病区的建设。《中华人民共和国农产品质量安全法》第十七条明确禁止在有毒有害物质超过规定标准的区域生产、捕捞、采集食用农产品和建立农产品生产基地。规定县级以上地方人民政府农业行政主管部门按照保障农产品质量安全的要求，根据农产品品种特性和生产区域大气、土壤、水体中有毒有害物质状况等因素，认为不适宜特定农产品生产的，提出禁止生产的区域，报本级人民政府批准后公布。

（4）规范了农产品生产过程

《中华人民共和国农产品质量安全法》规定县级以上人民政府农业行政主管部门应当加强对农业投入品使用的管理和指导，建立健全农业投入品的安全使用制度。同时明确农产品生产企业和农产品专业合作经济组织应当建立农产品生产记录，如实记载下列事项：①使用农业投入品的名称、来源、用法、用量和使用、停用日期；②动物疫病、植物病虫草害的发生和防治情况；③收获、屠宰或者捕捞的日期。规定农产品生产记录应当保存两年，农产品生产者应严格执行农业投入品使用安全间隔或者休药期的规定，禁止在农产品生产过程中使用国家明令禁止的农业投入品。农产品生产企业和农民专业合作经济组织应当加强自律管理，自行或者委托检测机构对农产品质量安全状况进行检测，对于不符合农产品质量安全标准的农产品不得销售。

（5）明确了农产品包装和标识要求

《中华人民共和国农产品质量安全法》规定农产品生产企业、农民专业合作经济组织、从事农产品收购的单位或者个人销售的农产品，按照规定应当包装或者附加标识的，须经包装或者附加标识后方可销售。包装物或者标识上应当按照规定标明产品的品名、产地、生产者、生产日期、保质期、产品质量等级等内容；使用添加剂的，还应当按照规定标明添加剂的名称。

（6）完善了农产品质量安全监督抽查制度

《中华人民共和国农产品质量安全法》明确规定了禁止进入市场销售的五大类农产品范围，规范了农产品质量安全监测制度，明确县级以上人民政府农业行政主管部门应当按照保障农产品质量安全的要求，制定并组织实施农产品质量安全监测计划，对生产中或者市场上销售的农产品进行监督抽查。

8.1.2.2 《中华人民共和国食品安全法》

2009 年 2 月 28 日第十一届全国人民代表大会常务委员会第七次会议审议通过《中华人民共和国食品安全法》（2015 年 4 月 24 日第十二届全国人民代表大会常务委员会第十四次会议、2018 年 12 月 29 日第十三届全国人民代表大会常务委员会第七次会议、2021 年 4 月 29 日第十三届全国人民代表大会常务委员会第二十八次会议分别修正），对规范食品生产经营活动、保障食品安全发挥了重要作用，是我国目前围绕食品安全主题最新的、涵盖内容最为广泛和全面的一部法律。

新修订的《中华人民共和国食品安全法》共分为 10 章 154 条，第一章总则是整部法律的纲领性的规定，是法律的灵魂。分别为立法目的、调整范围、工作方针、生产经营者社会责任、部门及地方政府职责、评议考核制度、部门沟通配合、协会责任、宣传教育、举报、表彰与奖励等内容。第二章食品安全风险监测和评估，主要是食品安全风险监测、风险评估、风险警示、风险交流的规定和要求。第三章食品安全标准，分别规定了食品安全标准的制定原则、制定内容、制定主体及程序和标准的公布、跟踪评价。第四章食品生产经营，分为一般规定、生产经营过程控制、标签说明书和广告、特殊食品。主要规定的是食品生产经营者在生产经营过程中必须遵守的各项义务要求。食品生产经营者是保障食品安全最直接、最重要、最关键的因素，对食品安全负第一位的主体责任。新《中华人民共和国食品安全法》在这一部分增加了食品安全风险自查、全程追溯、责任约谈等 20 多项制度。第五章食品检验，分别对食品检验机构、检验人的资质和职责，监督抽验、复检、委托检验等进行规定。第六章食品进出口，主要明确了进出口食品安全的监督管理部门及进出口食品的监管要求。第七章食品安全事故处置，主要对食品安全事故应急预案，应急处置、报告、通报，以及事故责任的调查进行了规定。第八章监督管理，规定了食品安全监督管理的职责内容。第九章法律责任，主要规定食品生产经营者、政府、监管部门及风险监测、风险评估、检验、认证等机构和人员违反本法规定所应承担的法律责任，包括行政责任、刑事责任及民事责任。第十章附则，对食品进行了定义，将食品与药品进行了区分。

新《中华人民共和国食品安全法》的亮点主要体现在以下几个方面。

（1）体现最严监管的制度设计

1）完善统一权威的食品安全监管机构

终结了“九龙治水”的食品安全分段监管模式，从法律上明确由食品安全监管部门统一监管。明确了国务院食品药品监管部门是唯一对食品生产经营活动实施监管的部门，其他部门依照《中华人民共和国食品安全法》和国务院规定的职责，承担有关食品安全工作。

2）建立最严格的全过程的监管制度

对食品生产、流通、餐饮服务和食用农产品销售等环节，食品添加剂、食品相关产品的监管及网络食品交易等新兴业态等进行了细化和完善。

3）更加突出预防为主、风险防范

进一步完善了食品安全风险监测、风险评估制度，增设了责任约谈、风险分级管理等重点制度。

4）建立最严格的标准

明确了食品药品监管部门参与食品安全标准制定工作，加强了标准制定与标准执行的衔接。

5）对特殊食品实行严格监管

明确特殊医学用途配方食品、婴幼儿配方乳粉的产品配方实行注册制度。

6）加强对农药的管理

明确规定鼓励使用高效低毒低残留的农药，特别强调剧毒、高毒农药不得用于瓜果、蔬菜、茶叶、中草药材等国家规定的农作物。

7）加强风险评估管理

明确规定通过食品安全风险监测或者接到举报发现食品、食品添加剂、食品相关产品可能存在安全隐患等情形，必须进行食品安全风险评估。

8）建立最严格的法律责任制度

从民事和刑事等方面强化了对食品安全违法行为的惩处力度。

（2）强化“重典治乱”的罚则设置

1）强化刑事责任追究

新《中华人民共和国食品安全法》对违法行为的查处上做了一个很大的改革，即首先要求执法部门对违法行为进行判断，如果构成犯罪，就直接由公安部门进行侦查，追究刑事责任；如果不构成刑事犯罪，才由行政执法部门进行行政处罚。此外还规定，行为人因食品安全犯罪被判处有期徒刑以上刑罚，则终身不得从事食品生产经营管理工作。

2）增设了行政拘留规定

对用非食品原料生产食品、经营病死畜禽、违法使用剧毒高毒农药等严重行为增设拘留行政处罚。

3）大幅提高了罚款额度

新《中华人民共和国食品安全法》对生产经营添加药品的食品、生产经营营养成分不符合国家标准的婴幼儿配方乳粉等性质恶劣的违法行为，规定最高可以处罚货值金额 30 倍的罚款。修改前的《中华人民共和国食品安全法》规定最高可以处罚货值金额 10 倍的罚款。

4）对重复违法行为加大处罚

行为人在一年内累计 3 次因违法受到罚款、警告等行政处罚的，给予责令停产停业直至吊销许可证的处罚。

5）非法提供场所增设罚则

对明知从事无证生产经营或者从事非法添加非食用物质等违法行为，仍然为其提供生产经营场所的行为，规定最高处以 10 万元罚款。

6）强化民事责任追究

新《中华人民共和国食品安全法》增设首负责任制，要求接到消费者赔偿请求的生产经营者应当先行赔付，不得推诿；同时消费者在法定情形下可以要求 10 倍价款或者 3 倍损失的惩罚性赔偿金。此外，新《中华人民共和国食品安全法》还强化了民事连带责任，规定对网络第三方交易平台提供者未能履行法定义务、食品检验机构出具虚假检验报告、认证机构出具虚假的论证结论，使消费者合法权益受到损害的，应与相关生产经营者承担连带责任。

（3）体现食品安全社会共治

1）行业协会做好引导

规定食品行业协会应当加强行业自律，按照章程建立健全行业规范和奖惩机制，提供食品安全信息、技术等服务，引导和督促食品生产经营者依法生产经营。

2）消费者协会做好监督

明确消费者协会和其他消费者组织对违反《中华人民共和国食品安全法》规定、损害消费者合法权益的行为，依法进行社会监督。

3）举报有奖并受保护

规定对查证属实的举报应当给予举报人奖励，对举报人的相关信息，政府和监管部门要予以保密。明确规定企业不得通过解除或者变更劳动合同等方式对举报人进行打击报复，对内部举报人给予特别保护。

4）新闻媒体做好宣传

明确新闻媒体应当开展食品安全法律、法规及食品安全标准和知识的公益宣传，并对食品安全违法行为进行舆论监督。同时，规定对在食品安全工作中做出突出贡献的单位和个人给予表彰、奖励。

（4）强化互联网食品交易监管

1）明确网络食品第三方交易平台的一般性义务

要对入网经营者进行实名登记，明确其食品安全管理责任。

2）明确网络食品第三方交易平台的管理义务

要对食品经营者的许可证进行审查，特别是发现入网食品经营者有违法行为的，应当及时制止，并立即报告食品药品监管部门。对发现严重违法行为的，应当立即停止提供网络交易平台的服务。

3）规定消费者权益保护的义务

消费者通过网络食品交易第三方平台购买食品，其合法权益受到损害的，可以向入网食品经营者或者食品生产者要求赔偿。如果网络食品交易第三方平台的提供者对入网食品经营者真实姓名、名称、地址和有效方式不能提供的，要由网络食品交易第三方平台提供赔偿。网络食品交易第三方平台提供者赔偿后，有权向入网食品经营者或者食品生产者追偿。网络食品交易第三方平台提供者作出更有利于消费者承诺的，应当履行其承诺。

8.1.3 我国植物源农产品质量安全立法存在的问题

目前，我国植物源农产品质量安全规制直接相关的法律法规主要是《中华人民共和国农产品质量安全法》，该法实施以来也暴露出了不少问题，如协调性差、可操作性不强、立法与执法脱节，远远不能满足农产品质量安全管理的客观需要。具体体现在以下几个方面。

1. 食品、食用农产品、农产品三者的概念界定模糊

《中华人民共和国食品安全法》附则对食品的定义为各种供人食用或者饮用的成品和原料以及按照传统既是食品又是中药材的物品，但是不包括以治疗为目的的物品。考虑到与《中华人民共和国农产品质量安全法》的衔接，在总则中，对食用农产品概念予以界定，即食用农产品是指供食用的源于农业的初级产品。商务部、财政部、国家税务总局统一发布的《关于开展农产品连锁经营试点的通知》附件《食用农产品范围注释》中，已将食用农产品进一步明确为“可供食用的各种植物、畜牧、渔业产品及其初级加工产品”。《中华人民共和国农产品质量安全法》第 2 条中将农产品界定为来源于农业的初级产品，即“在农业活动中获得的植物、动物、微生物及其产品”。可是普通农产品与食用农产品还是有相当大差别的，普通农产品既可以用作工业原料，也可以用于美化环境、保护生态等。作为食用的农产品，其种养殖毫无疑问应当执行高于普通农产品的标准，将食用农产品与普通农产品一并规范，必然导致两者立法理念、立法原则的冲突。概念的模糊带来了执法主体的确认难题。以食品安全执法中的豆芽菜为例，农业部门只对《中华人民共和国农产品质量安全法》中规定的食用农产品进行监管，即限于在农业活动中获得的动物、植物、微生物，而豆芽菜是食用农产品的加工品，不属于初级农产品，因而不归属农业部门管理。很多地方食品安全监管部门则认为，豆芽属于食用农产品，应当由农业部门来管理。

2. 法律法规体系有待完善

在法律法规体系建设上，我国目前有《中华人民共和国农产品质量安全法》《中华人民共和国食品安全法》《中华人民共和国食品卫生法》《中华人民共和国产品质量法》《中华人民共和国农业法》等法律法规，初步形成保障质量安全的法律法规体系框架。然而目前还缺少顶层设计，协调性和统一性不强，如《中华人民共和国农产品质量安全法》确定的食用农产品安全标准与《中华人民共和国食品安全法》确定的食品安全标准存在差别，在两者交叉的领域标准适用问题存在争议。以豆芽菜为例，执法依据、标准不同，违法责任认定会出现差异。如果豆芽菜在法律上被认定为食用农产品，依据农产品管理规则，施用植物生长调节剂、杀菌剂都是允许的；如果豆芽菜被认定为食品，那么植物生长调节剂、杀菌剂则被禁止使用。

3. 标准体系有待完善

我国已经初步建成包括国家、地方、行业和企业标准的农产品质量安全标准体系，覆盖了农、林、牧、副、渔等方面。然而由于我国农产品生产、加工、流通的组织化和标准化过低，该体系依然存在不够完善和健全、层次不清晰、各类标准之间相互重复和交叉、整体水平不高等问题。已有的标准大多是产品标准和生产技术规程，产前和产后标准缺乏，缺乏针对农产品全链条的标准体系。一个标准同时存在着国家标准、地方标准、行业标准的现象比较普遍，标准的内容相互矛盾、交叉重复，标准的科学性和配套性欠缺。同时，我国标准体系的不完善也导致了监督和执行各项法规的成本增加，很难高效地做到违法必究，阻碍了监管机构对农产品产业链各流程的监督和管理。

4. 生产经营主体责任不明确

食用农产品的监管应是“从农场到餐桌”的完整链条，基于食用农产品本身具有生产环境复杂、污染源多、生鲜农产品易变质的特点，需要对生产主体、流通主体、销售主体实施差别化的激励和监管。农业生产主体包括农产品生产经营企业、行业协会、农户，《中华人民共和国农产品质量安全法》中对提供农产品的主体责任采取区别对待的方式，将自然人身份的农户划归为非强制性法律责任主体，非自然人身份的企业、农民专业合作社等承担强制性责任；这就意味着分布广、人数众多的农业生产基本单位——农户，游离在法律责任监管体系之外。分散的农户生产行为会对产地环境维护、田间管理等环节产生负的外部性作用，食用农产品在供应体系源头受到污染，容易引发食用农产品质量安全问题。

5. 对食用农产品违法行为处罚过宽

在处罚机制上，《中华人民共和国农产品质量安全法》对食用农产品的处罚失之于宽，处罚的力度与《中华人民共和国食品安全法》相距甚远。主要表现在以下 4 个方面：一是处罚标准偏低，大部分违法行为在 2 万元以下；二是处罚数额并没有与违法所得挂钩，而是大小企业一个标准；三是处罚更多侧重的是对农产品和生产环境的监管，而对产地的检验检测、产地准出制度和产地追溯违法责任尚不明晰；四是处罚对象的范围较窄，没有设定新型农业生产主体生产销售不合格农产品情形的处罚条款。

8.2 国外植物源农产品质量安全立法现状

8.2.1 欧盟植物源农产品质量安全法律制度

欧盟一直以来被认为是农业质量管理的典范，中国在制定农产品农药残留时，多引用欧盟标准。欧盟食品安全法律体系主要包括两个层次：以食品安全基本法为基础相继颁布的食品安全领域原则性规定，一些具体的措施和要求。对具体要求的立法，通常包括普遍性立法，即专门针对所有食品的一般方面（如添加剂、标签、卫生等）；专项性立法，即专门针对某些产品（如可可粉和巧克力产品、蜂蜜、果汁等）的立法。主要有以下几个重要法律文件。

1.《欧盟食品安全绿皮书》

1996 年暴发的英国疯牛病及后续接连不断的食品危机，大大降低了消费者对欧盟食品安全监管能力的信心。为了使消费者重新树立起对欧洲食品供应的信心，1997 年 4 月，欧盟委员会发表了关于欧盟食品法规一般原则的《欧盟食品安全绿皮书》，对过去 30 年里欧洲共同体食品法规变化进行了总结，肯定了欧洲共同体在融合各个成员国食品法规方面所取得的成就，对统一市场计划给食品加工行业所带来的影响与效益给予了积极评价。作为欧盟食品法立法的一个起点，《欧盟食品安全绿皮书》提出了该法需要实现的 6 个基本目标：①确保较高的公众健康、安全和消费者保护水平；②确保货物在内部市场的自由流通；③确保立法建立在科学证据和风险评估的基础上；④确保欧洲产业的竞争力并提高产业的出口前景；⑤让企业、生产者和供应商通过实施危害分析和关键控制点（HACCP）体系承担食品安全的主要责任，并辅之以有效的官方控制和执行；⑥确保立法的一致性、合理性、易于理解性。根据《欧盟食品安全绿皮书》的内容，欧盟整合了原有涉及食品安全的相关立法，在此基础上简化和合理化欧盟的食品立法。

2.《欧盟食品安全白皮书》

2000 年 1 月 12 日，欧盟在《欧盟食品安全绿皮书》基础上出台了《欧盟食品安全白皮书》。《欧盟食品安全白皮书》用 116 项条款对食品安全问题进行了详细阐述，制定了一套连贯和透明的法规，提高了欧盟食品安全科学咨询体系的能力。《欧盟食品安全白皮书》是欧盟各成员国制定食品安全管理措施及建立欧洲食品安全管理机构的核心规范，提出了一项根本性的改革计划，即食品法以控制“从农场到餐桌”全过程为基础，包括普通动物饲养、动物健康与保健、污染物和农药残留、新型食品、添加剂、香精、包装、辐射、饲料生产、农场主和食品生产者的责任，以及各种农田控制措施等。《欧盟食品安全白皮书》的法规制度清晰明了，易于理解，便于所有执行者实施。《欧盟食品安全白皮书》倡导建立欧洲食品管理局，独立于欧盟委员会和欧洲议会之外，主要负责食品风险评估和食品安全议题交流，设立食品安全程序，规定了一个综合涵盖整个食品链的安全保护措施，并建立一个对所有饲料和食品在紧急情况下的综合快速预警机制。

3. 欧洲议会和理事会的 178/2002（EC）号法令

2002 年 1 月 28 日，178/2002（EC）号法令《关于建立食品安全局和食品安全相关事项程序的法规》拟订了食品法律的一般原则和要求、建立欧洲食品安全局（EFSA）和拟订食品安全事务的程序，是欧盟食品安全的基本法。178/2002（EC）号法令包含 5 章 65 项条款，分别就该法的适用范围与定义，食品法总则，欧洲食品安全管理机构，快速警报系统和风险管理及有关程序和其他条款做出了规定和描述。其中重点规定了作为独立机构的欧洲食品安全局，从而使食品安全监管不仅有了最基本的法律保障，也使各有关机构的运行和控制工作依法进行，而且基本法的原则性规定也为其他各个具体法、特别法的建立提供了基础。欧盟关于食品安全监管的立法是一个典型的“伞状”结构，基本法的完善起到了坚实的支撑性作用，使得其他法律在此基础上以横向、纵向方式不断完善食品安全监管。具体而言，横向式立法就是指覆盖所有食品或一组食品的某一方面的立法，如标签、添加剂、包装、卫生等；而纵向式立法则是针对某项产品或适用于某一食品的所有相关的具体标准，正是这样一种“伞状”的立法体系，为欧盟食品安全监管提供了法律基础和法律保障。

4. 食品卫生系列措施

2004 年 4 月 29 日，为了完善食品卫生立法，欧盟公布了 4 个法规，即 852/2004（EC）《食品卫生条例》、853/2004（EC）《动物源食品的具体卫生规则》、854/2004（EC）《对用于人类消费的动物源性食品官方控制组织的特定规则》、882/2004（EC）《确保符合饲料和食品法、动物健康和动物福利规定的官方控制》，其中《食品卫生条例》适用于植物源产品，对其生产、加工和分销环节的卫生做出一般规定。2006 年 1 月 1 日，欧盟又实施了《欧盟食品及饲料安全管理法规》，不断丰富和充实食品卫生系列措施，为欧盟进一步完善食品安全立法、规范欧洲食品市场、确保居民的食品安全提供了更为有力的法律保障。

8.2.2　德国植物源农产品质量安全法律制度

德国食品和农产品质量安全相关法律由联邦制定，各州负责具体监督法律的实施情况。作为欧盟的重要成员国，德国食品和农产品质量安全管理立法遵循欧盟有关食品安全法律的指导方针和基本原则，并以欧盟法律为基础制定本国的食品和农产品质量安全管理法律法规。德国关于食品质量与安全的法律法规有 200 多项，涉及植物源农产品质量安全的主要包括《德国食品、日用品和饲料法》《德国食品汇编集》《德国植物保护法》《德国药事法》《德国肥料法》《德国化学药品法》《德国葡萄酒法》等。

1.《德国食品、日用品和饲料法》

2005 年，德国颁布《德国食品、日用品和饲料法》，该法涵盖食品、饲料、化妆品、日用品 4 个领域，对各领域产品的管理规定、监管、监测、出入境、违法处罚及数据统计和信息公布做出了原则性要求。该法律关于食品、饲料的规定是德国食品和农产品安全管理的核心法律依据，也是德国食品领域最基本的法律文件，为德国制定各项食品法律法规和条例提供了基本准则。在立法原则方面，充分考虑了食品链原则、预防性原则和协调性原则，以生产、流通、销售各环节的禁止性规定为主，广泛援引欧盟和德国其他法律中的相关要求；在责任界定方面，规定了企业内部监督和政府机构外部监管职责，明确了各级食品安全管理机构的职权与义务；在制度建设方面，重点提出了监测制度和信息交流制度，为定期观察、测量和评估健康风险提供了程序框架，为各部门有效传递和发布风险信息提供了保障；在责任追究方面，提出了极为细致的处罚规定，确保了违法行为处置有据可依。

2.《德国食品汇编集》

《德国食品汇编集》是有关食品生产过程、特性和其他特征的指导方针的汇总，是德国食品生产流通的指南。《德国食品汇编集》虽然不是法律条文，但它是法律的补充，它可作为专业鉴定的法庭证据。目前，《德国食品汇编集》的制定主体是《德国食品汇编集》委员会，由32个来自科学、食品安全监督、消费团体和食品产业界的人员组成，依据联邦农业部颁发的“委员会工作条例”开展工作，下设15个专业委员会，起草主要条文呈交《德国食品汇编集》委员会各成员，出于权威和公正的考虑，主要条文需经《德国食品汇编集》委员会一致通过，由联邦农业部和司法部、卫生部、经济部协商并取得一致意见后公布。

8.2.3 英国植物源农产品质量安全法律制度

英国是较早重视食品安全并制定相关法律的国家之一，英国从1984年开始分别制定了《英国食品法》《英国食品安全法》《英国食品标准法》《英国食品卫生法》等，同时还出台许多专门规定，如《英国食品标签规定》《英国饲料卫生规定》等。这些法律法规涵盖所有食品类别，涉及“从农场到餐桌”整条食物链的各个环节。

1.《英国食品安全法》

1990年颁布的《英国食品安全法》是英国食品安全方面的一部主要法律。该法的主要目的是确保所有食品满足消费者在性质、物质、质量上的期望，并不受误导，提供有关公众健康和消费者利益的法律权力并规定违法行为，使英国在欧盟履行其职责。该法为英国所有的食品法律法规提供了一个灵活的框架。法律专注于基本原则，涵盖与食品相关的商业活动、食品来源、食品的接触材料等，覆盖了从初级生产到配送、零售和餐饮整个食品链，关系到每个社会成员，特别是食品生产、加工、贮藏、配送和销售相关人员。

2.《英国食品标准法》

1999年颁布的《英国食品标准法》是英国食品安全监管的另一部重要法律，其主要目的是建立食品标准局，明确食品标准局的职能、成员任命、机构组成及权力等。同时，该法还修订了关于食品安全和涉及食品的其他消费者利益的法律；制定关于食源性疾病检测通报及动物饲料的条款等。可以说，该法围绕食品标准局的工作职能对其建立、目标、组织安排工作、监管工作开展等进行了全方位的规定。

3.《英国一般食品条例》

2004年颁布的《英国一般食品条例》从食品信息的可追溯性、食品安全要求、出售不符合食品安全规定的食品、检查和扣押可疑食品以及违法处罚等方面做出规定，该条例规定了食品法律的一般原则和要求，在禁止不安全食品上市销售，避免食品标签、广告或其他误导性消费和食品安全追溯方面发挥了重要作用，提升了食品安全治理能力。

4. 农药管理规定

英国于1952年制定了《英国农药管理法》，到现在已经过多次修改，内容也日趋完善。在英国，农药的储存、供应、广告宣传、销售和使用必须依照1985年颁布的《食品与环境保护法》、1986年颁布的《农药管理条例》（修正案）和《农药最大残留量条例》来进行管理。现行的《农药管理法规》（修正案）根据欧盟的相关法规进行了补充和修改。

8.2.4 美国植物源农产品质量安全法律制度

美国食品安全立法始于 1906 年《纯净食品和药品法》的颁布和实施，到目前为止，美国已经制定和修订了近 40 部农产品（食品）安全有关的法规，主要有《联邦食品、药品和化妆品法》《食品质量保护法》《美国食品药品监督管理局食品安全现代化法》等。

1.《联邦食品、药品和化妆品法》

《联邦食品、药品和化妆品法》是美国食品安全法律体系的核心，为美国食品安全管理提供了基本原则和总体框架。该法包括定义、禁止行为及其处罚、食品等章节。对禁止行为作了列举规定，对禁令、处罚和查封及刑事违法报告前听证、轻微违法的报告做出规定。对掺假食品、错贴标签的食品、紧急召回的食品的控制、发生争议时的司法复核等内容都做出了详细规定。另外也规定了食用补充品标记免除、突发事件许可证管理、豁免规定、食品配料中有毒物质含量指标等。对农药化学残留量标准与豁免，以及发生异议、听证和司法复核等做出详细规定。

2.《食品质量保护法》

1996 年通过的《食品质量保护法》修改了《联邦食品、药品和化妆品法》和《联邦杀虫剂、杀真菌剂和灭鼠剂法》对农药的管理。具体规定包括：授权美国国家环境保护局（EPA）负责农药使用的登记注册和认可，对用于特定作物的杀虫剂进行审批，并要求美国国家环境保护局规定食品中最高残留限量（容许量），未经过美国国家环境保护局登记许可，不符合农药最高残留限量标准的农产品和食品不得进入美国境内销售；规定对农产品中所有杀虫剂制定唯一的健康标准，并为婴儿和儿童提供了特殊的保护，要求定期对杀虫剂容许量进行重新评估；明确了环境中化学物质及空气和水中细菌污染物可能威胁食品供给安全性的物质列表等。

3.《美国食品药品监督管理局食品安全现代化法》

2011 年 7 月开始实施的《美国食品药品监督管理局食品安全现代化法》，从加强对食品企业的监管、建立预防为主的监管体系、增强部门间与国际合作、强化进口食品安全监管等 4 个方面对现行的主要食品安全法律《联邦食品、药品和化妆品法》的相关条款作了修订，是 70 多年来美国对现行主要食品安全法律《联邦食品、药品和化妆品法》的重大修订。在全面加强国内食品监管的基础上，突出了对进口食品的安全监管，新增加了 14 项制度措施，包括第三方机构审核、输美食品企业强制检查、检测实验室认可、国外供应商核查计划、自愿合格进口商计划、进口食品需实施口岸查验、高风险输美食品随附进口证明、防范蓄意掺杂、强制召回、收费授权、食品安全官员培训、检举人保护等。

8.2.5 日本植物源农产品质量安全法律制度

日本农产品质量安全管理的历史较长，相应的法律、法规体系比较健全。日本开展农产品质量安全监管工作的法律依据主要包括《食品安全基本法》《食品卫生法》《农药取缔法》《药事法》《饲料安全法》《JAS 法》及其他相关法律。

1.《食品安全基本法》

《食品安全基本法》（2003 年 5 月 23 日颁布，2007 年 3 月 30 日修订）是一部以保护国民健康和确保食品安全为目的的综合性法律，包括总则、政策制定的基本方针、食品安全委员会等3个章节和附则。该法将风险分析的科学方法引入食品安全管理工作中，对食品健康影响评价做出规定，为制定食品安全政策提供基础；同时规范国家、地方政府、食品相关企业和消费者的职责，提出食品产业链各阶段全程管理的理念，为保证食品安全建立基本方向；提出设立食品安全委员会，对委员会的组成人员、任期、组织机构、权责和义务都进行了规定，明确其风险评估及风险交流的主要职能，从法律层面上将食品安全风险评估与风险管理分开，进一步明确了农林水产省和厚生劳动省作为食品安全风险管理部门，所依据的各类政策和法律的修改与制定应当遵循风险评估的规定。

2.《食品卫生法》

《食品卫生法》（1947年12月24日颁布，2009年6月5日修订）的立法目的是确保食品安全，从公共卫生角度制定必要的法规和其他措施，防止饮食引起的健康危害，以保护国民健康。主要包括总则、食品及添加剂、器具及包装容器、标签及广告、食品添加物正式文件、监督指导方针及计划、检验、注册检验机构、营业、杂则、罚则、附则等章节。对食品规格标准、设施标准、管理/操作标准和标识标准进行了规定，对进口食品监督指导和国内食品监督指导等也进行了规定。

3. 其他法律、法规

日本农林水产省主要依据《农药取缔法》《JAS法》等对农药登记与销售限制、制定并监督指导实施JAS标准等农林水产品的生产流通阶段进行管理。厚生劳动省主要依据《食品卫生法》对制定食品、添加物标准，监督指导食品经营许可和经营设施，监督指导检疫所检查进口食品等食品经营流通阶段进行管理。同时，上述两省还依据《加强食品生产过程控制方法的临时措施法案》对食品生产过程进行管理。此外，为确保这些法律、法规的实施，日本还制定了一系列相关的强制规章及公告，为标准的制定实施、产品的质量检测检验等奠定了基础，如有机农产品标准和有机农产品加工食品标准、有机农产品及其加工食品生产认证的技术标准、有机农产品生产管理认证的技术标准、有机农产品及其加工食品销售认证的技术标准、有机农产品及其加工食品进口认证的技术标准、有机农产品及其加工食品进口商生产过程检查方法、加工食品质量分类标准、易腐食品质量分类标准等。

8.3 国外植物源农产品质量安全立法对中国的借鉴和启示

8.3.1 国外植物源农产品质量安全立法借鉴与经验

比较分析欧美发达国家和地区的植物源农产品质量安全立法和实践，有以下几个方面的经验做法值得我们借鉴。

1. 法律体系完备

发达国家和地区农产品质量安全法律法规体系是一个国家和地方相互配合、有机协调的法律法规体系。法律体系涉及面广，既有综合性的法律，又有专业性的法律，覆盖了各种农产品品类，涉及农产品产业链的各环节和流程。立法多注重科学性、透明性、民主性和公众参与性，明确农产品产业链各企业主体的责任权限，以维护和保障消费者权益。

2. 注重全程监管

欧盟强调“从农场到餐桌”的全过程控制，其立法涵盖食品生产及流动的各个环节和方面，技术法规体系相当严密。在法律事实方面也始终保持整体性和连贯性，确保食品链中的环境、生产、加工、包装、运输等各个环节的所有作业都必须置于官方控制之下。德国农产品质量安全监管遵循食品链原则。日本推行“从农场到餐桌”的全程管理理念，强调企业自主全程控制，政府全程监管。

3. 注重风险管理

欧盟、美国、日本等的食品安全法律非常重视防患于未然的风险管理。欧盟强调食品安全立法必须建立在风险分析的基础上，美国有关法律规定美国国家环境保护局在设定残留量时应当考虑敏感人群（尤其是儿童）和农药对人体健康的“蓄积性风险”，强调风险评估在政策制定中的重要地位。日本的《食品安全基本法》总则中提出了防患于未然的要求，倡导在整个食品链上保证食品安全的理念。德国在食品安全管理中引入了风险分析框架。

4. 明确主体责任

英国的食品安全法律规定企业对食品安全负主要责任，企业应根据食品安全法律法规的要求来生产食品，确保其生产、销售的食品符合安全卫生标准；责任主体违法，不仅要承担民事责任，还要受到相应的处罚，因销毁不合格食品而产生的费用由食品的所有者承担。政府主要负监管责任，对食品生产者、加工者、销售者进行监督管理，最大限度地减少食品安全风险。

5. 强调信息公开

德国将向消费者提供真实信息作为其食品安全立法的重要目标之一，监管结果透明公开。《德国食品、日用品和饲料法》专门对政府和企业之间信息沟通及向公众公布信息等义务做出规定。通过广泛获取联邦政府部门、各州相关机构、各级研究机构和相关组织的食品与农产品安全风险信息，尤其是通过德国联邦消费者保护和食品安全局（BVL）、德国联邦风险评估研究所（BfR）及欧洲食品和饲料快速预警系统进行有效的风险交流，建立了畅通的食品安全信息渠道。美国高度重视农产品质量安全信息共享，有关农产品质量安全的资料和数据可以在网上下载或索取。

8.3.2 国外植物源农产品质量安全立法对我国的启示

1. 完善法律法规体系

我国近年来虽然陆续出台了《中华人民共和国农产品质量安全法》等一系列有关农产品质量安全的法律法规，但适用于植物源农产品安全的法律法规体系还不够健全，还不能完全适应当前对农产品安全形势的要求。在植物源农产品质量安全法律体系建设方面，强调预防为主，重点强调对农产品源头生产质量的控制，用法律法规体系引导、约束和规范农产品产业链条上各个层级和流程的经营活动，不断更新、配套、制定和修订有关农产品质量安全风险措施、评估与预警、产地环境管理、可追溯等各领域的专门法律法规，努力构建健全、完善且涉及农产品全链条的法律法规体系。

2. 完善标准体系建设

目前，我国农产品质量安全的相关标准由国家、行业、地方和企业等 4 个等级的标准构成。借鉴国外经验，分析国际农产品质量安全标准体系、加工操作规程等各项标准，以及标准体系的协调统一。应综合考虑源头生产环境、流通加工、消费者健康、营养品质等因素，建立科学、统一、易于实际操作的农产品质量安全标准体系，对标准进行动态管理，更好地维持当前农产品市场秩序、改善农产品质量安全问题。在认证标准方面，加快推进无公害农产品、绿色食品、有机食品（农产品）和农产品地理标志“三品一标”认证，对农产品质量进行认证等级的划分，重点关注农产品源头生产环节的认证，进一步通过对农产品全程的质量标准认证来规范和保障全链条质量安全。

3. 完善农产品质量安全追溯和风险预警体系

不断总结农产品质量安全追溯试点经验，健全完善统一的农产品质量安全追溯管理制度和标准，有条件的地方出台追溯管理地方性法律法规，因地制宜地制定地方追溯制度和标准，推动追溯管理法制化、规范化。完善各类农产品质量信息档案，延伸追溯链条，支持以电子追溯等信息化方式开展追溯管理，推动食用农产品从种植养殖环节到进入批发、零售市场或生产加工企业前的全程可追溯管理。推进风险信息收集、识别、评估和预警级别划分的标准化工作，通过完善农产品质量安全监控、信息化追溯和风险预警系统，构建集成网络数据库的信息化管理平台，为政府和社会提供全方位的农产品质量安全信息保障和服务。

4. 完善执法监管体系

要确保农产品符合国家和地方有关法律法规、标准和认证要求，同时加强不同执法机构之间的协调与合作，重视各部门之间的职责分工和纵横向协调合作机制。强化主体责任，在明确质量安全违法者刑事或民事责任的基础上，借助严密的监管和执法体系，提高违反相关法律法规的“违法成本”，尤其是要提高农产品质量安全违法成本。引导企业加强内部监督，完善质量管理体系，提高内部质量管理水平。推进农产品质量监管信息公开，发挥社会力量的监督作用，积极引导公众参与，提高公众参与热情和积极性，形成全社会共同监管的局面。

参 考 文 献

高鸣, 迟亮, 宋洪远. 2018. 发达国家保障农产品质量安全的经验与启示. 农业现代化研究, 39(5): 727-732.
农业农村部管理干部学院, 农业农村部农产品质量安全监管司. 2019. 农产品质量安全法律法规汇编. 北京: 中国农业出版社.
钱永忠, 王芳. 2010. 国外农产品质量安全监管及法律法规. 北京: 法律出版社.